18 Arbeit – Ausbildung – Beruf

Entscheidungen zu treffen, gehört zu den wichtigsten Kompetenzen eines Menschen. Das Erleben, eine „richtige“ Entscheidung getroffen zu haben, führt zu einem Sicherheitsgefühl, das eigene Leben selbstverantwortlich gestalten zu können. Die Wahl eines Berufes ist für Jugendliche oft die erste

1.2 Sich informieren und Entscheidungen vorbereiten

Informiert sein ist alles!
Für die richtige Berufsentscheidung ist eine Vielzahl von Informationen über Ausbildung, Studium und Beruf erforderlich, z. B.
- *wie Berufe geordnet werden können,*
- *welche Erwartungen an die Schulabgänger gestellt werden,*
- *wie individuelle Entscheidungsprozesse ablaufen,*
- *wo man Informationen und Hilfe bei der Berufswahl finden kann.*

Überall ist von Arbeitslosigkeit zu hören. Doch auch in schwierigen Zeiten kann jeder etwas tun, um die Aussichten zu ver-

Die **Motivationsseiten** geben einen Ausblick auf die Kapitelinhalte. Hier wird bereits auf Probleme und Sachverhalte hingewiesen, die in enger Verbindung zum folgenden Lernbereich stehen.

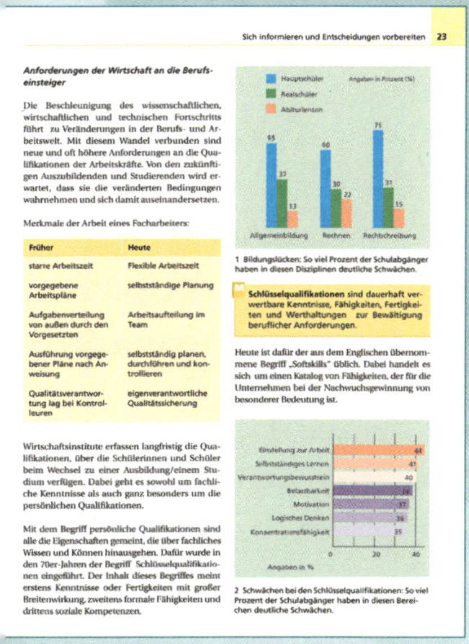
Sich informieren und Entscheidungen vorbereiten 23

Anforderungen der Wirtschaft an die Berufseinsteiger

Die Beschleunigung des wissenschaftlichen, wirtschaftlichen und technischen Fortschritts führt zu Veränderungen in der Berufs- und Arbeitswelt. Mit diesem Wandel verbunden sind neue und oft höhere Anforderungen an die Qualifikationen der Arbeitskräfte. Von den zukünftigen Auszubildenden und Studierenden wird erwartet, dass sie die veränderten Bedingungen wahrnehmen und sich damit auseinandersetzen.

Merkmale der Arbeit eines Facharbeiters:

Früher	Heute
starre Arbeitszeit	Flexible Arbeitszeit
vorgegebene Arbeitspläne	selbstständige Planung
Aufgabenverteilung von außen durch den Vorgesetzten	Arbeitsaufteilung im Team
Ausführung vorgegebener Pläne nach Anweisung	selbstständig planen, durchführen und kontrollieren
Qualitätsverantwortung lag bei Kontrolleuren	eigenverantwortliche Qualitätssicherung

Wirtschaftsinstitute erfassen langfristig die Qualifikationen, über die Schülerinnen und Schüler beim Wechsel zu einer Ausbildung/einem Studium verfügen. Dabei geht es sowohl um fachliche Kenntnisse als auch ganz besonders um die persönlichen Qualifikationen.

Mit dem Begriff persönliche Qualifikationen sind alle die Eigenschaften gemeint, die über fachliches Wissen und Können hinausgehen. Dafür wurde in den 70er-Jahren der Begriff Schlüsselqualifikationen eingeführt. Der Inhalt dieses Begriffes meint erstens Kenntnisse oder Fertigkeiten mit großer Breitenwirkung, zweitens formale Fähigkeiten und drittens soziale Kompetenzen.

1 Bildungslücken: So viel Prozent der Schulabgänger haben in diesen Disziplinen deutliche Schwächen.

Schlüsselqualifikationen sind dauerhaft verwertbare Kenntnisse, Fähigkeiten, Fertigkeiten und Werthaltungen zur Bewältigung beruflicher Anforderungen.

Heute ist dafür der aus dem Englischen übernommene Begriff „Softskills“ üblich. Dabei handelt es sich um einen Katalog von Fähigkeiten, der für die Unternehmen bei der Nachwuchsgewinnung von besonderer Bedeutung ist.

2 Schwächen bei den Schlüsselqualifikationen: So viel Prozent der Schulabgänger haben in diesen Bereichen deutliche Schwächen.

Die **Textteile** enthalten Einstiegsprobleme, gelb unterlegte Merksätze sowie zur Veranschaulichung unterschiedliche grafische Darstellungen, Tabellen, Fotos, Mind Maps und Beispiele.

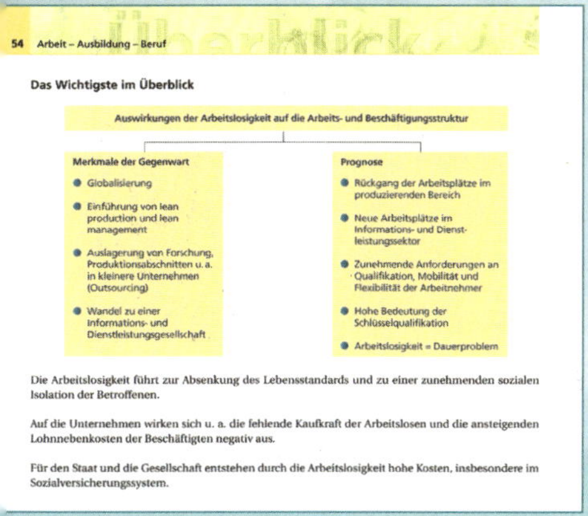
54 Arbeit – Ausbildung – Beruf

Das Wichtigste im Überblick

Auswirkungen der Arbeitslosigkeit auf die Arbeits- und Beschäftigungsstruktur

Merkmale der Gegenwart
- Globalisierung
- Einführung von lean production und lean management
- Auslagerung von Forschung, Produktionsabschnitten u. a. in kleinere Unternehmen (Outsourcing)
- Wandel zu einer Informations- und Dienstleistungsgesellschaft

Prognose
- Rückgang der Arbeitsplätze im produzierenden Bereich
- Neue Arbeitsplätze im Informations- und Dienstleistungssektor
- Zunehmende Anforderungen an Qualifikation, Mobilität und Flexibilität der Arbeitnehmer
- Hohe Bedeutung der Schlüsselqualifikation
- Arbeitslosigkeit = Dauerproblem

Die Arbeitslosigkeit führt zur Absenkung des Lebensstandards und zu einer zunehmenden sozialen Isolation der Betroffenen.

Auf die Unternehmen wirken sich u. a. die fehlende Kaufkraft der Arbeitslosen und die ansteigenden Lohnnebenkosten der Beschäftigten negativ aus.

Für den Staat und die Gesellschaft entstehen durch die Arbeitslosigkeit hohe Kosten, insbesondere im Sozialversicherungssystem.

Die **Überblicksseiten** am Ende jedes Unterkapitels bieten eine komprimierte Darstellung des vorangegangenen Inhalts in systematischer und strukturierter Form.

m Ende des Buches dienen zur weiteren Orientierung.

Wirtschaft · Arbeit · Technik

Herausgeber
Dr. Ulf Holzendorf

PAETEC

Verlag für Bildungsmedien Berlin · Frankfurt a. M.

Herausgeber
Dr. Ulf Holzendorf

Autoren
Dr. Charlotte Chudoba
Dr. Ulf Holzendorf
Prof. Dr. habil. Hans-Joachim Laabs
Dr. Angelika Liermann
Dr. Jörg-Ulrich Rauhut
Uwe Schimming
Karin Weber
Torsten Weyer

1. Auflage

1 5 4 3 | 2008 2007 2006 2005
Alle Drucke dieser Auflage können im Unterricht nebeneinander benutzt werden.
Die letzte Zahl bezeichnet das Jahr dieses Druckes.

Internet: www.paetec.de

Redaktion: Dr. Sonja Huster, Rolf Langenhan
Reihengestaltung und Umschlag: Britta Scharffenberg
Layout und Zeichnungen: Marlis Konrad, Katrin Bahro, Hannelore Menzel, Karl-Heinz Bergmann, Christel Ruppin
Druck: Druckerei zu Altenburg GmbH
ISBN 3-89818-662-8

Inhaltsverzeichnis

Bildquellenverzeichnis

Adam Opel AG: 241/1, 241/3; AEG Hausgeräte GmbH: 56/o., 74/m.; AKG, Berlin: 42 /l., 209/1, 213/1, 215/2, 216/1, 216/2, 218/2; Aral Presse: 249; Audi AG: 245/1; BacksArts GmbH: 134; Bahro, K., Berlin: 62/r.o., 67/o., 68/r.o., 92/ u., 101, 220/l.u.; BASF AG: 246/r.; Biedermann, A., Berlin: 18, 252/m.; BMW AG, München: 243/1, 243/2; Brezmann, S.: 199/1; Bühler, virtuelles Museum: Objekte für den Geschichtsunterricht: 110; Bundesverwaltungsamt, Berlin: 88/m.; Busch, M.: 240/1; Bütow, H., Müritz: 134; Corel Photos: 22, 30, 90/l., 134, 198/l.u., 203/2, 210/1, 235; Cramer GmbH & Co.KG : 65, 71; Daimler Chrysler Konzernarchiv, Stuttgart: 239/1; Deutsche Bahn AG: 201/2, 237/l.; Deutsche Telekom AG: 70/r., 83, 130/2; Deutsches Historisches Museum, Berlin: 180/r.; Deutsches Museum München: 207/3, 208/1, 221/1; DLR, Stuttgart: 263/3, 266/r.; dpa Bildarchiv, Berlin: 123/1–4, 174/m., u., 184/1, 203/1; Duales System Deutschland AG: 185; ebel Haus GmbH & Co., Alzenau: 250/l.u.; Elb, W.G., Frankfurt a. Main: 169/l.; Enercon GmbH, Aurich: 250/r.u.; Energiewelt: 60/r.; Fahrradladen Puhl: 89; Feyrer, J., Köln: 232/1; Firtzlaff, K.-H., Berlin: 20; Friedensschule, Schulnetz: 42/o., 136; GASAG, Berlin: 251/r.o.; Grob, H. L.: 169/r.; Joh. Vaillant GmbH: 257/1; John Foxx Images: 118, 126, 224/1, 247/l.; Konrad, M., Falkenrehde: 60/l., 74/o., 77/o., 251/l.o.; Laabs, H. - J., Nudow: 205/3; LAUBAG: 267/l.u.; Lichtblick, GmbH: 67/m.; Liesenberg, G., Berlin: 88/o., 90/m., 110/r.u., 124, 154/o., 202/o., 204/1, 207/2, 207/4, 214/r.o., 228, 236/m., 258; Linde AG, Werkgruppe Technische Gase: 62/r.u., 127; Makrolon GmbH, Darmstadt: 6/o.; Mauritius: 202/l.u.; Mentzel, J., Radewege: 12; Merte, Jens: 138/1; Meyer, L., Potsdam: 60/l.o., 230/r.u.; Meyer-Werft, Papenburg: 230/o.; Miele, Gütersloh: 73; Neuls, Z., Berlin: 213/l.o.; Nickols, F., University of Western, Ontario: 137/u.; Osram GmbH: 267/r.; Paetec Verlag: 61/l.o., 107, 198/r.u., 207/1, 209/3, 221/l.o., 238/1, 238/l.u., 239/u., 253/1; Pässler-Strauß, I., Mainz: 94/1; PHOTO DISC ROYALTY FREE: 30, 56/l.; 199/r.o., 231/1, 248; PhotoDisc: 16/l., 25, 34, 67/u., 74/u., 75, 85, 90/r., 94/r., 102, 104, 118, 122, 130/1, 143/3, 154/u., 197, 200/1, 202/r.u., 206/2, 216/3, 229, 232/2, 236/l., 237/l., 250/o., 252/2, 264/2; Photosphere: 17, 127/1; Potsdam, Tourismus GmbH: 199/r.u.; Quast, H., Lübbecke: 208/r.o.; Raum, B., Neuenhagen: 61/l.u., 169/o., 220/1, 222/1, 240/2, 245/2, 251/l.u.; REpower System AG, Hamburg: 157; Rügheimer, H.: 165; Schüleraktiengesellschaft, Northeim: 108; Siemens AG, Bildarchiv: 6/u., 22/r., 68/u., 103, 118, 230/l.u., 244/2, 252/1, 263/1, 264/1, 267/l.o.; Siemens-Electrogeräte GmbH, München: 266/r.; Silvestris GmbH, Kastl: 131; Social Security Administration, History Page: 180/l.; Technische Universität, Clausthal: 68/l.; Tetra Pack GmbH & Co.: 88/u.; Thüringisches Landesamt für Archäologie und Denkmalpflege, Weimar: 58; Tierbildarchiv Angermayer, Holzkirchen: 202/r.u.; Unbekannt: 135/1, 2; Unger, M., Königs Wusterhausen: 198/o.; Volkswagen AG, Dresden: 142; Volkswagen AG, Wolfsburg: 42/m., 56/r., 70/l.u., 121, 137/1, 158; Volkswagen Presse: 247; VW Nutzfahrzeuge: 236/l., 236/u.; Westmecklenburgische Energieversorgung AG: 201/3; ZB, Zentralbild: 6/l.; Zeise, A., Berlin: 16/r., 44.

Trotz größter Sorgfalt konnten die Urheber bzw. die Rechtsinhaber des Bildmaterials nicht in allen Fällen ermittelt werden. Wir bitten gegebenenfalls höflichst um Mitteilung an den Verlag.

1 Arbeit – Ausbildung – Beruf

Berufswahl – Entscheidungsqual

„Ein Beruf ist das Rückgrat des Lebens.“
(Friedrich Nietzsche)

Im Laufe der Menschheitsgeschichte haben sich der Inhalt und die Bedeutung von Arbeit grundlegend gewandelt. Heute hat besonders die Erwerbsarbeit einen hohen Stellenwert erlangt. So bestimmen die meisten Menschen den Sinn ihres Lebens in unserer Gesellschaft sowohl über das Zusammenleben in der Familie als auch über ihre Erwerbsarbeit. Dabei kommt dem erlernten Beruf ein besonderes Gewicht zu. Der ausgeübte Beruf ist meist Grundlage für den finanziellen Rahmen der Konsum- und Freizeitansprüche. Er ist auch in unserer Gesellschaft ein Statussymbol, indem er mehr oder weniger Ansehen bei den Mitmenschen genießt.

1.1 Erwartungen, Interessen und berufliche Anforderungen

Die Entscheidung für einen Beruf ist für jeden Jugendlichen ein wesentlicher Schritt im Leben. Deshalb sind vor der Berufswahl wichtige Fragen zu klären:

Wie soll es nach der Schule weitergehen?

Was ist mir wichtig im Leben?

Gleich einen Beruf erlernen oder erst einmal das Abitur ablegen?

Wie finde ich den richtigen Beruf?

Welche Möglichkeiten/Laufbahnen stehen mir offen?

Wie und wo kann ich mich orientieren?

Fit sein für die richtige Entscheidung

„Ich mache Abitur, weil ich ... werden möchte." Mancher denkt auch: *„Das ergibt sich dann, wenn es so weit ist ..."*

Die Vielfalt der Berufs- und Studienmöglichkeiten einerseits, die Komplexität des Arbeitsmarktes und damit seine Unübersichtlichkeit verbunden mit ungenauen Vorstellungen und Wünschen andererseits schieben die Entscheidung oftmals hinaus. Last minute kann bei Reisen ein guter Tipp sein, nicht aber für die Berufs- oder Studienwahlentscheidung. Bereits mit der Wahl eines Ausbildungsweges wird eine Entscheidung getroffen, durch die der Rahmen für die weitere persönliche und berufliche Entwicklung eines Menschen abgesteckt wird. Eine Korrektur ist zwar immer möglich, dennoch ist die **Erstberufswahl** für viele Menschen von existenzieller Bedeutung.

M

Die **Berufswahl** ist ein über mehrere Jahre andauernder Prozess, in dem das bewusste Entdecken und Verändern von Wünschen sowie die Auseinandersetzung mit sich selbst wichtige Bestandteile sind.

Berufswünsche müssen wachsen

Bereits im Spiel von Kleinkindern ist das Wahrnehmen von Berufsrollen sichtbar. Dabei orientieren sich die Kinder zunächst an den wichtigsten Bezugspersonen (Eltern, Geschwister, Verwandte). Im Alter zwischen 6 und 10 Jahren sind Sängerin bei den Mädchen und Pilot bei den Jungen die Favoriten. Diese Vorstellungen haben noch sehr wenig mit der Realität zu tun. Deshalb bezeichnet man sie als **Fantasiewahlen.** Die tatsächlichen Neigungen, Fähigkeiten und äußeren Bedingungen finden erst später Berücksichtigung. Bis zum 14./15. Lebensjahr spricht man von **Probewahlen.** Aus Sicht der Psychologie sind Jugendliche ab 16 Jahren in der Lage, eine weitgehend realistische Berufswahl zu treffen. Dies trifft allerdings nur dann zu, wenn sie sich mit der anstehenden Entscheidung aktiv auseinandersetzen.

Vom Traumberuf zum Wunschberuf

Einen **Traumberuf** zu haben ist nichts Schlechtes, im Gegenteil, er bietet die erste Gelegenheit zu einer Auseinandersetzung mit den eigenen Vorstellungen über die berufliche Zukunft. Warum gerade dieser oder jener Beruf für eine Person ein Traumberuf ist, kann ganz unterschiedliche Begründungen haben, z. B.:
- eine sichere Anstellung,
- ein hohes Einkommen,
- Prestige, Ansehen des Berufes,
- ungewöhnliche Tätigkeit,
- soziales Engagement ...

Ein Traumberuf hat allerdings zunächst wenig mit einem selbst zu tun. Seine Faszination beruht häufig auf Äußerlichkeiten, wie dem Bekanntheitsgrad, dem gesellschaftlichen Ansehen und Klischeevorstellungen, die aber nicht das Wesen des Berufes ausmachen.

„Vor ein paar Jahren war ich noch fest davon überzeugt, Ärztin (Dermatologin) zu werden. Noch früher meinte ich, Biologie zu studieren und dann in einem Gymnasium zu unterrichten sei das „ultimum maximum“ schlechthin. Als ich dann wieder ein neues Hobby hatte, glaubte ich, meinen Traumberuf gefunden zu haben. Nach einer Enttäuschung aber war auch dieser Traum zerplatzt.“
(Inga, 20 Jahre, Jurastudentin)

Wer den Wechsel vom Traumberuf zum **Wunschberuf** schaffen will, muss einen Schritt weiter gehen, nämlich die eigenen Möglichkeiten und Wünsche mit den Anforderungen des Berufes in Beziehung setzen.
Diese erste Orientierungsphase ist durch folgende Aktivitäten gekennzeichnet:
- Nachdenken über die persönliche zukünftige Lebensgestaltung,
- Herausfinden der Erwartungen, die man an den Traumberuf hat,
- Sammeln von Fakten über die Realität des Berufes.

Mancher Traumberuf lässt sich nicht sofort realisieren, weil der Weg dorthin über strenge Aufnahmeprüfungen und einen mehr oder weniger attraktiven Erstberuf führt. Ein Beispiel dafür ist der Beruf der Modedesignerin. Neben der Vorlage einer Mappe mit eigenen Arbeiten wird hier häufig eine abgeschlossene Ausbildung als Schneiderin vorausgesetzt oder erwünscht. Andere Berufe sind objektiv nicht erreichbar, weil beispielsweise ganz bestimmte gesundheitliche Voraussetzungen und Begabungen erfüllt sein müssen. Es lohnt sich aber immer, genau zu prüfen und am Ball zu bleiben, um den Traum Realität werden zu lassen.

Die Traumberufe von Jugendlichen

Befragung von Schülerinnen und Schülern ab 14 Jahren

Designerin	35	Software-Entwickler	33
Ärztin	27	Informatiker	30
Journalistin	25	EDV-Fachmann	24
Flugbegleiterin	22	Kfz-Mechaniker	23
Architektin	15	Ingenieur	21
Sozialarbeiterin	15	Maschinenbaumechaniker	21
Bürokauffrau	14	Polizist	13
Bankkauffrau	13	Elektroinstallateur	13
Lehrerin	13	Journalist	12
Rechtsanwältin	12	Architekt	11

Angaben in Prozent, Mehrfachnennungen möglich; Quelle: iwd

Persönliche Lebensziele und Wertorientierungen

Der Traum von Julia aus Potsdam war ein Job beim Film. Nach dem Abi konnte sie ein Praktikum bei den Filmstudios in Babelsberg ergattern. Schon nach kurzer Zeit wurde ihr klar, dass die Fernsehwelt nicht nur aus Glamour und Spaß besteht. Zeitdruck, Hektik und Anspannung am Set, Arbeit am Abend und an den Wochenenden waren an der Tagesordnung.

„Das habe ich mir doch anders vorgestellt, ich glaube, das ist nichts für mich. Ein geregelter Tagesablauf und Privatleben am Wochenende sind mir sehr wichtig.“

Julias Beispiel zeigt, wie wichtig es ist, im Zusammenhang mit der Berufsplanung zu fragen:
- *Wie will ich später leben?*
- *Worauf kommt es mir im Leben wirklich an?*

Grundlage für die Antwort auf diese Fragen sind die **Werte** bzw. Wertorientierungen eines Menschen. Es werden verschiedene Werte unterschieden. Die **Ideal-** oder **Grundwerte,** wie Frieden, Gleichheit, Gerechtigkeit, Solidarität haben sich über Jahrhunderte als gültig erwiesen. Moralvorstellungen, Toleranz, Engagement, Verantwortungsbewusstsein, Hilfsbereitschaft, Fleiß sind **instrumentelle Werte.** Sie sind veränderbar und zeitabhängig. Umweltschutz, Gesundheit, Familie u. a. sind **objektbezogene Werte.**

> **Werte** sind Einstellungen und Maßstäbe, die eine Person oder Gruppe veranlassen, sich in einer bestimmten Art und Weise zum Leben, seiner Gestaltung und seinen Herausforderungen zu stellen. Sie entwickeln sich durch Erziehung und Vorbilder.

Jeder Mensch misst bestimmten Werten eine unterschiedliche Bedeutung zu und erstellt damit für sich eine Rangfolge. Während bei dem einen die Gesundheit auf der Werteskala einen oberen Platz einnimmt, kann einem anderen der Wert gesellschaftliches Engagement besonders wichtig sein. In der Phase der Suche nach einem passenden Beruf oder einer Studienrichtung ist das Erkennen der eigenen Wertvorstellungen und Ziele eine zentrale Voraussetzung für eine tragfähige Entscheidung. Nur wer sich seines persönlichen Wertesystems bewusst ist, also weiß, was er will, kann eine längerfristige Lebens- und Berufsplanung in Angriff nehmen.

Lebensstile

In wissenschaftlichen Untersuchungen werden Verhaltensweisen, Meinungen, Wertorientierungen und Lebensziele von Jugendlichen untersucht. Dabei versucht man Gruppierungen zu erkennen, die eine ähnliche Lebenseinstellung und ähnliche Wertvorstellungen repräsentieren. Diese Gemeinsamkeiten werden als **Lebensstil** bezeichnet. Sie sind durch ganz unterschiedliche Ausdrucksformen gekennzeichnet, beispielsweise eine bestimmte Kleidung (Punks, Popper, Techno-Freaks u. a.).

> Lebensstil ist ein relativ stabiles, regelmäßig wiederkehrendes Muster der alltäglichen Lebensführung – ein Bündel von Wertorientierungen, Handlungsmustern und Geschmackspräferenzen, die miteinander verbunden sind.

Merkmale von Lebensstilen:
- sie wirken sich auf alle Lebensbereiche aus, haben ihren Schwerpunkt aber im Freizeit- und Konsumbereich;
- sie dienen Menschen oder Gruppen mit einem bestimmten Muster der Lebensführung als Abgrenzung zu anderen;
- Vertreter/innen eines bestimmten Lebensstils dokumentieren diesen durch eine entsprechende Selbstdarstellung (z. B. Mode, kulturelle Interessen).

Cocooning

Familiengründung und Kinder stehen bei dir an erster Stelle. Die familiäre Welt ist für dich der Ort für Sicherheit und Geborgenheit. Ein gemütliches, wohnliches Zuhause ist dir sehr wichtig. Du bist bereit, größere finanzielle Ausgaben für deinen Wohnkomfort zu tätigen.

Postmaterialismus

Dir ist es wichtig, dich zu engagieren, weil du dich verantwortlich fühlst für die Gesellschaft, in der du lebst. Du favorisierst Berufe, in denen soziales und ökologisches Engagement gefragt sind. Moralische Werte sind in deinem Leben wichtiger als materielle. Du liebst Kunst und Kultur.

Hedo-Materialismus

Computer und Unterhaltungselektronik sind dein wichtigstes Hobby. Für die Anschaffung der neuesten Technik, eines tollen Autos, würdest du auch mehr arbeiten. Das Mitmachen der aktuellen Modetrends ist für dich selbstverständlich. Du denkst positiv und bist im Beruf leistungsorientiert.

Fun-Orientierung

Du hast viel Verständnis für Menschen, die immer das tun, wozu sie gerade Lust haben. Du möchtest dir das leisten können, was dir gefällt. Für dich ist Spaß haben der eigentliche Sinn des Lebens. Wichtig ist dir auch ein gut bezahlter Job, um vielfältige Freizeitaktivitäten finanzieren zu können.

Fortschrittsoptimismus

Du bist überzeugt, dass die Menschheit die Umweltprobleme in den Griff bekommt. Der technische Fortschritt ist für dich positiv, er macht das Leben erst lebenswert. Wissenschaft und Technik wären für dich auch beruflich wichtige Bereiche. Du bist ein Hightech-Freak.

Liberales Menschenbild

Du strebst nach Gerechtigkeit, Toleranz und Partnerschaftlichkeit in allen Lebensbereichen. Du lehnst die gesellschaftlich verfestigten Klischees über Männer- und Frauenrollen ab. Die soziale Kälte in unserer Gesellschaft erscheint dir bedrohlich. Im beruflichen Leben ist dir die Möglichkeit zur Selbstverwirklichung am wichtigsten.

Interessen und Fähigkeiten – Stärken und Schwächen

Neben den Wertvorstellungen und Zukunftswünschen komplettieren Interessen und Fähigkeiten die „innere Landkarte" eines Menschen. Jugendliche lassen sich von Freunden oder Modetrends häufig beeinflussen. Dabei sind für den späteren Berufserfolg und die Zufriedenheit im Berufsleben in erster Linie die **Interessen** und **Fähigkeiten** jedes Einzelnen entscheidend. Vielen Schülerinnen und Schülern fällt es nicht leicht, sich einen Überblick über ihre Interessen, Fähigkeiten und Ziele zu verschaffen. Interessen und Fähigkeiten lassen sich erkennen, wenn man sich seine Schulleistungen genauer anschaut, Erfolgs- und Misserfolgserlebnissen auf den Grund geht und fragt, was einen an Hobbys und anderen Lieblingstätigkeiten eigentlich so reizt. Anhand von Traumberufen, früheren Berufswünschen, Vorbildern und der Anteilnahme an bestimmten Problemen im persönlichen Umfeld oder in der Gesellschaft lassen sich wiederum berufliche Ziele ableiten.

M

Jeder Mensch besitzt mehrere Interessen und eine Anzahl von Fähigkeiten. Für eine Berufsentscheidung ist es wichtig, solche zu erkennen, die für die eigene berufliche Tätigkeit wesentlich sind.

Fragen zur Selbsterkundung von Interessen:

- *Mit welchen Dingen, Aufgaben oder Aktivitäten beschäftige ich mich besonders gern?*
- *Wofür opfere ich gern einen Teil meiner Freizeit?*
- *Welche Aktivitäten bringen mir innere Zufriedenheit?*

Neben dem Finden von Antworten ist es wichtig zu überlegen, warum man etwas besonders gern tut. Gleiche Interessen haben bei unterschiedlichen Personen oft andere Ursachen. Um den eigenen Fähigkeiten auf die Spur zu kommen, sollte man überlegen, was zum Beispiel in der Schule besonders leicht fällt und wobei eher Probleme auftreten.

Beispiele für berufsrelevante Fähigkeiten:

- körperliche Belastbarkeit
- räumliches Vorstellungsvermögen
- Kontaktfähigkeit
- logisches Denken
- Konzentrationsfähigkeit
- technisches Verständnis
- Hilfsbereitschaft
- Kreativität
- Konfliktfähigkeit
- Teamfähigkeit

Das Erkennen eigener Interessen und Fähigkeiten kann für eine Stärken-Schwächen-Analyse genutzt werden. Dabei sollten folgende Fragen beantwortet werden:
- Kann ich auf Personen zugehen? Komme ich leicht mit ihnen ins Gespräch?
- Verstehe ich schnell, wenn mir jemand etwas Neues erklärt?
- Wie schnell erledige ich eine Aufgabe, die mir gestellt wurde?
- Arbeite ich an einer Aufgabe, bis ich das gewünschte Ergebnis erreicht habe oder gebe ich schnell auf?
- Wie schnell kann ich mich entscheiden?
- Finde ich mich schnell in unterschiedlichen Situationen zurecht?
- Habe ich oft neue Ideen?
- Akzeptiere ich Kritik?
- Können andere sich auf mich verlassen?

Berufsverläufe früher und heute

„Wähle deinen Beruf mit großer Sorgfalt aus, denn du hast mit ihm dein ganzes Leben zu tun!"

Der erste Teil des Satzes hat trotz aller Entwicklungen nichts an Bedeutung verloren. Der zweite Teil ist heute zumindest nicht mehr die Regel. Gradlinige Berufsverläufe im Sinne von Schule – Ausbildung/Studium – langjährige Berufstätigkeit im erlernten Beruf werden in Zukunft eher die Ausnahme sein. Der mehrfache Arbeitsplatz- oder Berufswechsel ist keine Seltenheit mehr.

Was früher durchweg negativ bewertet wurde, wird heute zum neuen Muster für Erwerbsbiografien.

M

Patchwork-Biografien sind eine Bezeichnung für nicht gradlinige Berufsverläufe. Sie sind gekennzeichnet durch Wechsel des Arbeitsplatzes, des Berufes oder durch das Aufeinanderfolgen von Phasen der Erwerbsarbeit, Weiterbildung, Umschulung und Arbeitslosigkeit.

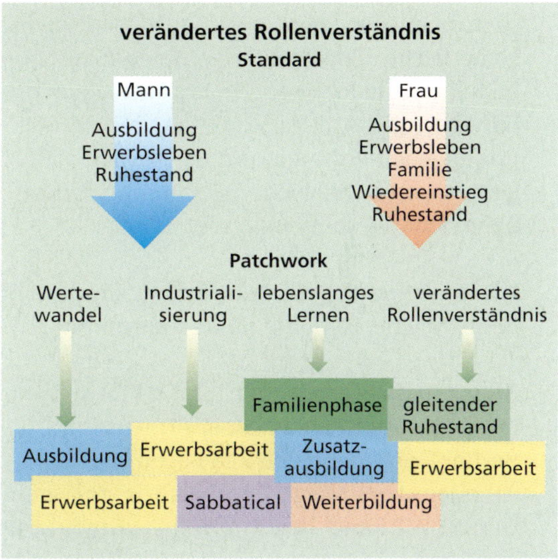

Der Arbeitmarkt ist heute und in Zukunft für solche Karrieren offen, denn sie bringen Fähigkeiten mit, die in allen Arbeitsbereichen immer wichtiger werden. Dazu gehören beispielsweise Mut zur aktiven Neuorientierung oder Flexibilität.

Die Entwicklung neuer Technologien, die flächendeckende Anwendung der Informations- und Kommunikationstechnik, die Globalisierung der Märkte bringen neue Beschäftigungsformen und die Notwendigkeit lebenslangen Lernens mit sich.

Auch die Erwartungen des Einzelnen an seine Berufstätigkeit sind heute anders als früher. Neben guten Verdienst- und Aufstiegsmöglichkeiten wird besonderer Wert darauf gelegt, dass der Beruf abwechslungsreich ist, Spaß macht, Befriedigung bringt und mit dem Privatleben vereinbar ist.

Sylvia S.:

Ab meinem 8. Lebensjahr wollte ich unbedingt Töpferin werden. Mein Großvater hatte eine Töpferwerkstatt, in der ich beim Zuschauen und Probieren die Zeit vergaß. Meine Eltern waren froh, dass ich ein Hobby hatte, das mich ausfüllte.
Als ich allerdings mit 16 fest entschlossen war, eine Ausbildung zur Töpferin zu machen, waren sie entsetzt. Ich habe mich schließlich gefügt, meinen Traumberuf zurückgestellt und eine Lehre zur Kauffrau absolviert. Das war keine leichte Entscheidung. Meine kaufmännische Ausbildung war jedoch kein Fehler. Auch wenn diese Zeit sehr hart für mich war, hat sie nicht geschadet. Noch heute profitiere ich davon. In der Berufssparte „Bürokaufleute" gibt es unterschiedliche Wege und Chancen. Ich schlug dann den Weg zum Abitur ein.

Ich bin keine Töpferin geworden, sondern das, was ich heute mache, ist heute mein Traumberuf.

Als ich mein Abitur in der Tasche hatte, bewarb ich mich um einen Studienplatz an der Hochschule der Künste in Berlin. Dort erlebte ich alle Facetten des künstlerischen Arbeitens vom Malen über das Fotografieren bis hin zur Grafik. Während des Studiums arbeitete ich auch in Töpfereien.

In dieser Zeit entdeckte ich meine Freude daran, junge Leute für die Kunst zu begeistern. Ich absolvierte ein Pädagogikstudium und bin heute Dozentin an einer Fachschule für Sozialpädagogik für Kunst und Werken. Daneben bin ich als freischaffende Künstlerin in meinem Atelier tätig, und ich habe schon verschiedene Ausstellungen präsentiert.

Jungen Leuten, die heute vor dieser wichtigen Lebensfrage stehen, Traumberuf oder irgendeine Ausbildung, kann ich nur raten:
Immer offen bleiben und so viel wie möglich probieren! Das Ziel nicht aus den Augen verlieren und Umwege akzeptieren. Konkret heißt das: seid mutig und auch frech, bemüht euch um Praktika in unterschiedlichen Firmen, dann könnt ihr ein Gefühl dafür entwickeln, welche Tätigkeit euch liegt und Spaß macht.

Neue Beschäftigungsformen

Teilzeitarbeit, auch bekannt unter dem Begriff Halbtagsstelle – inzwischen gibt es hierzu viele Varianten. Alle haben das Ziel, die jeweilige Arbeitszeit flexibel und nicht nach dem 8-Stunden-Prinzip zu gestalten.

Das **Jahresarbeitskonto** stellt eine Vereinbarung über eine bestimmte Anzahl von Arbeitsstunden pro Jahr dar. Wer am Anfang viel arbeitet, spart seine Zeit an und kann sie dann „am Stück" verbrauchen – zum Beispiel für eine Auszeit von ein paar Wochen.

Beim **Job-Sharing** teilen sich zwei Beschäftigte eine Stelle. Wer wann arbeitet, legen die Teilzeit-Partner selbst fest.

Telearbeit umfasst die Arbeit am heimischen PC. Der Computer ist mit dem Datennetz der Firma verbunden.

Sabbatical = Ausstieg auf Zeit. Wer sich ungern ohne Bezahlung freistellen lässt, vereinbart mit seinem Arbeitgeber ein alternatives Modell. Beispiel: Man verzichtet bei gleicher Arbeitszeit auf einen Teil seines Gehalts. So entsteht ein Anspruch auf Freizeit, den man später im Block einlösen kann.

Berufswahl – eine individuelle Entscheidung?

Jeder Mensch will letztendlich seine Berufsentscheidung selbstständig treffen. Allerdings unterliegt diese Entscheidung unterschiedlichen Einflüssen.
Neben den individuellen Variablen, wie Interessen, persönliche Lebensziele, Informationen über die Berufswelt gehören dazu:

- das direkte Lebensumfeld (Eltern, Geschwister, Verwandte, Freunde),
- die Schule (Berufsorientierung im Unterricht, Betriebspraktikum),
- die sozialen und ökonomischen Bedingungen (Arbeitsmarktprognosen, regionale Faktoren),
- aktuelle Trends (Wachstum der IuK-Branche),
- Medien (Berufsinformationen durch Presse, Rundfunk und Fernsehen).

Männerberufe – Frauenberufe

Grundsätzlich stehen heute alle Berufe sowohl Jungen als auch Mädchen offen. In der Praxis ist es aber so, dass sich Jugendliche auf wenige Berufe konzentrieren und dabei ein eher traditionelles Rollenverhalten zeigen. Mädchen wählen überwiegend Berufe in den Sektoren Gesundheit, Erziehung und Soziales. Jungen dominieren in den technischen Bereichen.

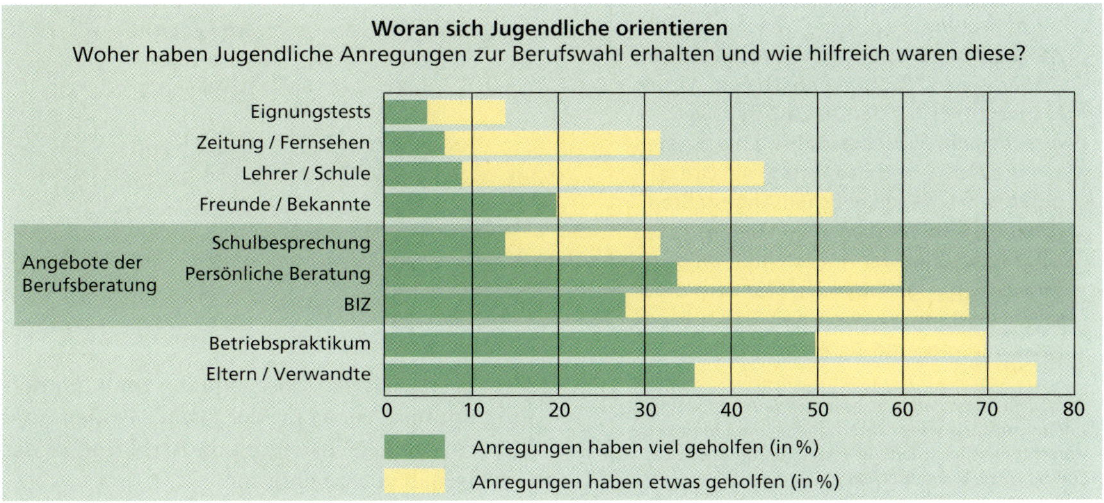

Gleiche berufliche Chancen für Männer und Frauen?

Die Mehrheit der deutschen Bevölkerung ist der Auffassung, dass in der Arbeitswelt die Gleichberechtigung von Frauen und Männern noch lange nicht verwirklicht ist. In einer 1995 durchgeführten, repräsentativen Befragung meinten

- 75 % der Befragten, dass eine Frau mehr leisten muss, um die gleiche berufliche Position zu erreichen wie ein Mann
- vier von fünf Befragten, dass Frauen bei gleichwertiger Arbeit weniger verdienen als Männer

Die Einschätzungen und Erfahrungen der Bevölkerung decken sich mit den Ergebnissen der amtlichen Statistik. Die dort ausgewiesenen Zahlen belegen, dass die Chancen von Männern und Frauen auf dem Arbeitsmarkt und im Beschäftigungssystem sehr ungleich verteilt sind:

- Es existieren nach wie vor "typische Frauenberufe" und "typische Männerberufe". Beispielsweise liegt der Frauenanteil bei den technischen Berufen bei 13 %, bei den Berufen des Gesundheitsdienstes aber bei 84 %.
- Weibliche Beschäftigte befinden sich mehrheitlich auf den unteren Ebenen der betrieblichen Hierarchien: Die beiden unteren Leistungsgruppen der Angestellten waren 1995 zu 66 % mit Frauen besetzt, während sie in der höchsten, noch tariflich entlohnten Leistungsgruppe nur noch mit 13 % vertreten waren.
- Als Folge dieser Spaltung des Arbeitsmarktes verdienen Frauen erheblich weniger als Männer: 1995 lag der Durchschnittsverdienst einer vollzeitbeschäftigten Angestellten bei 2100 € und damit rund ein Drittel unter dem eines männlichen Angestellten (3100 €). Selbst Frauen, die in der höchsten Leistungsgruppe der Angestellten tätig sind, haben gegenüber den Männern derselben Leistungsgruppe einen Einkommensrückstand von rund 20 %.

Textquelle: Chancengleichheit für Frauen in kleinen und mittelständischen Unternehmen vom Ministerium für die Gleichstellung von Frau und Mann des Landes NRW, Dezember 1995

Nach wie vor behindern Traditionen und Vorurteile insbesondere Frauen, ihre Fähigkeiten in die wirtschaftliche und gesellschaftliche Entwicklung einzubringen.
In Deutschland beträgt der Anteil der erwerbstätigen Frauen 44 %. Der Anteil der Schulabgängerinnen mit Hochschulreife lag 2001 bei 55 %, der der Universitätsabsolventinnen bei 46 %. Dabei muss noch angemerkt werden, dass die Abschlussnoten der Frauen im Durchschnitt besser sind als die der Männer. Finden diese Ergebnisse ihre Entsprechung im Berufsleben? Wie sieht es in den mittleren und insbesondere oberen Führungsebenen der Wirtschaft und der Gesellschaft aus?

In Deutschland gibt es nach einer europäischen Vergleichsstudie die wenigsten Frauen in Führungspositionen. In der ersten Ebene sind fünf Prozent, im mittleren Management 14 % und im unteren nur 19 % der Führungskräfte weiblich. Das ist das Ergebnis einer Untersuchung, die in sieben europäischen Ländern durchgeführt wurde.

Eine weltweite Untersuchung nach vier Merkmalen (Anteil der Frauen an Parlamentssitzen, an Verwaltungsbeamten/innen und Manager/innen, an Facharbeiter/innen und Techniker/innen sowie am erzielten Einkommen) ergibt folgende Reihenfolge:

Rang 1	Schweden
2	Norwegen
3	Dänemark
...	
8	Deutschland
...	
11	USA
...	
26	Italien
...	
38	Japan

Mit gesetzlichen Maßnahmen und Förderprogrammen versucht der Staat, Frauen und Müttern die Gleichstellung im Beruf und in der Gesellschaft zu erleichtern.

Methode Zukunftswerkstatt

Die Idee

Der Zukunftsforscher Robert Jungk (1913–1994) entwarf in den sechziger Jahren die Zukunftswerkstatt als eine Methode zur Entwicklung von Vorstellungen über wünschenswerte Zukünfte. Im Mittelpunkt steht die Frage, wie eine ideale Zukunft aussehen sollte und welchen Platz man selber darin einnehmen will.

„Nur wer die Zukunft im Vorausgriff erfindet, kann hoffen, sie wirksam zu beeinflussen.“
(Robert Jungk)

Sie ist im Prozess der Berufsfindung ein geeignetes Mittel, um über eigene Lebensentwürfe nachzudenken, Ideen für die Lebensplanung zu sammeln und zu überlegen, wie sie realisiert werden können. Bei der Benennung eigener Zukunftsträume, und -wünsche und dem Entwerfen möglicher Wege und Handlungsalternativen sind besonders Kreativität und Fantasie gefragt.

Phasen

Jede Zukunftswerkstatt besteht aus drei Phasen:

Kritik/Bestandsaufnahme
Alle Teilnehmer äußern ihre Fragen, Ängste, Probleme im Zusammenhang mit dem gewählten Thema.
Fantasie/Utopie
Die Teilnehmer treten eine Fantasiereise an. Es werden unter Bezug auf die Kritikpunkte Wünsche für die Zukunft entworfen. Diese müssen nicht umsetzbar sein, im Gegenteil, es sollen utopische, unrealistische Vorstellungen ohne Einschränkungen entwickelt werden.
Realisierung/Umsetzung
Vergleich von Fantasie und Realität. Die Durchsetzungschancen der Entwürfe werden kritisch geprüft. Für die Erfolg versprechendsten oder interessantesten Fantasieprodukte werden Durchsetzungsstrategien entwickelt.

Zukunftswerkstatt Lebensplanung

Kritik / Bestandsaufnahme	Fantasie / Utopie	Realisierung / Umsetzung
Wir reden uns Frust, Angst oder Sorgen von der Seele und schreiben jeweils auf ein Kärtchen, z. B. *Was stört mich* – *an meinem Leben?* – *an meinen Mitmenschen?* – *an der Gesellschaft?* *Was macht mir Angst, wenn ich* – *an die Zukunft denke?* – *an mein zukünftiges Berufsleben denke?* – *an meine Verantwortung denke?* *Welche Probleme sehe ich in der Zukunft* – *für mein persönliches Leben?* – *in der Berufs- und Arbeitswelt?*	Wir machen eine Fantasiereise. Die Kritik wird in wünschbare Zukünfte umgewandelt, dabei gibt es keine Schranken, Träumen ist erwünscht. Mögliche Frage für Zukunftsentwürfe: *Wie erträume ich mein Leben in 20 Jahren?* – *Berufstätigkeit* – *Soziale Stellung* – *Freizeit/Hobby* – *Gesellschaftliches Engagement* – *Familie* – *Kinder* – –	Wir konfrontieren die Utopie mit der heutigen Lebenswirklichkeit und suchen nach Wegen zu den Visionen Mögliche Fragestellung: *Was sollte ich schon jetzt dafür tun, um meinen Zukunftsvorstellungen z. B. über* – *meine berufliche Position* – *meine Lebensweise* – *meine Stellung in der Gesellschaft* *näher zu kommen?*

Aufgaben

1. Friedrich Nietzsche: *„Ein Beruf ist das Rückgrat des Lebens"*.
   a) Setze dich mit dem Zitat auseinander und beschreibe die Bedeutung eines Berufes aus aktueller Sicht!
   b) Findest du Nietzsches Aussage zeitgemäß?

2. Hattest oder hast du einen Traumberuf? Versuche herauszufinden, warum dir gerade dieser Beruf so gefällt. Unterscheide nach subjektiven und objektiven Kriterien.

3. Erkläre den Zusammenhang zwischen persönlichen Lebenszielen und Beruf!

4. Erstelle eine Collage zum Thema „Mein Leben in 15 Jahren"! Berücksichtige dabei besonders die Bereiche
   - Beruf,
   - Familie und
   - Freizeit!

5. Gemeinsame Werte sind die Basis für das Zusammenleben in einer Gesellschaft.
   a) Welche Werte sind dir wichtig, wenn du an deine Zukunft denkst; welche Werte haben für dich eine untergeordnete Bedeutung?
   b) Welche Werte spiegeln sich in den auf den Seiten 9 und 10 dargestellten Lebensstilen besonders wider?
   c) Beschreibe, was Lebensstile für dich bedeuten!

6. a) Notiere die auf S. 11 benannten berufsrelevanten Fähigkeiten in einer Tabelle.
   b) Schätze den Stand deiner Fähigkeiten in einer Skala von 1 (sehr gut entwickelt), 2 (teils/teils entwickelt), 3 (noch unzureichend entwickelt) ein.

7. Führe eine individuelle Stärken-Schwächen-Analyse unter Nutzung der Fragen auf S. 11 durch.

8. a) Bereite ein Interview mit einer Person deiner Wahl vor und führe dieses durch!
   b) Dokumentiere seine/ihre Berufsbiografie und ordne die Biografie zwischen Normal- und Patchworkbiografie ein!

9. Nenne Ursachen, warum Patchwork-Karrieren immer mehr an Bedeutung gewinnen!

10. Frauen und Männer sind in unserer Gesellschaft gleichberechtigt.
    a) Belege diese Aussage mit Gesetzestext. Recherchiere dazu im Internet!
    b) Diskutiere Ursachen, warum die Chancen von Männern und Frauen auf dem Arbeitsmarkt so ungleich verteilt sind!
    c) Entwickle Ideen für eine wirkliche Gleichstellung!

11. Männerberufe – Frauenberufe ist doch Schnee von gestern.
    a) Lies die Textquelle: „Chancengleichheit für Frauen..." auf Seite 14 und ermittle mithilfe der Auswertung von aktuellen Statistiken, ob Frauen in akademischen Berufsgruppen immer noch unterrepräsentiert sind!
    b) Stelle deine Ergebnisse für eine Präsentation zusammen!

Das Wichtigste im Überblick

Allgemeines

Beruflicher Erfolg, beginnend mit einem Ausbildungs- oder Studienplatz, ist kein Zufallsprodukt. Gefragt sind in erster Linie persönliches Berufswahlengagement sowie Eigenaktivität und viele Informationen. Die Richtigkeit einer beruflichen Entscheidung lässt sich aber nicht nur an der Menge der Informationen messen, vielmehr bleibt diese Einschätzung immer persönlich und subjektiv.

Die **Erstberufswahl** ist ein bedeutsamer Schritt beim Übergang von der Schule in den Beruf. Die Entscheidung ist aber nicht unumkehrbar. Obwohl es den Beruf für das ganze Leben nicht mehr geben wird, hat die Erstberufswahl einen besonderen Stellenwert als Basisqualifikation.

Die individuelle aktive Beschäftigung mit der Berufswahl findet oft erst während oder nach der Abschlussklasse statt. Untersuchungen belegen: Schülerinnen und Schüler setzen sich mit dem Thema **Berufsfindung** auseinander:
43 % vor dem letzten Schuljahr,
29 % während des letzten Schuljahres,
28 % nach dem letzten Schuljahr.

Schrittweise Berufswahl

Jede **Berufsentscheidung** sollte im Kontext der persönlichen Lebensziele getroffen werden.

Am Anfang steht immer die Erkundung der eigenen
- Wertorientierungen,
- Interessen,
- Fähigkeiten (Tabelle oben).

Jugendliche, sowohl Jungen als auch Mädchen folgen bei ihrer Berufswahl einem traditionellen (veralteten) **Rollenverständnis.** Sie ordnen ihre Entscheidung der Einteilung in männertypische und frauentypische Berufe unter.

Einflussfaktoren auf die Berufswahl

Personenvariable	Interaktionspartner	Phasen
1. Lebensziele	Eltern	*Fantasiewahl* – Wahrnehmen von Berufsrollen – Traumberufe
2. Interessen	Geschwister	
3. Fähigkeiten	Geschwister	
4. Wünsche	Freunde	*Probewahl*
5. Leistungsmotivation	Lehrer	*Realistische Berufswahl* – Wunschberuf/e
6. Geschlecht	Berufsberater	
…	…	…

Obwohl es mehr als 370 Ausbildungsberufe und eine Vielzahl von Studienberufen gibt, konzentrieren sich die Jugendlichen auf wenige Berufe. Mehr als die Hälfte aller Bewerberinnen und Bewerber drängen in ca. 25 Berufe.

Traditionen und Vorurteile

Nach wie vor gibt es typische Männer- und typische **Frauenberufe.** Wenn die wissenschaftlich-technische Entwicklung auch den biologischen Faktor (schwere körperliche Arbeit wurde durch Maschinen und Automaten immer stärker ersetzt) mehr und mehr zurückdrängt, so wird es nach wie vor Berufe geben, die vorrangig von Frauen bzw. Männern ergriffen werden. Anders sieht es jedoch mit den unterschiedlichen **Karrierechancen** aus. Hier haben Frauen noch immer trotz hoher Leistungen gegen Vorurteile anzukämpfen. In Deutschland sind z. B. nur 5 % in den obersten Führungsebenen der Wirtschaft tätig. Auch verdienen die weiblichen Führungskräfte im Durchschnitt 30 % weniger als ihre männlichen Kollegen.

1.2 Sich informieren und Entscheidungen vorbereiten

Entscheidungen zu treffen, gehört zu den wichtigsten Kompetenzen eines Menschen. Das Erleben, eine „richtige“ Entscheidung getroffen zu haben, führt zu einem Sicherheitsgefühl, das eigene Leben selbstverantwortlich gestalten zu können. Die Wahl eines Berufes ist für Jugendliche oft die erste wichtige Entscheidung.
Zwischen mehr als 500 Berufen kann gewählt werden. Bei der Entscheidung für einen Beruf ist herauszufinden, in welchem man sich wohl fühlen könnte. Der Schlüssel dazu sind in erster Linie die eigenen Interessen und Informationen.

Informiert sein ist alles!
Für die richtige Berufsentscheidung ist eine Vielzahl von Informationen über Ausbildung, Studium und Beruf erforderlich, z. B.

- *wie Berufe geordnet werden können,*
- *welche Erwartungen an die Schulabgänger gestellt werden,*
- *wie individuelle Entscheidungsprozesse ablaufen,*
- *wo man Informationen und Hilfe bei der Berufswahl finden kann.*

Überall ist von Arbeitslosigkeit zu hören. Doch auch in schwierigen Zeiten kann jeder etwas tun, um die Aussichten zu verbessern. Dazu gehört neben Mut zum Risiko das Herausfinden des eigenen Wegweisers zum Beruf.

Fragen wie,
Welche Berufe sind zukunftssicher?
Wo habe ich die größten Chancen?
Was kann ich bei Problemen tun, um mein Ziel trotzdem zu erreichen?,
können durch Selbsteinschätzung und eine breit gefächerte Information beantwortet werden.

Was sind Berufe?

Berufe sind im Ergebnis gesellschaftlicher Arbeitsteilung entstanden. Schon in alten Gesellschaften bildeten sich spezialisierte Rollen heraus, z. B. Zauberer, Priester oder Kriegsführer. Ausgeprägte Handfertigkeiten einzelner Menschen im Bearbeiten von Holz, Stein und später in der Bronzezeit auch von Metallen, waren eine Grundlage für die Herausbildung von Handwerksberufen.

Heute wird Beruf als eine bestimmte Kombination von Fähigkeiten und Fertigkeiten definiert, die durch eine spezifische Ausbildung erworben werden und den Zugang zu ebenfalls spezifischen Erwerbsmöglichkeiten und sozialen Positionen bieten. Arbeitgeber erwarten vom Träger eines Berufs spezielle und standardisierte Fähigkeiten und Kompetenzen, Arbeitnehmer leiten von ihrem Beruf jeweils unterschiedliche Erwartungen an Arbeitsbedingungen, Arbeitsaufwand und Bezahlung ab. Einen Beruf kann man als Selbstständiger oder Unselbstständiger (Arbeitnehmer) ausüben.

Ein Beruf bezeichnet die Gesamtheit aller individuellen Kenntnisse und Erfahrungen eines Menschen, einschließlich seiner Geschicklichkeit, also die Gesamtheit aller angeborenen und erworbenen Fähigkeiten, die zur Verrichtung einer bestimmten Tätigkeit erforderlich sind.

M

Ein Beruf ist jede auf Dauer berechnete und nicht nur vorübergehende Tätigkeit. Er dient der Schaffung und Erhaltung einer Lebensgrundlage.

Einteilung der Berufe nach der Funktion

1. Berufe, die die Qualifikationsbasis für den Einstieg in das Berufsleben schaffen (Erstausbildung),
2. Berufe, die den Aufstieg innerhalb eines Berufes kennzeichnen (z. B. Kfz-Meister, Techniker) oder
3. Berufe, die unabhängig von der Ausbildung im Verlauf eines Arbeitslebens ausgeübt werden.

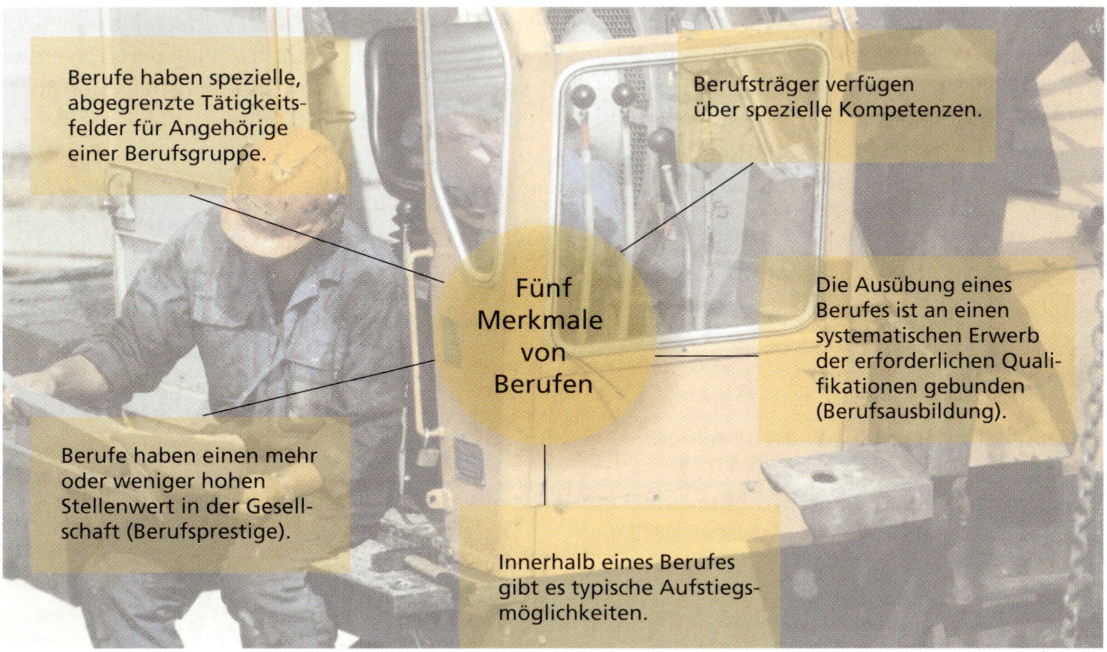

Einteilung der Berufe nach Bildungsgängen

Staatlich anerkannte Ausbildungsberufe gibt es in Deutschland zur Zeit ungefähr 370. Weil die Ausbildung an zwei Lernorten stattfindet – im Betrieb und in der Berufsschule – spricht man vom „dualen System" der Berufsausbildung. Für die einzelnen Berufe gibt es eine gesetzlich geregelte Ausbildungsordnung.
Darin ist unter anderem enthalten:
- die Berufsbezeichnung,
- die Ausbildungsdauer,
- die Struktur und Ziele der Ausbildung,
- die zu vermittelnden Kenntnisse und Fertigkeiten sowie
- der Ausbildungsrahmenplan.

Damit wird eine geordnete und einheitliche Ausbildung im gesamten Bundesgebiet gewährleistet.

Schulische Ausbildungsberufe (ca. 120) können bundesweit an **Berufsfachschulen** (BFS) und **Höheren Berufsfachschulen** (HFS) erlernt werden. Dabei handelt es sich insbesondere um so genannte Assistentenberufe im technischen, naturwissenschaftlichen, medizinischen und kaufmännischen Bereich, wie Pharmazeutisch-technische/r Assistent/in, Technische/r Assistent/in für Informatik oder Werbeassistent/in, die häufig an ihrer Bezeichnung zu erkennen sind. Dazu gehören auch Berufe im Bereich des Gesundheitswesens, des Sozialwesens, im therapeutischen Bereich und in den Fremdsprachen. Die Ausbildung dauert zwei bis drei Jahre.

Unter **hochschulischen Ausbildungsberufen** werden alle die Berufe gefasst, die über ein Studium an Fachhochschulen (FH) und Universitäten erreicht werden können.

Einteilung der Berufe nach Berufsfeldern

Um die Vielzahl von Berufen zu ordnen und damit übersichtlicher zu gestalten, wurden als Gliederungssystematik **Berufsfelder** geschaffen. Jedes Berufsfeld beinhaltet eine Gruppe von Berufen, die miteinander vergleichbar sind. Die Ähnlichkeiten der zusammen gefassten Berufe können sich z. B. auf Tätigkeiten, Arbeitsverfahren, Einsatzbereiche oder Berufsanforderungen beziehen. Die Systematik der Berufsfelder ist bundesweit nicht einheitlich geregelt. Die folgende Übersicht zeigt Beispiele für Berufsfelder:

Wirtschaft und Verwaltung
Metalltechnik
Elektrotechnik
Bautechnik
Holztechnik
Textiltechnik und Bekleidung
Chemie, Physik und Biologie
Druck- und Medientechnik
Farbtechnik und Raumgestaltung
Gesundheit
Körperpflege
Ernährung und Hauswirtschaft
Agrarwirtschaft

Neue Berufe entstehen

Das Wissen der Menschheit vermehrt sich in einem rasanten Tempo. Die damit verbundene Entwicklung neuer Technologien hat nicht nur Auswirkungen auf bestehende, sondern führt zur Herausbildung völlig neuer Wirtschaftszweige. In der Folge entstehen jährlich neue Berufe, werden Ausbildungswege und Studiengänge um- und neu gestaltet.

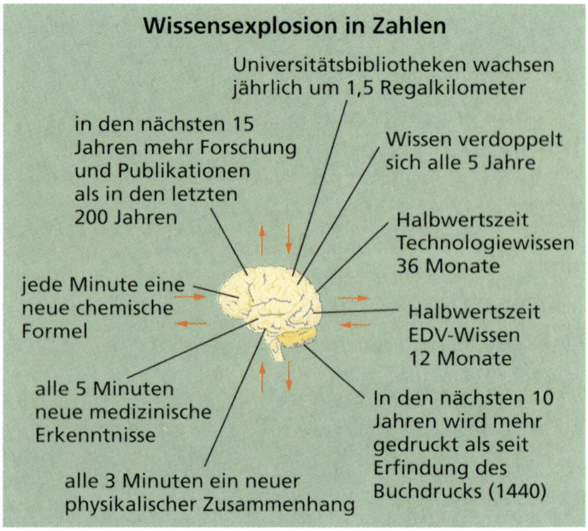

Betriebliche oder schulische Berufsausbildung		
	Betriebliche Berufsausbildung	**Schulische Berufsausbildung**
Voraussetzungen	– Gesetzlich kein bestimmter Schulabschluss vorgeschrieben. – Für Berufe im IT-Bereich, bei Medien- und kaufmännischen Berufen wird häufig mindestens ein mittlerer Bildungsabschluss erwartet bzw. vorausgesetzt. – Bewerbung bei einem Unternehmen.	– Geregelte Zugangsvoraussetzungen je nach Schulform, meist mittlerer Bildungsabschluss und Mindestalter 17 bzw. 18 Jahre. – Auswahl und Zulassung nach Zeugnisnoten – Feste Anmeldetermine, eventuell längere Wartezeiten – Teilweise wird ein Praktikum vorausgesetzt.
Ausbildung	– Dauer 3 oder 3,5 Jahre – Die Ausbildung erfolgt an zwei Lernorten: im Betrieb und der Berufsschule. – Inhalte, die im Betrieb nicht vermittelt werden können, werden in überbetrieblichen Einrichtungen angeboten. – Der Berufsschulunterricht findet an einzelnen Tagen oder im Blockunterricht statt.	– Unterschiedliche Ausbildungsdauer zwischen 2 und 3 Jahren. – Die Ausbildung besteht sowohl aus theoretischen als auch praktischen Anteilen.
Rechtliche Grundlagen	– Bundeseinheitlich für alle anerkannten Ausbildungsberufe in den Ausbildungsordnungen geregelt. – Für den Unterricht in der Berufsschule gelten die Rahmenlehrpläne der Bundesländer. – Zwischen dem ausbildenden Betrieb und dem Auszubildenden wird ein Ausbildungsvertrag abgeschlossen.	– Schulische Berufsausbildungen sind je nach Beruf entweder bundesweit einheitlich oder spezifisch nach Bundesländern geregelt. – In den Lehrplänen sind die zu vermittelnden Inhalte und Qualifikationen vorgeschrieben.
Abschlüsse	– Vor der Industrie- und Handelskammer oder der Handwerkskammer ist eine Prüfung abzulegen. – Die Ausbildung endet mit dem staatlich anerkannten Ausbildungsabschluss.	– Die Ausbildung endet mit der Abschlussprüfung. – Je nach Beruf führt die Prüfung zu einer staatlichen Anerkennung oder einem schulinternen Abschluss (z. B. bei gestalterischen und künstlerischen Berufen).
Vergütung/Kosten	Der Auszubildende erhält durch den Betrieb eine Ausbildungsvergütung, die meist tariflich geregelt ist.	– Eine Ausbildungsvergütung wird nur in einigen Berufen gezahlt, z. B. Krankenschwester/Krankenpfleger. – An privaten Schulen ist die Ausbildung kostenpflichtig.

Zwischen 1996 und 2002 sind 47 neue Berufe sowie vielfältige neue Tätigkeitsbereiche entstanden.

Informationen zu Ausbildungs- und Studienberufen unter www.BERUFEnet.de

Neue Ausbildungs- und Studienberufe (Beispiele)

Mechatroniker/in

Arbeiten an den Schnittstellen zwischen Maschinenbau, Elektrotechnik und Informatik

Erreichbar über:
duale Berufsausbildung,
auch Studium Mechatronik

Fachkraft für Veranstaltungstechnik

Planen und organisieren Veranstaltungen,
überwachen die technische Durchführung.

Erreichbar über:
duale Berufsausbildung

Projektmanager/in

Führen Markt- und Bedarfsanalysen durch und platzieren neue Produkte und Dienstleistungen optimal auf dem Markt

Erreichbar über:
Kaufmännisches Studium

Netzwerktechniker

Bauen Netze für Kommunikationsanlagen auf,
passen Programme den Kundenbedürfnissen an,
schützen das Netz vor dem Zugriff Unberechtigter

Erreichbar über:
Ausbildung im Berufsfeld Elektrotechnik,
Studium Elektrotechnik

Maskenbildner/in

Gestalten das Outfit von Darsteller/innen in Oper, Theater, Film, Fernsehen für eine bestimmte Rolle,
entwerfen und fertigen Masken, Bärte und Perücken,
gestalten Spezialeffekte wie Verletzungen, Hautveränderungen,
gestalten die Maske der Künstler/innen vor dem Auftritt

Erreichbar über:
Duale Berufsausbildung
auch
Fachhochschulstudium Diplomdesigner/in (FH) Maskenbild

Mediendesigner/in

Gestalten Medienprodukte für Kunden,
entwickeln Konzeptionen für Werbefilme und Internetseiten, beraten Kunden bei der Gestaltung von Bildschirmseiten für das Internet und das firmeneigene Intranet

Erreichbar über:
Schulische Ausbildung an einer Fachschule mit dem Abschluss Mediendesigner/in,
Auch duale Ausbildung an einer Berufsakademie mit dem Abschluss Mediendesigner/in (BA)

Anforderungen der Wirtschaft an die Berufseinsteiger

Die Beschleunigung des wissenschaftlichen, wirtschaftlichen und technischen Fortschritts führt zu Veränderungen in der Berufs- und Arbeitswelt. Mit diesem Wandel verbunden sind neue und oft höhere Anforderungen an die Qualifikationen der Arbeitskräfte. Von den zukünftigen Auszubildenden und Studierenden wird erwartet, dass sie die veränderten Bedingungen wahrnehmen und sich damit auseinandersetzen.

Merkmale der Arbeit eines Facharbeiters:

Früher	Heute
starre Arbeitszeit	Flexible Arbeitszeit
vorgegebene Arbeitspläne	selbstständige Planung
Aufgabenverteilung von außen durch den Vorgesetzten	Arbeitsaufteilung im Team
Ausführung vorgegebener Pläne nach Anweisung	selbstständig planen, durchführen und kontrollieren
Qualitätsverantwortung lag bei Kontrolleuren	eigenverantwortliche Qualitätssicherung

Wirtschaftsinstitute erfassen langfristig die Qualifikationen, über die Schülerinnen und Schüler beim Wechsel zu einer Ausbildung/einem Studium verfügen. Dabei geht es sowohl um fachliche Kenntnisse als auch ganz besonders um die persönlichen Qualifikationen.

Mit dem Begriff persönliche Qualifikationen sind alle die Eigenschaften gemeint, die über fachliches Wissen und Können hinausgehen. Dafür wurde in den 70er-Jahren der Begriff Schlüsselqualifikationen eingeführt. Der Inhalt dieses Begriffes meint erstens Kenntnisse oder Fertigkeiten mit großer Breitenwirkung, zweitens formale Fähigkeiten und drittens soziale Kompetenzen.

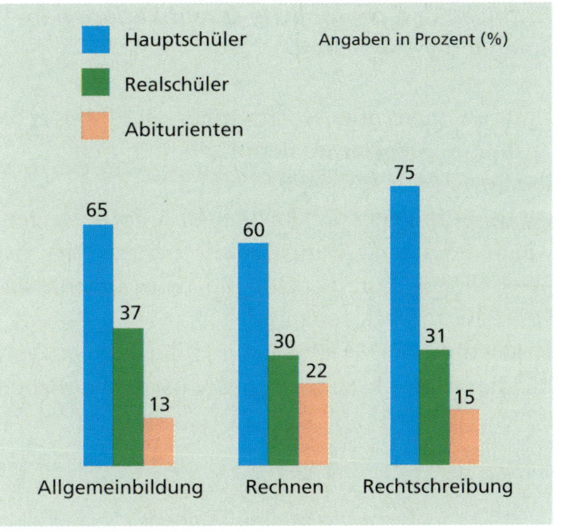

1 Bildungslücken: So viel Prozent der Schulabgänger haben in diesen Disziplinen deutliche Schwächen.

M **Schlüsselqualifikationen** sind dauerhaft verwertbare Kenntnisse, Fähigkeiten, Fertigkeiten und Werthaltungen zur Bewältigung beruflicher Anforderungen.

Heute ist dafür der aus dem Englischen übernommene Begriff „Softskills" üblich. Dabei handelt es sich um einen Katalog von Fähigkeiten, der für die Unternehmen bei der Nachwuchsgewinnung von besonderer Bedeutung ist.

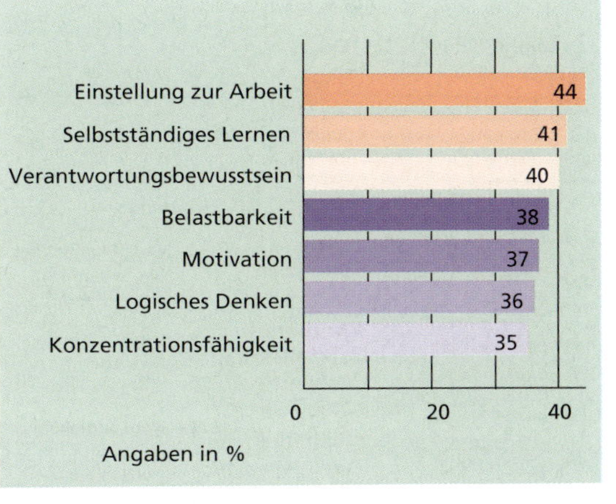

2 Schwächen bei den Schlüsselqualifikationen: So viel Prozent der Schulabgänger haben in diesen Bereichen deutliche Schwächen.

Fachliche und persönliche Qualifikationen im Spiegel der Wirtschaft

Unternehmen und Hochschulen sind bestrebt, Ausbildungsplätze/Studienplätze mit qualifizierten Bewerbern zu besetzen. Häufig werden Mängel bei grundlegenden fachlichen Anforderungen, wie Mathematik, Naturwissenschaften oder bei persönlichen Voraussetzungen, wie Zuverlässigkeit, Belastbarkeit genannt.
1998 wurde von Vertretern aus Unternehmen, Verbänden, Gewerkschaften und wissenschaftlichen Einrichtungen die „Initiative für Beschäftigung“ ins Leben gerufen. In einem Projekt wurde ein Anforderungskatalog entwickelt, der Schülerinnen und Schülern Orientierungshilfen für ihre Schulausbildung geben soll (Abb. 1 und 2).

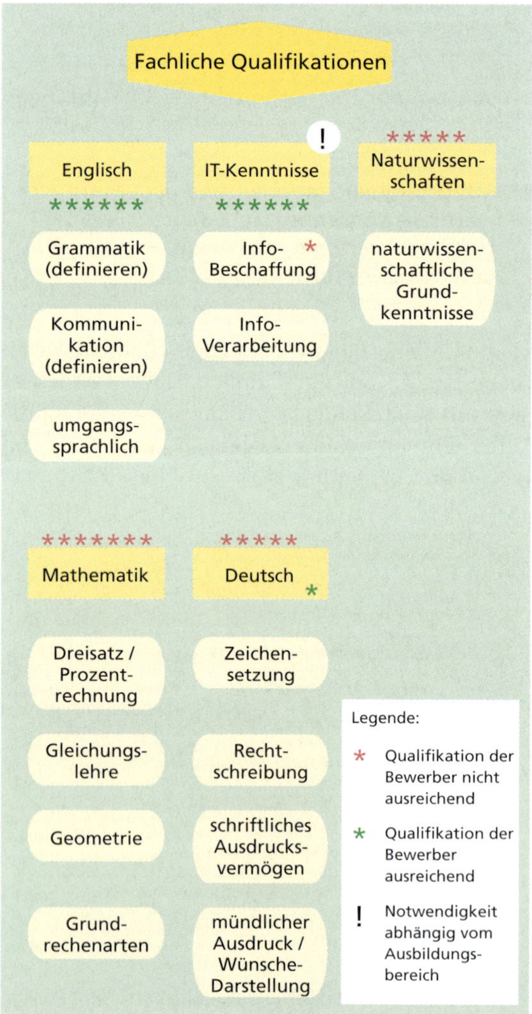

1 Anforderungskatalog: fachliche Qualifikation

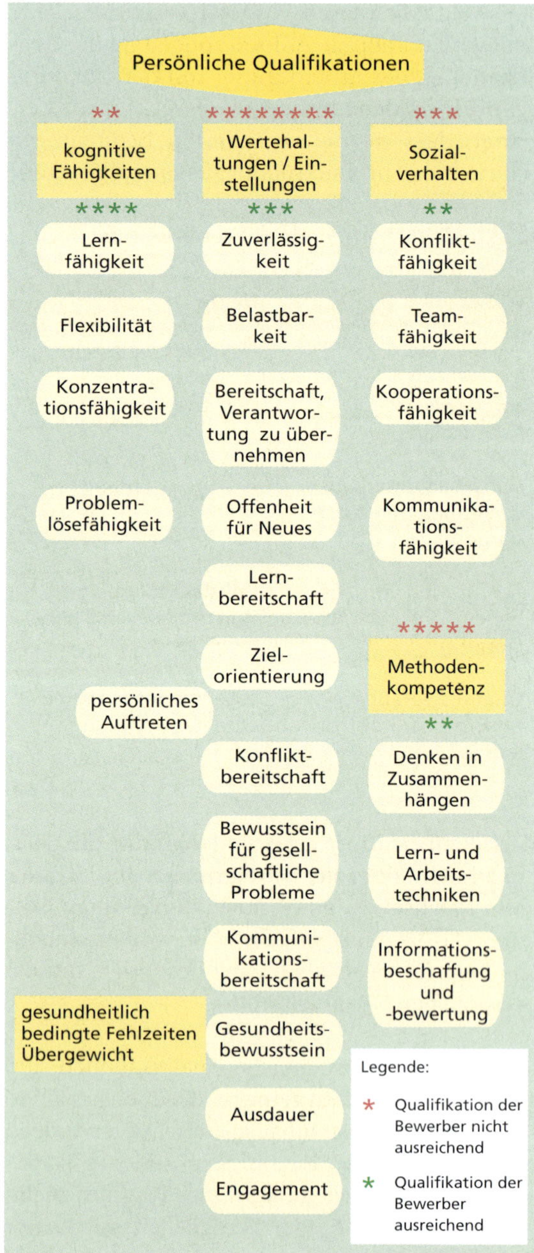

2 Anforderungskatalog: persönliche Qualifikation

Entscheidungen muß man vorbereiten

Im Unterschied zu Alltagsentscheidungen benötigen berufliche Entscheidungen eine gut durchdachte und zielgerichtete Vorgehensweise. Gerade um Enttäuschungen in der gewählten Ausbildung, dem begonnenen Studium möglichst zu vermeiden, ist eine langfristige und schrittweise Entscheidung ratsam. Sowohl in der dualen Ausbildung als auch beim Studium bricht zur Zeit jede/r Vierte seine Ausbildung ab.

Von allen Abbrechern im Jahr 2000 gaben 42 % auf, weil die Ausbildung nicht ihren Vorstellungen entsprach.

Gründe für den Ausbildungsabbruch	Angaben in %
Schwierigkeiten mit Ausbildern/Vorgesetzten	44
Ausbildung entspricht nicht den Vorstellungen	42
Finanzielle Gründe	33
Anderer Ausbildungswunsch	29
Andere Gründe	17
Ausbildung zu schwierig/zu anstrengend	16
Gesundheitliche Gründe	15
Private Gründe	15
Schule/Hochschule besuchen	12
Arbeit annehmen	10
Keine Angabe	4

Quelle: IAB

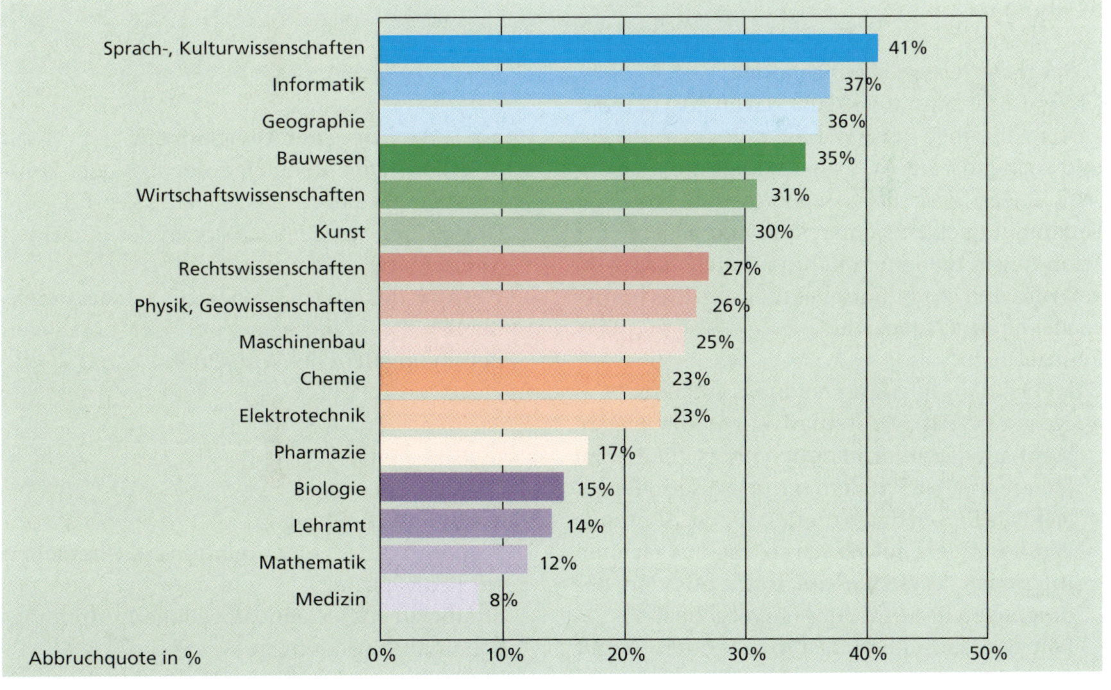

1 Studienabbruchquoten ausgewählter Studienfächer an deutschen Universitäten

Entscheidungstheorien

Das Problem, wie berufliche Entscheidungen getroffen werden, beschäftigt auch die Wissenschaft. Es lassen sich zwei theoretische Erklärungsansätze unterscheiden:

1. Normatives Erklärungsmodell

Die Wahl eines Berufes wird als eine weitgehend konfliktlose, durch Verstand und Urteilsfähigkeit bestimmte Entscheidung betrachtet.

Emotionen (z. B. Gefühle wie Freude, Angst, Hoffnung, Enttäuschung, Erleichterung, Unsicherheit) spielen demnach für die Entscheidung keine Rolle.

Kennzeichen:

Eine Person in einer Entscheidungssituation

- kennt alle für sie möglichen Handlungsalternativen und deren Bedeutung für die persönlichen Ziele,
- verfügt über genügend Bewertungskriterien zur Beurteilung der Handlungsalternativen und kann eine Rangfolge nach dem subjektiven Nutzen erstellen,
- wählt immer genau die Handlungsalternative aus, die in der Rangfolge den höchsten Platz einnimmt.

2. Heuristisches Erklärungsmodell

Dieses Erklärungsmodell geht davon aus, dass die Person, die einen Beruf wählen muss, schrittweise und suchend vorgeht. Dabei besagt die heuristische Regel, dass bei der Berufswahl von der Verknüpfung eigener Interessen und allgemeiner Erfahrungen mit neuen Informationen ausgegangen wird und so der Entscheidungsprozess immer wieder offen gehalten wird.

Kennzeichen:

Eine Person in einer Entscheidungssituation

- zieht nur einige Alternativen in die engere Wahl, um die Informationen überschaubar zu halten und das Problem schrittweise zu lösen,
- zieht als Bewertungskriterien für die Alternativen besonders solche heran, die aus eigenen Interessen, Vorstellungen sowie aus den Bedingungen des Umfeldes hervorgehen,
- hält den Entscheidungsprozess offen, damit neue Informationen berücksichtigt werden können.

Ablauf eines Entscheidungsprozesses

Entscheidung bezeichnet im Allgemeinen den Vorgang der Wahl einer Handlung aus mehreren Möglichkeiten. In einem Ablaufmodell kann das wie folgt aussehen:

Phase 1: Problemwahrnehmung

- Erfassen und Bewusstmachen der Berufswahl als individuelle Aufgabe.
- Auseinandersetzen mit den eigenen Wünschen, Interessen und Fähigkeiten.
- Auseinandersetzen mit Anforderungen, die die Berufe stellen.

↓

Phase 2: Informationsbeschaffung und Entwicklung von Handlungsalternativen

- Erkunden der Felder, Bereiche, in denen der zukünftige Beruf liegen sollte.
- Welcher Beruf/welches Studium kommt in Frage
- Finden von akzeptablen Alternativen.

↓

Phase 3: Wichtung der Alternativen

- Erstellen einer Rangfolge der in Frage kommenden Berufe.
- Überprüfen der Konsequenzen der einzelnen Alternativen.
- Wertung der Alternativen bezüglich der individuellen Bevorzugungen und der objektiven Bedingungen in der Wirtschaft.

↓

Phase 4: Entscheidung

- Festlegen auf eine Alternative und Übergehen zur Realisierung.
- Strategien entwickeln zum Umgang mit möglichen Enttäuschungen.
- Festhalten an der Entscheidung oder Wahl einer anderen Alternative.

Informationsquellen erschließen

Jeder Entscheidungsprozess beruht auf einer Vielzahl strukturierter Informationen, sie sind der Schlüssel für eine optimale Vorbereitung der Berufswahl. Die Informationsmöglichkeiten für Schülerinnen und Schüler sind vielfältig.

Berufsberatung in der Arbeitsagentur

arbeitsagentur.de
Ein Service der Bundesagentur für Arbeit

Ein(e) Berufsberater(in) gibt Ratschläge und Hilfestellungen für alle Fragen rund um die Berufswahl.

Angebote:
Schulbesprechungen
Gruppengespräche
Persönliche Beratungsgespräche
Psychologischer Dienst
Ärztlicher Dienst

Berufsinformationszentrum (BIZ)

BIZ
Berufs-Informations-Zentrum

Für alle, die zunächst individuell recherchieren möchten

Angebote:
Informationsmappen
Filme
BIZ-Computer
asis asis– das AusbildungsStellenInformations System
berufskundliche Kurzbeschreibungen
Bücher - Zeitschriften
KURS KURS– die Datenbank für die Aus- und Weiterbildung

Informationsquellen im Internet

Die Homepage der Bundesagentur für Arbeit bietet für alle Berufs- oder Studienwähler einen großen Fundus an Informationen über Berufe und Ausbildungen und Stellenangeboten. Über die abgebildeten Buttons gelangt man zu weiteren Serviceleistungen, wie dem Ausbildungsstellen-Informationsdienst, der Datenbank über schulische Ausbildungen oder Ausbildungsmöglichkeiten und -wege in Europa:

- **Datenbank für Ausbildungs- und Tätigkeitsbeschreibungen;** sie enthält detaillierte Berufsbeschreibungen alphabetisch und nach Themen/Bereichen geordnet.
- **Datenbank für Aus- und Weiterbildung;** informiert umfassend über berufliche Bildungsmöglichkeiten.
- **Stellen-Informations-Service;** bietet allgemeine, regionale und branchenspezifische Stellenbörsen, informiert über aktuelle Stellenangebote.
- **Ausbildungs-Stellen-Informations-Service;** informiert über betriebliche und schulische Ausbildungsstellen.
- **Angebote für Europainteressierte;** Informationen über Jobs, Praktika, Ausbildung und Studium im Ausland.

Weitere Informationsquellen

Neben der Bundesagentur für Arbeit, dem Berufsinformationszentrum (BIZ) sowie den anderen genannten Informationsquellen im Internet können für die Berufsfindung genutzt werden:

- Stellenanzeigen der regionalen und überregionalen Tageszeitungen, die das Anforderungsmuster meistens klar formulieren,
- Infos über die Berufsverbände der Industrie- und Handelskammer oder bei der Handwerkskammer,
- Nutzung der Tage der offenen Tür von Hochschulen oder auch größeren Unternehmen,
- Broschüren von Banken und Sparkassen zur Berufswahl.

Aufgaben

1. Auf Seite 19 findest du zwei Umschreibungen für den Begriff „Beruf". Erläutere beide Aussagen und gib jeweils die Zielrichtung an!

2. Nach welchen Kriterien können Berufe systematisiert werden?

3. Erläutere die fünf Merkmale von Berufen an einem konkreten Beruf und erarbeite für jedes Merkmal zwei Beispiele!

4. a) Wodurch unterscheiden sich betriebliche und schulische Ausbildungsberufe?
   b) Wähle jeweils zwei Berufe, die über eine schulische Ausbildung, eine betriebliche (duale) Ausbildung bzw. ein Studium zu erreichen sind, aus! Nutze Literatur, z. B. BERUF AKTUELL, Studien- und Berufswahl und recherchiere im Internet!
   c) Erstelle zu jedem dieser Berufe eine Berufsbeschreibung, sodass du darüber vor der Klasse berichten kannst!

5. Erarbeite ein detailliertes Berufsbild der Berufe „Mechatroniker/in" und „Mediendesigner/in"! Stelle die möglichen Wege zum Erreichen dieser Berufe zusammen! Recherchiere im Internet!

6. a) Erläutere den Begriff „Softskills"!
   b) Begründe, warum Softkills oder Schlüsselqualifikationen in der Ausbildung und im Berufsleben immer mehr an Bedeutung gewinnen!

7. Trotz der großen Zahl der Ausbildungsplatz-Suchenden in Brandenburg (im August 2003 waren z. B. ca. 16 000 Jugendliche ohne Ausbildungsplatz) gibt es viele Betriebe, die ihre Ausbildungsplätze nicht besetzen können.
   a) Werte diese Aussage!
   b) Worin siehst du Gründe für diese Diskrepanz?

Nutze für deine Argumentation die Übersichten auf Seite 24 und recherchiere im Internet!

8. Lies die beiden Erklärungsansätze zum Entscheidungsverhalten auf Seite 26 !
   a) Wodurch ist das normative Erklärungsmodell gekennzeichnet?
   b) Was ist charakteristisch für das heuristische Modell?
   c) Stelle beide Erklärungsansätze in einer Tabelle gegenüber!

9. Überlege, wie du selbst Entscheidungen treffen würdest!

   a) Wie gehst du bei deiner Berufswahl vor?
   b) Vergleiche deine Erfahrungen mit den beschriebenen Ansätzen. Welches Modell erscheint dir plausibler?

10. a) Recherchiere Stellenanzeigen in der Tagespresse und weise Anforderungskriterien nach, die die Wirtschaft stellt!
    b) Werte Stellenanzeigen für Ausbildungsplätze mit den geforderten Eigenschaften und ziehe Schlussfolgerungen für dich persönlich!

11. a) Notiere Erwartungen, die du an deinen zukünftigen Beruf hast! Kennzeichne sie in einer Rangfolge!
    b) Vergleiche deine Erwartungen mit den Anforderungen, die die Wirtschaft an Schulabgänger stellt.

12. Der Strukturwandel in der Wirtschaft führt zu neuen Berufen mit oftmals völlig veränderten Anforderungen an die Menschen.
    a) Welchen neuen Anforderungen müssen sich Auszubildende und Ausbildende stellen?
    b) Welche besonderen Anforderungen an den Einzelnen, aber auch an Politik und Wirtschaft stellt die Öffnung der innergemeinschaftlichen Grenzen in Europa?

Das Wichtigste im Überblick

Effektive berufliche Entscheidungen setzen eine dauerhafte und intensive Informationsbeschaffung und Informationsauswertung voraus.

Die wichtigsten **Informationen** sind solche über
- die eigene Person (Interessen, Fähigkeiten, berufliche Vorstellungen…)
- die Arbeits- und Berufswelt (Berufe, Wege zum Beruf, Anforderungen der Arbeitswelt…)
- mögliche Ansprechpartner sowie Materialien, die unterstützend wirken können.

Berufe lassen sich durch bestimmte **Merkmale** kennzeichnen:
- Sie umfassen abgegrenzte Tätigkeitsfelder, die von den Ausübenden spezielle Kompetenzen erfordern.
- Ihre Ausübung verlangt den Erwerb der notwendigen Qualifikationen.
- Sie bieten berufstypische Aufstiegsmöglichkeiten.
- Sie besitzen ein unterschiedliches Maß an gesellschaftlicher Wertschätzung.

Der Zugang zu bestimmten Berufen ist nur über eine festgelegte schulische Vorbildung möglich. Mit dem mittleren Bildungsabschluss können staatlich anerkannte Ausbildungsberufe und schulische Ausbildungsberufe erlernt werden.

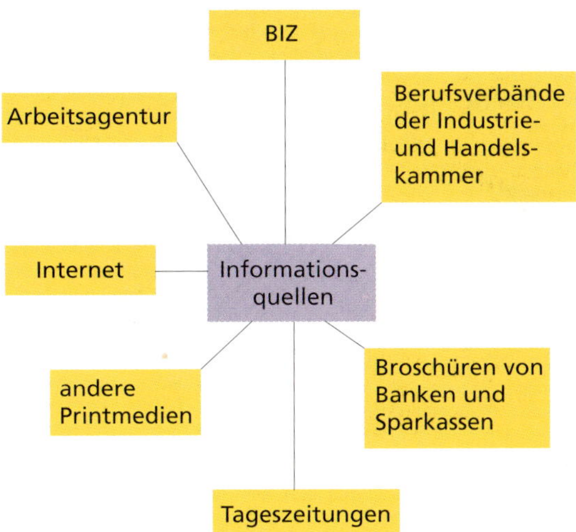

Hochschulische Ausbildungsberufe können mit der Hochschulreife begonnen werden.
Als Ausdruck und Konsequenz des schnellen Wandels der Arbeitswelt entstanden in den letzten 10 Jahren fast 50 neue Berufe.
Neben fachlichen Kompetenzen werden von den Berufsbewerberinnen und -bewerbern besonders **Softskills** erwartet.

Dazu gehören beispielsweise:
- Teamfähigkeit
- Mobilität
- Kommunikationsfähigkeit
- Flexibilität
- Lernbereitschaft und Leistungsorientierung
- Eigeninitiative u.a.m.

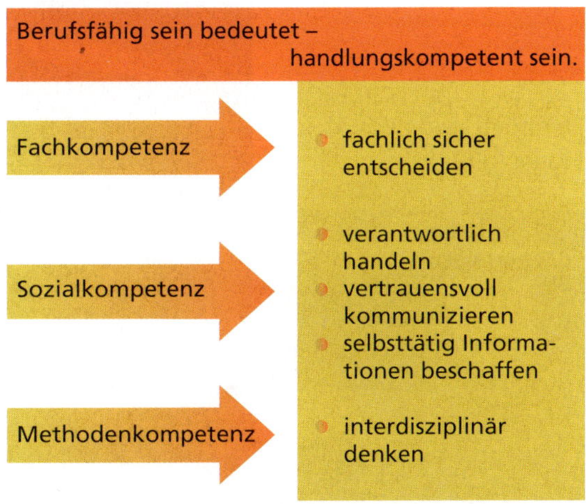

Jede Berufswahl verläuft nach den Phasen des allgemeinen Entscheidungsprozesses:

Phase 1: Problemwahrnehmung

Phase 2: Informationsbeschaffung und Entwicklung von Handlungsalternativen

Phase 3: Wichtung der Alternativen

Phase 4: Entscheidung

Die Nutzung der vielfältigen **Informationsquellen** ist eine wichtige Voraussetzung für die optimale Entscheidung.

1.3 Von der Entscheidung bis zum Einstieg in die Ausbildung

Klarheit über die individuellen Voraussetzungen (Interessen, Fähigkeiten ...) plus Informationen über Berufe und Wege dorthin – damit sind die wichtigsten Vorarbeiten für eine Entscheidung geleistet.

Dennoch sind noch viele Fragen offen:

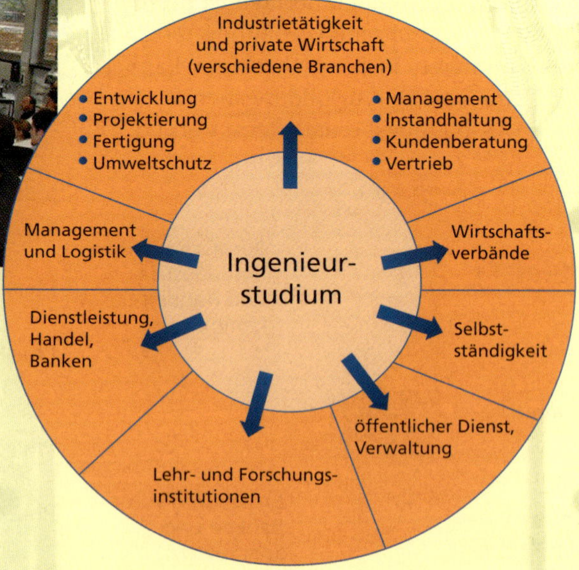

- *Welche Ausbildungswege haben welche Vor- und Nachteile?*
- *Wie sind die Chancen auf dem Arbeitsmarkt?*
- *Durch welche Aktivitäten kann man Zeiten zwischen Schulabschluss und AusbildungStudium überbrücken?*
- *Wie gestaltet man das Bewerbungsverfahren optimal?*

Studium oder Ausbildung

Wer sich bei der Wahl der Schullaufbahn für die gymnasiale Oberstufe entschieden hat, strebt in der Regel das Abitur an. Es besteht aber auch die Möglichkeit, nach dem 10. Schuljahr zum Beispiel eine Berufsausbildung zu beginnen.
Diese Option hat man natürlich auch nach dem Abitur. Immer häufiger entscheiden sich Schülerinnen und Schüler nach dem Abitur zunächst für eine Berufsausbildung. Etwa 15 Prozent aller Abiturienten haben im Jahr 2002 eine Berufsausbildung im dualen System aufgenommen, weitere 10 Prozent entschieden sich für eine schulische Berufsausbildung.

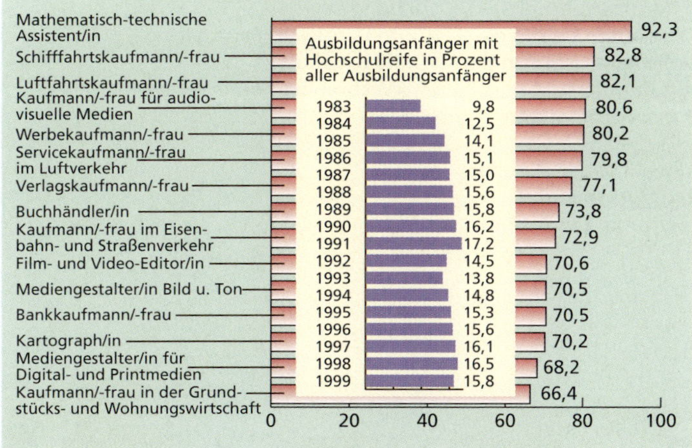

Mit Abi in die Lehre
Berufe mit den größten Anteilen an Ausbildungsanfängern mit Hochschulreife 1999 in Prozent

Das angestrebte Berufsziel kann auf beiden Wegen erreicht werden. So kann eine Ausbildung eine gute Grundlage für ein nachfolgendes Studium sein. Einige Berufe erfordern ganz bestimmte Studienabschlüsse, zum Beispiel
Rechtsanwältin/Rechtsanwalt (Staatsexamen)
Arzt/Ärztin (Diplom–Facharzt–Approbation)
Apothekerin/Apotheker (Diplom/Approbation)
Architektin/Architekt (Diplom)
Lehrerin/Lehrer (Staatsexamen)
Informatikerin/Informatiker (Diplom)

Andere Berufe können über unterschiedliche Wege und Studienrichtungen erreicht werden. Beispiel Journalist/Journalistin:

Während eine Berufsausbildung für den entsprechenden Beruf qualifiziert, ermöglicht das Studium eines bestimmten Faches breite berufliche Einsatzmöglichkeiten in häufig unterschiedlichen Tätigkeitsfeldern.

Wer das Studium der Rechtswissenschaften absolviert hat, kann je nach Examensnote beispielsweise eine Tätigkeit (Auswahl) ausüben als

- Wirtschaftsprüfer,
- Richter,
- Staatsanwalt,
- Wirtschaftsjurist,
- Rechtsanwalt,
- Notar (nach Berufung),
- Steuer- und Wirtschaftsberater.

M

Die Überlegungen zu möglichen Studienrichtungen sollten bereits bei der Wahl der Kurse in der gymnasialen Oberstufe berücksichtigt werden. Für ein Medizinstudium sind die Naturwissenschaften, für ein Journalistikstudium die sprachlichen Fächer von Bedeutung.

Vorteile und Nachteile – Studium/Ausbildung

	Das spricht dafür	**Das spricht dagegen**
Studium	– gute Karrierechancen – höheres Einstiegsgehalt, größere Gehaltssteigerungen – Studien- und Freizeitgestaltung sind flexibel – mögliche Auslandsaufenthalte – Berufsziel kann während des Studiums definiert werden – breites Wissen und vielfältige Qualifikationen ermöglichen flexible Berufswahl – Arbeiten in Eigenverantwortung – Titel/Status – geringeres Risiko der Arbeitslosigkeit (laut Statistik)	– erfordert Selbstdisziplin, Ausdauer und Eigeninitiative – kein ständiges Einkommen – lange Studiendauer, dadurch später Berufseinstieg – Finanzierung notwendig, Jobben kann die Studiendauer verlängern – wenig Anleitung und Führung – überwiegend werden theoretische Kenntnisse vermittelt
Ausbildung	– eigenes Einkommen mit Ausbildungsbeginn – finanzielle Unabhängigkeit – sofort praktische Berufserfahrung – Aufgaben und Tätigkeiten sind in einer bundeseinheitlichen Ausbildungsordnung eindeutig definiert – Zusammenarbeit mit Vorgesetzten und Mitarbeitern – bei gutem Abschluss Chancen für eine Übernahme nach der Ausbildung – überschaubarer Zeitraum der Ausbildung	– Arbeit nach Anweisungen – Karrierechancen sind limitiert – weniger Freiraum für freie Entscheidungen – im Vergleich meist geringeres Einstiegsgehalt – Wechsel in andere Berufe ist schwieriger

Wege nach dem Abitur

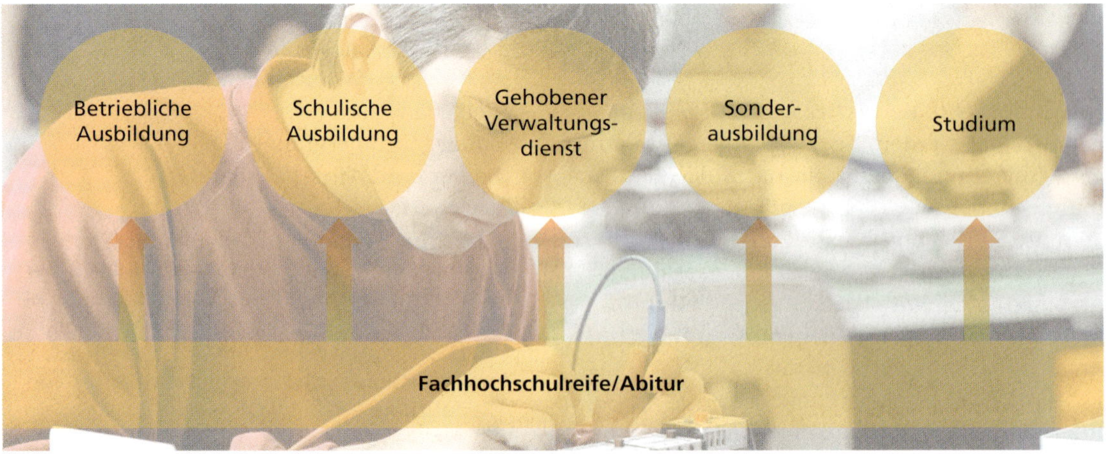

Neben der betrieblichen oder schulischen Berufsausbildung (vgl. Kapitel 1.2) stehen nach dem Abitur weitere Wege offen. Eine Möglichkeit nach dem Abitur ist die Ausbildung für den **gehobenen Verwaltungsdienst.**

Für die Aufgabenwahrnehmung bei Bundes-, Landes- und Kommunalbehörden, aber auch bei anderen öffentlichen Institutionen werden Beamtinnen und Beamte des gehobenen nichttechnischen Dienstes benötigt. Die dreijährige Ausbildung (Vorbereitungsdienst) erfolgt durch ein Studium an Fachhochschulen für öffentliche Verwaltung und durch berufspraktische Zeiten in den Ausbildungsbehörden. Während des Vorbereitungsdienstes ist man Beamtin oder Beamter auf Widerruf.
Es gibt jedoch auch Behörden, die ihre Nachwuchskräfte für den gehobenen Dienst nicht als Beamte, sondern als Angestellte einstellen. Mit Bestehen der Prüfung wird der Abschluss Diplom-Verwaltungswirtin/Verwaltungswirt, Diplom-Finanzwirtin/Finanzwirt erworben oder ein Abschluss mit einer anderen Bezeichnung (je nach Fachrichtung der Ausbildung). Die Einstellungsvoraussetzungen (z. B. Staatsangehörigkeit, Alter) sind gesetzlich geregelt. Das gilt auch für die schulische Vorbildung. Hier ist das Abitur, die Fachhochschulreife oder ein gleichwertiger Bildungsabschluss vorgeschrieben.

Sonderausbildung
Spezielle Studiengänge kombinieren die Berufsausbildung mit dem Unterricht an Fachhochschulen, Berufs-, Verwaltungs- oder Wirtschaftsakademien. Studienvoraussetzungen sind das Abitur oder die Fachhochschulreife, der Abschluss eines Ausbildungs-/Praktikumsvertrages mit einem kooperierenden Ausbildungsbetrieb bzw. einer kooperierenden Bildungseinrichtung und z. T. das Bestehen einer Auswahl-/Aufnahmeprüfung. Diese Studien können zu einer Doppelqualifikation führen.

Ein Beispiel für eine Sonderausbildung bietet die Berufsakademie in der Fachhochschule für Wirtschaft Berlin.

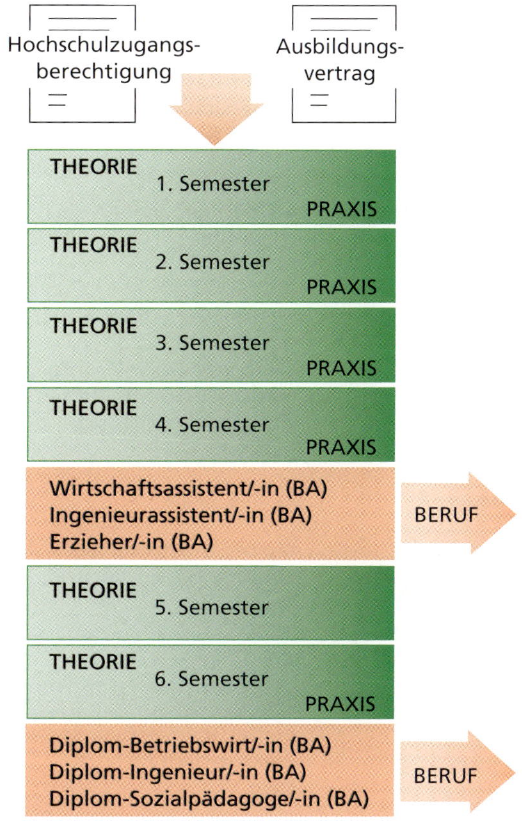

1 Weg der Sonderausbildung

An dieser Berufsakademie können duale Studiengänge in zehn wirtschaftwissenschaftlichen und technischen Fachrichtungen belegt werden:
- Bank,
- Handel,
- Immobilienwirtschaft,
- Industrie,
- International Business Administration,
- Spedition/Logistik,
- Steuern/Prüfungswesen,
- Tourismus,
- Versicherung,
- Wirtschaftsinformatik.

Insgesamt können jährlich ca. 450 Studienbewerber zugelassen werden. Alle Studierenden haben zugleich einen Ausbildungsvertrag mit einem der rund 480 Ausbildungsbetriebe, die mit der Berufsakademie kooperieren.

Wo kann man was studieren?

	Universität/Technische Universität oder vergleichbare Hochschule	**Fachhochschule**	**Berufsakademie**
Zugangsvoraussetzungen	Abitur (+Praktikum) z. T. fachgebundene Hochschulreife,	Abitur oder Fachhochschulreife, (z. T. Praktikum)	Abitur oder Fachhochschulreife und Ausbildungsvertrag mit einem Ausbildungsbetrieb
Studiengänge	Medizin, Jura, Pharmazie, Geisteswissenschaften, Lehrämter, Technik, Informatik, Wirtschaft, Naturwissenschaften, Kunst, Musik, u. a.	Technik, Wirtschaft, Sozialwesen, Bauwesen, Holzverarbeitung, Design u. a.	Technik, Wirtschaft, Sozialwesen, Finanzwesen
Dauer	ca. 4–6 Jahre	3,5–4,5 Jahre	3 Jahre
Abschluss	Diplom, Staatsexamen, Magister (M. A.), Bachelor, Master	Diplom (FH), Bachelor, Master, Ingenieur	Diplom (BA)
Besonderheiten	sehr breites Fächerspektrum breites Theoriestudium, Praxis je nach Fachrichtung breite Forschungsmöglichkeiten bestehen in einigen Studienfächern ist besonders viel Selbstdisziplin nötig (Jura)	die praktische Verwertbarkeit des Wissens steht im Vordergrund das Studium ist relativ „verschult" die Studiendauer ist oft kürzer als an Universitäten das Fächerspektrum ist begrenzt es sind z. T. Praxissemester integriert	Student an einer Berufsakademie und gleichzeitiges Ausbildungsverhältnis mit einem Unternehmen die praktische Verwertbarkeit des Wissens steht im Vordergrund die theoretisch-wissenschaftliche Ausbildung vermittelt die Akademie, die praktischen Kenntnisse das Unternehmen

Ausbildung – Qualifikation – Beschäftigung

Welche Chancen man mit einer bestimmten Ausbildung, einem bestimmten Studium auf dem Arbeitsmarkt hat, lässt sich nur schwer feststellen. Einerseits umfasst der Zeitraum von der Berufsentscheidung bis zur Berufstätigkeit mehrere Jahre. Andererseits verändern konjunkturelle Schwankungen, politische Entscheidungen und neue Technologien die Berufs- und Arbeitswelt.

Hochschulabsolventinnen und -absolventen sind am wenigsten von Arbeitslosigkeit betroffen. Aufgrund ihrer Ausbildung und der im Studium erworbenen überfachlichen Qualifikationen haben sie auf dem Arbeitsmarkt vielfältigere Möglichkeiten. Dennoch ist ein Studium keine Garantie für Beschäftigung.

Überbrückungsmöglichkeiten zwischen Schule und Ausbildung/Studium

Nicht immer ist ein „nahtloser" Übergang von der Schule in eine Ausbildung oder in ein Studium möglich oder gewünscht.
Manche sehen sich vor der Notwendigkeit, Wartezeiten überbrücken zu müssen, andere möchten sich noch nicht für eine bestimmte Ausbildung oder für ein bestimmtes Studium entscheiden.
Überbrückungsmöglichkeiten sind:
- Au-pair-Tätigkeit,
- Freiwillige Dienste (freiwilliges soziales Jahr oder freiwilliges ökologisches Jahr),
- Jobs und Praktika.

Als **Au-pair** hat man die Gelegenheit, eine Zeitlang im Ausland zu arbeiten und dabei die eigenen Sprachkenntnisse zu vertiefen. Bei Au-pair-Tätigkeiten handelt es sich meist um die Betreuung von Kindern und um Mitarbeit bei allen Arbeiten im Haushalt einer Familie. Dafür erhält der/die Au-Pair ein Taschengeld von ca. 150 bis 200 € monatlich sowie freie Kost und Logis. Die tägliche „Arbeitszeit" beträgt etwa 5 bis 6 Stunden. In der Freizeit können Sprachkurse besucht werden (die allerdings selbst finanziert werden müssen). Die Dauer der Au-pair-Verträge reicht über einen Zeitraum von 6 bis 12 Monaten. Es gibt verschiedene Anbieter – die genau geprüft werden sollten.

Wer sich besonders gesellschaftlich oder ökologisch engagieren möchte, kann ein **freiwilliges soziales Jahr** oder ein **freiwilliges ökologisches Jahr** absolvieren.

Die Arbeitsbereiche sind
- praktische Hilfstätigkeiten in Einrichtungen, insbesondere in der Wohlfahrtspflege, der Kinder- und Jugendhilfe, der außerschulischen Jugendbildung und Jugendarbeit, der Gesundheitspflege und in kulturellen Einrichtungen (Soziales Jahr) oder
- praktische Hilfstätigkeiten im Bereich des Natur- und Umweltschutzes (Ökologisches Jahr).

  Es wird ein monatliches Taschengeld in unterschiedlicher Höhe gezahlt, oder man erhält freie Unterkunft und Verpflegung gewährt. Das freiwillige Jahr kann auch im Ausland abgeleistet werden.

Zur Aufbesserung des Taschengeldes oder des Studienbudgets besteht die Möglichkeit, sich für eine **Aushilfstätigkeit** (z. B. in der Gastronomie oder im Handel) zu bewerben. Je nach Angebot können solche **Jobs** einige Stunden, Tage oder auch mehrere Wochen dauern, und auch die Verdienstmöglichkeiten können sehr unterschiedlich sein.

Studieren im Ausland

Wer seine fachliche und persönliche Weiterentwicklung mit internationalen Erfahrungen verbinden will, kann die Möglichkeit eines Auslandsstudiums in Erwägung ziehen. Mittlerweile gilt es bei den Bewerberinnen und Bewerbern um einen attraktiven Job als Standard, mindestens ein Semester im Ausland studiert zu haben.

Vollstudium im Ausland
- nur zu empfehlen, wenn auch der Studienabschluss dort erfolgt,
- die Anerkennung des Abschlusses in Deutschland sollte vorher geprüft werden.

Teilstudium im Ausland
- häufigste Variante,
- meist nach dem Grundstudium werden ein oder zwei Semester an einer Hochschule im Ausland absolviert.

Deutsche Studierende im Ausland 2000

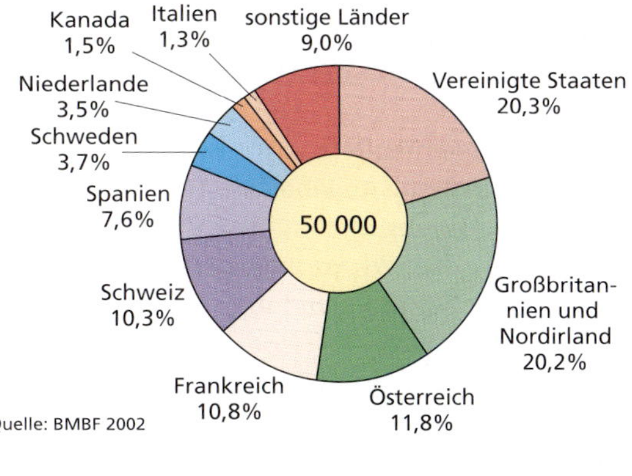

Quelle: BMBF 2002

Wichtig sind eine langfristige Planung und die Klärung von Fragen zu

- der Struktur des Hochschulsystems im Gastland,
- den Zulassungsvoraussetzungen zum gewünschten Studium,
- den erforderlichen eigenen Sprachkenntnissen,
- der Finanzierung des Studienaufenthalts (Studiengebühren, Lebenshaltungskosten),
- der Anerkennung der im Ausland erbrachten Prüfungs- und Studienleistungen in Deutschland.

Bewerbung, Test, Vorstellungsgespräch

Ist die Entscheidung für einen Ausbildungsberuf oder eine Studienrichtung gefallen, beginnt die Suche nach einem Ausbildungsplatz bzw. einem Studienplatz.

Bewerbungsverfahren

Unabhängig vom zukünftigen Ausbildungs- oder Studienplatz müssen Bewerbungsunterlagen verfasst und zusammengestellt werden. Die jeweilige Verfahrensweise ist jedoch unterschiedlich.

Schulische Berufsausbildung

- keine direkte Bewerbung
- Anmeldung mit dem letzten Schulzeugnis
- Vorgefertigte Formulare sind an den entsprechenden Schulen erhältlich

Studium

- Hochschulen stellen Bewerbungsbögen vor Ort oder im Internet (Download) zur Verfügung.
- Darin sind enthalten:
  allgemeine Angaben zur Person,
  Vorbildung,
  Angaben zu vorangegangenen Studien oder Berufsausbildung,
  Lebenslauf,
  Begründung der Studienwahl.
- Dem Bewerbungsbogen sind beizufügen:
  Hochschulzugangsberechtigung (Zeugnis) beglaubigt,
  Nachweis über Praktika (falls erforderlich),
  Zeugnis der Berufsausbildung/ IHK-Prüfungszeugnis (falls vorhanden),
  zwei Passbilder.

Duale Berufsausbildung

- Die Unternehmen erwarten eine schriftliche Bewerbung, die bereits Gegenstand einer Vorauswahl ist.
- Die Bewerbungsunterlagen werden individuell zusammengestellt und eingereicht.
- Es finden Gespräche, häufig Tests statt.

Bewerbungsunterlagen

M

Zu einer vollständigen schriftlichen Bewerbung gehören folgende Unterlagen in der Reihenfolge:

1. Bewerbungsschreiben (Anschreiben)
2. tabellarischer Lebenslauf mit Lichtbild vom Fotografen
3. Kopie des letzten Schulzeugnisses
4. Bescheinigungen über Praktika und Kurse

Auf einer Extra-Seite, der so genannten **„dritten Seite"**, die direkt hinter dem Lebenslauf angefügt wird, können noch weitere Informationen zur Person angegeben werden. Darin sagt der Bewerber beispielsweise etwas zu seiner Motivation, zu seinen beruflichen Zielen oder zu besonderen Fähigkeiten aus. Diese Seite hilft dabei, sich aus der Masse der Bewerber positiv abzuheben und Interesse zu wecken.

Wenn der Seite dann noch ein interessanter Titel gegeben wird, wie :

- Meine Motivation,
- Was Sie von mir wissen sollten,
- Warum ich mich bewerbe,

wird sie mit Sicherheit gelesen.

„Bewerben heißt für sich werben“
Das sollte schon in den Bewerbungsunterlagen zum Ausdruck kommen:

- Schreibe deine Unterlagen im Computer auf weißem DIN-A4-Papier und lasse 2,5 cm Rand.
- Notiere Namen und Anschrift auf der Rückseite des Lichtbildes und befestige es mit Fotoecken auf dem Lebenslauf (nicht festkleben, keine Büroklammern).
- Bewerbungsschreiben und Lebenslauf sollten stets neu geschrieben im Original, Zeugnisse oder Bescheinigungen dagegen nur als gut lesbare Kopie eingereicht werden.
- Prüfe, ob die Schreibweise klar, deutlich und fehlerfrei ist und du dich überzeugend dargestellt hast.
- Die kompletten Unterlagen gehören in eine spezielle Bewerbungsmappe in der Reihenfolge wie beschrieben. Bewerbungsschreiben werden lose eingelegt. Dann kommt alles in einen großen stabilen Briefumschlag (nicht knicken).

Online-Bewerbung

Bewerbungen über das Medium Internet stellen eine zunehmend an Bedeutung gewinnende Form der Bewerbung dar. Diese Bewerbungsform hat gewisse Vorteile. Der Bewerber demonstriert

- seine Kompetenz im Bereich moderner Kommunikationstechnologien,
- die Bewerbung liegt schnell vor,
- eine E-Mail ist kostengünstig,
- man kann sich sehr einfach auch bundesweit bewerben.

Sinnvoll ist eine **Online-Bewerbung** immer dann, wenn

- ein Unternehmen eine Online-Stellenanzeige geschaltet hat,
- in einer Stellenanzeige nur eine E-Mail-Adresse als Kontakt angegeben ist,
- ein Unternehmen auf seiner Firmenseite im Internet dazu auffordert. Meist kann man in diesem Falle die Daten direkt in eine Eingabemaske geben.

Auch bei Online-Bewerbungen sind bestimmte Regeln einzuhalten:

1. vorher im Unternehmen anfragen, ob eine Online-Bewerbung erwünscht ist,
2. Verwendung eines höflichen Umgangstones,
3. sorgfältige Ausarbeitung der schriftlichen Teile der Bewerbung,
4. dem Unternehmen anbieten, Zeugnisse und weitere Unterlagen per Post zu schicken.

Das Vorstellungsgespräch

Einen festen, vorgegebenen Rahmen, wie ein Vorstellungsgespräch abzulaufen hat, gibt es nicht. Von Unternehmen zu Unternehmen kann die Vorgehensweise ganz unterschiedlich sein. Hier werden Einzelinterviews durchgeführt, dort werden mehrere Bewerber zusammen befragt, und wieder woanders müssen die Bewerber sich mehreren Gesprächen unterziehen.

Das Vorstellungsgespräch läuft nicht im luftleeren Raum ab. Auch hier gibt es eine Reihe von arbeitsrechtlichen Vorschriften (vgl. Tabelle, S. 38). Für den Bewerber geht es vornehmlich um das **Fragerecht** im Vorstellungsgespräch. Eine rechtzeitige **Vorbereitung auf das Gespräch** ist von großer Bedeutung. Dazu gehört zu erkunden, wie der Betrieb zu erreichen ist und welche Zeit benötigt wird, um rechtzeitig anzukommen (Einplanung einer Zeitreserve). Pünktliches und ausgeruhtes Erscheinen sowie Sauberkeit und korrekte (nicht übertriebene) Kleidung sind auch heute noch sehr gefragt.
Wichtig ist es auf jeden Fall, selbst Fragen zum Unternehmen, zu den Mitarbeitern oder zum Ausbildungsplatz zu stellen. Der Eindruck aus dem Vorstellungsgespräch hat großen Einfluss auf die Entscheidung für oder gegen einen Bewerber/eine Bewerberin.
Ein wichtiger Punkt sind Fragen im Vorstellungsgespräch, um an Informationen zu kommen. Der Personalchef stellt Fragen, um herauszufinden, ob der Bewerber der richtige Kandidat ist, und der Bewerber stellt Fragen, um sein Informationsbedürfnis zu stillen und Interesse zu bekunden.

zulässig sind Fragen nach	
– dem beruflichen Werdegang /beruflichen Fähigkeiten – Schwerbehinderteneigenschaft von über 50 % – dem Wehrdienst – Ausbildungs- / Studiennoten – Lohn- und Gehaltspfändungen – einschlägigen Vorstrafen – Wettbewerbsverboten	wahrheitsgemäße Beantwortung unrichtige oder falsche Beantwortung kann zur Anfechtbarkeit und zur Auflösung des Arbeitsvertrages führen

bedingt zulässig sind Fragen nach	
– Vermögensverhältnissen – Schwerbehinderteneigenschaften – Schwangerschaft (nur bei Sportlehrerin, Model) – chronischen Krankheiten – Gehaltshöhe der bisherigen Stellung	**hier entscheidet der jeweilige Zusammenhang mit der angebotenen Stelle** (z. B. bei leitenden Angestellten und Personen in Vertrauensstellungen ist auch die Frage nach den Vermögensverhältnissen zulässig)

unzulässig sind Fragen nach	
– bevorstehender Eheschließung – Kinderwunsch – Parteizugehörigkeit (außer Trendbetriebe) – Religionszugehörigkeit (außer Trendbetriebe) – Gewerkschaftszugehörigkeit – früheren Krankheiten	**nur unter extremen Bedingungen könnten diese Fragen eine Zulässigkeit erlangen**

Der Gesetzgeber hat zum Schutz der Person und Persönlichkeit Bereiche definiert, die im Vorstellungsgespräch nicht bzw. nur bedingt erfragt werden dürfen. Werden dir trotzdem Fragen zu diesen Bereichen gestellt, brauchen diese nicht wahrheitsgemäß beantwortet zu werden.

Keine Angst vor Einstellungstests

Der Einsatz von **Testverfahren** bei der Einstellung neuer Mitarbeiterinnen und Mitarbeiter und auch Auszubildender hat unterschiedliche Ursachen, z. B.:

- **Knappheit der freien Stellen**
  Der Arbeitgeber kann sich aus der Vielzahl von Bewerbern den/die für das Unternehmen besten heraussuchen.
- **Geringe Aussagekraft der Schulzeugnisse**
  Viele Eigenschaften, auf die heute in Unternehmen großer Wert gelegt wird, können nicht aus dem Zeugnis abgeleitet werden.
- **Erfassen von Persönlichkeitsmerkmalen**
  Über die im Test erkannten Persönlichkeitsmerkmale versuchen die Unternehmer herauszufinden, ob ein Bewerber mit dem Arbeitsplatz dauerhaft zufrieden sein wird.

Tests mit Bewerberinnen und Bewerbern auf einen Ausbildungsplatz sollen den Unternehmen Aufschluss bringen, ob

- sie den Anforderungen der Ausbildung voraussichtlich gewachsen sind (ob die Fähigkeiten, Kenntnisse und die Leistungsbereitschaft ausreichen werden),
- die beruflichen Interessen und Ziele mit den Inhalten der gewünschten Ausbildung und den Möglichkeiten des späteren Berufes übereinstimmen und
- Persönlichkeit und Einstellungen den Erwartungen, vor allem hinsichtlich Einsatzbereitschaft, Verantwortungsbewusstsein, Teamfähigkeit, entsprechen.

Einige Eignungstests im Überblick

Beim **Intelligenztest** werden Allgemeinwissen, logisches Denken und mathematisches Denken abgefragt. Es können verschiedene Fragen verwendet werden:
- offene Fragen (freie Beantwortung),
- geschlossene Fragen (mehrere Antworten sind vorgegeben, die richtige muss angekreuzt werden.

Für die Beantwortung ist meist ein Zeitlimit gesetzt. Der Umfang ist so bemessen, dass alle Fragen nicht zu schaffen sind. Damit soll das Verhalten der getesteten Person in einer Stress-Situation beobachtbar werden.

Beispiele für Allgemeinwissen:
- Welche Regierungsform hat die Bundesrepublik Deutschland?
- Wer ernennt in der Bundesrepublik Deutschland die Bundesminister?
- Wer wählt in der Bundesrepublik Deutschland den Bundespräsidenten?
- In welcher Stadt hat das Bundesverfassungsgericht seinen Sitz?
- Wo haben die Vereinten Nationen (UNO) ihren Sitz?
- Was ist eine Inflation?
- Wann begann und wann endete der Zweite Weltkrieg?
- Welches Meer liegt zwischen Europa und Afrika?
- Wer schrieb „Faust“?
- Welcher bedeutender Maler wurde 1471 in Nürnberg geboren?
- Welches Land bezeichnet man als das Geburtsland des Jazz?

Beispiele für sprachliche Fähigkeiten:
Was bedeutet der Begriff Konvoi?
1. exotische Frucht
2. Geleitzug
3. Gastmahl in Arabien
4. Angstzustand

Ordnen Sie dem Begriff das fehlende Wort zu:
Film : Kritik = Buch : ?
1. Rezession
2. Rezension
3. Reputation
4. Resignation
5. Repression

Beispiele für mathematische Fähigkeiten:
Ergänzen Sie die folgenden Zahlenreihen sinnvoll:
100 50 52 26 28 14
7 10 13 17 21 26 31
Verwandeln Sie die folgenden Prozentzahlen in Brüche:
a) 25 % b) 33,3 % c) 0,5 % d) 125 %

Beispiele zum logischen Denken:
Michael ist größer als Oliver. Oliver ist größer als Rudolf, aber kleiner als Tom. Tom ist größer als Michael.
Wer ist der größte?
Wie oft kann man eins von 10 subtrahieren?

Der **Leistungstest** überprüft meist in schriftlicher Form die Konzentration und Leistungsfähigkeit unter Zeitdruck sowie Ausdauer und Belastbarkeit.

Der **Persönlichkeitstest** dient dazu, persönliche Eigenschaften, Merkmale und Verhaltensmuster in unterschiedlichen Situationen zu erkennen. Hier werden die getesteten Personen mit unvermuteten Situationen konfrontiert, auf die sie reagieren müssen.

Ein **Auswahlverfahren** zu bestehen, ist keine Glückssache. Eine gute Vorbereitung trägt zum Erfolg bei.
- In öffentlichen Bibliotheken, im Buchhandel und im BIZ gibt es verschiedene Testtrainingsbücher, um sich mit Testarten vertraut zu machen.
- Am besten übt man eine Testsituation. Beispieltests befinden sich in den Trainingsbüchern.
- Einstellungstests sind meist anstrengend, deshalb sollte man zu diesem Termin möglichst „fit" und ausgeruht sein.

Methode Portfolio

Begriffsklärung

Unter **Portfolio** versteht man die strukturierte Sammlung von Dokumenten unterschiedlicher Art und von persönlichen Arbeiten, die Lernwege und Lernerfolge belegen. Das Portfolio ist eine individuelle Arbeitsunterlage, die selbstständig zusammengestellt, ergänzt und aktualisiert wird. Ein Portfolio dokumentiert die Lernanstrengungen und Leistungen auf einem konkreten Gebiet, belegt individuellen Zugewinn an Kompetenz.

Das Portfolio Berufswahl

Das Portfolio Berufswahl dient dazu, den Weg und die Ergebnisse der Berufsorientierung zu skizzieren, indem alle Unterlagen systematisch gesammelt und geordnet werden. Es besteht aus einem Ordner, der sich in fünf Abteilungen gliedert:

1. Unterlagen zur Berufsorientierung
2. Unterlagen zum Bewerbungsschreiben
3. Unterlagen zum Einstellungstest
4. Unterlagen zum Vorstellungsgespräch
5. Zertifikate und Qualifikationen

Auf einer Qualifikationsliste am Anfang des Ordners sind die fünf Abteilungen mit den erforderlichen Materialien aufgeführt. Die Erledigung bzw. erfolgte Bearbeitung anstehender Aufgaben wird dort festgehalten.

1. Unterlagen zur Berufsorientierung
- Notizen für Gespräche mit dem Berufsberater
- Sammlung von Materialien aus dem BIZ über einen oder mehrere Wunschberufe

2. Unterlagen zum Bewerbungsschreiben
- Grundsätze zu Bewerbungsschreiben
- Mein Bewerbungsschreiben
- Mein Lebenslauf
- Diskette mit Bewerbungsschreiben und Lebenslauf

3. Unterlagen zum Einstellungstest
- Literatursammlung
- Übungen

4. Unterlagen zum Vorstellungsgespräch
- Grundsätze zur Vorbereitung auf das Vorstellungsgespräch
- Informationen über den Betrieb, von dem zum Vorstellungsgespräch eingeladen wurde
- Gedächtnisstütze zu den einzelnen Bewerbungsgesprächen

5. Zertifikate und Qualifikationen

5.1. Nachweise über Praktika und berufliche Erfahrungen
- Schülerbetriebspraktikum Klasse 9
- Schülerbetriebspraktikum Klasse 10
- Zusätzliche Praktika
- Ferienarbeitseinsätze

5.2. Besondere schulische Qualifikationen
- Mitarbeit an besonderen Unterrichtsprojekten
- Bescheinigung über schulische Jahresarbeit

5.3. Besonderes schulisches Engagement
- Mitarbeit in Schulgremien
- Mitarbeit an der Schülerzeitung

5.4. Computerkenntnisse
- Computerführerschein
- Internetführerschein
- Zusätzliche Kenntnisse (Excel, HTML...)

5.5. Aktivitäten in Vereinen und Verbänden
- Mitgliedschaft in Jugendverbänden, (Sportvereinen, Feuerwehr...)
- Übungsleiterschein, Trainerschein

5.6. Sprachkenntnisse
- Mehrsprachigkeit
- Bescheinigung über (Auslands)-Sprachkurse

5.7. Internationale Kontakte
- Teilnahme an internationalen Begegnungen
- Auslandsaufenthalte
- Schülerinnen-/Schüleraustausch

5.8. Sonstige Qualifikationen
- Teilnahme an Volkshochschulkursen, ...

Das Wichtigste im Überblick

Zeitplaner für die Berufswahl

	Zeitpunkt	Was ist zu tun?
	9. Jahrgangsstufe	Falls du nicht schon früher damit begonnen hast, solltest du jetzt anfangen, deine Berufswegplanung als wichtige Aufgabe wahrzunehmen und die innere Bereitschaft zur Auseinandersetzung mit diesem Thema zu entwickeln. – denke über deine Wünsche, Interessen und Fähigkeiten nach – beginne dich über Ausbildungswege und Berufe zu informieren – nutze die vielfältigen Angebote des BIZ – nimm Angebote wie „Tag der offenen (Hochschul-) Tür" wahr – berate dich mit deinen Eltern, Verwandten, Bekannten, Freunden
	10. Jahrgangsstufe	Falls du nach der mittleren Reife in eine duale oder schulische Berufsausbildung wechseln möchtest, müsstest du jetzt aktiv werden. – Ausbildungsbetrieb suchen – Bewerbungsunterlagen vorbereiten Für eine schulische Berufsausbildung solltest du rechtzeitig mit der Schule Kontakt aufnehmen (z. T. lange Wartezeiten).
	12. Jahrgangsstufe	Entscheidung für eine berufliche Ausbildung oder ein Studium – gezielt Informationen zusammentragen.
	13. Jahrgangsstufe	Bei Entscheidung für berufliche Ausbildung: – im ersten Halbjahr Bewerbung in einem Betrieb, einer Behörde oder Anmeldung an einer Schule (z. B. Berufskolleg) – zum 1. August oder 1. September Abschluss des Ausbildungsvertrages Bei Entscheidung für ein Studium: – Studienortentscheidung – Zugangsmöglichkeiten (numerus clausus) prüfen – bis Mitte Juli an einer Hochschule oder der Zentralstelle für die Vergabe von Studienplätzen (ZVS) bewerben Bei Entscheidung für eine „Auszeit" Informationen über Überbrückungsmöglichkeiten einholen und Kontakte aufnehmen.

1.4 Strukturwandel und Zukunft der Arbeit

Manufakturen (lateinisch: „mit der Hand gemachte Arbeit“) waren Kooperationen, die auf innerbetrieblicher Arbeitsteilung und handwerklicher Technik beruhten. Während ein Handwerker an einem Tag maximal 20 Nadeln herstellen konnte, wurden in der Manufaktur 4 800 pro Tag und Arbeiter produziert.

Mit dem Einsatz moderner Technologien entwickelt sich die Produktion bis hin zur Vollautomatisierung. So kommen in der heutigen Autoproduktion immer mehr Roboter zum Einsatz, die den klassischen Arbeiter nach und nach ersetzen. Der Mensch übernimmt mehr Wartungs-, Service- und Kontrollaufgaben. Dadurch steigen die Anforderungen an seine Qualifikation und Flexibilität.

Durch Rationalisierung der Arbeitsgänge machte Henry Ford das Auto für die Allgemeinheit erschwinglich. Er entwickelte als erster Fließbänder, Standardisierungen in der Fertigung und arbeitsteilige Herstellungsprozesse.

Wandel der Arbeits- und Beschäftigungsstruktur

Die Entwicklung der Arbeit ist eng mit der Evolution des Menschen verbunden. Heute befinden wir uns in einer Phase, in der völlig neue Technologien entstanden und entstehen. Die Mikroprozessortechnik sowie die Informations- und Kommunikationstechnik (IuK-Technik) haben unser gesamtes Leben nachhaltig verändert. Weitere Technologien, wie die Bio- und Gentechnologie, Laser- und Sensortechnik, befinden sich in einer stürmischen Entwicklung.

M Das prägende Merkmal unserer heutigen Entwicklungsstufe besteht darin, dass der Mensch eine völlig neue Stellung im Produktionsprozess erhält. Er tritt aus dem eigentlichen Produktionsprozess heraus und übernimmt mehr und mehr Wartungs-, Service- und Kontrollaufgaben.

Die Arbeitsproduktivität ist mittlerweile hoch und wird weiter steigen, so dass nur noch etwa jeder fünfte Beschäftigte im produzierenden Gewerbe tätig ist.

Computer, Informations- und Kommunikationstechnik, die Entwicklung der Transportsysteme und die Herausbildung weltweit agierender Unternehmen haben die Globalisierung und damit die internationale Arbeitsteilung vorangetrieben.

M **Globalisierung** ist der Prozess der fortschreitenden Internationalisierung der Wirtschaftsbeziehungen. Die Globalisierung ist durch ein hohes Maß an internationalen Handels- und Kapitalströmen sowie durch einen rapiden technischen Wandel gekennzeichnet.

Die international agierenden Unternehmen investieren an Standorten, an denen sie günstigste Bedingungen vorfinden. Dabei ist die Höhe der Lohnkosten, die in den Medien ständig hervorgehoben wird, nur einer von mehreren Faktoren. Wichtig für die Standortwahl sind auch die Qualifikation der Arbeitskräfte, die vorhandene Infrastruktur, die Steuern, Investitionszuschüsse und besonders die Größe des Absatzmarktes.

Die bisher vollzogenen historischen Entwicklungen spiegelt auch das **Viersektorenmodell** wider. Es weist die krasse Abnahme der Beschäftigten in der Landwirtschaft aus und die enorme Zunahme im Bereich Information. Diese Entwicklung bezieht sich allerdings nur auf hoch entwickelte Industriestaaten.

Anteil der Erwerbstätigen in den verschiedenen Sektoren von 1890 bis 2010 (2010 Prognose)

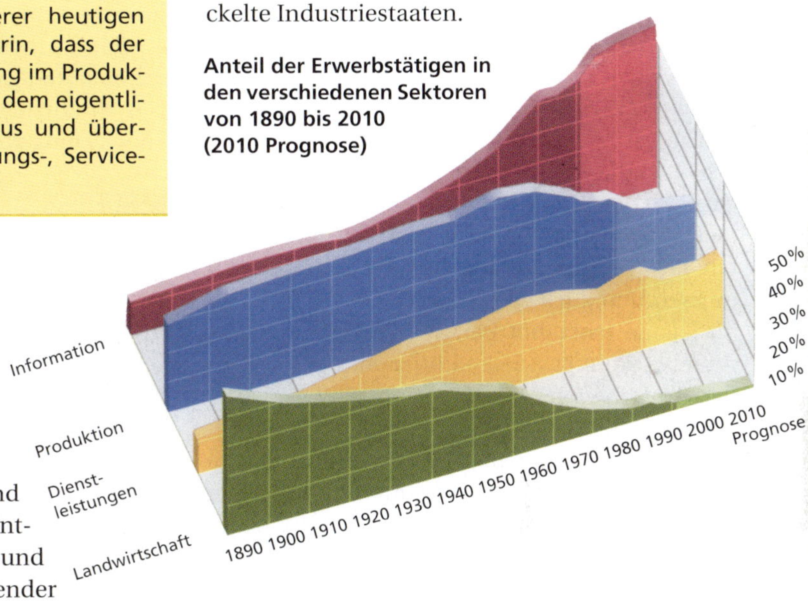

Prognosen zum Wandel der Arbeitswelt

M Eine Prognose trifft eine wissenschaftlich begründete Vorhersage zu zukünftigen Entwicklungen. Prognosen können kurz-, mittel- und langfristige Aussagen machen.

Auf der Basis von Prognosen werden politische, wirtschaftliche und auch persönliche Entscheidungen getroffen. Die schnelle Entwicklung von Wissenschaft und Technik sowie deren Umsetzung in der Wirtschaft, die Zunahme des Lebensalters, die veränderte Altersstruktur in den westlichen Industrieländern u. a. haben gravierende Auswirkungen auf den Einzelnen und die Gesellschaft. Sie haben Einfluss auf die gesamte Arbeitswelt, die im Folgenden näher dargestellt werden soll.

Die Anzahl der Arbeitsplätze im produzierenden Bereich wird weiter zurückgehen, die im Dienstleistungs- und Informationsbereich wächst. Dabei wird die Anzahl der Arbeitsplätze, die insgesamt zur Verfügung stehen, tendenziell kleiner werden. Grundsätzlich steigen die Anforderungen an die Beschäftigten bezüglich ihrer Qualifikation und ständigen Qualifizierung.

Ungelernte Arbeitskräfte, die oft keinen Schulabschluss haben, werden kaum oder nur noch zeitweise Arbeit finden. Der Anteil der hochqualifizierten Arbeit wird zunehmen. Die höher Qualifizierten haben bessere Chancen auf dem Arbeitsmarkt, auch wenn sie teilweise unter ihrer Qualifikation eingesetzt werden. Langfristig werden immer mehr Menschen im arbeitsfähigen Alter die verschiedensten Arbeiten annehmen müssen und auch zeitweilig arbeitslos sein. Die im letzten Jahrzehnt bereits sichtbare Auslagerung bestimmter Arbeiten in andere, meist kleinere Unternehmen (Outsourcing) wird sich fortsetzen.

Die großen Unternehmen reduzieren damit ihre Kosten und hoffen durch die Konzentration auf ihre Kernkompetenzen auf eine höhere Innovationsfähigkeit. Das führt zu kleinen, hochqualifizierten Stammbelegschaften, die bei Bedarf ergänzt werden. Die in den ausgelagerten Unternehmen Tätigen haben häufig eine geringere Qualifikation und Entlohnung. Weiterhin ist der Arbeitsplatz dieser Beschäftigten häufig unsicher, denn ihr Arbeitgeber ist stark von der Auftragslage durch das Großunternehmen abhängig.

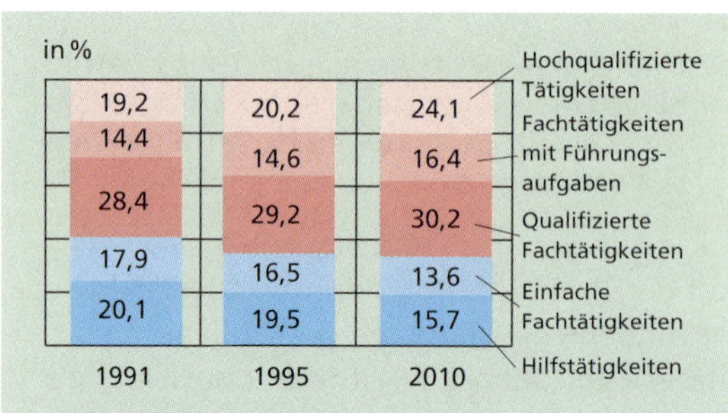

1 Qualifikation der Erwerbstätigen 1991 bis 2010

M Der schnelle Einsatz der neuen Technologien, die Globalisierung und die Unsicherheit der Märkte führen zu einer weiteren Flexibilisierung der Arbeitszeit und der Forderung nach lebenslangem Lernen sowie möglichst uneingeschränkter Mobilität der Arbeitnehmer.

Die Einführung von lean production und lean management (vgl. Kap. 3) benötigt vielseitig ausgebildete Arbeitskräfte, da die Teams oftmals Managementaufgaben sowie Aufgaben der ständigen Produktverbesserung und sogar Produktentwicklung übernehmen.

Die Entwicklung und Vervollkommnung von Technologien lassen ständig neue Berufe, wie die IT-Berufe, entstehen. In den letzten vier Jahren sind genauso viele Berufe neu entstanden wie in den 20 Jahren davor. Die Ausbildungsinhalte bereits bestehender Berufe müssen immer wieder an die neuen Anforderungen angepasst werden.

All das reicht jedoch nicht aus. Das Wissen der Menschheit verdoppelt sich derzeit alle 5 bis 7 Jahre. Um lebenslanges Lernen effektiv zu ermöglichen, um den wachsenden und wechselnden Anforderungen der Wirtschaft gerecht zu werden, gewinnen Schlüsselqualifikationen immer mehr an Bedeutung. Als Schlüsselqualifikationen werden angesehen:

1. **Sachkompetenzen**
   - fachspezifische Kenntnisse
   - Erkennen und Denken in Zusammenhängen
   - Beherrschung von Fremdsprachen

2. **Methodenkompetenzen**
   - Aneignung und Verarbeitung von Informationen
   - Organisation des eigenen Lernens
   - Organisationsvermögen

3. **Sozialkompetenzen**
   - Kommunikations- und Teamfähigkeit
   - Konfliktfähigkeit
   - Selbstverantwortung

4. **Personalkompetenzen**
   - Fähigkeit zur eigenverantwortlichen Gestaltung des Lebens
   - moralische Normen und Urteilsfähigkeit

Diese Fähigkeiten sollen bereits in der Schule erworben und in der Berufsausbildung weiter entwickelt werden.

Entwicklung der Arbeitslosigkeit

Das Problem Arbeitslosigkeit ist schon seit längerem im Bewusstsein der Öffentlichkeit. Im Jahre 1950 gab es eine Arbeitslosenquote von über 10 %. Dieser Stand ist wieder erreicht. Im Dezember 2003 waren in der BRD 4,32 Millionen Menschen als arbeitslos registriert.

Die Jahre von 1950 bis 1960 werden als die goldenen fünfziger Jahre bezeichnet, da die Wirtschaft der Bundesrepublik überproportional anwuchs und dadurch die Arbeitslosenquote auf einen historischen Tiefstand sank.

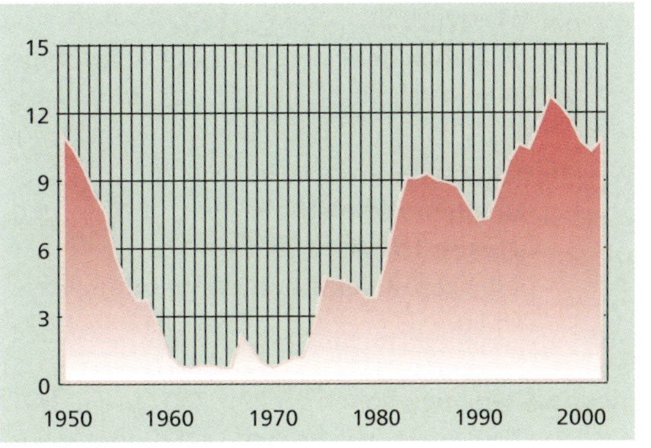

1 Entwicklung der Arbeitslosenquote von 1950 bis 2002 in %

Die Arbeitslosenquote lässt sich wie folgt ermitteln:

$$\text{Arbeitslosenquote} = \frac{\text{Anzahl der registrierten Arbeitslosen}}{\text{Anz. d. registrierten Arbeitslosen} + \text{Anz. d. abhängig Erwerbstätigen}} \times 100$$

Mitte der 60er-Jahre erlebte die Bundesrepublik die erste wirtschaftliche Krise, die zum Anstieg der Arbeitslosenquote führte. Nach Überwindung dieser zyklischen Krise sank die Arbeitslosenquote wieder auf den vorherigen Stand.

In der Statistik werden nur die registrierten Arbeitslosen ausgewiesen. Das sind die Personen, die
- arbeitssuchend in der Arbeitsagentur gemeldet sind
- mit Ausnahme von Kurzzeittätigkeiten keine Erwerbseinkommen haben
- zur Arbeitsaufnahme bereit sind
- der Vermittlung zur Verfügung stehen (nicht krank, zur Kur oder im Urlaub sind).

In der Arbeitslosenstatistik werden mehrere große Personengruppen nicht erfasst:

1. verdeckte Arbeitslose, wie z. B. Personen
   - in Arbeitsbeschaffungsmaßnahmen,
   - in von den Arbeitsagenturen bezahlten Ganztagsfortbildungsmaßnahmen,

- in Kurzarbeit,
- die Schlechtwettergeld oder Winterausfallgeld erhalten,

2. stille Reserve
   - Personen die sich aus den unterschiedlichsten Gründen nicht mehr in der Arbeitsagentur als arbeitssuchend registrieren lassen.

All diese Personen haben im Jahr 2002 in der BRD die Arbeitslosenstatistik um ca. 3,5 Millionen Personen entlastet. Addiert man die offiziellen, die verdeckten Arbeitslosen und die stille Reserve, erhält man für 2002 ca. 7,5 Millionen. Das entspräche einer Arbeitslosenquote von rund 16,7 %.

Den Arbeit Suchenden steht eine bestimmte Anzahl offener Stellen gegenüber. Die Schere zwischen der Anzahl der offenen Stellen und der Anzahl der Arbeitslosen wird immer ungünstiger.

M

Aufgrund der hohen Zahl von Arbeitslosen spricht man heute von Massenarbeitslosigkeit.

Den mehr als 4 Mio. Arbeitslosen stehen nur etwa 500 000 offene Stellen gegenüber. Deshalb ist nicht die Vermittlung, sondern die Schaffung von Arbeitsplätzen dringende Aufgabe.

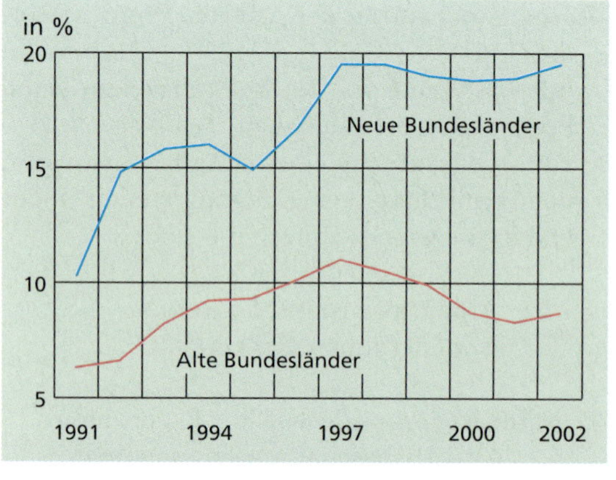

1 Vergleich der Arbeitslosenquote neue und alte Bundesländer von 1991 bis 2002

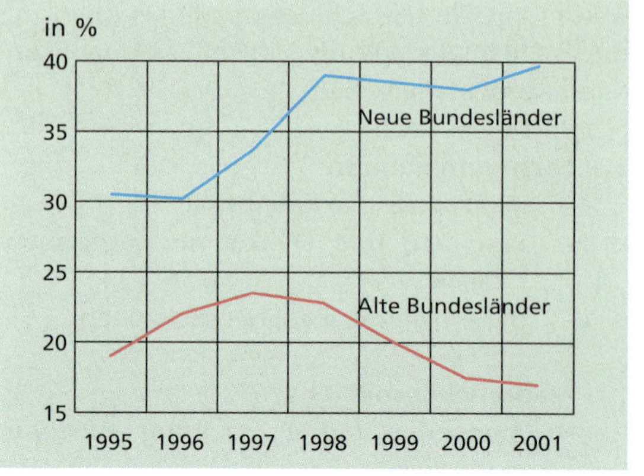

2 Vergleich der Arbeitslosenquote nach erfolgreich abgeschlossener dualer Berufsausbildung

Aus dieser Tatsache ergibt sich eine Reihe großer Probleme:

- hohe Arbeitslosigkeit junger Menschen nach ihrer abgeschlossenen Berufsausbildung (Abb. 2),
- sehr hoher Anteil der Personen (ca. 45 % aller Arbeitslosen), die keine Berufsausbildung abgeschlossen haben,
- hohe Anzahl der Langzeitarbeitslosen; darunter besonders ältere Mitbürger über 50 Jahre, die in der Mehrzahl gern arbeiten möchten, aber kaum noch Arbeit finden,
- große regionale Unterschiede zwischen den alten und neuen Bundesländern (s. Abb. 1 und 2).

Ursachen der Arbeitslosigkeit

1. **Strukturelle Arbeitslosigkeit:** branchen-, regionale- oder/und entwicklungsbezogene Arbeitslosigkeit,
2. **technologische Arbeitslosigkeit:** Folge von Rationalisierungsmaßnahmen,
3. **konjunkturelle Arbeitslosigkeit:** in der Rezession und Depression werden Beschäftigte in größerem Umfang entlassen und dadurch arbeitslos,
4. **saisonale Arbeitslosigkeit:** im Winter werden z. B. nur wenige Arbeiter im Baugewerbe benötigt; Saisonarbeitskräfte, wie zur Ernte von Spargel, Kirschen etc., werden nur eine kurze Zeitspanne benötigt,

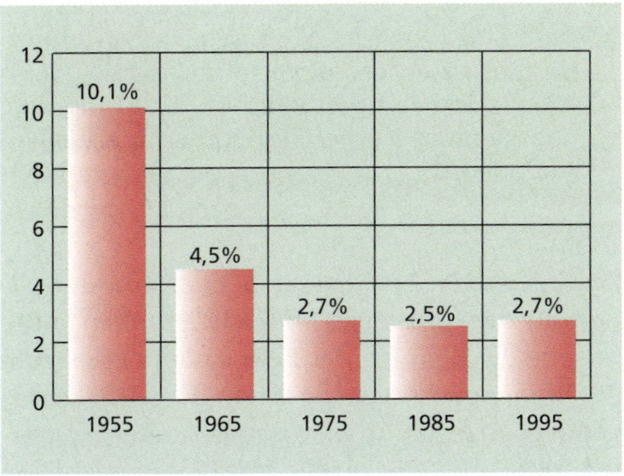

1 Steigerungsraten für das reale Bruttoinlandsprodukt von 1951 bis 2000, gemittelt über je 10 Jahre

5. stagnierende Binnennachfrage: wird wiederum hervorgerufen durch die hohe und wachsende Zahl der Arbeitslosen und damit einer verminderten Kaufkraft.

Die untere Tabelle fasst die wesentlichsten Ursachen für die Arbeitslosigkeit zusammen. Dabei sind nicht alle Ursachen gleich wichtig, auch wenn sie komplex zusammenwirken.

Der Forscher Horst W. Opaschowski hat diesen Trend in die Formel 0,5 × 2 × 3 gebracht: die Hälfte der heutigen Arbeitnehmer wird ausreichen, um doppelt so viele Güter und Dienstleistungen bei dreifach höherer Arbeitsproduktivität herzustellen. Diese Wirkung ist stärker als die durch konjunkturelle Erholung und im Boom wieder neu entstehenden Arbeitsplätze.

Die Anzahl der in den Wachstumsbranchen neu entstehenden Arbeitsplätze ist also geringer als die Zahl der durch Rationalisierung arbeitslos gewordenen Menschen.

Für einen Abbau der Arbeitslosigkeit ist nach vorliegenden Erfahrungswerten und nach Auffassung der Wirtschaftswissenschaftler ein Wachstum des Bruttoinlandprodukts von jährlich mindestens 3 % notwendig, was seit den 70 er-Jahren nicht mehr erreicht wurde (Abb. 1). Um eine Steigerungsrate von 3 % zu erreichen, sind entsprechend hohe Investitionen notwendig. Das Investitionsvolumen ging in den vergangenen Jahren kontinuierlich zurück.

M Das Bruttoinlandsprodukt ist ein Maß für die wirtschaftliche Stärke eines Landess.

Systematik der Ursachen der Arbeitslosigkeit (nach J. Pätzold)

Zeitdauer	**Gesamtwirtschaftliches Phänomen**	**Teilwirtschaftliches Phänomen**
kurzfristig	**friktionelle Arbeitslosigkeit („Sucharbeitslosigkeit“)**	**saisonale Arbeitslosigkeit**
mittelfristig („temporär“)	**konjunkturelle Arbeitslosigkeit** (temporäre Arbeitslosigkeit in der Rezession)	**„strukturalisierte“ konjunkturelle Arbeitslosigkeit** (temporäre Arbeitslosigkeit in der Rezession mit struktureller Ausprägung)
langfristig („zählebig")	**wachstumsdefizitäre Arbeitslosigkeit** 1. Stagnationsarbeitslosigkeit 2. technologische Arbeitslosigkeit 3. lohninduzierte Arbeitslosigkeit („klassische Arbeitslosigkeit“) 4. Kapitalmangelarbeitslosigkeit 5. demographische Arbeitslosigkeit	**strukturelle Arbeitslosigkeit** 1. regionale Arbeitslosigkeit 2. branchenspezifische Arbeitslosigkeit 3. qualifikationsspezifische Arbeitslosigkeit 4. geschlechtsspezifische Arbeitslosigkeit 5. auf sonstigen persönlichen Eigenschaften beruhende Arbeitslosigkeit (Nationalität, Gesundheit. ...)

Folgen der Arbeitslosigkeit

Die Arbeitslosigkeit hat Auswirkungen auf die Betroffenen, deren Angehörige, den Staat, die Gesellschaft und die Wirtschaft (Abb. 1, S. 48).

Der Verlust des Arbeitsplatzes ist für den Betroffenen zunächst mit einem Schock verbunden. Dann folgt eine aktive Phase der Stellensuche, während der der Einzelne noch optimistisch ist und sich mit dem Los noch nicht abgefunden hat. Im zweiten Stadium, wenn alle Bemühungen und Versuche fehlgeschlagen sind, wird der Betroffene zunehmend pessimistischer und leidet unter Ängsten. In der dritten und letzten Phase schließlich wird er hoffnungslos und findet sich mit seiner Lage ab. Längere Arbeitslosigkeit führt bei den Betroffenen oft zu
- einem negativen Selbstbild,
- Abschottung und sozialer Isolation,
- Aggressionen gegenüber anderen,
- Verschlechterung der Gesundheit.

Arbeitslosigkeit bedeutet immer eine Verschlechterung der familiären Situation, des gewohnten Zusammenlebens, eine Vermehrung von Konflikten. Folgen der finanziellen Einbußen können sein:
- vermindertes Haushaltseinkommen,
- Absenkung des Lebensstandards, wenn keine finanziellen Reserven vorhanden sind,
- einfachere Kleidung (keine Markenware mehr),
- Schwierigkeiten, Kredite zu tilgen,
- Einschränkung der Freizeitaktivitäten, insbesondere Verzicht auf Urlaubsreisen
- Umzug in eine preiswertere Wohnung,
- Verlust des sozialen Status und sozialer Beziehungen.

Die Arbeitslosigkeit verursacht enorme Kosten. Im Jahr 2001 entstanden allein direkte Kosten in Höhe von insgesamt 70,4 Milliarden Euro. Dem Staat entstehen einerseits Verluste durch die verringerten Steuereinnahmen und anderseits steigen seine Aufwendungen für die Finanzierung der Arbeitslosigkeit.

M Die hohe Arbeitslosigkeit ist eine der wichtigsten Ursachen dafür, dass neben der Arbeitslosenversicherung auch die Kranken- und Rentenversicherung große finanzielle Ausfälle haben.

Die bisherigen Lösungsversuche reduzieren einerseits die Leistungen und/oder erhöhen andererseits die Beiträge der Beitragszahler. Es sinkt die Binnennachfrage, die schon durch die geringeren Bezüge der Arbeitslosen gesunken ist, weiter. Wird der Rückgang der Binnennachfrage nicht durch einen Anstieg des Exportes kompensiert, werden weitere Arbeitsplätze abgebaut.
Die wachsenden Aufwendungen für das Sozialversicherungssystem führen auch zu einem Anstieg der Kosten für die Unternehmen. Sie versuchen die zusätzlichen Belastungen durch verstärkte Rationalisierung abzufangen, was zu weiteren Entlassungen führen kann.

Individuelle Strategien gegen Arbeitslosigkeit

Die sich weiter öffnende Schere zwischen der Anzahl der Arbeitslosen und der Zahl der Beschäftigten führt zu einem Verdrängungswettbewerb zwischen den Beschäftigten unterschiedlicher Qualifikationsstufen. Daraus ergeben sich u. a. folgende Schlussfolgerungen, um diesen Wettbewerb erfolgreich bestehen zu können:

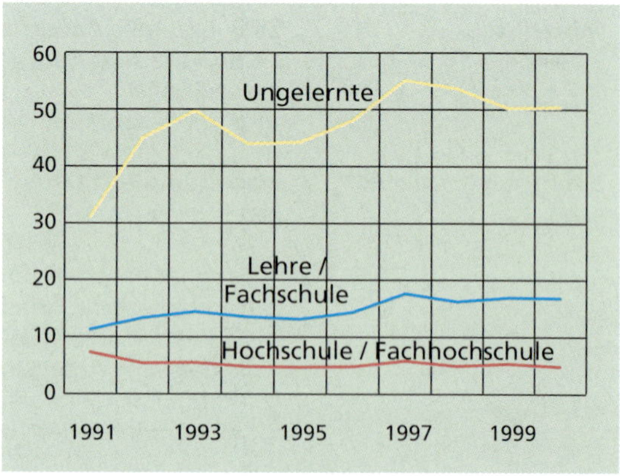

1 Arbeitslosenquote in den NBL in Abhängigkeit von der Qualifikation

1. Je höher die Qualifikation, desto geringer ist die Wahrscheinlichkeit, arbeitslos zu werden. Eine hohe Qualifikation erfordert einen hohen Bildungsabschluss, ein fundiertes aktuelles Fachwissen und die bereits genannten Schlüsselqualifikationen.

2. Die eigene Mobilität ist ein wichtiger Faktor, mit dem man vor allem regionaler Arbeitslosigkeit begegnen kann. Das heißt, man muss bereit sein, für eine Anstellung umzuziehen, nicht nur innerhalb Deutschlands, sondern auch ins Ausland. In diesem Zusammenhang nimmt der Erwerb von Fremdsprachen eine neue und sehr wichtige Rolle ein, da die Wirtschaftsbeziehungen der Unternehmen immer globaler werden. Gerade bei großen Unternehmen sind längerfristige Auslandsaufenthalte keine Seltenheit mehr.

3. Ein weiterer wichtiger Faktor, um der Arbeitslosigkeit zu entgehen, ist die Flexibilität. Das bedeutet, man muss bereit und in der Lage sein, neue Aufgaben und Projekte zu übernehmen sowie sich schnell auf neue Herausforderungen einzustellen.
   Dazu gehört auch, Saison- und Wochenendarbeit oder Schichtsysteme in Kauf zu nehmen, wenn die Auftragslage es verlangt oder eine Anstellung unter seinen Qualifikationen anzunehmen.

Eine andere Möglichkeit besteht darin, ein eigenes Unternehmen zu gründen. Hier kommt es auf die Idee an, die eine Marktlücke schließt oder qualitativ, ökonomisch besser und effektiver ist als vorhandene Unternehmen. Ein ausgefeiltes Konzept mit Finanzierungsplan ist wesentliche Voraussetzung, um dann erfolgreich in die Selbstständigkeit zu gehen. Trotzdem kann es auch dann noch Rückschläge bis zur Aufgabe des Unternehmens geben.

M Qualifikation, Mobilität, Flexibilität sind wichtige Voraussetzungen, um der Arbeitslosigkeit zu begegnen.

Ziele und Instrumente staatlicher Wirtschafts- und Beschäftigungspolitik

Bis zur ersten konjunkturellen Krise in den 60er-Jahren des vorigen Jahrhunderts gingen die Politiker davon aus, dass der Staat keine besondere und aktive Wirtschafts- und Beschäftigungspolitik benötigt. Die Krise führte zu einem Umdenken und 1967 wurde das **Stabilitätsgesetz** verabschiedet. In dem Stabilitätsgesetz wurden vier gleichberechtigte Ziele genannt, die ein so genanntes **magisches Viereck** bilden:

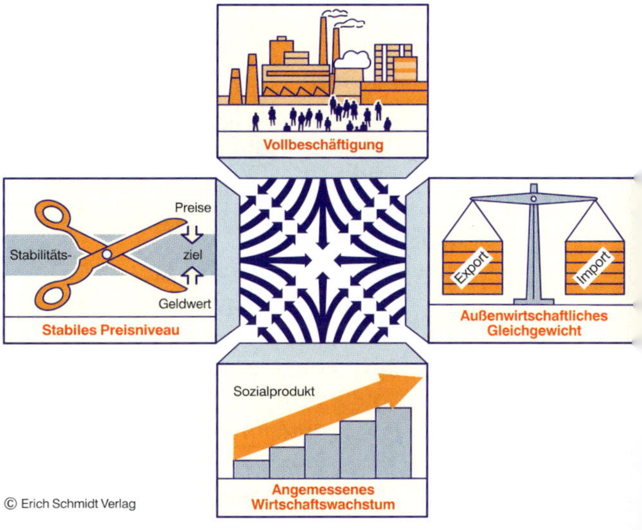

In den folgenden Jahrzehnten wurde aus dem Viereck ein **„magisches Siebeneck“** (sieben Ziele).

In der Geschichte der Bundesrepublik und der anderen hoch entwickelten Industrienationen gab es mehrere wirtschaftliche Krisen. Über die tieferen Ursachen der Krisen gibt es unterschiedliche Theorien. Die heute bekanntesten sind die von John Maynard Keynes und von Milton Friedmann. Sie gelten als Hauptvertreter einer nachfrage- bzw. angebotsorientierten Wirtschaftspolitik.

John Maynard Keynes (1883–1946)
Keynes ging von der These aus, dass die Ursache für Wachstums- und Beschäftigungskrisen die zu geringe gesamtwirtschaftliche Nachfrage ist. Dadurch sinkt die Auslastung der Produktionskapazitäten, was zu sinkenden Gewinnen führt. Die Unternehmen investieren weniger und entlassen Arbeitskräfte. Die arbeitslos gewordenen Arbeitskräfte haben ein geringeres Einkommen, und ihre Kaufkraft sinkt. Die Kapazitätsauslastung wird noch geringer, und Investitionen werden zurückgestellt. Das führt zu einem weiteren Rückgang der Produktion, und der Abschwungprozess setzt sich fort.

Um eine weitere Abwärtsbewegung zu verhindern, soll laut Keynes der Staat verstärkt investieren und, falls erforderlich, zusätzliche Kredite aufnehmen sowie die Steuern senken, um die Kaufkraft der Arbeitnehmer zu erhöhen.

Die so wachsende Binnennachfrage führt zu neuen Arbeitsplätzen, was die Binnennachfrage weiter ansteigen lässt und ein neues Wirtschaftswachstum initiiert. Durch die wachsende Wirtschaft und Verringerung der Arbeitslosigkeit nimmt der Staat wieder mehr Steuern ein, die er zur Tilgung der aufgenommenen Kredite einsetzt.
Die Theorie von Keynes bildete die Grundlage der sehr erfolgreichen Wirtschaftspolitik der USA unter Franklin Roosevelt (1882–1945) zur Überwindung der Weltwirtschaftskrise von 1929–1932 und auch der Wirtschaftspolitik der BRD in den ersten Jahrzehnten nach ihrer Gründung.

Milton Friedman geht in seiner Theorie über die Ursachen der Krise davon aus, dass die Kräfte der freien Marktwirtschaft gestört sind, was vor allem durch den Staat mit seiner regulierenden Wirtschaftspolitik verursacht wird. Daraus ergeben sich die Hauptforderungen von Friedmann nach Deregulierung und stärkerem Rückzug des Staates aus der Wirtschaft.

Staatliche Regulierungen, wie die Arbeits- und Sozialgesetzgebung oder die Gesetze zum Umweltschutz sowie die überhöhten Forderungen der Gewerkschaften stellen laut Friedman eine Störung auf der Angebotsseite dar und führen zu Lohn- sowie Kostensteigerungen in den Unternehmen. Das lässt die Preise ansteigen, die Kaufkraft und die Binnennachfrage sinken. Die Produktion geht deshalb zurück, es werden Arbeitskräfte „freigesetzt“ und die Unternehmen investieren weniger.

Die Wirtschaftspolitik soll nach dieser Theorie die Investitionstätigkeit der Unternehmen fördern. Als geeignete Maßnahmen werden Investitionszuschüsse, die Verringerung der Steuern auf Gewinne und der Kosten der menschlichen Arbeitskraft angesehen. Die Kosten der Arbeitskraft sollen durch Reduzieren der Lohnnebenkosten und den Abbau des Kündigungsschutzes verringert werden.

M

Theorie Keynes‘: Verstärkte Investitionen durch den Staat, Senkung der Steuern – dadurch Erhöhung der Kaufkraft.
Theorie Friedmans: Abkehr vom Sozialstaat; der freie Markt reguliert sich selbst; für das Funktionieren schafft der Staat die Rahmenbedingungen.

Ein wichtiger Teilbereich der Wirtschaftspolitik ist die Strukturpolitik. Eine zukunftsorientierte Strukturpolitik sollte insbesondere
- neue Technologien fördern,
- große regionale Unterschiede, z. B. zwischen den neuen und alten Bundesländern, abbauen,
- die internationale Wettbewerbsfähigkeit der Unternehmen stärken und
- neue Arbeitsplätze schaffen.

M

Strukturpolitik besteht in der staatlichen Förderung von Wirtschaftszweigen und Regionen.

Eine weitere Möglichkeit, Arbeitslosigkeit abzubauen, wird durch Umverteilung der Arbeit und Verlängerung der Arbeitszeit versucht.
In der Bundesrepublik wurde in den 80er-Jahren des vorigen Jahrhunderts in den Tarifverhandlungen zwischen Gewerkschaften und Arbeitgebern mit der Einführung der 38- und 35-Stunden-Woche begonnen. Eine deutliche Reduzierung der Arbeitslosenzahlen haben diese Vereinbarungen nicht gebracht, weil insbesondere die Anzahl der geleisteten Überstunden angestiegen ist.
Heute wollen die Arbeitgeber (auch der Staat als Arbeitgeber) diese getroffenen Vereinbarungen rückgängig machen und die 40-Stunden-Woche wieder einführen, die für die Mehrzahl der Erwerbstätigen in den neuen Bundesländern bis heute gilt.

Strukturmaßnahmen und Beschäftigungspolitik der EU

Für den Planungszeitraum 2000–2006 sehen die im Juni 1999 vom Rat angenommenen Strukturfondsverordnungen eine Konzentration der Strukturmaßnahmen auf drei vorrangige Ziele vor.

1. (Ziel 1) Entwicklung und strukturelle Anpassung der Regionen mit Entwicklungsrückstand,

2. (Ziel 2) wirtschaftliche und soziale Umstellung von Gebieten mit Strukturproblemen,

3. (Ziel 3) Anpassung und Modernisierung der Bildungs-, Ausbildungs- und Beschäftigungspolitiken und -systeme.

In Deutschland sind die fünf neuen Bundesländer Ziel-1-Gebiete. Der Ostteil von Berlin erhält noch bis zum Jahre 2005 eine Übergangsunterstützung im Rahmen des Zieles 1. In den alten Bundesländern werden etwa 10 Mio. Einwohner von Ziel-2-Gebieten (traditionelle Industriegebiete mit rückläufiger Industrieentwicklung, strukturschwache ländliche Gebiete, städtische Problemgebiete etc.) erfasst.

Die Bekämpfung der Arbeitslosigkeit ist eine der zentralen Aufgaben der Politik in Europa. Bis zum Vertrag von Amsterdam (1997) war dies ausschließlich eine nationale Aufgabe.
Der **Vertrag von Amsterdam** markiert einen Neuanfang in der Beschäftigungspolitik. Zwar bleibt auch weiterhin jeder Mitgliedsstaat selbst für seine Beschäftigungspolitik zuständig. Er richtet diese aber an einer koordinierten Beschäftigungsstrategie auf Gemeinschaftsebene aus.
Der Vertrag schuf eine Reihe von Instrumentarien, mit denen die neue europäische Beschäftigungsstrategie umgesetzt werden soll. Die koordinierte Beschäftigungsstrategie soll dazu beitragen, dem Arbeitsmarkt Impulse zu geben. Die Mitgliedsstaaten einigten sich u. a. auf folgende beschäftigungspolitische Leitlinien:

- Alle Jugendlichen unter 25 Jahren sollen in den Genuss eines Arbeitsplatzes, einer Ausbildung oder einer sonstigen arbeitsmarktpolitischen Maßnahme gelangen. Kein Jugendlicher soll länger als sechs Monate arbeitslos bleiben.

- Langzeitarbeitslose sollen nach spätestens einem Jahr eine neue Beschäftigungschance erhalten. Mindestens 20 % der Arbeitslosen sollen durch Arbeitsbeschaffungs- oder andere aktive Fördermaßnahmen unterstützt werden.

- Ein weiteres wichtiges gemeinsames Ziel ist die Integration Behinderter in den europäischen Arbeitsmarkt.

Arbeit mit Diagrammen

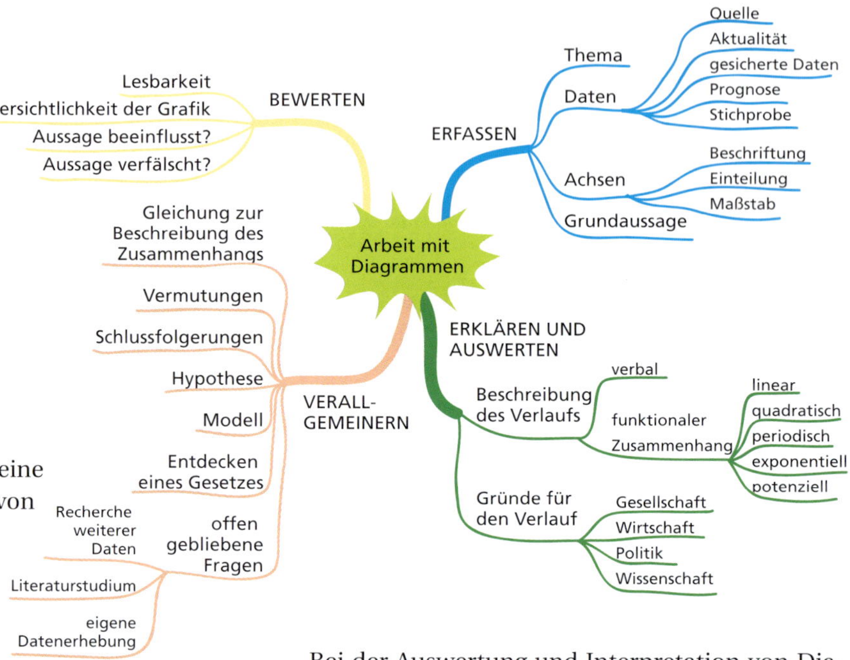

Diagramme stellen eine grafische Darstellung von zahlenmäßigen Zusammenhängen dar. Sie sind ein beliebtes Mittel, weil wir Menschen ca. 60 % der Informationen über das Auge aufnehmen und ein Diagramm einen schnelleren Überblick gibt als eine Zahlenreihe oder ein Text. Die wichtigsten Arten von Diagrammen sind:

- Balkendiagramm,
- Säulendiagramm,
- Kurvendiagramm,
- Flächendiagramm,
- Kreisdiagramm.

Bei der Auswertung und Interpretation von Diagrammen ist viel Gedankenarbeit notwendig, weil die Informationen dicht verpackt sind.

Außerdem ist nie ganz auszuschließen, dass ein Autor ein Diagramm bewusst so darstellt, dass eine oberflächliche Betrachtung zu ganz bestimmten Schlussfolgerungen führt. Das folgende Beispiel von zwei Diagrammen, die die gleichen Zahlen nutzen, soll das zeigen.

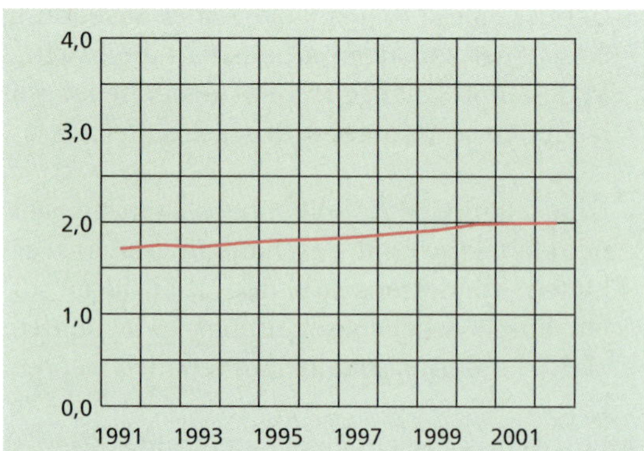

1 Entwicklung des Bruttoinlandsproduktes von 1991–2002 in Billionen Euro

2 Entwicklung des Bruttoinlandsproduktes von 1991–2002 in Billionen Euro

Aufgaben

1. a) Nenne verschiedene Berufe im Dienstleistungsbereich!
   b) Wo werden deiner Meinung nach voraussichtlich neue Arbeitsplätze entstehen?
   c) Begründe deine Prognose und überprüfe deine Auffassungen durch eine **Internetrecherche!**

2. Interpretiere das Diagramm zur Entwicklung der Beschäftigungsstruktur im Vier-Sektoren-Modell! Welche Schlussfolgerungen leitest du für deine persönliche Berufswahl ab?

3. Nenne Schlüsselqualifikationen und prüfe, ob du über solche Kompetenzen verfügst! Stelle deinen Mitschülern deine Überlegungen vor und leite Schlussfolgerungen für deine eigene weitere Qualifizierung ab!

4. Schlüsselqualifikationen sind die Grundlage für lebenslanges Lernen.
   a) Untersuche deine Arbeit im Unterricht und andere schulische Aktivitäten auf die Vermittlung und Anwendung von Kompetenzen!
   b) Stelle in Gruppen für die einzelnen Fächer die Schlüsselqualifikationen dar! Wo bestehen noch Defizite? Welche Verbesserungsmöglichkeiten siehst du?

5. Recherchiere den Ablauf eines Konjunkturzyklus im Internet unter www.schuelerlexikon.de! Informiere dich, in welcher Phase des Konjunkturzyklus wir uns befinden!

6. Recherchiere nach Prognosen für die weitere Entwicklung der Arbeitslosigkeit, nach den vom Staat geplanten und realisierten Gegenmaßnahmen sowie nach entsprechenden Vorschlägen der Wirtschaftswissenschaftler! Für welche der von den Politikern und den Wirtschaftswissenschaftlern diskutierten Vorschläge würdest du dich entscheiden?
   Begründe deine Auswahl!

7. Hohe Investitionen sind eine wesentliche Voraussetzung für ein deutliches Wirtschaftswachstum. Obwohl dies bekannt ist, ging das prozentuale Investitionsvolumen in der Bundesrepublik zurück. Recherchiere nach Gründen für diese Entwicklung!

8. Einer deiner Mitschüler möchte die Schule abbrechen. Er hat sich lange Zeit nicht um seine schulischen Aufgaben gekümmert und den Anschluss verloren.
   a) Stelle Argumente zusammen, die gegen diese Entscheidung sprechen!
   b) Erarbeite Lösungsansätze, damit der Schulabschluss erreicht werden kann!

9. Stelle mit einem Partner Vor- und Nachteile der Mobilität in einer Tabelle zusammen! Berücksichtige persönliche, unternehmerische und ökologische Aspekte!

10. a) Welche weiteren Ziele sollten deiner Meinung nach in das magische Siebeneck der Wirtschaftspolitik noch aufgenommen werden? Sind die Ziele gleichberechtigt?
    b) Welches Ziel hältst du für das wichtigste? Begründe deine Auffassung!

11. a) Entspricht die Verwendung der Zuschüsse und Subventionen der Bundes- und Landesregierung einer zukunftsorientierten Strukturpolitik? Begründe deine Antwort!
    b) Welche Folgen hätte ein schneller Abbau der Subventionen für nicht zukunftsträchtige Branchen, wie die Steinkohleförderung (2002 pro Arbeitnehmer und Jahr 70 000 Euro)?

Das Wichtigste im Überblick

Auswirkungen der Arbeitslosigkeit auf die Arbeits- und Beschäftigungsstruktur

Merkmale der Gegenwart

- Globalisierung
- Einführung von lean production und lean management
- Auslagerung von Forschung, Produktionsabschnitten u. a. in kleinere Unternehmen (Outsourcing)
- Wandel zu einer Informations- und Dienstleistungsgesellschaft

Prognose

- Rückgang der Arbeitsplätze im produzierenden Bereich
- Neue Arbeitsplätze im Informations- und Dienstleistungssektor
- Zunehmende Anforderungen an Qualifikation, Mobilität und Flexibilität der Arbeitnehmer
- Hohe Bedeutung der Schlüsselqualifikation
- Arbeitslosigkeit = Dauerproblem

Die Arbeitslosigkeit führt zur Absenkung des Lebensstandards und zu einer zunehmenden sozialen Isolation der Betroffenen.

Auf die Unternehmen wirken sich u. a. die fehlende Kaufkraft der Arbeitslosen und die ansteigenden Lohnnebenkosten der Beschäftigten negativ aus.

Für den Staat und die Gesellschaft entstehen durch die Arbeitslosigkeit hohe Kosten, insbesondere im Sozialversicherungssystem.

Wege zum Abbau der Arbeitslosigkeit (Auswahl)

Wirtschaftsaufschwung

THEORIE KEYNES:

Verstärkte Investitionen durch den Staat, Senkung der Steuern – dadurch Erhöhung der Kaufkraft.

THEORIE FRIEDMAN:

Abkehr vom Sozialstaat; der freie Markt reguliert sich selbst;
für das Funktionieren schafft der Staat die Rahmenbedingungen.

Amsterdamer Vertrag

- Kein Jugendlicher soll länger als sechs Monate arbeitslos bleiben.
- Mindestens 20 % der Arbeitslosen sollen durch Arbeitsbeschaffungs- oder andere aktive Fördermaßnahmen unterstützt werden.
- Reduzierung von Überstunden, Ausbau der Teilzeitarbeit

Arbeitnehmer

- Qualifizierung
- Mobilität
- Flexibilität
- Gründung von Ich-AG
- Job-Sharing
- Jahresarbeitskonto

2 Haushalt und Konsum

2.1 Technik im Alltag

Seit wann gibt es eigentlich Technik?

Könntet ihr euch heute eine Welt ohne Technik vorstellen?
Technik hat eine lange Geschichte. Schritt für Schritt hat sich der Mensch die Kräfte der Natur dienstbar gemacht, Energieformen genutzt und Werkzeuge geschaffen, um seine begrenzte Muskelkraft zu erweitern.
Die Welt, in der wir heute leben und arbeiten, ist eine weitestgehend technisierte Welt, in der sich der Mensch zurechtfinden muss.

Werkzeuge, Maschinen und Automaten verändern Tätigkeiten im Haushalt, in der Freizeit und in der Arbeitswelt.

Gibt es Technik ohne Risiko?

Vom Aufstehen bis zum Schlafengehen, selbst während des Schlafes verlässt sich der Mensch voller Selbstverständlichkeit und voller Vertrauen auf Technik, die ihn umgibt. Sie hilft ihm, das Leben angenehmer zu gestalten. Erst wenn Technik ausfällt oder versagt, wird sich der Mensch über Nutzen und Risiken der Technik bewusst. Energieausfälle machen das z. B. sehr schnell deutlich.
Manchmal zeigen erst furchtbare Katastrophen die Risiken von Technik, wie die Reaktorkatastrophe von Tschernobyl im Jahre 1986 oder das Zugunglück von Eschede 1998. Menschliches oder technisches Versagen wird gemutmaßt. Häufig führt technisches Versagen zu Unfällen mit schweren Folgen.

Wie kann man Ordnung in die Technikvielfalt bringen?

Es gibt eine kaum überschaubare Anzahl von technischen Geräten. Um Struktur und Funktion zu erkennen und analysieren zu können, bedient sich die technische Wissenschaft künstlicher Systeme.

Mensch – Arbeit – Technik

Was ist Technik?

Das Wort Technik stammt aus dem Griechischen. Es bedeutete einst so viel wie Kunst oder Meisterschaft. Der Inhalt des Wortes hat sich jedoch im Laufe der Geschichte verändert. Von einer ursprünglichen künstlerischen handwerklichen Produktion verlagerten sich die Tätigkeiten zunehmend auf die Ausprägung handwerklicher Fertigkeiten, auf Verfahren und Verfahrensanweisungen. Immer stärker wurden naturwissenschaftliche Erkenntnisse genutzt. So beschrieben Definitionsversuche Technik als die Summe von Handgriffen, die auf die Erreichung eines Zieles gerichtet sind. Hierbei wurde noch nicht die Einheit von Werkzeugen, Maschinen und Menschen im Arbeitsprozess gesehen. Durch die Verwendung von Technik werden die Prinzipien der Technisierung umgesetzt. Diese bestehen im:

- Ergänzen von Arbeitstätigkeiten,
- Entlasten von körperlicher Arbeit,
- Ersetzen von körperlicher Arbeit.

Zwischen Technik, Natur, Ökonomie und Gesellschaft besteht ein enger Zusammenhang. Technik nutzt Stoffe und Kräfte unter Berücksichtigung der **Naturgesetze.**
Von den **ökonomischen Bedingungen** hängt die Überführung von Ideen und Erfindungen in die Produktion ab. Die Geschichte kennt Beispiele, dass bedeutende Erfindungen nicht umgesetzt werden konnten, wie die von LEONARDO DA VINCI entwickelten Flugapparate. Es muss ein ökonomisches und **gesellschaftliches Bedürfnis** vorhanden sein, damit sich technische Erfindungen durchsetzen können.

In der Auseinandersetzung mit der Natur hat der Mensch diese verändert. Der Mensch mit seiner Arbeit bringt Technik hervor und nutzt Technik.

M

Technik ist das konstruktive Schaffen von Erzeugnissen, Vorrichtungen und Verfahren unter Benutzung der Stoffe und Kräfte der Natur und der Naturgesetze. Für das technische Schaffen sind wesentlich: die schöpferischen Ideen, die Kenntnisse der Naturgesetze, der Materialien und ihrer Eigenschaften sowie die Möglichkeiten ihrer Bearbeitung und schließlich das wirtschaftliche und gesellschaftliche Bedürfnis.

Technik – Entwicklung – Nutzung

Technische Produkte, wie sie uns heute begegnen, haben oft eine jahrhundert-, wenn nicht sogar jahrtausendalte Tradition.
Bereits in vorgeschichtlichen Zeiten waren grundlegende mechanische Maschinenelemente wie Rad, Hebel, Rolle, schiefe Ebene und alle auch noch heute genutzten Handwerkszeuge wie Axt, Hammer, Säge bekannt. Die einfachsten technischen Hilfsmittel haben dazu beigetragen, Arbeitsprozesse zu ermöglichen und zu erleichtern. So zählt der **Faustkeil** zum ersten bearbeiteten Arbeitsmittel. Mit ihm war es möglich, andere Werkzeuge herzustellen, die wiederum die Arbeit vervollkommneten und erleichterten. Im frühen Mittelalter wurden mit dem Zurückdrängen der Sklavenhaltung die tierische Kraft, die Wind- und Wasserkraft systematischer genutzt. Von entscheidender Bedeutung, besonders für die Verbreitung technischer Konzeptionen und Entwicklungen, war die Erfindung des **Buchdrucks** in der Frührenaissance. Das Eindringen in die Natur erweiterte mit immer neuen Erkenntnissen den Gesichtskreis des Menschen und ließ ihn weitere Bereiche der Natur erforschen. Die systematische Nutzung wissenschaftlicher Erkenntnisse hält bis in die heutige Zeit an. Entscheidende Erkenntnisse in Mathematik und Statik, aber auch über maschinelle Kräfte (Wasser- und Dampfdruck) erbrachte die griechisch-römische Antike. Diese Erkenntnisse führten zunächst kaum zur Entwicklung von Arbeits- und Kraftmaschinen.

1 Das erste bearbeitete Werkzeug war der Stein.

Technikentwicklungen

Zeitabschnitt (Europa)	Bestimmende Tätigkeiten	Genutzte Werkzeuge, Maschinen und Automaten
Altsteinzeit (bis etwa 8000 v. Chr.)	Jagen, Sammeln, Enthäuten, Herstellen von Stein- und Knochenwerkzeugen	bearbeitete Steinwerkzeuge, Steinäxte, Nutzung von Knochenwerkzeugen
Jungsteinzeit (Beginn um 5000 v. Chr.)	Rodung von Wäldern, Errichten von Gebäuden, Ackerbau und Viehzucht, Weben (Verwendung tierischer und pflanzlicher Fasern), Töpfern, Kochen über dem offenen Feuer, Tauschhandel	geschliffene Steinklingen, Äxte Holzpflüge einfache Webstühle Töpferscheibe Gefäße aus gebranntem Ton
Bronzezeit (Beginn um 1500 v. Chr.)	Gießen und Veredeln von Metallen, Legieren, Schiffbau, Gespanne, Handel ...	Brennöfen, Sichelklinge, Waffen, Gefäße, Schiffe, Pferdegeschirr, Haushaltsgeschirr
Eisenzeit (Beginn um 700 v. Chr.), eigentlich noch heute wirksam	Ackerbau, Viehzucht, Errichten von Gebäuden, Eisenguss, Schmieden, Metallverarbeitung, Erz- und Salzabbau, Fern- und Binnenhandel	Pflüge, Eggen, Sensen, Waffen Metallgefäße, Werkzeuge
(Industriezeitalter ab etwa 1785)	Walzen, Fräsen, Straßen- und Schienenbau, Schiff- und Flugzeugbau, Automontage, Energiegewinnung (Erdölindustrie, Windenergieanlagen), Steuern, Regeln, Messen ...	Hochöfen, Förderbänder, Motoren, Fräsen, Transportmittel Roboter, Computer

Bis zum ersten Jahrtausend unserer Zeitrechnung vollzog sich die Entwicklung der Technik nur langsam und stützte sich vor allem auf Werkzeuge. Ein großer Umschwung im wissenschaftlich-technischen Denken wurde in der Renaissance durch vielseitige Künstler-Ingenieure eingeleitet. Sie waren vorurteilslose Praktiker, die verschiedenartige Tätigkeitsbereiche beherrschten. Das in der Renaissance einsetzende experimentelle Forschen führte zur systematischen Entwicklung von Arbeits- und Kraftmaschinen. Die Entwicklung der Dampfmaschine am Ende des 18. Jahrhunderts ermöglichte die Entwicklung der Eisenbahn, der modernen Schifffahrt und damit die weitere Entfaltung von Technik und Industrie. Die praktische Nutzung von Elektrizität ab Anfang des 19. Jahrhundert spiegelt den enormen Erkenntnis- und Entwicklungsprozess der Menschheit wider.

Kunststoffzeit	Ersetzen und Ergänzen von Werkstoffen ...	Spritzgussmaschinen, Extruder Substitutionswerkstoffe
Informationszeit (Gegenwart)	Arbeit am Computer, Dienstleistungen, Organisations- und Logistikaufgaben lösen, Software-Entwicklung, Hardware-Entwicklung	Platinen und Mikrochips Großrechner, Personalcomputer

Die gezügelte Flamme

Die Bändigung des Feuers nimmt in der Geschichte der Menschheit eine besondere Stellung ein. Ganze Sippen, Horden und Großfamilien wärmten sich an den lodernd heißen Flammen. Durch Feuer konnten erstmals Speisen erwärmt und gegart werden. Damit nahm das „Feuer" im Wohnumfeld der Menschen eine gesonderte Stellung ein.

Die Entwicklung ging vom offenen Feuer mit Kesselhaken zur geschlossenen Kochmaschine, die vom Kaminfeuer unabhängig war, bis zum modernen Elektro-Küchenherd. Die ältesten bisher nachgewiesenen Feuerstellen zum Kochen stammen aus der Steinzeit vor etwa 12 000 Jahren. Als Steine und Lehm so zusammengefügt waren, dass sich der Unterbau deutlich vom Boden unterschied und langsam in die Höhe wuchs, war aus dem offenen Feuer die erste „Herdstatt" entstanden, die zunächst noch den beiden Funktionen Kochen und Heizen gemeinsam diente.

„Eigener Herd ist Goldes wert", sagt ein altes Sprichwort. Als es entstand, war der Herd eine offene Feuerstelle innerhalb des Hauses. Darüber befand sich der Rauchfang, durch den der Rauch abzog – oder auch nicht, weshalb diese Art Küche als „Rauchküche" oder „Schwarze Küche" (Abb. oben) bezeichnet wurde.

Erst im 19. Jahrhundert kamen geschlossene Herde auf, die den Brennstoff besser nutzten. Diese Sparherde wurden später transportabel gestaltet. Zur traditionellen Herdfeuerung mit Holz und Kohle gesellte sich im Laufe des 19. Jahrhunderts als neuer Brennstoff das Gas.

Mit der Elektrizitätsversorgung zu Beginn des 20. Jahrhunderts wurde der Strom auch für Herde verwendet. Strom kann fast hundertprozentig in Wärme umgewandelt werden.

Die erste elektrische Kochstelle Deutschlands, die 1905 in Berlin vorgestellt wurde, bestand nur aus einzelnen Elektrogeräten. Die Elektrizitätsversorgung war damals noch nicht sehr leistungsfähig und Strom war sehr teuer. Die elektrisch erzeugte Wärme kostete mitunter mehr als die Zutaten für die Mahlzeit.

Dieser Herd mit zwei elektrischen Kochplatten und Backofen aus dem Jahre 1926 (Abb. oben) war ein Luxusartikel, den sich kaum ein Haushalt leisten konnte.

1925 gab es in Deutschland nur 5 000 Elektroherde. Vier Jahre später waren es bereits 35 000, und in den dreißiger Jahren konnte der Elektroherd vor allem in Großstädten eine breite Nutzung finden.

Es dauerte noch einige Jahrzehnte, bis der Elektroherd tatsächlich die Küchen eroberte.
Heute kochen 82 Prozent aller deutschen Haushalte elektrisch. Die Kochstellen moderner Elektroherde unterteilt man nach Bauart und Material in Kochplatten und Kochzonen. Bis Mitte der siebziger Jahre dominierte die Kochplatte. Der Plattenkörper besteht aus hochwertigem Gussmaterial. Das technische Prinzip des Elektroherdes blieb lange Zeit unverändert. Die Wärme liefert ein Heizdraht, der spiralförmig in einer Keramikmasse liegt. Ein Überlaufrand aus Edelstahl schützt das Herdinnere vor Verschmutzung.

Beim Neukauf entscheiden sich immer mehr Haushalte für das Glaskeramik- oder Cerankochfeld. Innerhalb des Kochfelds der Glaskeramik-Platte sind mit Dekorstreifen die Kochzonen markiert. Diese werden von unten beheizt. Die Glaskeramik erhitzt sich dabei nur in der markierten Zone.

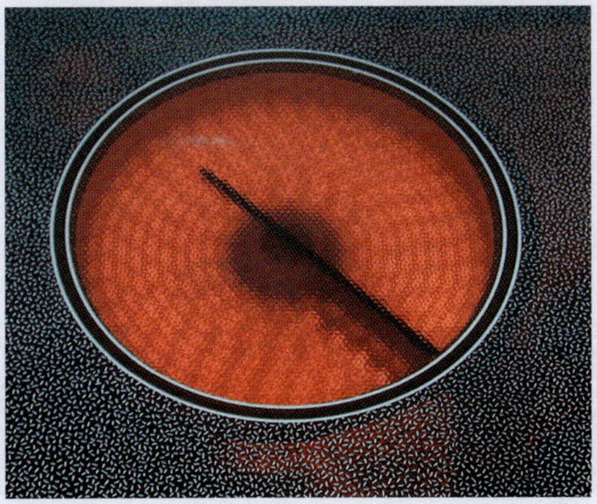

Seit 1984 gibt es Herde, die ähnlich aussehen, aber nach einem ganz anderen Prinzip arbeiten. Es handelt sich um so genannte Induktionsherde. Sie erzeugen die Hitze nur dort, wo sie tatsächlich gebraucht wird. Sie lassen die Glaskeramik kalt und erzeugen die Wärme direkt im Topfboden. Der Induktionsherd hat einen günstigen Stromverbrauch. Im Vergleich mit normalen Glaskeramik-Herden ist sein Wirkungsgrad etwa um fünf Prozent höher. Gegenüber einem konventionellen Herd mit Kochplatten ist er sogar um etwa zehn Prozent effektiver.

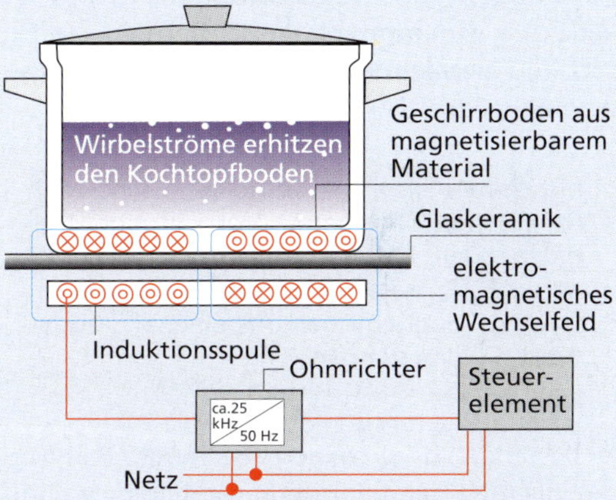

Prinzipdarstellung des Induktionsherdes

Ein Temperatur-Sensor sorgt für automatische Abschaltung, wodurch eine ständige Kontrolle des Gargutes entfällt. Induktionsherde sind allerdings sehr teuer. Die Entwicklung des Herdes zeigt, dass unter veränderten technischen Bedingungen die Grundzielstellung der Nahrungsmittelherstellung gleich bleibt. Verändert haben sich die Arbeitstätigkeiten und die Arbeitsmittel.

Ersetzen von Arbeitstätigkeiten:
Feuer muss nicht mehr angezündet und gehalten werden.
Ergänzen von Arbeitstätigkeiten:
Arbeitsabläufe können parallel organisiert werden, keine ständige Kontrolle über den Garprozess ist notwendig.
Entlasten von Arbeitstätigkeiten:
Durch intelligente Technik wird mehr freie Zeit gewonnen.

Werkzeuge – Maschinen – Automaten

> M **Werkzeuge** sind Hilfsmittel, die zur leichteren Handhabung, zur Herstellung oder zur Bearbeitung eines Gegenstandes verwendet werden.

Es werden Handwerkzeuge und Maschinenwerkzeuge unterschieden. Handwerkzeuge werden direkt von Hand geführt, während Maschinenwerkzeuge (z.B.Bohrer) in eine Werkzeugmaschine eingespannt werden. Durch verschiedene Bewegungen und Krafteinwirkungen wird das Werkstück verändert. Als **Werkstück** wird der Gegenstand bezeichnet, der mit den Werkzeugen bearbeitet wird.

> M **Maschinen** sind mechanische, aus beweglichen Teilen bestehende Vorrichtungen, die Kraft oder Energie übertragen und mit deren Hilfe bestimmte Arbeiten unter Einsparung menschlicher Arbeitskraft ausgeführt werden können.

Sie bestehen aus einzelnen Teilen oder Baugruppen, die miteinander funktionsabhängig verbunden sind:

- **Trägerorgan** (Gestell, Gehäuse),
- **Antriebsorgan** (Motor),
- **Übertragungsorgan** (Welle, Getriebe),
- **Steuerorgan** (Schalter, Programm),
- **Arbeitsorgan** (Bohrer, Rührstab, Messer).

> M **Automaten** sind mechanisch, elektromechanisch, hydraulisch, pneumatisch oder physikalisch arbeitende Maschinen, bei denen nach einer Eingabe ein programmierter Prozess selbsttätig abläuft (Automat von griech. *autómatos* = sich selbst bewegend). Sie arbeiten durch Ingangsetzung nach festem Plan und können nur das ausführen, was vorher programmiert wurde.

Beispiele für Automaten lassen sich im Leben häufig finden, z. B. Fahrkarten-, Getränke- Kaugummi-, oder Geldwechselautomaten. Auch Autopiloten und Roboter zählen zu den Automaten.

1 Werkzeuge und Maschinen

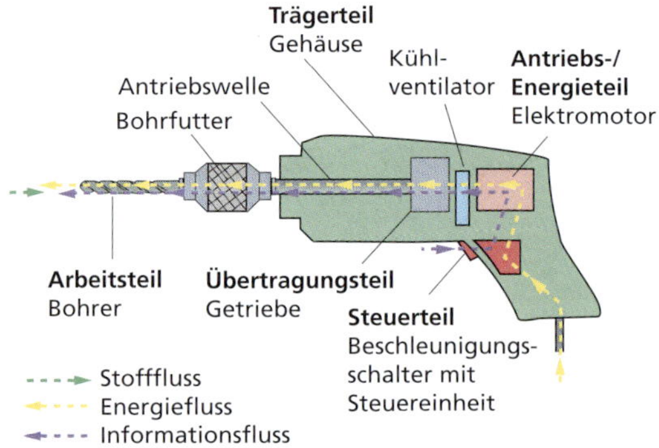

2 Bohrmaschine mit Funktionsteilen

3 Schneidroboter

Die technische Vielfalt ordnen

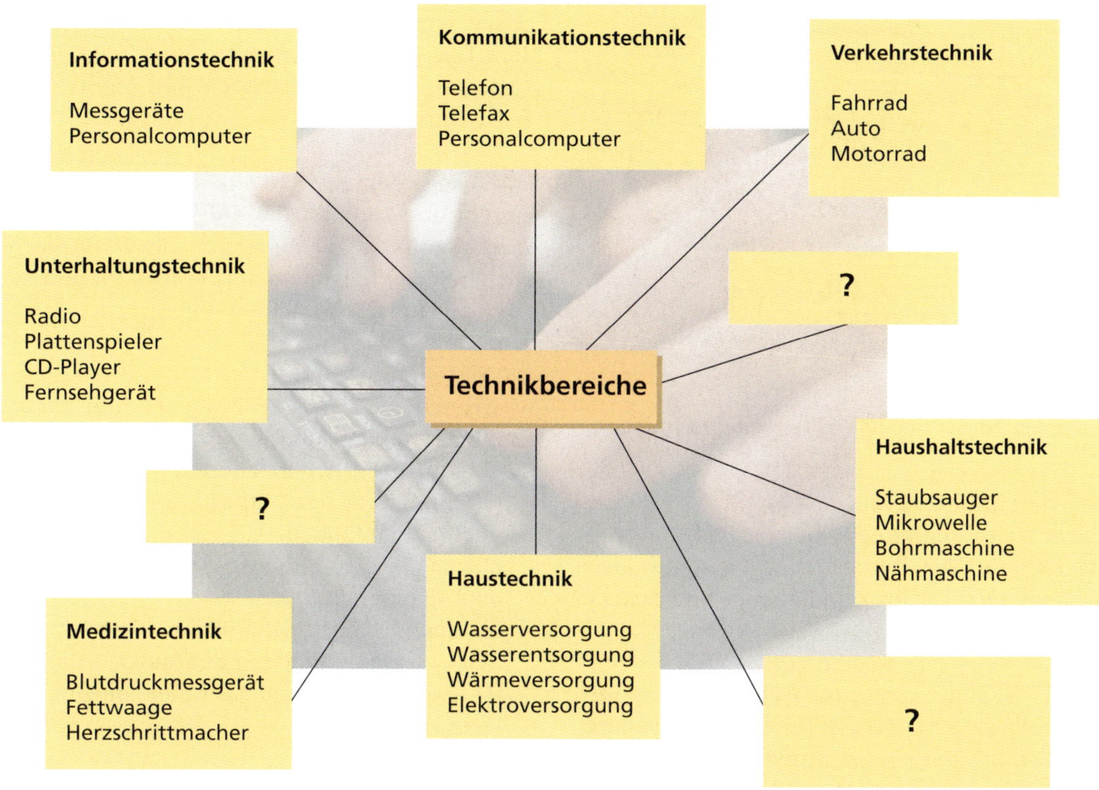

Eine kaum überschaubare Anzahl von technischen Geräten begegnet uns im täglichen Leben. Leben mit Technik ist zur Normalität geworden – ein Leben ohne Technik ist kaum noch vorstellbar. Eine Möglichkeit, um Ordnung in die Vielfalt zu bringen, ist die Zuordnung der Geräte in einzelne Bereiche wie Informationstechnik, Verkehrstechnik, Unterhaltungstechnik. Zur Analyse der einzelnen Geräte reicht diese Ordnung nicht aus. Um Struktur und Funktion der Geräte zu erkennen und zu analysieren, bedient sich die technische Wissenschaft **künstlicher Systeme** (im Gegensatz zur Biologie = natürliche Systeme). Dieses Ordnungsprinzip ordnet technische Geräte in Modelle nach Ähnlichkeiten von Merkmalen oder nach praktischen Prinzipien.

Allgemein spricht man von einem System, wenn gewisse Objekte samt ihrer Wechselwirkungen durch eine plausible Abgrenzung von ihrer Umgebung (d.h. der komplexen Realität) zu einer Gesamtheit zusammengefasst werden können.

M

Ein **System** besteht aus Elementen, die bestimmte Eigenschaften besitzen und miteinander verknüpft sind. Es wird durch eine **Systemgrenze,** die der Betrachter festlegt, von der **Systemumgebung** abgegrenzt. Über Eingangs- und Ausgangsgrößen steht das System mit der Umgebung in Beziehung.

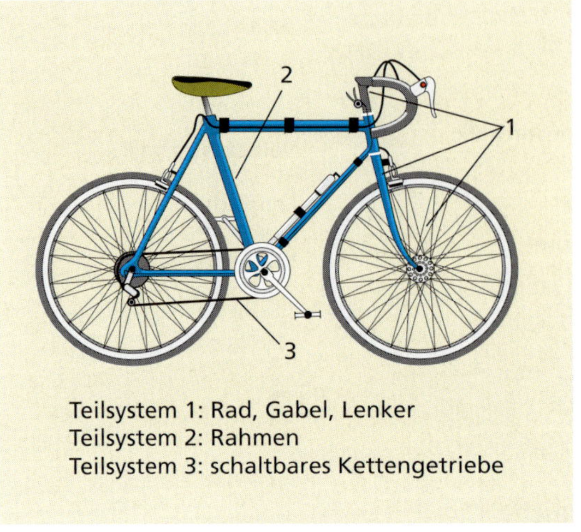

1 Das System Fahrrad mit Teilsystembetrachtungen

Das Gesamtsystem Fahrrad besteht aus verschiedenen Teilsystemen, die hier im Bild nur angedeutet sind. Der Betrachter legt die jeweiligen Systemgrenzen selbstständig, aber funktionsbezogen fest (Abb. 1).

Durch die Eingabe der menschlichen Kraft (Input) setzt sich das System Fahrrad in Bewegung. Geschwindigkeit und Richtung (Output) werden in diesem Fall durch den Benutzer festgelegt. Werden die Aussagen für das System Fahrrad verallgemeinert, können diese nach Abbildung 2 dargestellt werden.

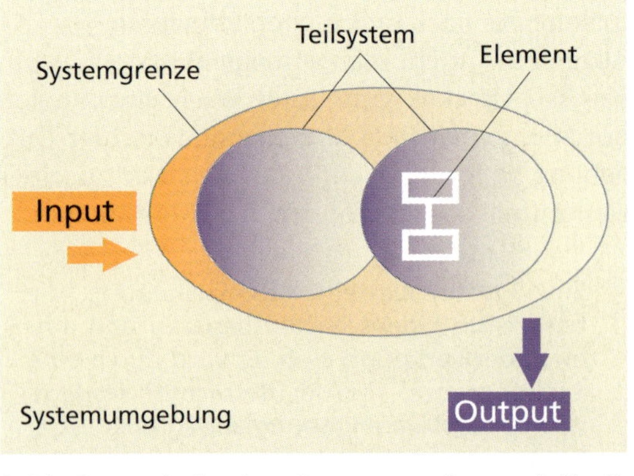

2 Die Bestandteile eines Systems werden modellhaft abgebildet (vgl. strukturales Modell).

Jedes **Teilsystem** kann als Element eines übergeordneten Systems betrachtet werden.
Beispiel: Die Baugruppe Vorderrad, Gabel und Lenker wird als Teilsystem des Rahmens verstanden. Das Rad ist Teilsystem dieser Baugruppe. Speichen, Radnabe, Schlauch und Mantel sind Teilsysteme des Rades.

Jedes Teilsystem wird zu einem übergeordneten System und kann wieder aufgegliedert werden. Das Gesamtsystem erhält durch die Beziehungen zwischen den Teilsystemen eine Struktur und damit eine Funktionsbeschreibung.

Die **Systemgrenze** des zu betrachtenden Systems wird durch den Zweck der Modellbildung festgelegt. Ihre Funktion kann sein:
- Abgrenzung gegenüber anderen Systemen,
- Beschränkung oder Erweiterung der zu betrachtenden Einheit,
- Klärung der Beziehungen zur Umwelt (funktional, ökologisch),
- Abstraktion der vorhandenen Systeme zur Black Box (man sieht nur das Äußere – die Systemgrenze –, während das Innere im Dunkeln bleibt).

Die **Systemumgebung** ist alles, was nicht in das System einbezogen ist.
Die Beziehungen zwischen Umgebung und System werden als **Input** oder **Output** dargestellt, die durch die Systemgrenzen hindurchgehen. Durch die Zustandsbeschreibung der Ein- und Ausgangsgrößen lässt sich die Funktion eines Systems beschreiben.

Am technischen System Fahrrad wird deutlich, dass es eine technische Einheit darstellt. Es besitzt eine Struktur (Anordnung der Teilsysteme und Elemente), erfüllt technische Funktionen (Vorwärtsbewegung ...), zeigt ein bestimmtes Verhalten (Stabilität, Spurtreue) und ist in eine Hierarchie (Einordnung in Umwelt) eingeordnet. Damit ist ein technisches System eine sehr abstrakte Modellvorstellung.

Systemmodelle

Es gibt drei unterschiedliche Modelle zur Betrachtung eines Systems. Das sind:
- das strukturale,
- das funktionale und
- das hierarchische Systemmodell.

Das strukturale Modell
Dieses Modell ist das geläufigste Konzept, um den Aufbau technischer Geräte zu erfassen. Dieses Denkmodell beruht auf dem Grundsatz, dass einzelne Elemente nicht losgelöst von ihren Verflechtungen betrachtet werden dürfen, sondern in ihrem unterschiedlichen Zusammenwirken ein Ganzes bilden. Es betrachtet ein System als geschlossene Einheit, bei dem die einzelnen Elemente miteinander verknüpft sind. Das Ganze ist dabei mehr als die Summe seiner einzelnen Teile (Abb. 1). Das bedeutet, dass zwischen den einzelnen Elementen verschiedene Beziehungsgeflechte möglich sind.

Das funktionale Modell
Bei dieser Betrachtung stellt das System eine Black Box dar. Es werden insbesondere die Eingangsgrößen und die gewandelten Ausgangsgrößen verglichen. Dabei steht nicht das Verstehen der Funktionsweise des Systems im Zentrum der Betrachtung, sondern die zu erwartende Leistung des Systems (Abb. 2).
Als Gebrauchsgegenstand ist der Häcksler in seiner technischen Grundstruktur weitestgehend überschaubar. Bei der Fragestellung „Was leistet das Gerät?“ – kann u. a. in Betracht kommen: Astdurchmesser, Geschwindigkeit des Zerkleinerns oder der Geräuschpegel bei der Arbeit und im Leerlauf. Das technische Funktionsprinzip wird im konkreten Fall noch nicht betrachtet.

2 Häcksler – funktionales Modell

Das hierarchische Modell
Das hierarchische Modell betont, dass die Elemente eines Systems als eigenständige Systeme und diese wiederum als eigenständige Systeme aufgefasst werden können (Abb. 3). Ausgehend von einem übergeordneten Supersystem, kann man sich gedanklich abwärts über das System zum kleineren Subsystem bewegen (z. B. Rad ⟶ Felge-Speiche-Nabe). Bewegt man sich in der Hierarchie abwärts, so erkennt man Details des Gegenstandes. Bewegt man sich im Denkmodell aufwärts, indem man vom Detail zum übergeordneten System geht, gewinnt man ein tieferes Verständnis des Gegenstandes (Systems). Alle drei Modellvorstellungen schließen einander nicht aus, sondern können leicht miteinander verknüpft werden.

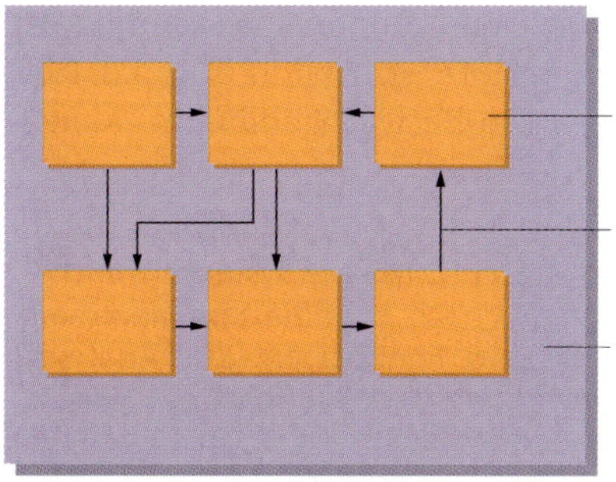

1 Das strukturale Modell

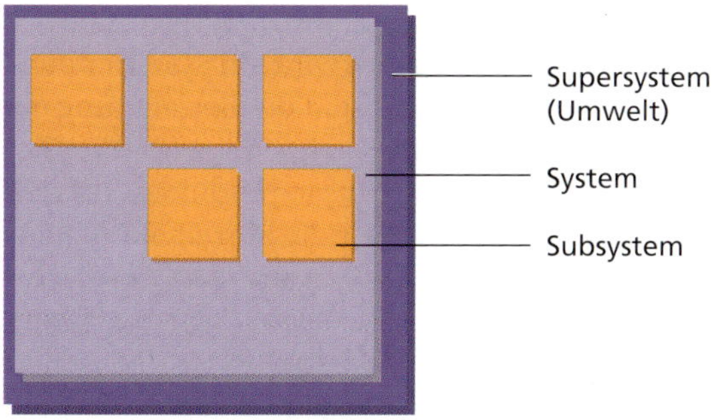

3 Das hierarchische Modell

Klassifikation technischer Systeme

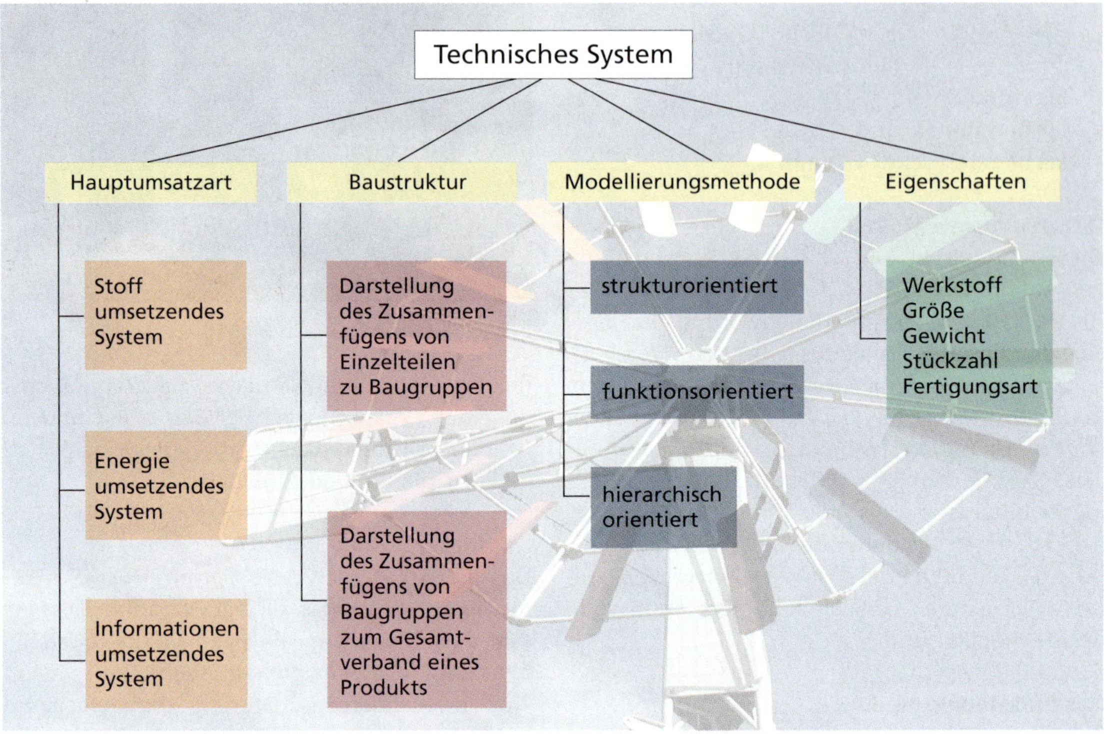

1 Übersicht Klassifikation technischer Systeme

Technische Systeme können nach unterschiedlichen Merkmalen klassifiziert werden:
- nach der Hauptumsatzart,
- nach der Baustruktur,
- nach der Modellierungsmethode und
- nach ihren Eigenschaften.

Nicht immer sind alle Klassifikationsmerkmale zur Analyse eines technischen Produkts erforderlich. Im Vordergrund steht der Zweck der Analyse. Nach **Hauptumsatzarten** wird ein System untersucht, wenn im Vordergrund der Betrachtung die Funktion des Systems steht. Es wird die Zustandsänderung des Umsatzproduktes erfasst. Die **Baustruktur** zeigt, wie die Einzelteile zu Baugruppen zusammengefügt sind. Das Gesamtergebnis Produkt wird so in seiner Struktur dargestellt. Besonders die Konstruktionswissenschaft bedient sich der **Modellierungsmethode.** Die bereits genannten Modelle werden nach vorher bestimmten Gesichtspunkten erarbeitet. Außerdem zählen zu dieser Methode Zeichnungen, Skizzen, Diagramme. Es können unterschiedliche technische Lösungen betrachtet werden, entsprechend den verschiedenen technischen Anforderungen. Schließlich können technische System auch nach ihren **Eigenschaften** klassifiziert werden. Dabei kommt besonders der Art des Werkstoffes eine große Bedeutung zu; dabei werden unterschieden: Metalle wie Stahl, Kupfer und Aluminium, Nichtmetalle wie Holz, Kunststoff oder Keramik und Verbundwerkstoffe wie Stahlbeton, Metallkeramik oder Sperrholz.

M

Die Klassifikation technischer Systeme erleichtert das Ordnen nach bestimmten Merkmalen, Zwecken und Funktionen. Zur Analyse und Erkennung technischer Funktionen eines Produktes (Systems) ist die Klassifizierung nach Hauptumsatzarten bestimmend.

Klassifikation nach der Hauptumsatzart

Um ihren Zweck zu erfüllen, bedürfen technische Systeme einer Zustandsänderung von Eingangs- zu Ausgangsgrößen. Dabei unterliegen
- **Stoffe,**
- **Energie und**
- **Informationen**

Wandlungs-, Speicherungs- oder Transportprozessen.

In der folgenden Übersicht wird deutlich, dass meist alle drei Umsatzarten in einem technischen System wirksam werden, um eine gewünschte Zustandsänderung zu erreichen.

Zum Erkennen der Hauptumsatzart ist die Frage: *„Welche Funktion soll das technische Gerät hauptsächlich erfüllen?“* das bestimmende Beurteilungskriterium. Nur aus der Beantwortung dieser Frage kann eine eindeutige Festlegung der Hauptumsatzart abgeleitet werden.

Die Zustandsänderung der Eingangsgrößen erfolgt innerhalb des Systems und durch das System selbst.

M

Die **Hauptumsatzart** eines technischen Systems wird nach der bestimmenden Funktion beschrieben. Der **Nebenumsatz** dient der Erfüllung dieser Funktion

	Formung/Wandlung	Speicherung/Lagerung	Transport/Umschlag
Stoff 	Liegt vor, wenn die Bearbeitungsvorgänge zur Veränderung der geometrischen Gestalt führen oder die Struktur verändern, z. B. Trennverfahren, Biogasanlage.	Liegt vor, wenn Stoffe in den verschiedenen Veredlungsstufen aufbewahrt werden, z. B. Regallager, Deponie.	Liegt vor, wenn ein Gut von einem Ort A zu einem Ort B transportiert wird, ohne die Gebrauchseigenschaften zu verändern, z. B. Pipeline, Tanker, Fördersysteme.
Energie 	Liegt vor, wenn eine Energieart in eine andere umgewandelt wird oder sich in eine Energieart verändert, z. B. mechanische Energie in elektrische Energie oder chemische Energie in mechanische Energie oder mechanische in mechanische Energie n1 ⟶ n2	Chemische Energie ist vorhanden in Naturrohstoffen oder in Batterien aller Art wie auch in Speicherheizungen.	Liegt vor bei der Energieweiterleitung in Energienetzsystemen, wie Elektroenergie, Wärmeenergie.
Information 	Liegt vor, wenn Informationen in Daten verschlüsselt werden und nach festen Regeln verarbeitet werden, z. B. Codiersysteme, Telefon	Liegt vor in Form von geschriebenen Programmen, z. B. auf CD, DVD, Chip, Festplatte, Magnetband, Lochkarten, gespeicherten Daten.	z. B. Funkverkehr, Lichtwellenleiter, Datenfernübertragung, Intranet/Internet.

Stoff umsetzende Systeme

1 Arbeit an der Fräsmaschine

> **M** **Stoffe umsetzende Systeme** verarbeiten oder bearbeiten Naturstoffe oder technische Stoffe. Stoffumsatzprodukte können feste, flüssige oder gasförmige Stoffe sein.

Mit **Stoff umsetzenden Verfahren** beschäftigt sich u. a. die Fertigungstechnik und die Verfahrenstechnik. Bei der Herstellung von Gegenständen werden Stoff-Formgebungsverfahren an der Produktbildung beteiligt. Solche Verfahren sind in den Hauptgruppen der Fertigungsverfahren systematisiert. Typisch dafür sind z. B. **Trennen** (Aufheben des Stoffzusammenhalts durch Einwirkung äußerer Kräfte wie Fräsen und Sägen), **Umformen** (gezielte Änderung der Form eines Werkstücks durch plastische Verformung z. B. Walzen), **Fügen** (Verbinden von mehreren Werkstoffen z. B. durch Verschrauben und Kleben). Stoff-Formgebungsverfahren gliedert man nach der Art der Änderung des Stoffzusammenhalts. Dieser kann vergrößert, beibehalten, vermindert oder aufgehoben werden. Die in Abbildung 1 dargestellte Tätigkeit „Fräsen" hebt durch den Spanprozess den Stoffzusammenhalt örtlich auf. **Prozesse der Stoffwandlung** sind Bearbeitungsvorgänge zur Änderung der Struktur von Stoffen durch chemische Reaktionen. Dabei entstehen Stoffe in anderer chemischer Zusammensetzung mit völlig neuen Eigenschaften.

Der in Abbildung 2 dargestellte Mixer mit Rührbesen ist nach den beschriebenen Merkmalen ein Stoffe umsetzendes System.

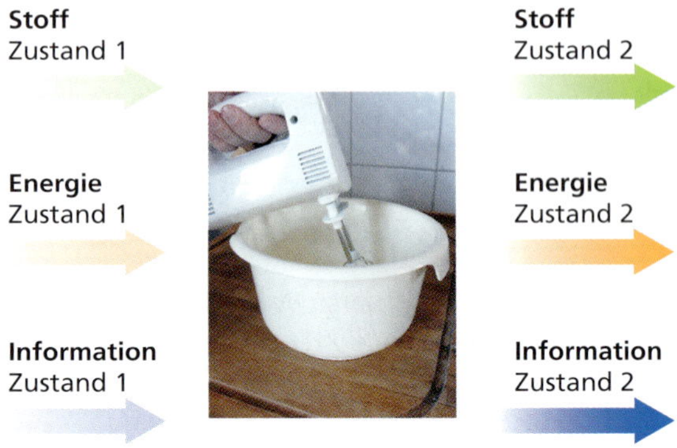

2 Mixer mit Rührbesen – Herstellung einer Teigmasse

Die Hauptfunktion besteht in der Herstellung einer Teigmasse aus verschiedenen Grundstoffen (Stoff, Zustand 1) zu einem neuen Stoff (Stoff, Zustand 2 = Teigmasse). Elektrische Energie wirkt als Eingangsgröße und wird in mechanische und Wärmeenergie umgewandelt. Somit ist die wirkende Energie ein Nebenumsatz. Informationen sind in einer möglichen Veränderung der Drehzahl und im Ein- und Ausschaltvorgang gespeichert und haben keinen unmittelbaren Einfluss auf die stoffliche Veränderung. Damit ist auch diese Eingangsgröße ein Nebenumsatz. Ohne diese Nebenumsätze wäre das System aber nicht funktionsfähig. Hier wird die enge Verbindung aller drei Umsatzarten deutlich.

Energie umsetzende Systeme

Die Umwandlung der Lichtenergie der Sonne in Wärmeenergie ist eine der umweltfreundlichsten Methoden. Sonnenenergie spart fossile Brennstoffe und verhindert somit den Ausstoß des Treibhausgases CO_2. Ein Haus mit Solarkollektoren vermittelt Modernität und Zukunftsdenken für eine sichere und saubere Umwelt.

M Bei **Energie umsetzenden Systemen** sind hauptsächlich die Umwandlungsprozesse von einer Energieart in eine oder mehrere andere Energiearten zu analysieren.

Bedeutende **Energieumwandlungsprozesse** finden bei der Umwandlung von chemischer in Wärmeenergie oder elektrischer in mechanische Energie statt. Der Elektromotor einer Maschine wandelt die elektrische Energie in mechanische Energie um, und es werden damit Arbeitsorgane bewegt. Dieser prinzipielle Prozess ist für alle elektrisch betriebenen Maschinen typisch. Chemische Energie in Form von Kraftstoff wird im Kraftfahrzeug in mechanische Energie umgewandelt (Abb. 1) und ermöglicht damit die Fortbewegung. Nicht genutzte Energien, wie Abgase und andere Schadstoffe, können die Umwelt stark belasten.

Strahlungsenergie in Form von Sonnenlicht kann in elektrische Energie oder in Wärmeenergie umgewandelt werden. Daraus wird ersichtlich, dass diese Energieumwandlungsprozesse sehr vielfältig sind und einer genauen Analyse bedürfen.

Der Umwandlungsprozess erfolgt nie zu 100 %. Es kommt immer zu **Zwischenumwandlungsformen,** „Energieverlusten", die nicht gewollt, technisch aber nicht zu vermeiden sind. Deshalb wird der **Wirkungsgrad** η eines Energie umsetzenden Systems nie bei 1 liegen können.

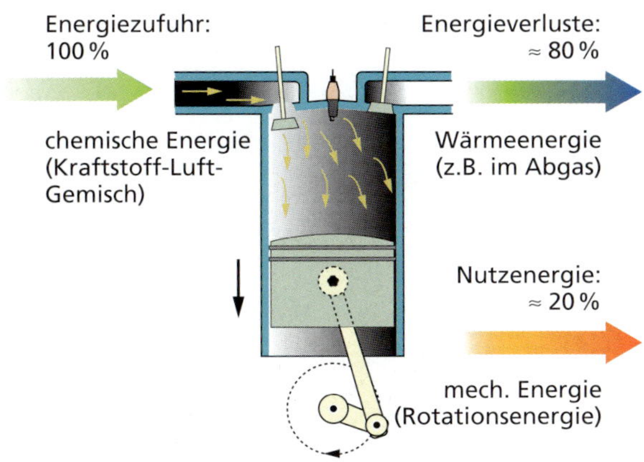

1 Umwandlung chemischer Energie in mechanische Energie in einem Motor

Der **Wirkungsgrad** η ist das Verhältnis von nutzbarer abgegebener Energiemenge $\mathbf{E_{nutz}}$ und aufgewendeter, dem System zugeführter Energiemenge $\mathbf{E_{auf}}$:

$$\eta = \frac{E_{nutz}}{E_{auf}} = \frac{P_{nutz}}{P_{auf}}$$

Der Wirkungsgrad lässt sich auch aus der Leistung berechnen. Durch die unvermeidbaren Verluste kann also der Wirkungsgrad nur kleiner als 1 bzw. kleiner als 100 % sein.

Wirkungsgrade ausgewählter technischer Systeme:

Generator	96 %
Elektromotor	90 %
Autobatterie	68 %
Dieselmotor	40 %
Glühlampe	5 %

Die nicht genutzten oder nicht nutzbaren Anteile können z. B. zur Vergrößerung der Ozonschicht führen.

Informationen umsetzende Systeme

Nachrichtenübertragungen in der Natur sind mit Sinneswahrnehmungen verbunden. Für den Menschen reichten diese natürlichen Möglichkeiten nicht mehr aus. Er entwickelte technische Lösungen, Informationen zu übertragen und zu speichern.

Die Umwälzung der informationsverarbeitenden Technik, die eng mit der Automatisierung verbunden ist, stellt heute den Kernprozess der wissenschaftlich-technischen Revolution dar. Zunehmend werden geistige Tätigkeiten auf Maschinen übertragen, wodurch die geistigen Kräfte der Menschen vervielfacht werden und Zeit gewonnen wird für schöpferisches Denken und Handeln. Informationen umsetzende Systeme haben im Beruf wie auch im Alltag ihre Anwendungsgebiete: in der Produktion (computerunterstützte Fertigung, Abb. 1, S. 70), im Handel durch moderne Kassensysteme, in der Freizeit (Computerspiele, elektronische Tasteninstrumente, Handy), im Bank- und Versicherungswesen (Homebanking) und in vielen anderen Bereichen.

Das Wort **Information** stammt vom lateinischen „*informatio*“ ab und bedeutet etwa „etwas in Form bringen“. Ein beliebiger Sachverhalt wird in eine Form gebracht, die zur Übertragung als Nachricht geeignet ist. Die Formgebung erfolgt durch Codierung und wird in Signale umgewandelt, die aus Zeichen oder Symbolen bestehen.

M

Informationen sind eine Eigenschaft der Materie. Sie existieren unabhängig, objektiv von ihrer Wahrnehmung.

Signale können durch thermische, optische, mechanische, akustische, elektrische oder chemische Reize ausgelöst werden. Menschen und zunehmend immer mehr Maschinen sind in der Lage, Signale aufzunehmen, zu verstehen, zu verarbeiten und entsprechend zu reagieren. Bei der Analyse von Informationen umsetzenden Systemen werden vorrangig die Signalflüsse betrachtet. Signale lösen in der Regel Handlungen aus:

- Das Hören eines Hilferufes – Rettungsmaßnahmen einleiten!
- Ein kurzes Klingelzeichen oder Vibrieren – SMS lesen!
- Rotes Ampelsignal – anhalten!
- Haustürgong – Tür öffnen!

Ein einfaches Beispiel einer Informationskette stellt das Handy dar (Abb. 2). Durch die Nummernwahl und Druck der Ruftaste Handy 1 wird die Information, dass ich jemanden sprechen möchte, in ein elektrisches Signal umgewandelt. Dieses wird per Funk an eine Relaisstation übertragen und weitergeleitet. Handy 2 nimmt das Signal auf und wandelt es als Signalausgabe in ein Rufsignal um. Wird dieses Signal wahrgenommen, löst es eine bestimmte Reaktion aus. Nimmt der angerufene Partner das Gespräch an, ist die Information für diesen Moment erfolgreich übertragen worden. Wird das Gespräch nicht gleich angenommen, wird die Information gespeichert und zu einem späteren Zeitpunkt abgerufen.
Handys zählen wie andere nachrichtentechnische Übermittlungsgeräte zu einem sich stark entwickelnden Industriebereich. Informations- und Kommunikationsdienste, die für eine individuelle Nutzung von kombinierbaren Daten wie Zeichen, Bilder oder Töne bestimmt sind, werden auch als Onlinedienste bezeichnet. Stoff umsetzende, Energie umsetzende und Informationen umsetzende Systeme kennzeichnen die Technik im Alltag, d.h. im Haushalt, in der Freizeit, aber auch in der Produktion und im Dienstleistungssektor. Mithilfe dieser Klassifikation gelingt es, nicht nur Technik nach Eigenschaften und Nutzung zu ordnen, sondern vor allem nach ihrer Funktionsweise.

1 Hier in der Endmontage werden Informationen über den Computer an die Maschine weitergegeben.

2 Ein Anruf von Handy zu Handy wird per Signal über eine Relaisstation übertragen und weitergeleitet.

Methode Werkanalyse

Bei der **Werkanalyse** steht der technische Gegenstand im Mittelpunkt, der gedanklich zu zergliedern und manuell zu demontieren ist. Diese Methode gehört zu den wichtigsten Hilfsmitteln, mit denen man schrittweise und nachvollziehbar Technik analysieren und begreifen kann.
Eine solche Analyse besteht in einem gedanklichen oder sogar stofflichen Zerlegen realer Produkte. Sie umfasst Betrachtungen zum Erkennen von zugrunde liegenden Konstruktionsprinzipien, Funktionszusammenhängen, Herstellungsverfahren oder das Ermitteln des Werkstoffeinsatzes.
Die gedankliche Zergliederung und eine zusätzliche Demontage stellen eine Idealform der Werkanalyse dar. Bereits das Suchen von Fehlern in technischen Gebilden, z. B. bei Haushaltsgeräten, und das Verstehen des Funktionsprinzips oder auch ein Test zur Ermittlung der Gebrauchseigenschaften beinhalten den Anspruch einer Werkanalyse.

Fragen „*Wie funktioniert das technische Gebilde?*" oder mehr noch „*Warum funktioniert es nicht?*" werden bestimmend sein.

Allgemeine Verlaufsformen

Produktbetrachtung
Feststellung der äußeren Merkmale und Äußerung von Vermutungen über den inneren Aufbau und den Funktionszusammenhang.

Vorüberlegungen zur Demontage
Damit der eigentliche Demontageprozess störungsfrei verläuft, sind vorbereitende Arbeiten notwendig. Dazu gehören u. a.:
- Studium von Herstellerinformationen,
- Suchen der Öffnungs- und Zerlegemöglichkeiten,
- erforderliche Werkzeuge bereitlegen,
- Demontageschritte planen, Gehäuse öffnen, Baugruppen demontieren.

Demontage
Praktische Demontagetätigkeit:
- Lösen der Verbindungen,
- Zerlegen in Baugruppen und Einzelteile,
- Ordnen der Zerlegeteile.

Während der Demontage werden notwendige Merkskizzen und verbale Beschreibungen getätigt, damit eine funktionstüchtige Wiederverwendung gewährleistet bleibt.

Analyse der technologischen Zusammenhänge:
- Herausarbeiten des Funktionszusammenhangs für den zu beschreibenden Sachverhalt,
- bei der Klärung komplizierter Zusammenhänge weitere Modellbildungen vornehmen,
- Ergebnisse der Analysetätigkeit werden in Funktionsskizzen, Konstruktionszeichnungen nach DIN, Tabellen, Diagrammen oder auch Fotos festgehalten.

Remontage
Das Gelingen der Remontage gibt Aufschluss über das Verständnis des funktionalen Zusammenhangs des Produktes.

Auswertung
Die am Gegenstand gewonnenen Erkenntnisse werden reflektiert und auf andere ähnlich strukturierte Gegenstände und Prozesse projiziert.

Aufgaben

1. Die Themenseiten „Zur gezügelten Flamme“ zeigen einen kurzen Ausschnitt zur Entwicklung des Herdes.
   a) Erarbeite eine Präsentation zu verschiedenen typischen Haushaltsgeräten und anderer technischer Erfindungen in ihrer historischen Entwicklung und gehe dabei auf spezifische Funktionseigenschaften ein!
   b) Erläutere die Technisierungsprinzipien am Beispiel!

2. a) Diskutiere im Team die These: „Mehr Haushaltstechnik schafft mehr Freizeit!“ !

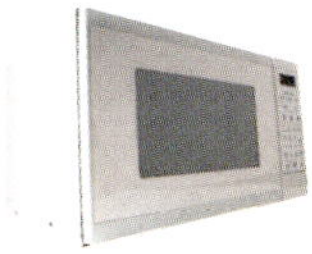

   b) Stelle deine Auffassungen begründet in der Gruppe dar und vergleiche mit anderen Auffassungen!

3. a) Erarbeite eine Übersicht über Haushalts- und Freizeittechnik in deinem Lebensbereich!
   b) Fertige eine Übersicht über den Verwendungsanteil von zwei Geräten innerhalb einer Woche an (z. B. elektrische Brotschneidemaschine, Handy)!
   c) Stelle diese Übersicht in einem Diagramm dar!

4. a) Analysiere nachfolgende technische Geräte unter systemtheoretischen Betrachtungsweisen! Mikrowelle, Radio, Telefon
   b) Stelle diese als Blockschema dar!

5. a) Recherchiere, warum die naturwissenschaftlichen Erkenntnisse in der griechischen Antike kaum zur Entwicklung von Arbeits- und Kraftmaschinen führten! Nutze dazu das Internet und solche Quellen wie Lexika, Geschichtsbücher und Filme!
   b) Bringe Beispiele für nicht umgesetzte Ideen und versuche dafür die Ursachen zu benennen!

6. a) Erarbeite eine Dokumentation technischer Alltagsgeräte in ihrer historischen Entwicklungsgeschichte!
   b) Ordne diese Geräte systemtheoretisch ein!
   c) Entwerfe Modelle von den Geräten!
   d) Fertige technische Skizzen an und entscheide dich für den Nachbau einer modellhaften Lösung!

7. Informiere dich im Internet über das Funktionsprinzip
   a) des Plattenkochherdes,
   b) des Cerankochfeldes und
   c) des Induktionsherdes!
   d) Erkläre mithilfe von Prinzipskizzen jeweils die Temperaturregulierung und Wärmeleitung!

8. a) Erarbeite eine Übersicht über verschiedene Technikbereiche in Form einer Mindmap! Ergänze die leeren Kästchen auf S. 63!
   b) Führe ein Brainstorming durch zur Aussage: „Technik kann Fluch oder Segen sein!“
   c) Entscheidet in Gruppen, ausgehend von einer Mindmap, welchen Technikbereich ihr für besonders wichtig erachtet, und macht euch mit diesem vertraut! Analysiert ein technisches Gerät aus diesem Bereich!

   Nachfolgende Fragen geben Hilfe zur Lösung der Aufgabe:
   - Was leistet das technische Gerät?
   - Wo wird es eingesetzt?
   - Seit wann gibt es dieses Gerät?
   - Wie hat sich das Gerät verändert?
   - Nach welchen naturwissenschaftlichen Grundprinzipien arbeitet das Gerät?
   - Welche Vor- und Nachteile hat es?
   - Welche Anschaffungs- und Wartungskosten sind zu kalkulieren?
   - Gehen von dem technischen Gerät Gefahren aus?
   - Welche Auswirkungen gibt es auf die Umwelt?

Das Wichtigste im Überblick

Zwischen Natur, Gesellschaft und Technik gibt es enge Wechselbeziehungen. Unter Technik versteht man das Herstellen von Gegenständen für einen bestimmten Zweck durch den Menschen. Technik und Arbeit sind eng miteinander verflochten und unterliegen einem ständigen Wandel. Zur Analyse technischer Produkte bedient man sich des Denkens in Systemen. Danach können technische Systeme klassifiziert werden.

Klassifikation technischer Systeme

Hauptumsatzarten

- Stoff umsetzendes System
- Energie umsetzendes System
- Informationen umsetzendes System

- **Baustruktur**

Technik im Alltag
Technisches System

- Informationstechnik
- Kommunikationstechnik
- Mobilitätstechnik
- Unterhaltungstechnik
- Energieversorgungstechnik
- Haushalts- und Heimwerkertechnik

Modell

- funktionsorientiert
- strukturorientiert
- hierarchisch

- **Eigenschaften**

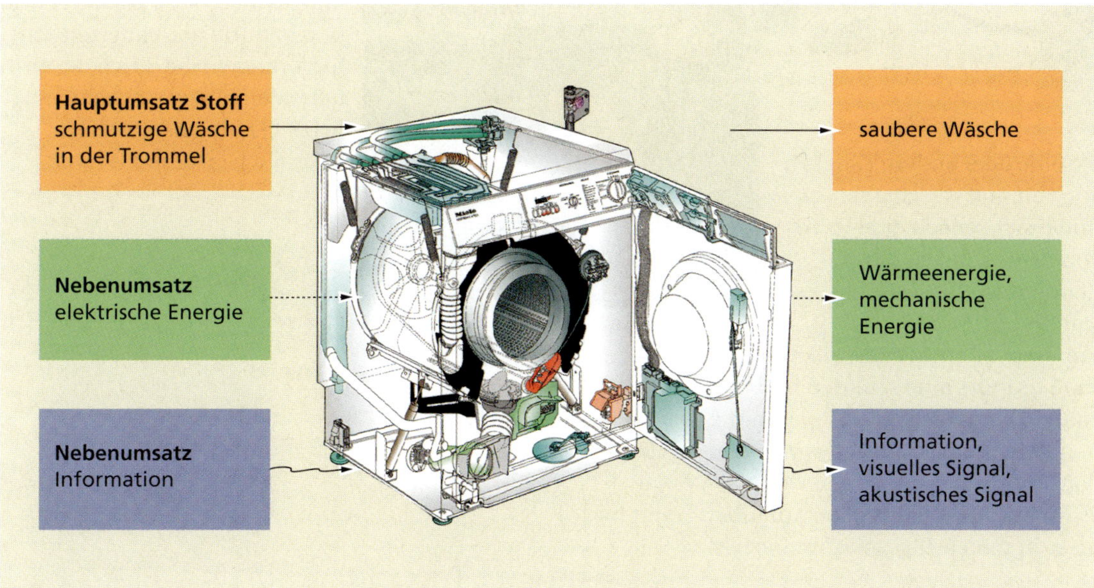

2.2 Haushaltsmanagement

Haushaltsmanagement – warum?

In einer modernen schnelllebigen Zeit ist Haushaltsmanagement Zeitmanagement, Finanzmanagement und Freizeitmanagement. **Zeit** ist wertvolles Kapital im Haushalt, sie ist ein knappes Gut, kann nicht gespart und gelagert werden – Zeit verrinnt kontinuierlich und ist unwiederbringlich.

Hausarbeit – notwendiges Übel?

Hausarbeit kennt keine betrieblichen Vorgaben, aber sie ist auch nicht frei einteilbar. Sicher lässt sich

die eine oder andere Tätigkeit auch einmal verschieben, es findet sich jedoch eine Reihe von Bedingungen, die den Zeitraum von Tätigkeiten festlegt; so z. B. Ladenöffnungszeiten, Stundenpläne in der Schule, feste Termine mit Freunden und vieles mehr. Aufgaben, die zeitlich kaum Spielräume lassen, können oftmals auch nur schwer an andere Haushaltsmitglieder übertragen werden. Deshalb ist es wichtig, dass jeder seine **Aufgaben** kennt und diese in seinen Tagesplan einbezieht.

„Fit für den Alltag" durch Haushaltsmanagement

Managementfähigkeiten schaffen den Rahmen für stabile und ausgeglichene Haushalte, die in der Lage sind, ihren **individuellen Alltag** zu gestalten, ohne in prekäre Lebenssituationen zu kommen. Veränderungen in Politik, Wirtschaft und Wissenschaft stellen Haushalte täglich vor neue Herausforderungen. Dabei unterliegt die Lebensorganisation für Haushalte und Familien sehr individuellen und bedürfnisorientierten Anforderungen, die durch die anfallenden Alltagsaufgaben möglichst kreativ und abwechslungsreich zu gestalten sind.

Haushaltsformen und Haushaltstypen

In unserer Gesellschaft existieren nebeneinander verschiedene **Haushaltsformen.**

> **M** Der öffentliche Haushalt, der Anstaltshaushalt und der private Haushalt sind die Haushaltsformen.

Einnahmen und Ausgaben eines Staates, einer Stadt, einer Gemeinde o. Ä. bilden den **öffentlichen Haushalt.** Die Einnahmen stammen aus Steuern, allgemeinen Abgaben, Gebühren, Zöllen und weiteren Formen. Diese Staatseinkünfte werden in Bundes-, Länder-, Kreis- und Gemeindehaushalten nach festgelegten Vorgaben verteilt. Der Bundeshaushalt hatte z. B. im Jahre 2002 ein Gesamtvolumen von rund 248 Mrd. Euro. Für Arbeit und Soziales wurden etwa 105 Mrd. Euro und für Bildung und Kultur etwa 11 Mrd. Euro bereitgestellt. Den **Anstaltshaushalt** gibt es für verschiedene Personengruppen. Es leben Personen zusammen, die in keinem verwandtschaftlichen Verhältnis zueinander stehen. Der Anstaltshaushalt erfüllt Aufgaben, die ein Familienhaushalt nicht oder nur teilweise erfüllen kann. In ihm leben Menschen, die oftmals hilfebedürftig sind und in einem privaten Haushalt nicht mehr zurechtkommen können oder wollen.
Beispiele für diese Haushaltsform sind Krankenhäuser, Pflegeheime, Jugendheime, Kindergärten.
Der **private Haushalt** umfasst Personen, die allein oder gemeinsam wohnen und wirtschaften. Die drei dargestellten Haushaltsformen stehen in einer engen Wechselbeziehung zueinander und sind voneinander durch ein ständiges Geben und Nehmen abhängig.

> **M** Haushalt ist eine sozioökonomische Einheit, weil er wirtschaftliches Handeln auf das Leben in einem sozialen Gebilde (Familie, Wohngruppe) bezieht. Der private Haushalt gilt als kleinste Wirtschaftseinheit, die sowohl Stätte des Verbrauchs, des Sparens als auch der Leistungserbringung ist.

Für das Leben in einem privaten Haushalt haben sich je nach individuellen Lebensgewohnheiten und Lebensumständen verschiedene **Haushaltstypen** herausgebildet. Sie lassen sich verschiedenartig strukturieren. Eine Differenzierung nach Personenzahl und nach Lebensphase wird häufig vorgenommen, um die gesellschaftlichen Entwicklungstrends und den Strukturwandel von Haushalt und Familie zu erfassen.

Nach Personenzahl:
- Einpersonenhaushalt (Singlehaushalt)
- Zweipersonenhaushalt
- Mehrpersonenhaushalt

Nach Lebensphase:
- Jung, allein stehend
- Jung, verheiratet, kinderlos
- Verheiratet, kleine Kinder
- Verheiratet, ältere Kinder
- Älter, verheiratet, ohne Kinder
- Älter, allein stehend

Weitere Differenzierungsmöglichkeiten sind das Einkommen, die Berufsgruppen, soziale Schichten, der Lebensstandard. Die Aufgaben eines privaten Haushaltes sind abhängig von der Anzahl der im Haushalt lebenden Personen, dem Alter der Personen, der Berufstätigkeit der Familienmitglieder, der technischen Ausstattung, der

Größe der Wohnung und nicht zuletzt vom Haushaltseinkommen und vom Lebensstil. Früher gab es viele Haushalte, in denen mehrere Generationen unter einem Dach lebten. Sie erzeugten ihre Nahrungsmittel, ihre Kleider und alles zum Leben Notwendige selbst. Diese Art der Haushalte waren **Selbstversorgerhaushalte.** Es standen viele Arbeitskräfte zur Verfügung, die vielfältige Tätigkeiten bewältigen konnten. Je weniger Personen in einem Haushalt wohnen, desto knapper wird die Arbeitszeit zur Lösung aller Haushaltsaufgaben. Mit steigendem Einkommen können zunehmend Dienstleistungen beansprucht werden, die die Hausarbeit wesentlich erleichtern.

Solche Haushalte werden **Vergabehaushalte** genannt. In heutigen Gesellschaftsstrukturen sind weder die eine noch die andere Form als reine Haushaltsform zu finden. So gibt es auch heute verschiedene Bereiche der Selbstversorgung und der Vergabe von Haushaltsaufgaben. Die sinnvolle Koordination dieser beiden Bereiche in Abhängigkeit von der wirtschaftlichen Situation des Haushaltes, von familiären Gegebenheiten und von individuellen Lebenshaltungsvorstellungen ist die hohe Kunst der Haushaltsführung.

Der private Haushalt kann somit als eine Institution aufgefasst werden, die:

- ökonomische und soziale Anordnungen, Entscheidungen und Maßnahmen trifft,
- Bedarfsdeckung ihrer Mitglieder auf Dauer anstrebt, z. B. durch Bereitstellung von Nahrung, Wohnung, Kleidung,
- Zuwendung von Personen in einer Gemeinschaft ermöglicht,
- für die geistige und körperliche Regeneration seiner Mitglieder sorgt und
- Traditionen, Sitten und Bräuche bewahrt.

Erwerbsarbeit und Hausarbeit

M Arbeit ist jede auf ein wirtschaftliches Ziel gerichtete Tätigkeit.

Ihre wichtigsten Ausprägungen sind die Erwerbsarbeit und die Hausarbeit. Die **Erwerbsarbeit** ist die ökonomische Grundlage für die Bedürfnisbefriedigung der im Haushalt lebenden Personen. Folglich gehört es zur Aufgabe des privaten Haushalts, die Arbeitskraft zu schützen und zu erhalten. Die **Hausarbeit** bezieht sich auf alle Arbeiten, die unmittelbar zur Aufrechterhaltung des Haushalts, zur Bedürfnisbefriedigung seiner Mitglieder erforderlich sind.

M **Hausarbeit** wird zur Eigenbedarfsdeckung für Personen eines Haushaltes von Personen des Haushaltes durchgeführt, sofern sie nicht als Dienstleistung und damit entlohnte Arbeit in Anspruch genommen wird.

Hausarbeit und Erwerbsarbeit beeinflussen sich gegenseitig. Während die Erwerbsarbeit entlohnte Arbeit in den Bereichen Produktion, Dienstleistung und Information ist, ist die Hausarbeit nicht bezahlte Arbeit.

Als klassische Hausarbeit (sachbezogene) umfasst sie u. a. das Herstellen von Mahlzeiten, Reinigungsarbeiten und den Einkauf. Als personenbezogene Hausarbeit beinhaltet sie die Erziehungsarbeit, Pflege- und Betreuungsarbeiten. Im Gegensatz zur Erwerbsarbeit ist die Hausarbeit ganzheitlicher und damit weniger spezialisiert, obwohl beide Arbeitsbereiche durch Technologieentwicklungen zunehmend geprägt werden.

Traditionell gibt es immer noch eine geschlechtsspezifische **Arbeitsteilung,** die in den meisten Fällen eine Mehrbelastung für die Frauen hervorruft. Die Meinung „Hausarbeit ist keine richtige Arbeit“ ist in der Gesellschaft noch nicht gänzlich ausgeräumt. Bringen Männer ihre Arbeitskraft in die Hausarbeit ein, stoßen sie oftmals noch auf ein breites Unverständnis in der Gesellschaft. Die nach wie vor ungleichen Chancen werden besonders deutlich mit dem Übergang zur Elternschaft.

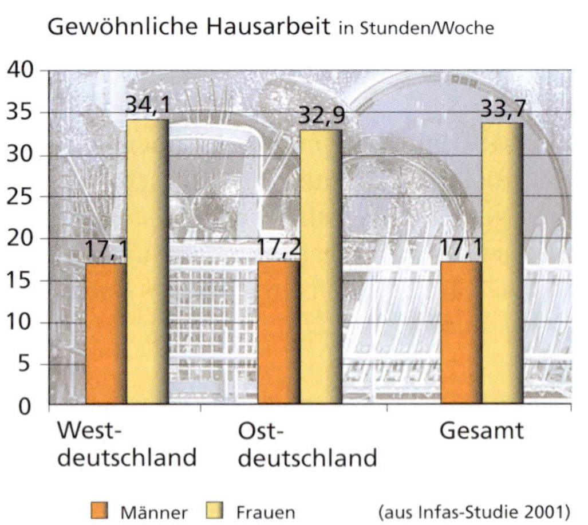

1 Aufräumen/Putzen, Kochen, Tisch decken/Abwaschen, Wäsche waschen, aufhängen, sortieren, bügeln, Lebensmittel einkaufen/ Besorgungen

Grundfunktionen privater Haushalte

Die **Haushaltsfunktionen** beziehen sich grundlegend auf die Daseinsvorsorge und Daseinssicherung des privaten Haushaltes. Tätigkeiten im privaten Haushalt werden als haushälterisches Handeln bezeichnet. Diese Handlungsaktivitäten sind in natürliche und gesellschaftliche Rahmenbedingungen eingeordnet.

Die ökonomische Funktion

Haushalte wirtschaften wie Kleinbetriebe. Sie sind **Marktpartner** und beeinflussen den **Markt** als **Konsumenten** und **Produzenten.** Die Leistungen im Haushalt werden allerdings in der volkswirtschaftlichen Gesamtrechnung nicht erfasst, da sie nicht am Markt angeboten werden. Zur Erbringung seiner Leistungen setzt der Haushalt die gleichen Produktionsfaktoren ein, nämlich Arbeit, Kapital, Boden und zunehmend Bildung, die ein Betrieb einsetzt. Mit seinem Verhalten am Markt nimmt der Verbraucher (Haushalt) über den Abkauf von Produktionsgütern Einfluss auf die Produktion und das Marktgeschehen.

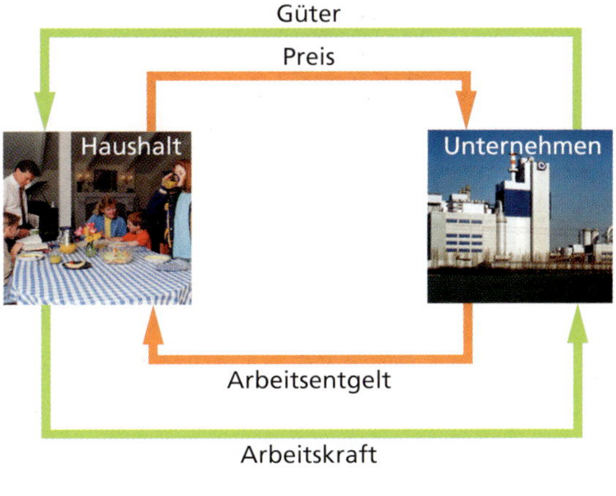

1 Modell des einfachen Wirtschaftskreislaufes

Die generative Funktion

Der Haushalt ist der einzige Bereich, der „Arbeitskräfte erzeugen“ kann. Sinkende Geburtenraten werden daher mit Besorgnis betrachtet. Die privaten Haushalte liefern einen Beitrag für die Zukunft der Gesellschaft. Der viel diskutierte **Generationenvertrag** ist gefährdet, wenn die generative Funktion nicht erfüllt wird. Auswirkungen eines verschobenen Lebensbaumes haben Auswirkungen auf das gesamte Sozialgefüge eines Staates.

Eine höhere Lebenserwartung und zurückgehende Geburtenraten stellen den **Lebensbaum** zunehmend auf den Kopf (Abb.1). Das Bild von einer gesunden Tanne hat sich bis heute stark gewandelt, und die Prognosen sehen derzeit nicht günstig aus, um an der dramatischen Situation des Geburtenrückganges etwas zu verändern. Die materiellen Aufwendungen zur Versorgung eines Kindes betragen durchschnittlich pro Jahr etwa 7 700 Euro. Pro Monat betrugen die privaten Konsumausgaben für jedes Kind damit 640 Euro. Der öffentliche Haushalt und die Arbeitgeber beteiligen sich an diesen Kosten z. B. über das Kindergeld, den Kinderfreibetrag, das Erziehungsgeld oder den Haushaltsfreibetrag bei allein Erziehenden. Das darf aber nicht darüber hinwegtäuschen, dass die Hauptaufwendungen bei den Familien selbst liegen.

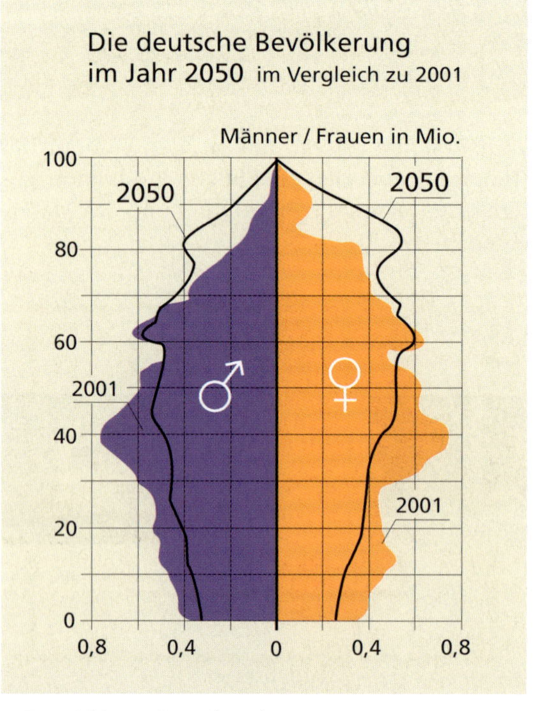

1 Entwicklung des Lebensbaumes

Die Regenerationsfunktion

Haushalte übernehmen die ständige Aufgabe der **Regeneration** der im Haushalt lebenden Personen. Über gesunde Ernährung, Erholungsmöglichkeiten, entspannte, häusliche Atmosphäre, Sorge für Schutz und Geborgenheit wird die Regeneration gewährleistet. All das braucht der im Arbeits- und Lernprozess stehende Mensch, um am nächsten Tag wieder arbeits- und lernfähig zu sein. Die Haushalte pflegen ihre Angehörigen bei Krankheiten, Unfällen oder auch im Alter. Damit ersparen sie der Allgemeinheit beträchtliche Summen. Je sorgfältiger der Haushalt die Regenerationsfunktion wahrnimmt, umso leistungsfähiger wird der arbeitende bzw. lernende Mensch sein.

Die Sozialisierungsfunktion

Der Familienhaushalt ist das Zentrum der Erfahrungen jedes Heranwachsenden. Hier wird ein Kind nicht nur versorgt, hier wird ihm alles vermittelt, was es für die spätere Einordnung in die Gesellschaft benötigt, zunächst vor allem die Sprache. Die Grundlage für das spätere Sozialverhalten oder Ernährungs- und Gesundheitsgewohnheiten haben hier ebenfalls ihre Wurzeln. Die Erziehung der Haushaltsmitglieder zum Ein- und Unterordnen in die Gemeinschaft ist die Grundlage für die spätere **Persönlichkeitsentwicklung.** Die Familie trägt mit ihren Sitten und Gebräuchen als Vorbildfunktion zur geistig-kulturellen Bildung bei. Alle Haushaltsfunktionen werden sehr individuell erfüllt und wahrgenommen.

M

Die **Funktionen** und Aufgaben des privaten Haushaltes bedingen sich gegenseitig. Sie stehen im Spannungsfeld zwischen persönlichen Ansprüchen, verfügbaren Ressourcen und sich bildenden Handlungsspielräumen.

Planung hauswirtschaftlicher Prozesse

Tages-, Wochen- und Monatsplan	Wegestudie	Zeitstudie	Ablaufanalyse
verteilt Hausarbeiten zeitlich strukturiert auf Personen, berücksichtigt Interessen und körperliche Fähigkeiten, verschafft gleichmäßige Freizeit für alle.	zeigt Länge von Arbeitswegen auf, hilft z. B. die Küche zeit- und kraftsparend zu gestalten.	ermittelt die Zeit eines Arbeitsablaufes, hilft Wartezeiten zu verkürzen, zeigt Erholungszeiten für die Familie auf, verschafft Zeit für Familienzeit.	schlüsselt einzelne Arbeitsabläufe genau auf, zeigt, welche Arbeitsschritte wegfallen können, zusammengefasst oder optimiert werden können.

1 Arbeitsplanung – Kernstück des Haushaltsmanagements

M

Planung ist die sinnvolle Verteilung von Arbeit auf Zeit.
Haushaltsmanagement umfasst die Arbeitsplanung, das Zeitmanagement, das Finanzmanagement, das Freizeitmanagement.

Arbeitsplanung und Zeitmanagement

Zeit ist ein wertvolles Kapital im Haushalt, sie ist ein knappes Gut, ist nicht käuflich, kann nicht gespart und gelagert werden – Zeit verrinnt kontinuierlich und ist unwiderruflich! Hausarbeit kennt keine betrieblichen Vorgaben, aber sie ist auch nicht frei einteilbar. Sicher lässt sich die eine oder andere Tätigkeit auch hin und wieder verschieben, es gibt jedoch eine Reihe von Bedingungen, die den Zeitraum von Tätigkeiten festlegt; so z. B. Ladenöffnungszeiten, Stundenplan, feste Termine mit Freunden und vieles mehr. Aufgaben, die zeitlich kaum Spielräume lassen, können oftmals auch nur schwer an andere Haushaltsmitglieder übertragen werden. Deshalb ist es wichtig, wenn jeder seine Aufgaben kennt und diese in seinen Tagesplan einbeziehen kann. Durch **Arbeitsplanung** und **Arbeitsteilung** wird das Leben in einem Haushalt geordnet und organisiert. Deshalb stellt die Arbeitsplanung das Kernstück des Haushaltsmanagements dar. Die Arbeitsplanung sollte Interessen und Neigungen, aber auch Fähigkeiten der Haushaltsmitglieder berücksichtigen.

Die Tätigkeitsstruktur in einem privaten Haushalt besteht im Planen, Gestalten, Ausführen und Kontrollieren. Diese Tätigkeiten, in der Summe die **Haushaltsführung,** liegen oftmals in einer Hand und müssen koordiniert werden. Gelingt es nicht, diese Koordination in einen zeitlichen und ablauforientierten Rahmen einzuordnen, kommt es zu Stress, Misserfolgen und zu Frustration.

M

Unter **Haushaltsführung** versteht man das sinnvolle Verketten von Planung, Gestaltung, Ausführung und Kontrolle.

Finanzmanagement – Geld spielt (k)eine Rolle

Grundlage der Haushaltsplanung bildet die **Finanzplanung.** Ohne Geld ist ein Haushalt nicht lebensfähig. Ähnlich wie ein Betrieb hat der Haushalt freies Kapital in Form von Geld und Spareinlagen und gebundenes Kapital in Form von Sachkapital (z. B. Arbeitsmittel, Immobilien und Einrichtungsgegenstände). Wie hoch ist der Geldbedarf eines Haushaltes? Diese Frage kann in ihrer Pauschalität nicht beantwortet werden. Der **Geldbedarf** ist wesentlich von der Haushaltsgröße, von den Bedürfnissen der im Haushalt lebenden Personen, von ihrem Alter, vom Familienstand, aber auch vom Ort, wo der Haushalt angesiedelt ist, abhängig. Ein Haushalt

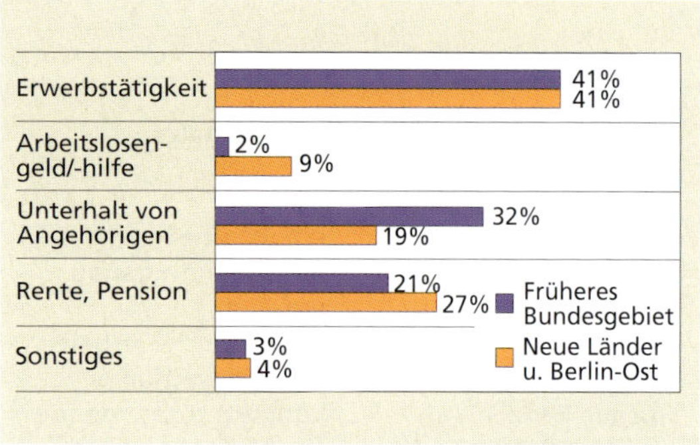

1 Zusammensetzung des Einkommens der Haushalte

kostet Geld, das täglich, monatlich oder auch jährlich bereitzustellen ist. Sämtliche Ausgaben müssen über die **Haushaltseinnahmen** gedeckt werden. Geldeinkommen über das **Erwerbseinkommen** wie Lohn und Gehalt sind die häufigsten Einnahmen der Haushalte. Vier von fünf Haushalten erhalten über die öffentlichen Haushalte regelmäßig **Transfereinkommen** wie Renten und Pensionen, Wohngeld, Kindergeld und Arbeitslosengeld. Eine dritte Einnahmequelle ist das **Vermögenseinkommen,** z. B. in Form von Mieteinnahmen, Dividenden, Zinsen und Gewinnen. Aus all diesen Einkommensarten wird der Lebensunterhalt bestritten.

Nicht jeder behält den Überblick über seine Finanzen. Auch hier ist eine sinnvolle Planung erforderlich. Einen ersten Überblick verschafft die Aufteilung nach festen und variablen Kosten.

Feste Kosten sind exakt planbar. Dazu gehören z. B. Miete, Versicherungen, Tageszeitungen, Beiträge, Gebühren, Sparbeträge.

Variable Kosten sind schwer planbar und müssen deshalb besonders gut kalkuliert werden. Sie sind abhängig von den Bedürfnissen. Hier hat der Haushalt die Möglichkeit, bestimmte Schwerpunkte zu setzen. Einige Ausgaben sind gut kalkulierbar: z. B. Ausgaben für Nahrung, Kleidung, Hygiene, Wasser und Energie. Schwieriger wird es bei den Kosten für Telefon, Hobby und Freizeit und den vielen Verführangeboten im Supermarkt.

Rechnungswesen im Haushalt
Grundlage des hauswirtschaftlichen Rechnungswesens ist das **Haushaltsbuch.** Im Haushaltsbuch werden ähnlich wie in einem Betrieb alle Einnahmen und Ausgaben, die regelmäßig anfallen oder erwartet werden, in einer vorausschauenden Rechnung zusammengefasst und gegenübergestellt. Diese Planungsrechnung wird auch als Budget oder Etat bezeichnet. Eine Vorausberechnung kann monatlich, vierteljährlich oder für jeden anderen beliebigen Zeitraum vorgenommen werden.

Haushaltseinkommen
Als Planungsgrundlage ist nicht das monatliche Bruttoeinkommen, sondern das verfügbare Einkommen zugrunde zu legen. Es wird wie folgt ermittelt:

Bruttoeinkommen
- Lohnsteuer
- Kirchensteuer
- Abzüge zur gesetzlichen Sozialversicherung
- Solidarbeitrag

= **Nettoeinkommen**
\+ **Transfereinkommen**
\+ **Vermögenseigentum**

= **verfügbares Einkommen**

Haushaltsausgaben
Die Ausgaben für einen Haushalt richten sich nach
- Höhe des verfügbaren Einkommens,
- der Anzahl der im Haushalt lebenden Personen und
- persönlichen Ansprüchen der einzelnen Haushaltsmitglieder.

Haushaltsausgaben und Haushaltseinnahmen werden im Haushaltsbuch erfasst. Damit ermöglicht das Haushaltsbuch das Aufspüren von Reserven, Vergleiche und Analysen. Mehr als ein Viertel der privaten Haushalte in Deutschland führt regelmäßig ein Haushaltsbuch und arbeitet damit finanzökonomisch effektiv.

Datum	Einnahmen		Ausgaben								Summe der Ausgaben €	Kassenbestand €
	Bezeichnung	Betrag €	feste Ausgaben		Ernährung	Getränke	Kleidung	Hygiene	Sonstiges	davon unwichtig		
			Zweck	€								
	Übertrag											50,–
1.11.	Lohn	2500,–	Miete	500,–	23,–			5,80				
			Sparbuch	200,–							728,80	1821,20
3.11.			Telefon	57,50	130,–		35,–		3,–		225,50	1505,70
6.11.	Gutschrift	85,–	Unfallvers.	21,–	15,–	7,50		4,50			48,–	1547,70
9.11.					28,–			3,00	7,–		38,–	1509,70
10.11.		20,–			30,–	10,–						1499,70
15.11.							100,–					1399,70
20.11.					22,–	5,–						1372,70
25.11.		250,–										1622,70

1 Musterbeispiel für ein Haushaltsbuch

Mit der **Haushaltsbuchführung** ist es möglich, die zu erwartenden Ausgaben mit dem zur Verfügung stehenden Einkommen zu decken. Das regelmäßige Führen des Haushaltsbuches gibt einen schnellen Überblick über die gegenwärtige finanzielle Situation des Haushaltes. Es trägt dazu bei, Bedürfnisse den finanziellen Gegebenheiten anzupassen, um nicht zu verschulden.

Kann das Ziel der Übereinstimmung von Einnahmen und Ausgaben nicht erreicht werden, sind folgende Möglichkeiten zu prüfen:
- die bisherige Lebensführung muss eingeschränkt werden,
- ein höheres Einkommen muss erzielt werden,
- es kann auf Ersparnisse zurückgegriffen werden,
- es muss ein Kredit aufgenommen werden.

Inzwischen bieten verschiedene Softwarefirmen das **„elektronische Haushaltsbuch“** an. Es gibt Programme, mit denen auch wenig PC-erfahrene Nutzer umgehen können. So merkt sich z. B. das Programm eingegebene Daten (fixe Kosten) und vervollständigt die Eingabe automatisch. Solche Programme unterstützen die Analyse aller Kosten hinsichtlich der Beantwortung solcher Fragen: Wie lange reicht das Haushaltsgeld?, Spare ich mehr oder weniger als früher?, Was kostet mein Motorrad/Auto wirklich?.

Bedürfnisse und Bedarf

Das Leben in einem Haushalt ist wesentlich von den Bedürfnissen der in diesem Haushalt lebenden Personen abhängig.

Bedürfnisse

Grundbedürfnisse	Kulturbedürfnisse	Luxusbedürfnisse
Nahrung	Bildung	Schmuck
Wohnung	Theaterbesuche	Luxuslimousine
Kleidung	Bücher	Designermode
...	...	...
(primär)		

Kein privater Haushalt gleicht dem anderen, selbst wenn sich die Struktur der Haushalte ähnelt. Individuelle Bedürfnisse und die Vorstellungen vom Lebensstil sind unterschiedlich geprägt. Die materiellen, sozialen, kulturellen und individuellen Bedürfnisse eines Haushaltes sind abhängig von seiner sozial-räumlichen Ansiedlung, seiner Größe und dem Alter seiner Mitglieder, dem Erwerbsstatus und Einkommen seiner Mitglieder. Mit der Zusammensetzung des Haushaltes sind die Bedürfnisse jedoch nicht „objektiv" gegeben, sondern sie sind bestimmt von den Lebensentwürfen der Mitglieder, von sozialen Beziehungsformen, Wissen und Kompetenzen, vom gesellschaftlichen Umfeld und Rahmen.

Den grundlegenden Baustein zu Erklärung der Bedürfnistheorie legte der Amerikaner Abraham H. Maslow. In seiner Bedürfnishierarchie unterscheidet er primäre und sekundäre Bedürfnisse. Bedürfnisse können nach den Kriterien der **Dringlichkeit** (Grund-, Kultur- und Luxusbedürfnisse), nach der **Art** (materielle und immaterielle Bedürfnisse) und nach der **Realisierbarkeit** (Individual- oder Kollektivbedürfnisse) eingeteilt werden. Die Grenzen zwischen den Bedürfnissen sind fließend und unterliegen der Persönlichkeitsentwicklung sowie der Abhängigkeit von ökonomischen, gesellschaftlichen wie politischen Veränderungen. Da in der Regel die Möglichkeiten der Bedürfnisbefriedigung den Bedarf übersteigen, empfindet der Mensch immer Mangel und hat damit immer neue Bedürfnisse. Alle Menschen haben das Bedürfnis nach Nahrung, Kleidung und Wohnung (=Grundbedürfnisse). Wie hoch aber der Anteil der Ausgaben der Haushalte für diese Bedürfnisse ist, hängt von der Höhe des Einkommens ab. In Haushalten mit mittleren Einkommen liegt der Ausgabenanteil für die Grundbedürfnisse bei ca. 50 %. Bei steigendem Einkommen verringert sich der Anteil der Ausgaben für diese Grundbedürfnisse. Damit ist mehr Geld für die Deckung der Kultur- und Luxusbedürfnisse vorhanden.

M

Ein **Bedürfnis** ist ein Mangelempfinden nach einer Sache oder einem Erlebnis.
Wird das Mangelempfinden abgestellt, spricht man von der Bedürfnisbefriedigung. Die Summe aller Bedürfnisse in einem bestimmten Zeitraum, die mit Kaufkraft verbunden ist, wird **Bedarf** genannt. Dabei ist der Bedarf, der am Markt realisiert wird, die **Nachfrage.**

Häufig ist es schwer, eine scharfe Trennung zwischen den Bedürfnissen vorzunehmen. Der eine oder andere Gegenstand kann so zu einem Grundbedürfnis für eine Familie werden, während er für eine andere Luxus wäre.

Beispiel:

Haushalt A ist in einer verkehrstechnisch ungünstigen Gegend angesiedelt. Um ein Erwerbseinkommen zu erzielen, muss täglich mit dem Auto gefahren werden.

Haushalt B hat eine Wohnung in der Nähe des Arbeitsplatzes und kann diesen ohne Auto erreichen. Auch für den Einkauf und andere Besorgungen wird kein Auto benötigt. Das Auto ist somit für Haushalt A ein Grundbedürfnis und für Haushalt B bleibt es ein Luxusbedürfnis.

In einem Einpersonenhaushalt ist es einfach, eine Rangfolge zur Befriedigung der Bedürfnisse festzulegen. In Mehrpersonenhaushalten ist für die Bedarfsermittlung und anschließende Festlegung der Rangfolge eine Abstimmung und Auseinandersetzung mit den Haushaltsmitgliedern erforderlich. Dabei können verschiedene Mechanismen der Entscheidungsfindung genutzt werden. Eine demokratische Abstimmung in Familienkonferenzen wäre wohl die gerechteste Form der Entscheidungsfindung. Das ist aber nicht immer so.

Aufstellen einer Bedürfnisstruktur

- Bedarfsermittlung
- Begründete Reihenfolge aufzeigen und diskutieren
- Reihenfolge überdenken
- Veränderungen vornehmen
- Folgen einschätzen
- Entscheiden
- Handeln

Mittel zur Deckung der Bedürfnisbefriedigung

M Alle Mittel zur Bedürfnisbefriedigung sind Güter.

Diese werden unterteilt in freie Güter (von der Natur in einem Überfluss bereitgestellte Güter, mit denen jedoch verantwortungsbewusst umgegangen werden muss, z.B. Bodenschätze, Sonnenenergie) und in wirtschaftliche Güter (von Menschen durch wirtschaftliche Tätigkeit erzeugte Güter, die immer wieder erzeugt werden müssen). Wirtschaftliche Güter sind Sachgüter, Dienstleistungen und Rechte.

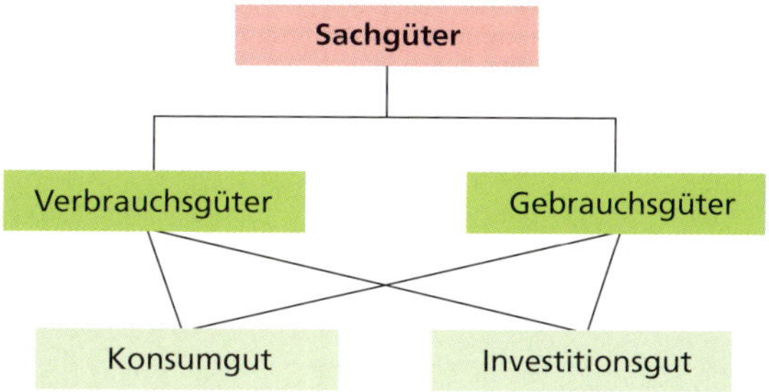

M Die Deckung der Bedürfnisse erfordert finanzielle Mittel. Sparen, Geldanlagen und Kredite stellen dabei wesentliche Finanzierungsquellen dar.

Bei der Beschaffung von Finanzen, aber auch für die genaue Kenntnis über die entsprechenden Güter (Qualität, Preis, Nutzungsdauer) spielen Informationen eine grOß Rolle. Gespräche und Telefonate, Zeitungsanzeigen, Branchen- und Adressenverzeichnisse, Fachbücher, Fachzeitschriften, Computersoftware und Datennetze stehen zur Verfügung, um Informationen über bestimmte Güter zu sammeln, zu werten, zu vergleichen und zu ordnen. Diese Informationsquellen sind für den Entscheidungsprozess von großem Nutzen. Für diese Tätigkeiten ist Zeit einzuplanen. Bei der Haushaltsführung sind die zur Verfügung stehenden Mittel und ihr Einsatz so zu planen, dass ein größtmöglicher Nutzen entsteht. Dabei fordert die enorm wachsende Informationsfülle von den Haushaltsmitgliedern Zeit und analytische Fähigkeiten, um im Ergebnis die optimale und rationelle Lösung für die Deckung der Bedürfnisse zu finden.

Armut – ein neues Risiko

Alles auf Pump?

Wege in die Überschuldung

Sozialisationseffekte
Verschärfung vorhandener Armutslagen von Personen

Kritische Lebensereignisse
Verlust von Partnern
Verlust von Arbeit
Verlust von Gesundheit
Verlust von Lebensperspektive

Alltag
Konsum
Haushaltsgründung
Geburt von Kindern
Umzüge
Mieterhöhung

Folgen der Überschuldung
Kriminalität, Gewalt/Suizid, Obdachlosigkeit, Isolation, Sucht, Armut, Leben an der Pfändungsgrenze, Sozialhilfe

Nicht allen Menschen gelingt es trotz Bemühungen, mit ihrem Einkommen auszukommen. Die Zahl der Menschen, die ihre Schulden nicht mehr aus den laufenden Einnahmen bezahlen können, steigt an. Über 2,6 Millionen Menschen sind in Deutschland Schätzungen zufolge überschuldet.

Überschuldung bedeutet, die Ausgaben überschreiten ständig die monatlichen Einnahmen. Um aus dieser ökonomischen Situation herauszukommen, helfen Beratungsstellen oder die so genannte Verbraucherinsolvenz.

M

Überschuldung liegt vor, wenn der nach Abzug der notwendigen Lebenshaltungskosten verbleibende Einkommensrest nicht mehr ausreicht, die eingegangenen Zahlungsverpflichtungen zu entrichten.

Überschuldung als **defizitäre Lebenslage** lässt sich auch mit dem Versagen verschiedener Institutionen erklären.

Institution Markt:
- Versagen des Arbeitsmarktes,
- des Wohnungsmarktes,
- des Finanzdienstleistungsmarktes.

Institution Staat:
- mangelnde Ausbildung und Beratung
- nicht ausreichende Transferleistungen

Institution Familie:
- Instabilität, ungenügende Sozialisierung

Die Ursachen für Überschuldung und Armut sind also individuell und gesellschaftlich begründet und meist ein Zusammenspiel verschiedener Faktoren. Eine Flut von Werbebotschaften stürzt täglich auf die Verbraucher ein und suggeriert: „Nur wer kauft und hat, ist glücklich"! Rund 20 000 € gibt jeder Haushalt für kreditfinanzierte Produkte aus, schätzen Statistiker. Bei der Vielzahl der Kredite verliert mancher den Überblick und verschuldet sich. Besonders gefährdet sind unerfahrene und junge Verbraucher, die geschützt werden müssen.

Armutsprävention

Kompetent im Alltag

Das Schulden machen wird leicht gemacht. Kreditkarten verlocken zum bargeldlosen Zahlungsverkehr oder zu Barabhebungen, ohne dass das Konto gedeckt ist.

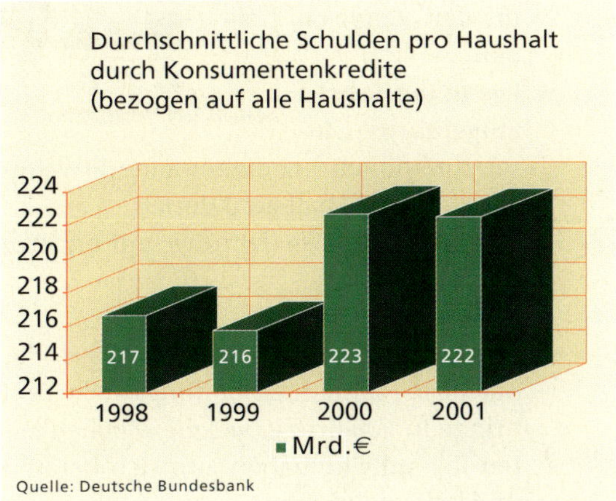

Haushaltsführungskompetenzen sind:

- sparsamer, gerechter Umgang mit Geld,
- Kenntnisse im Versicherungswesen,
- Kenntnisse im Verbraucherrecht,
- Organisations- und Planungsfähigkeiten,
- Rangordnung festlegen der für den Haushalt notwendigen Produkte,
- Nahrungsmittelzubereitung,
- Textilpflege,
- Wohnungspflege,
- Reparaturen im Haushalt,
- soziale Handlungsfähigkeiten.

Die Vermittlung und Beherrschung von Kompetenzen für die Alltagsbewältigung und Lebensführung trägt zu einer primären Ausrichtung auf eine wirksame Armutsprävention bei. Besondere Risikofaktoren für das Abgleiten in die Armut sind fehlende Planungskompetenz und mangelhafte Kenntnisse von Märkten, Produkten und Verfahren.

Eine wirksame Armutsprävention ist gegeben, wenn die notwendigen ökonomischen Kenntnisse im Umgang mit Geld vorhanden sind. Haushaltsführungskompetenzen sind erforderlich, um auf veränderte gesellschaftliche Bedingungen reagieren zu können. Die Haushalts- und Lebensformen tendieren zu kleineren Haushalten. Individualisierungs- und Mobilitätsanforderungen haben sich in der Gesellschaft gewandelt. Damit sind insbesondere die Kleinhaushalte verwundbarer geworden, und die Eigenverantwortung des Einzelnen hat sich deutlich erhöht. **Alle** Arbeitsgebiete haushälterischer Tätigkeiten sollten beherrscht werden. Reine ökonomische Kenntnisse sichern zwar die Basis haushälterischen Handelns, müssen aber durch weitere Kompetenzbereiche erweitert werden.

Der oft naive Umgang mit Geld, die häufige Unerfahrenheit im Umgang mit den Behörden, die meist nur geringe Inanspruchnahme öffentlich bereitgestellter Güter auf der einen Seite und Partnerschaftsprobleme, Alleinelternschaft oder Partnerverlust durch Tod auf der anderen Seite sind weitere Faktoren, die die Armut begünstigen.

Die Politik hat diese Brisanz erkannt. Seit 1998 fördert die Bundesregierung das Armutspräventionsprogramm. Eltern wie Kinder stehen vor dem Erfordernis eines lebenslangen Lernens. Bereits in jungen Jahren ist das entsprechende Wissen zu vermitteln und sind Fähigkeiten und Fertigkeiten zu fördern.

M Kompetent für den Alltag bedeutet, dass auf gesellschaftliche Wandlungsprozesse aktiv reagiert werden kann.

Aufgaben

1. a) Erarbeite eine Haushaltsanalyse für deinen konkreten Haushalt!
   b) Lege den Haushaltstyp fest und erstelle eine Übersicht über das Ausgabenniveau für den Grundbedarf und den Wahlbedarf!

2. a) Recherchiere im Internet verschiedene Anbieter für elektronische Haushaltsbücher!
   b) Ermittle die Leistungen dieser Software und den Preis!
   c) Stelle die Ergebnisse gegenüber und bewerte diese!

3. a) Ermittle den Zeitaufwand für haushälterische Tätigkeiten an einem Tag, in einer Woche! Stelle tabellarisch auf: Art der Tätigkeit, wann durchgeführt, von wem wie lange geleistet!
   b) Überprüfe, ob durch eine sinnvollere Arbeitsteilung und Arbeitsorganisation der Zeitaufwand optimiert werden kann!

4. a) Erarbeite eine Argumentation zum Strukturwandel der privaten Haushalte in Abhängigkeit von den Haushaltsfunktionen und den Vergabeleistungen! Nutze dazu auch www.schuelerlexikon.de und die nachfolgende Tabelle. Trage Argumentationslinien für den Vergleich ein!
   b) Die in der Tabelle aufgeführten Zusatzfunktionen beinhalten eine Erweiterung von Haushaltsfunktionen. Erarbeite deren Bedeutung und ergänze die Tabelle!

5. a) Erkundige dich nach der Adresse der nächsten Schuldnerberatungsstelle und bringe in Erfahrung, welche Möglichkeiten Jugendliche haben, um sich beraten und helfen zu lassen!
   b) Ermittle statistisches Zahlenmaterial zur Überschuldung von Jugendlichen in der Bundesrepublik und in deinem Territorium!
   c) Präsentiere die Ergebnisse!

Haushaltsfunktion	Selbstversorgerhaushalt Agrargesellschaft	Selbstversorger- und Vergabehaushalt Industriegesellschaft	Vergabehaushalt Dienstleistungsgesellschaft	Vergabehaushalt Informationsgesellschaft
Ökonomische Funktion				
Generative Funktion				
Regenerationsfunktion				
Sozialisierungsfunktion				
Ökologische Funktion				
Politische Funktion				
Platzierungsfunktion				

1 Vergleich privater Haushalte in Abhängigkeit von Haushaltsfunktionen und Vergabeleistungen

Das Wichtigste im Überblick

Haushalte	Herkunft der Mittel	Leistungen
Öffentliche Haushalte Gemeinden Kreise Länder Bund	 Steuern, Abgaben, Gebühren Zölle	Bereitstellung von – Gemeinschaftsgütern, – sozialen Leistungen im Gesundheitswesen, im Bildungswesen, – Schaffung von Infrastrukturen wie Verkehrswege und Energienetze
Anstaltshaushalte Krankenhäuser, Pflegeheime, Jugendheime, Kinderheime, Haftanstalten Schulen	Unterhaltsbeiträge, Gebühren, Beiträge, Zuschüsse, Spenden, Stiftungen **Sie arbeiten kostendeckend und nicht gewinnorientiert.**	– Versorgung mit den notwendigen Gütern wie Unterkunft und Verpflegung – Individuelle Betreuung zur Befriedigung der Bedürfnisse wie Pflegeleistung oder Erziehungsleistungen
Private Haushalte Private Organisationen ohne Erwerbscharakter (Vereine, Stiftungen, Kirchen ...) Familienhaushalte (Haushaltstypen)	 Öffentliche Gelder, Spenden Löhne Gehälter, Renten, staatliche Zuwendungen wie Sozialhilfe, Kindergeld, Wohngeld, Sparprämien, Gewinne	 Soziale und kulturelle Funktionen Versorgung mit Individualgütern zur Befriedigung von Grund-, Kultur- und Luxusbedürfnissen und zur Aufrechterhaltung der Haushaltsfunktionen

Haushalte sind Marktpartner, und sie unterliegen den Marktmechanismen.
Innerhalb des Wirtschaftskreislaufes sind sie Konsumenten und Produzenten. Versagen die Haushaltsführungskompetenzen, kann es zu Problemen kommen, die oftmals in Überschuldungen und Verarmung enden können. Potenziell gefährdet ist jeder Haushalt. Kompetent für den Alltag gerüstet sein bedeutet, die gesellschaftlichen Wandlungsprozesse zu erfassen und aktiv darauf zu reagieren.

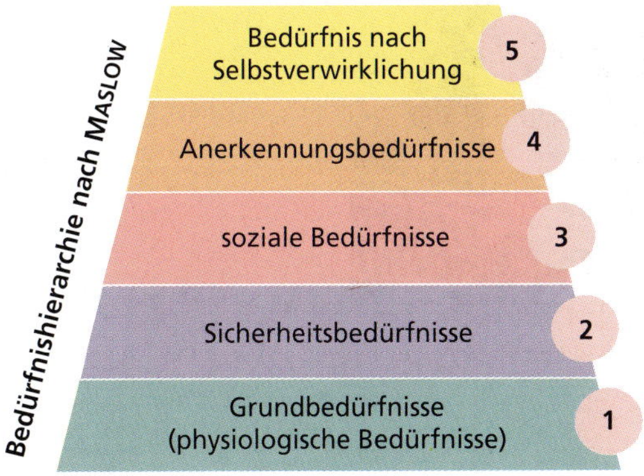

Bedürfnis nach Selbstständigkeit, Eigenverantwortung

Selbstachtung, Status, Macht

menschl. Zuwendung, Liebe, Akzeptanz, Freundschaft

Existenzmöglichkeit in gesicherter Umwelt

Essen, Trinken, Schlaf, Kleidung, Wohnung

2.3 Konsum, Markt, Politik

Politik – gesetzliche Regelungen

Die soziale Marktwirtschaft ist eine Wirtschaftsordnung, die sowohl das Prinzip der Freiheit und Gerechtigkeit als auch des sozialen Ausgleichs vereint. Ihre Rahmenbedingungen werden in der Regel durch Gesetze geschaffen.

Absolut freie Entscheidung ist ein Grundprinzip der Marktwirtschaft. Es wird dann eingeschränkt, wenn die soziale Gerechtigkeit, die Sicherheit oder die Freiheit anderer gefährdet sind.

Obwohl der Gewinn Ziel jeder marktwirtschaftlich orientierten Wirtschaft ist, besteht die Gefahr der Benachteiligung wirtschaftlich Schwächerer. Deshalb versucht der Staat mit Gesetzen das Gewinnstreben zu kontrollieren und sozial unzumutbare Folgen zu verhindern.
Ein Beispiel ist das Gesetz gegen Wettbewerbsbeschränkungen. Außerdem schränkt ein umfangreicher Verbraucherschutz das Gewinnstreben der Anbieter ein.

Verbraucher und Markt

Als Verbraucher ist man Käufer von Waren und Dienstleistungen. Jeder muss fast täglich Kaufentscheidungen treffen. Neben der Hilfe und Beratung durch Verbraucherberatungen und vielseitiges Werben in den Medien bestimmt besonders der Preis die Kaufentscheidung.

Wo aber entsteht der Preis? Auf dem Markt, denn der Markt ist der ökonomische Ort des Tausches.
Es gibt unterschiedliche Märkte, z. B. den Warenmarkt, den Geldmarkt, Automarkt oder Arbeitsmarkt. Wirtschaftliche Kompetenz des mündigen Bürgers schafft Voraussetzungen für ein sicheres Marktverhalten.

Konsumentenmuster und Lebensstil

Um die Konsum- bzw. Kaufentscheidungsprozesse zu untersuchen und zu bestimmen, ist es deshalb wichtig, die Lebensform des Konsumenten zu analysieren. Erst in den letzten Jahrzehnten erkannte man, dass es bestimmte Konsumentenmuster gibt, was besonders Berücksichtigung in der Werbung fand.

> **M** Konsumorientierungen sind subjektive Einstellungen der Verbraucher für die Produktauswahl und Verhaltensweisen beim Kauf.

Es existieren vier typische Verhaltensweisen von Konsumenten beim Kauf:

1. Das komplexe Kaufentscheidungsverhalten

Konsumenten zeigen dieses Verhalten, wenn sie sich beim Kaufvorgang stark engagieren müssen. Dies ist vor allem der Fall, wenn das Produkt sehr teuer und der Kauf mit Risiken behaftet ist. Das sind Produkte, die nur selten gekauft werden, z. B. ein Auto oder ein Haus. Der Käufer durchläuft während seines Entscheidungsprozesses einen Lernprozess: Informationen über die verschiedenen Marken werden eingeholt und bewertet.
Der Konsument trifft die endgültige Kaufentscheidung erst, wenn er vom Produkt überzeugt ist und sich damit identifiziert hat. Für Anbieter von derartigen Produkten bedeutet dieser Prozess, dass sie den Konsumenten ausreichend mit Information versorgen müssen.

2. Das nach Abwechslung suchende Kaufverhalten

Konsumenten unternehmen häufig einen Wechsel der Marken beziehungsweise des Produktes und zeigen wenig Interesse oder Engagement für den Kauf. Für Anbieter bedeutet das:

- Marktführer richten die Werbung auf leicht erlernbare Botschaften mit einem hohen Erinnerungswert aus.
- Wettbewerber dagegen werden versuchen, den Verbraucher zum Wechsel zu überreden. Mittel sind niedrigerer Preis, Sonderangebote, Probepäckchen usw.

3. Das Kaufverhalten als Routineentscheidung

Routinekäufe des täglichen Bedarfs finden mit wenig persönlichem Engagement und kaum wahrnehmbaren Produktdifferenzierungen durch den Konsumenten statt. Einziges Kriterium für die Auswahl ist der Preis. Die Aufnahme von Werbebotschaften verschafft kaum Entscheidungshilfen. Für Hersteller derartiger Produkte ist es lebensnotwendig, gute Regalplätze in den Supermärkten eingeräumt zu bekommen. Wichtig ist die Verwendung von Symbolen und Bildern, die einen hohen Wiedererkennungswert schaffen.

4. Das konfliktminimierende Kaufverhalten

Die Unterschiede zwischen einzelnen Marken werden als nicht sehr groß empfunden, aber das persönliche Interesse am Produkt ist sehr hoch. Der Konsument sucht nach Information, die ihn in seiner Kaufentscheidung bestärkt. Ziel des Marketing ist bei solchen Produkten, den Kunden mit einer begleitenden Information auch nach dem Kauf zu betreuen, ihn in seiner Entscheidung zu bestärken und ihn bei der nachträglichen Überprüfung seiner Wahl nicht alleine zu lassen.

> **M** Konsumentensouveränität bedeutet: Die Hersteller werden durch die individuellen Entscheidungen der Konsumenten die von den Konsumenten gewünschten Güter langfristig erstellen.

Entscheidend für den Konsumstil von Konsumentinnen und Konsumenten ist ihr soziokulturelles Umfeld, das das individuelle Meinungsbild prägt. Kaufentscheidungen laufen jedoch nicht rein „rational" bzw. nutzenorientiert ab, sondern werden stark bestimmt von emotionalen und psychologischen Einflussfaktoren. Symbolische Funktionen, wie Zugehörigkeit zu sozialen Gruppen oder Statussymbole, prägen über den Lebensstil hinaus das Kaufverhalten.

Die **Anbieter** wollen auf dem Markt ihre Güter verkaufen. Sie streben dabei zumeist nach Gewinnmaximierung.
Das **Angebot** ist die Absicht, eine bestimmte Menge eines Gutes zu verkaufen, wenn der **Preis** dafür eine Höhe erreicht hat, die mit den Vorstellungen des Anbieters übereinstimmt.

Der **Markt** ist der Ort, an dem sich durch das Zusammentreffen von Angebot und Nachfrage die Preise für die Güter bilden.
Es bilden sich die Austauschbeziehungen von Anbieter und Nachfrager.

Die **Nachfrager** wollen auf dem Markt die Waren kaufen, die zur Verwirklichung ihrer Bedürfnisse dienen.
Sie streben nach Maximierung des Nutzens.
Die **Nachfrage** ist die Absicht, eine bestimmte Menge eines Gutes dann zu kaufen, wenn der **Preis** für dieses Gut so niedrig ist, dass er den Vorstellungen der Nachfrager entspricht.

Der Markt

M Das Wirtschaftssystem Marktwirtschaft beruht auf dem Mechanismus von Angebot und Nachfrage auf der Grundlage privatwirtschaftlicher Produktion.

Die Stätte für Angebot und Nachfrage, für Kauf und Verkauf ist der Markt. Er setzt das

- Zusammentreffen von kaufkräftiger Nachfrage und lieferfähigem Angebot voraus.
- Hier findet der Ausgleich zwischen Angebot und Nachfrage statt.
- Er ist der Ort, an dem sich als Ergebnis des Marktgeschehens ein Preis bildet.

Die gesamte Nachfrage auf dem Markt ergibt sich aus allen individuellen Nachfragen nach einem Gut, das gesamte Angebot ist entsprechend die Summe aus allen individuellen Angeboten.

Auf dem Konsumgütermarkt z. B. wirken die privaten Haushalte als Nachfrager und die Unternehmen, die entsprechende Güter produzieren, als Anbieter. Auf dem Arbeitsmarkt dagegen treten die Unternehmen als Nachfrager und die Haushalte als Anbieter des Produktionsfaktors Arbeit auf.

Marktarten

Folgende Unterscheidungsmerkmale können für die Bestimmung von Märkten herangezogen werden:

1. Märkte für Produktionsfaktoren und Güterarten

Faktormärkte sind typisch für den

– *Arbeitsmarkt* – menschliche Arbeitskraft wird angeboten oder nachgefragt, z. B. Stelleninserate in der Zeitung, im Rundfunk oder Stellenausschreibungen im Arbeitsamt;

– *Kapitalmarkt* – Bereitstellung von Krediten durch Banken, Handel an der Börse (z. B. Darlehen und Aktien);

– *Immobilienmarkt* – Handel mit Grundstücken und Gebäuden, z. B. Wohnungsmarkt, Grundstücksmarkt.

Gütermärkte sind typisch für den

– *Sachgütermarkt* – Handel mit Gütern für den Endverbraucher, z. B. Lebensmittelmarkt, Telefonanbietermarkt und Möbelmarkt.

– *Dienstleistungsmarkt*, z. B. Versicherungsmarkt, Beratungsmarkt und Informationsmarkt.

2. Märkte entsprechend ihren Zugangsmöglichkeiten

Offener Markt – jeder Anbieter und Nachfrager kann an dieser Marktform teilnehmen, z. B. Gebrauchtwagenmarkt, Dienstleistungen, Immobilien, Hausrat, Kleidung, Angebote und Nachfragen in Zeitungen.

Geschlossener Markt – der Zugang zum Markt ist durch Gesetze oder andere Beschränkungen behindert oder ausgeschlossen. Beispiele dafür sind ärztliche Leistungen (Approbationszwang) oder der Konzessionszwang für den LKW-Fernverkehr.

3. Märkte nach der Marktmacht

Es gibt den **Verkäufermarkt** als einen Markt, in dem die Nachfrage größer als das Angebot ist. Die Marktorientierung ist für die Unternehmen von untergeordneter Bedeutung, weil der Absatz problemlos ist.

Beim **Käufermarkt** übersteigt das Angebot an Gütern die Nachfrage. Die Käufer können auf dem Markt aus einer Vielzahl von Angeboten auswählen.

4. Märkte nach dem Organisationsgrad

Der **organisierte Markt** ist an einen bestimmten Ort und an die Zeit gebunden. Beispiele dafür sind Messen oder die Börse.

Nicht organisierte Märkte sind nicht an feste Zeiten oder an feste Orte gebunden. Beispiele dafür sind der Supermarkt oder der Viehmarkt.

Marktformen

Märkte werden nach der Zahl der Anbieter und Nachfrager in Marktformen eingeteilt. Mit der Marktform werden unterschiedliche Nachfrager-Anbieter-Situationen gekennzeichnet.

Es wird unterschieden in:

- Polypol,
- Oligopol und
- Monopol.

> **M** In einem **Polypol** stehen viele Anbieter jeweils einer großen Anzahl von Nachfragern gegenüber. Er ist die Urform des Marktes.

Für Anbieter und Nachfrager ist der Preis am Markt schwer beeinflussbar. Oft verlagern die Produzenten den Wettbewerb auf die Qualität, die Werbung oder das Design ihrer Erzeugnisse und vermeiden somit einen direkten Preiskampf.

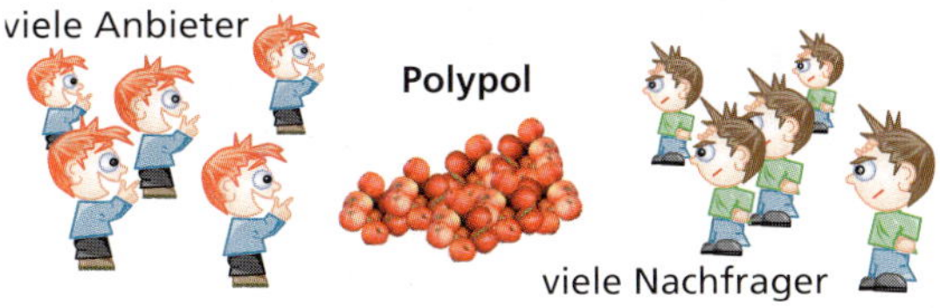

> **M** Beim **Oligopol** stehen relativ wenige, aber starke Anbieter einer großen Zahl von Nachfragern gegenüber.

Die wenigen Anbieter können Preisabsprachen treffen. Die Nachfrager müssen sich je nach Marktsituation darauf einstellen. Deutlich wird das besonders bei den Benzinpreisen. Der Mineralölmarkt ist ein typisches Beispiel für den Oligopol.

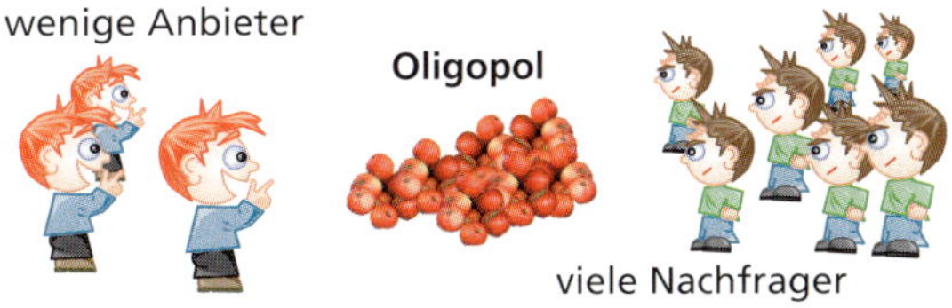

> **M** In einem **Monopol** steht ein Anbieter vielen Nachfragern gegenüber.

Der Anbieter hat großen Einfluss auf die Preisgestaltung. Die Preise stehen allerdings meist unter Aufsicht des Staates. Die Nachfrager müssen den geforderten Preis für ein Produkt entweder bezahlen oder verzichten. Ausweichprodukte können eine eine Alternative für die Kaufentscheidung darstellen.

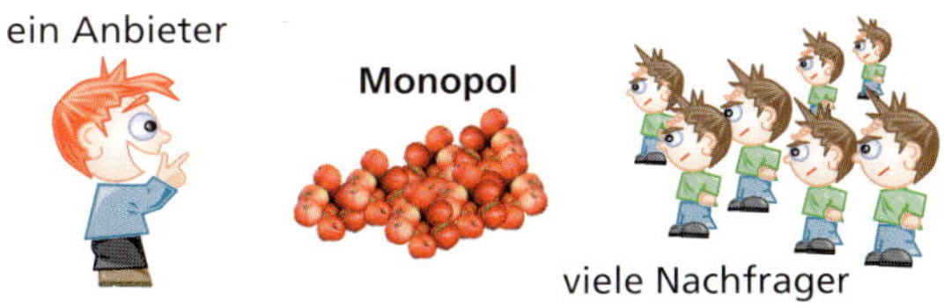

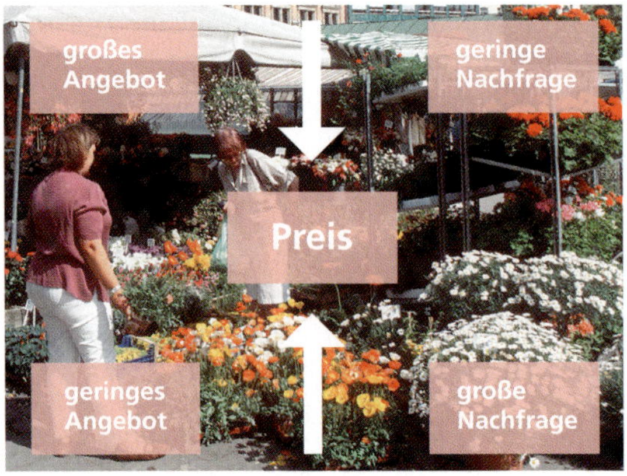

Preisbildung

Die Preisbildung wird auf der Grundlage unternehmerischer Zielsetzungen vor allem durch die Kosten, die Situation bei den Nachfragern und die Wettbewerbssituation beeinflusst. Auf die Preisbildung haben auch psychologische Aspekte Einfluss. So kann der Preis unterhalb runder Preise festgelegt werden, z. B. 0,99 € oder der Preis wird durch abfallende Zahlen gekennzeichnet, z. B, 4 321,00 €.
Nur in wenigen Fällen unterliegt der Preis rechtlichen Einschränkungen; das gilt für Bücher und Zeitschriften sowie für öffentliche Aufträge, die in vorgeschriebener Weise zu kalkulieren sind.

M Der **Preis** ist der in Geldeinheiten ausgedrückte Tauschwert eines Gutes, den Anbieter und Nachfrager akzeptieren.

Der Preis kann damit als Gradmesser für die Knappheit eines Gutes angesehen werden. Unter einem rationalen wirtschaftlichen Verhalten der Verbraucher werden die Güter vorzugsweise über den Preis verglichen. Da aber auch Emotionen eine Rolle spielen, entscheidet der Verbraucher auch nach unbewussten Motiven, nach Geschmack oder nach Vorlieben.
Eine Preisfestlegung erfolgt in der Regel
- auf dem Markt nach Angebot und Nachfrage,
- durch monopolistische Festlegungen oder
- staatliche Einflussnahme.

Funktionen des Marktpreises

1. Gleichgewichtsfunktion
Der Marktpreis, bei dem nachgefragte und angebotene Menge übereinstimmen, führt zum Ausgleich von Angebot und Nachfrage.

2. Selektionsfunktion
Unwirtschaftliche Anbieter müssen den Markt verlassen. Unternehmen, denen es gelingt, ihr Produkt zu ausreichend niedrigen Preisen herzustellen, bleiben bestehen. Es werden auch nur die Nachfrager bedient, die eine entsprechende Zahlungsbereitschaft zeigen; andere können sich nicht am Markt halten.

3. Signalfunktion
Der Marktpreis zeigt den Knappheitsgrad eines Gutes an. Damit signalisiert er, welche Güter stärker und welche relativ wenig nachgefragt werden.

4. Lenkungsfunktion
Der Marktpreis orientiert das Angebot auf die Märkte, auf denen die größte Nachfrage herrscht und so die höchsten Preise erzielt werden können. Das hat wiederum Auswirkungen auf die in der Produktion eingesetzten Faktoren, indem ihre effektive Verwendung „gelenkt“ wird.

Angebotene und nachgefragte Mengen von Gütern oder Dienstleistungen stimmen überein. Damit besteht ein **Marktgleichgewicht.**
Veränderungen des Marktpreises treten bei Angebotsüberhang und Nachfrageüberhang auf.

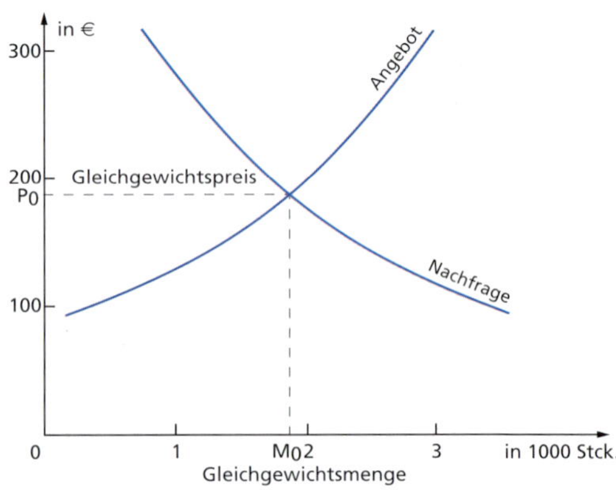

M Der Preis, der die Vorstellungen von Anbietern und Nachfragern in Übereinstimmung bringt, heißt **Gleichgewichts-** oder **Marktpreis.**

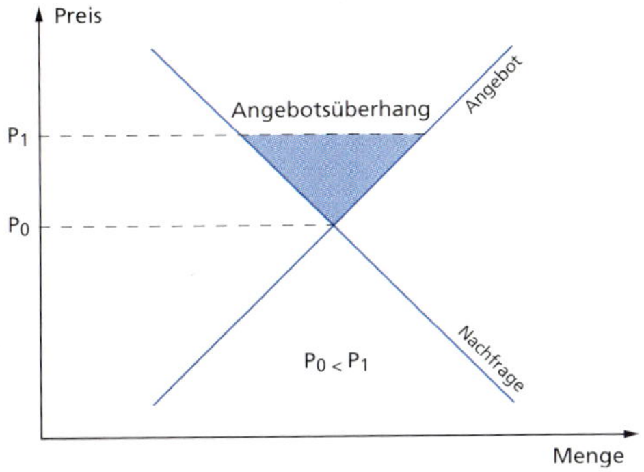

1 Angebotsüberhang

Die angebotene Menge eines Produktes ist größer als die nachgefragte Menge. In diesem Fall spricht man von einem **Käufermarkt.** Mit steigenden Preisen (P1) nimmt das Angebot zu. Der Preismechanismus führt dazu, dass die Verkäufer aufgrund der Wettbewerbssituation und der damit wirksam werdenden Konkurrenz ihre Preise senken müssen, damit die Verbraucher bereit sind, mehr zu kaufen (Abb. 1).

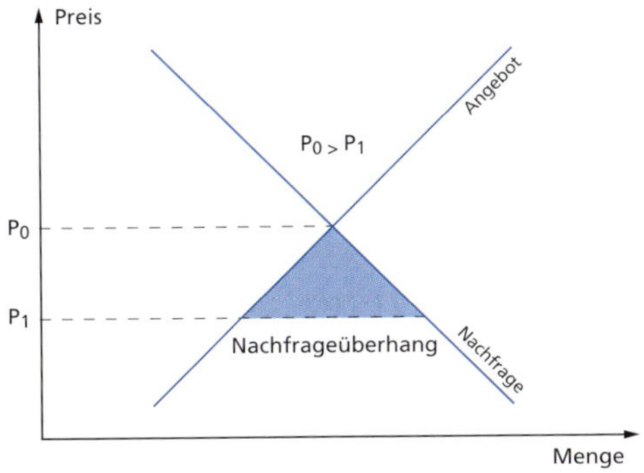

2 Nachfrageüberhang

Die nachgefragte Menge eines Produktes ist größer als das Angebot. Jetzt existiert ein **Verkäufermarkt** (Abb. 2). Auch in diesem Fall führt der Preismechanismus zu einer Marktanpassung. Verstärkte Nachfrage führt dazu, dass die Preise wieder steigen. Angebots- und Nachfrageüberhang wechseln nach konjunktureller und saisonaler Lage. Sehr deutlich wird das bei Überproduktion von bestimmten Produkten, z. B. bei Obst oder Gemüse in besonders fruchtbaren Jahren oder bei Ernteausfällen aufgrund von klimatischen Besonderheiten. Dann wird nicht genug produziert, und es kommt zu Preiserhöhungen, die der Verbraucher in letzter Konsequenz zu tragen hat. Oftmals kommt es in solchen Situationen zu räumlichen Preisdifferenzierungen, bei der in verschiedenen Gebieten je nach Konkurrenzstruktur für gleiche Produkte verschiedene Preise verlangt werden.

Rechtsgeschäfte im Alltag

Rechtsfähigkeit

Bürgerliches Gesetzbuch (BGB), § 1 Beginn der Rechtsfähigkeit: Die Rechtsfähigkeit eines Menschen beginnt mit der Vollendung der Geburt und endet mit der Feststellung des Todes.

Alle lebenden Menschen werden im Rechts- und Geschäftsverkehr **natürliche Personen** genannt. Sie haben **Rechtsfähigkeit.**

M Rechtsfähigkeit ist die Fähigkeit, Träger von Rechten und Pflichten zu sein.

Beispiel: Ein vierjähriges Kind, das durch einen Unfall beide Elternteile verloren hat, hat das Recht, das gesamte Vermögen der Eltern zu erben. Gleichzeitig hat es auch die Pflicht die Erbschaftssteuer zu entrichten. Es wird aber nicht in der Lage sein, die Rechte und Pflichten selbst wahrzunehmen. In diesem Fall übernimmt das ein Vormund. Für Kinder handeln die gesetzlichen Vertreter. Das sind in der Regel die Eltern.
Außer den natürlichen Personen können auch juristische Personen rechtsfähig sein.
Juristische Personen erlangen ihre Rechtsfähigkeit durch den Gründungsakt und die Eintragung in entsprechende Verzeichnisse. Das können Handelsregister oder Vereinsregister sein. Die Rechtsfähigkeit endet mit der Löschung aus diesen Registern.

Geschäftsfähigkeit

> **M** Geschäftsfähigkeit heißt, ein Rechtsgeschäft selbstständig voll wirksam vorzunehmen.

Damit ist die Fähigkeit gemeint, rechtsverbindliche Erklärungen im eigenen Namen abzugeben und entgegenzunehmen sowie diese für und gegen sich wirken zu lassen.
Ein Rechtsfähiger ist nicht in jedem Fall in der Lage, eine rechtsverbindliche Erklärung (Willenserklärung) abzugeben. Der Gesetzgeber hat zum Schutz von Jugendlichen und Menschen, die sich im Zustand krankhafter Störung der Geistestätigkeit befinden, die Geschäftsfähigkeit eingeschränkt oder ausgeschlossen.
Im Gesetz werden drei Stufen der Geschäftsfähigkeit unterschieden:

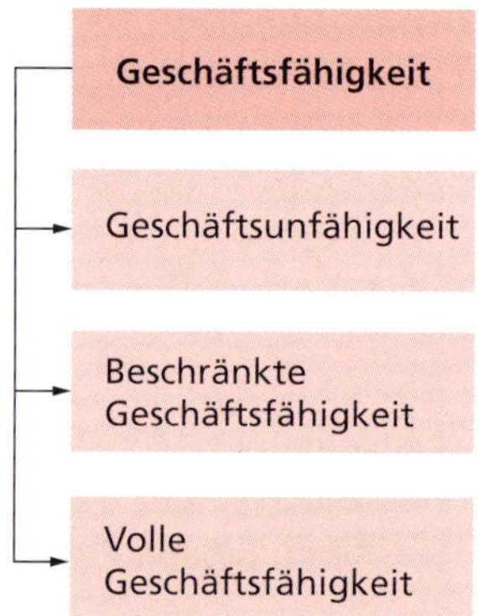

Geschäftsunfähig ist gemäß § 104 BGB, „wer das siebente Lebensjahr nicht vollendet hat oder wer sich in einem die freie Willensbestimmung ausschließenden Zustand krankhafter Störung der Geistestätigkeit befindet, sofern nicht der Zustand seiner Natur nach ein vorübergehender ist". Für Geschäftsunfähige handeln die gesetzlichen Vertreter. Wird jedoch ein geschäftsunfähiges Kind von den Eltern zum Einkauf von Lebensmitteln geschickt, handelt es als Bote einer Willenserklärung der Eltern. Der Kaufvertrag ist in diesem Fall gültig.

1 Kind unter 7 Jahren – geschäftsunfähig

Beschränkt Geschäftsfähige können Rechtsgeschäfte abschließen, gültig sind sie aber erst, wenn die Genehmigung des gesetzlichen Vertreters dieser Person vorliegt. Ohne diese Genehmigung ist ein abgeschlossenes Rechtsgeschäft schwebend unwirksam. Nach § 106 ff BGB betrifft das natürliche Personen zwischen dem 7. und 18. Lebensjahr.

Ausnahmen von dieser Regel gelten dann, wenn sie der Person
- nur Vorteile bringen (Annahme einer Schenkung),
- das Geschäft mit Mitteln erfüllt wird, die im Rahmen eines Taschengeldes liegen (Taschengeldparagraph) oder
- eine Genehmigung des gesetzlichen Vertreters vorliegt.

Voll geschäftsfähig sind alle Personen, die das 18. Lebensjahr vollendet haben und sich im Vollbesitz ihrer geistigen Kräfte befinden. Damit sind sie in der Lage, die volle Verantwortung für ihre Willenserklärung zu übernehmen.

2 Vertragsabschluss

Willenserklärungen und Rechtsgeschäfte

Rechtsgeschäfte

Einseitige Rechtsgeschäfte
= einseitige Willenserklärung

- **Empfangsbedürftige Willenserklärung**
  z. B. Kündigung
  Willenserklärung ist abgegeben und zugegangen, Rechtsgeschäft ist gültig.
- **Nicht Empfangsbedürftige Willenserklärung**
  z. B. Testament
  Willenserklärung ist abgegeben und Rechtsgeschäft ist gültig.

Mehrseitige Rechtsgeschäfte
= zwei- oder mehrseitige übereinstimmende Willenserklärung

- **Einseitig verpflichtend**
  z. B. Schenkung
- **Zweiseitig verpflichtend**
  z. B. Kaufvertrag
  Antrag → Annahme
  = Vertrag

> **M** Die **Willenserklärung** ist eine rechtlich wirksame Äußerung, durch die eine Rechtsfolge herbeigeführt werden soll. Willenserklärungen, die bestimmte Rechtsfolgen nach sich ziehen, sind Rechtsgeschäfte.

Für die Wirksamkeit von Willenserklärungen unterscheidet man ihren äußeren und inneren Tatbestand.
Zum **äußeren Tatbestand** einer Willenserklärung (also der Äußerung eines Willens) zählen:
- in einigen gesetzlich bestimmten Fällen die Schriftform (z. B. Testament),
- in einigen gesetzlich bestimmten Fällen die notarielle Beurkundung (z. B. Grundstückskaufvertrag),
- in anderen Fällen die Entäußerung eines rechtsgeschäftlichen Willens mündlich, auch telefonisch (z. B. telefonisches Kaufangebot),
- darüber hinaus das schlüssige Verhalten (z. B. das Heben der Hand auf einer Auktion als Kaufangebot).

Zum **inneren Tatbestand** einer Willenserklärung zählen:
- der Geschäftswille (der Wille, mit der Erklärung eine bestimmte Rechtsfolge herbeizuführen),
- der Handlungswille (der bewusste Wille, ein äußeres Verhalten vorzunehmen),
- der Erklärungswille (das Bewusstsein des Erklärenden, durch sein Verhalten irgendeine rechtserhebliche Erklärung abzugeben).

> **M** **Rechtsgeschäfte** gestalten die rechtlichen Beziehungen zwischen den handelnden Personen. Sie bestehen aus Willenserklärungen der handelnden Personen.

Nach dem Grundsatz der Formfreiheit können solche Geschäfte in beliebiger Form abgeschlossen werden. Früher war der Abschluss per Handschlag üblich. Auch heute ist der mündliche Vertrag rechtsgültig. Damit aber bei Streitigkeiten ein Beweis geführt werden kann, ist es sinnvoll, schriftliche Verträge zu vereinbaren.

Für bestimmte Rechtsgeschäfte gibt es einen gesetzlichen **„Formzwang".** Damit erhöht sich die Rechtssicherheit für den Verbraucher (vgl. äußerer Tatbestand einer Willenserklärung).

Die **Schriftform** (§126 BGB): verlangt wird ein Schriftstück mit der eigenhändigen Unterschrift der beteiligten Personen.

Die öffentliche Beglaubigung (§129 BGB) bescheinigt die Richtigkeit einer Unterschrift oder einer Abschrift durch ein Gericht, einen Notar oder Verwaltungsbeamten.

Die öffentliche Beurkundung (§ 128 BGB) beinhaltet die Aufnahme eines Protokolls durch eine Behörde oder den Notar über eine vor diesen abgegebene Erklärung. Typisch hierfür ist der Kaufvertrag über ein Grundstück oder eine Eigentumswohnung.
Solche Leistungen sind in der Regel vom Auftraggeber durch ein Entgelt zu bezahlen. Dazu gibt es Gebührenordnungen, nach denen die Höhe der einzelnen Leistungen festgesetzt ist.

Anfechtbarkeit und Nichtigkeit

Rechtsgeschäfte, denen wesentliche Voraussetzungen zu ihrer Gültigkeit fehlen, sind unwirksam und damit nichtig. Im Gegensatz zum nichtigen Rechtsgeschäft sind anfechtbare zunächst voll gültig. Erst nach erfolgreicher Anfechtung werden sie für ungültig erklärt.

Rechtsgeschäfte

Anfechtungsgründe
- Irrtum
- Arglistige Täuschung
- Widerrechtliche Drohung

Anfechtungsfristen: Erfolgt die Anfechtung nicht oder zu spät, bleibt das Rechtsgeschäft gültig.
Bei Irrtum sofortige Anfechtung und bei Täuschung/Drohung bis zu einem Jahr nach Bekanntwerden.
Spätestens nach 30 Jahren ist eine Anfechtung ausgeschlossen.

Nichtigkeitsgründe = unwirksame Rechtsgeschäfte
- Verstoß gegen das Gesetz
- Vertragsabschluss mit Geschäftsunfähigen
- Verstoß gegen die guten Sitten
- Verträge, die als Scherz gedacht sind
- Verträge, die zum Schein abgeschlossen wurden

Verbraucherschutz und Ziele der Verbraucherpolitik

M

Der Verbraucherschutz umfasst die Maßnahmen des Staates zum Schutz des Verbrauchers vor einer Gefährdung seiner Sicherheit und Gesundheit, vor Täuschung und Übervorteilung.

Wichtige Vorschriften zum Verbraucherschutz sind:
- Preisauszeichnungspflicht,
- Recht der Allgemeinen Geschäftsbedingungen,
- Bestimmungen zum Verbraucherrecht,
- Bestimmungen zur Produkthaftung,
- Bestimmungen zur Lebensmittelauszeichnung,
- Bestimmungen des Arzneimittelrechts.

Verschiedene Verbraucherschutzorganisationen und Wettbewerbshüter sorgen für eine Einhaltung der gesetzlichen Auflagen. Die Stiftung Warentest informiert die Käufer über die Qualität von Produkten, hier das Testergebnis vom Jahre 2001 zu Matratzen.

Es gibt wohl kaum ein Thema, das die Menschen so unmittelbar betrifft wie der Verbraucherschutz. Hier geht es nicht nur um wirtschaftliche oder juristische Fragen, sondern in vielen Fällen um die eigene Gesundheit – sei es im Zusammenhang mit der Ernährung oder im Hinblick auf den Aspekt technischer Sicherheit.
Der Verbraucherschutz gehört somit zu den zentralen Aufgaben der Politik im Dienste der Verbraucher.
Schwerpunkte der Verbraucherpolitik:
1. Der **vorsorgende gesundheitliche Verbraucherschutz** richtet sich auf Bedarfsgegenstände,

Kosmetika, Biozide sowie auf die Geräte- und Produktsicherheit. Darüber hinaus bilden Informationen zur gesunderhaltenden Ernährung eine wesentliche Maßnahme.

2. Der **vorsorgende Schutz der wirtschaftlichen Interessen der Verbraucher** vom Wettbewerbsrecht über Telekommunikation, Finanzdienstleistungen, Versicherungen und öffentlichen Personenverkehr bis hin zur Vertragstransparenz im Bereich von Pflege und Betreuung.

3. Die **Stärkung der Eigenverantwortung** zielt auf einen besseren Zugang zu Informationen sowie auf die Kennzeichnung und Zertifizierung von Waren und Dienstleistungen. Mehr Transparenz bedeutet für die Verbraucherinnen und Verbraucher, selbstbestimmter entscheiden zu können.

Verbraucherberatung und Verbraucherinformation

Der Verbraucher hat nicht nur ein Recht auf Informationen, sondern kann auch eine Vielzahl von Möglichkeiten zur Information nutzen. Fernsehen und Rundfunk widmen sich in zahlreichen Sendungen der Verbraucherinformation. Presse und Internet stehen dem nicht nach. Eine Flut von Informationen ist von dem Einzelnen zu verarbeiten und zu werten.
Hilfe bieten unabhängige Informations- und Beratungsstellen. Dazu gehören die Stiftung Warentest und die Verbraucherzentrale Bundesverband e.V. (vzbv) mit ihren zahlreichen Verbraucherberatungsstellen in den Bundesländern. In ihnen wird jeder Bürger neutral, sachkompetent und in der Regel kostenfrei beraten.

> **M** **Verbraucherverbände** arbeiten nicht erwerbswirtschaftlich und sind unabhängige Institutionen, die die Verbraucher aufklären und informieren über Konsumgüter und Dienstleistungen.

Eine neue Möglichkeit zur Schlichtung von Streitigkeiten zwischen Verbraucher und Unternehmen bieten die **Ombudsmänner** und **Ombudsfrauen.** Für unterschiedliche Sachgebiete, besonders im Finanzdienstleistungs- und Versi-

cherungsbereich, sind diese Personen tätig. Es können Streitfragen außergerichtlich von unabhängigen meist ehemaligen Richterinnen oder Richtern geklärt werden. Die Bearbeitungszeiten sind kürzer als bei einem gerichtlichen Verfahren. Der Verbraucher ist nicht unmittelbar an den Schlichterspruch gebunden. Wenn er nicht einverstanden ist, bleibt eine gerichtliche Lösung weiterhin offen.

OMBUDSFRAU

Die Ombudsfrau der Berliner Zeitung hilft Leserinnen und Lesern, die Probleme mit Firmen oder Behörden haben und allein nicht weiterkommen. Das Wort Ombudsmann stammt aus dem

***Karin Stemmler** hilft Ihnen weiter*

Schwedischen und steht dort für jemanden, der Rechte gegenüber Behörden wahrnimmt. Bitte vergessen Sie nicht Ihre Telefonnummer anzugeben, wenn Sie der Berliner Zeitung schreiben. Die Adresse:

Gesetzlichkeiten zum Schutz des Verbrauchers

Verbraucherzentrale Bundesverband e.V. vzbv

Die Gesetze können in zwei Kategorien untergliedert werden:

1. Wettbewerbsrechtliche Regelungen

Um den Wettbewerb zwischen den Unternehmen sicherzustellen und Ausuferungen zu vermeiden, wurde das **Gesetz gegen den unlauteren Wettbewerb (UWG)** in Kraft gesetzt. Es schützt Anbieter und Verbraucher gegen unlautere Handlungen, die zu geschäftlichen Vorteilen/Nachteilen führen. Unzulässig sind beispielsweise:

- irreführende Angaben über das Produkt,
- irreführende und sittenwidrige Werbung,
- Missbrauch von Sonderveranstaltungen,
- Benutzen fremder Waren- oder Firmenzeichen.

Besonders extreme Verstöße gegen das Gesetz können mit Freiheitsstrafen belegt werden.

Das Gesetz gegen Wettbewerbsbeschränkung, auch Kartellgesetz, verbietet den Zusammenschluss von Unternehmen der gleichen Wirtschaftsstufe zur Beschränkung oder Ausschaltung des Wettbewerbs.

2. Gesetze zum Schutz von Verbraucherrechten

Gesetz über Fernabsatzverträge: Werden Verträge über das Internet, per Telefon durch Fernsehwerbung, E-Mail oder Telefax geschlossen, ist der Verbraucher durch das BGB geschützt. Hier gilt ein 14-tägiges Widerrufsrecht. Bestellte Ware kann innerhalb dieser Frist ohne Begründung an den Händler zurückgesandt werden.

Gesetz über Fernabsatzverträge und andere Fragen des Verbraucherrechts (Fernabsatz G)
vom 9. Juni 2000
§ 1
Anwendungsbereich

(1) Dieses Gesetz gilt für Verträge über die Lieferung von Waren oder über die Erbringung von Dienstleistungen, die zwischen einem Unternehmer und einem Verbraucher unter ausschließlicher Verwendung von Fernkommunikationsmitteln abgeschlossen werden, es sei denn, dass der Vertragsschluss nicht im Rahmen eines für den Fernabsatz organisierten Vertriebs- oder Dienstleistungssystems erfolgt (Fernabsatzverträge).

(2) Fernkommunikationsmittel sind Kommunikationsmittel, die zur Anbahnung oder zum Abschluss eines Vertrags zwischen einem Verbraucher und einem Unternehmer ohne gleichzeitige körperliche Anwesenheit der Vertragsparteien eingesetzt werden können, insbesondere Briefe, Kataloge, Telefonanrufe, Telekopien, E-Mails sowie Rundfunk, Tele- und Mediendienste.
http://netlaw.de/gesetze/fernabsatzg.htm

Unbedacht abgeschlossene Verträge durch **Haustürgeschäfte** unterliegen ebenfalls einem 14-tägigen Widerrufsrecht, wenn der Verbraucher ordnungsgemäß belehrt wurde. Ist diese Belehrung nicht erfolgt, dann erlischt das Recht erst nach 6 Monaten.

Verbraucherkredit: Verbraucherdarlehen zwischen einem Unternehmen als Darlehensgeber und einem privaten Verbraucher als Darlehensnehmer werden seit 2002 gesetzlich geregelt im BGB §§ 491 und § 502. Der Vertrag bedarf der

Schriftform und muss bestimmte Angaben enthalten, wie
- Barzahlungspreis und Teilzahlungspreis,
- Anzahl, Höhe und Fälligkeit der Raten,
- Nominalzins und Nebenkosten,
- den effektiven Jahreszins.

Bis 2002 galt das Verbraucherkreditgesetz, dessen wesentliche Inhalte in das BGB übernommen wurden.

Durch das **Produkthaftungsgesetz** wird der Verbraucher vor fehlerhafter Ware geschützt. Werden durch Fehler eines Produktes Schäden verursacht, haftet der Hersteller dafür.

Für einzelne Branchen gelten besondere Gesetzlichkeiten. So unterliegt die Herstellung von Nahrungsmitteln von der Urproduktion bis zum Vertrieb dem **Lebensmittel- und Bedarfsgegenstände-Gesetz (LMBG).** Es enthält Vorschriften und Festlegungen, die den Verbraucher vor gesundheitlichen Schädigungen schützen.

Das **Gesetz zur Regelung der Allgemeinen Geschäftsbedingungen (AGBG)** schützt den Verbraucher insbesondere vor Machtmissbrauch großer Konzerne. Im AGB-Gesetz werden u. a. Regelungen über:
- Zahlungs- und Lieferbedingungen,
- Rücktrittsmöglichkeiten,
- Gewährleistung und Haftung,
- Gerichtsstand festgelegt.

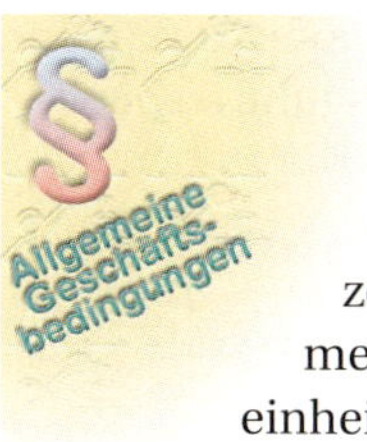

Diese vorformulierten Vertragsklauseln sind Bestandteil beim Abschluss aller Kaufverträge und werden nicht immer einzeln ausgehandelt. Sie sind in den meisten Branchen üblich und vereinheitlicht.

M

Allgemeine Geschäftsbedingungen (AGB) sind die vorformulierten Bedingungen, die eine Vertragspartei der anderen bei Abschluss eines Vertrages stellt.

Reklamationen und Garantie

M

Eine **Reklamation** ist die Geltendmachung von Mängeln an einer Sache oder eines Rechtes. Ein Sachmangel liegt vor, wenn die gekaufte Sache einen Fehler aufweist, die den Wert oder die Tauglichkeit aufhebt oder erheblich mindert.

Mehr Rechte für Verbraucher durch das neue Garantie-Gesetz. Die **Garantie** wird im alltäglichen Geschäftsverkehr oftmals mit der Gewährleistung verwechselt bzw. mit dieser gleichgesetzt. Im rechtlichen Sinne ist die Garantie jedoch etwas anderes.

M

Unter der Garantie versteht man, dass der Garantiegeber einem Begünstigten einen Anspruch einräumt, der über die gesetzlichen Verpflichtungen hinausgeht (§ 443 BGB).

Damit ist die Garantie eine Kulanzvereinbarung mit dem Kunden, die durch eine Garantieerklärung meist durch den Hersteller (Herstellergarantie) oder den Händler (Händlergarantie) erfolgt.

Seit dem 1. Januar 2002 gibt es beim Neukauf technischer Geräte (Kamera, Mixer, CD-Player, Fernseher usw.) zwei Jahre Garantie. Der Verkäufer haftet in dieser Zeit für Mängel, die eine Ware beim Verkauf hatte. Wenn nach zwei Reparaturversuchen der Mangel nicht behoben wurde, kann der Kunde Preisminderung oder Rücktritt vom Kauf verlangen. Die Gewährleistung von zwei Jahren gilt künftig sogar für Reparaturarbeiten.

Aufgaben

1. Du bist im Lehrbuchabschnitt über verschiedene Kaufentscheidungsmuster informiert worden.
   a) Überprüfe diese Muster an deinem eigenen Verhalten!
   b) Führe eine Befragung in der Schule oder in einem Einkaufszentrum durch! Erarbeite dazu ein Frageschema, führe die Befragung in verschiedenen Gruppen durch!
   c) Werte die Befragung statistisch aus und vergleiche die Gruppenergebnisse gemeinsam in der Klasse!

2. a) Erarbeite eine Übersicht über verschiedene Verbraucherberatungssendungen in Fernsehen und Hörfunk!
   b) Unternimm den Versuch einer Wertung der Beratungsinhalte und stelle diese in der Klasse vor!

3. Informiere dich in einer Verbraucherberatungsstelle über die Beratungsschwerpunkte und über kostenfreies und kostenpflichtiges Informationsmaterial zu den Sachthemen!

4. Überprüfe in einer Recherche die Aktualität von Themenschwerpunkten in der Zeitschrift „test"!
   a) Lege einen Themenschwerpunkt fest und recherchiere die letzten fünf Jahrgänge!
   b) Halte die Ergebnisse schriftlich fest und präsentiere mögliche Abweichungen zu den Themeninhalten!

5. Informiere dich über den Geltungsbereich des Fernabsatzgesetzes im Internet!
   a) Auf welche Produkte trifft das Gesetz nicht zu?
   b) Konstruiere Fallbeispiele, bei denen das Fernabsatzgesetz wirken oder nicht wirken kann! Stelle deine Beispiele zur Diskussion!

6. Innerhalb des Lehrbuchabschnittes findest du eine Übersicht über Rechtsgeschäfte, die eine Vertragsbeziehung dargestellen.
   a) Setze dich mit diesem Begriff näher auseinander und erarbeite unter Zuhilfenahme verschiedener Medien den Begriffsinhalt und verschiedene Vertragsarten und ihre Entstehung!
   b) Recherchiere unter www.schuelerlexikon.de, welche Gründe für Anfechtungen von Willenserklärungen denkbar sind und wie das BGB entscheidet!

7. Ein 16-jähriger Jugendlicher hat sich ohne Zustimmung der Eltern einen Laptop gekauft. Unter welcher Voraussetzung ist der Vertrag
   – gültig,
   – schwebend unwirksam oder
   – ungültig?

8. Der Wohnungsmarkt unterliegt nicht in jedem Fall den bekannten Marktmechanismen. Die Mietpreise für Sozialwohnungen werden staatlich beeinflusst.
   a) Begründe diese Maßnahme!
   b) Erörtere und beurteile diese staatliche Maßnahme anhand der Beziehungen Angebot und Nachfrage!

9. Recherchiere unter www.schuelerlexikon.de, welche Rechte einem Verkäufer aus einer Mängelreklamation zur Verfügung stehen!

Das Wichtigste im Überblick

Konsumenten und **Produzenten** treffen sich auf dem Markt über Angebot und Nachfrage. Dabei wollen Anbieter einen möglichst hohen Preis erzielen, Nachfrager hingegen einen möglichst geringen Preis bezahlen.

Der **Preis** richtet sich dabei nach Angebot und Nachfrage, aber auch nach Konsumstilen und dem Kaufverhalten der Konsumenten. Kaufentscheidungen laufen nicht in jedem Fall rational ab. Sie werden durch emotionale und psychische Einflussfaktoren mitbestimmt.

Der Preis, der die Vorstellungen von Anbietern und Nachfragern in Übereinstimmung bringt, heißt Gleichgewichts- oder Marktpreis.

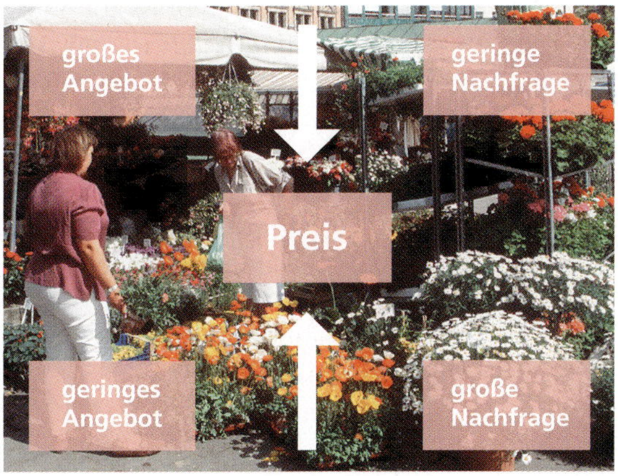

Veränderungen des Marktpreises treten bei Angebots- oder Nachfrageüberhang auf.
Der Markt lässt sich nach verschiedenen **Marktarten** unterscheiden: nach Art der Güter, nach der Funktion, nach dem Ort. Nach der Anzahl der Marktteilnehmer werden Polypol, Oligopol und Monopol unterschieden.
Um Produzenten und Konsumenten beim Austausch (Kauf) von Waren und Dienstleistungen Rechtssicherheit zu verschaffen, gibt es ein vertragliches Regelwerk, das diese Rechtsgrundlagen schafft. Das grundsätzliche Werk stellt dabei das **Bürgerliche Gesetzbuch (BGB)** mit seinen Rechtsvorschriften dar.

Im Sinne des BGB hängt die Geschäftsfähigkeit zum Abschluss von Rechtsgeschäften in erster Linie vom Alter der Personen ab.

Geschäftsfähigkeit		
Minderjährigkeit		Volljährigkeit
Geburt	Vollendung des 7. Lebensjahres	Vollendung des 18. Lebensjahres
geschäftsunfähig	beschränkt geschäftsfähig	voll geschäftsfähig

Um vor unlauteren Geschäftsbeziehungen zu schützen, gibt es ein ausgeklügeltes **Vertragsrecht,** das sowohl dem Käufer als auch dem Verkäufer Rechte und Pflichten auferlegt. Die Allgemeinen Geschäftsbedingungen (AGB) stellen dabei eine wesentliche Grundlage dar.

GELD GARANTIE ZURÜCK

Mit zunehmender Nutzung von Diensten über Online-Angebote musste auch hier eine Rechtsgrundlage zum Schutz des Verbrauchers geschaffen werden. Das **Fernabsatzgesetz** garantiert diese Rechte seit dem 9. Juni 2000.

Hilfe bei Rechtsunsicherheiten bieten die verschiedenen **Verbraucherschutzorganisationen** und Beratungsstellen. In diesen und in verschiedenen Publikationsorganen kann sich der Verbraucher über ein vielfältiges Warenangebot, dessen Qualitätsbeurteilung und über vorherrschende Marktpreise informieren.

Herzlich Willkommen!
VKI Europäische Verbraucher Beratung
Eine Initiative der Europäischen Kommission und des VKI

Weitere Informationsmöglichkeiten bieten die Massenmedien wie Zeitungen in Ratgeberteilen, Fernsehsendungen zu Verbraucherrechten sowie zahlreiche Radiosender zu aktuellen Verbraucherthemen.
Letztlich ist es Aufgabe des Verbrauchers, diese Möglichkeiten zu nutzen, um nicht doch in eine Falle zu tappen.

Heute schon an morgen denken!

Träume und Wünsche, Lebensziele des Einzelnen und der Familie, Absicherung für den Notfall lassen sich nur realisieren, wenn rechtzeitig gespart und Vorsorge getroffen wird.

2.4 Sparen, Vorsorgen, Versichern

Reicht das gesetzliche Sozialversicherungssystem aus?

Welcher Jugendliche beschäftigt sich schon heute mit seiner Rente? Schlagworte wie private Altersversorgung, Riesterrente und Berufsunfähigkeit sind in weiter Ferne. Aber was passiert im Ernstfall?
Sparen – klein anfangen und groß rauskommen,

wer möchte das nicht. Welche Sparform ist die günstigste für den Einzelnen? Traditionell, wie in Deutschland immer noch bevorzugt, das Sparbuch oder mehr, risikovoll und gewinnorientiert die Aktien oder der Aktienfonds?

Geld – immer wieder Geld!

Von „Geld verdirbt den Charakter“ bis „Geld stinkt nicht“ reichen die Gedanken bei dem Begriff Geld. Geld bestimmt weitestgehend unser Leben, da es das universelle Tausch- und Wertaufbewahrungsmittel ist. Viele Wünsche können nur mit Geld realisiert werden. Da Geld meist nur in begrenztem Umfang zu Verfügung steht, ist genau zu prüfen, welche Bedürfnisse und Wünsche ohne Verschuldung zu realisieren sind. Geldarten, Funktionen des Geldes und Modalitäten des Zahlungsverkehrs, Formen des Sparens sind wichtige Kriterien für den Umgang mit Geld.

Absicherung gegen Lebensrisiken

Ziele, Träume und Wünsche von Menschen können leicht zu Luftblasen zerplatzen, wenn nicht rechtzeitig Vorsorge getroffen wird. Für die Vorsorge und Absicherung gegen Lebensrisiken gibt es zwei grundsätzliche Verantwortlichkeiten. Zum einen ist es die Privatperson selbst, die je nach persönlichem Zahlungsvermögen eine Absicherung bei zahlreichen Versicherungsgesellschaften oder Geldinstituten vornehmen kann. Eine weitere Verantwortung liegt bei den Unternehmen. Per Gesetz sind sie dazu verpflichtet, einen finanziellen Beitrag zur gesetzlichen Sozialversicherung zu leisten.
Aufgrund einer kaiserlichen Botschaft am 17.11.1881 durch den Reichskanzler BISMARCK wurde in den Folgejahren die erste umfassende Sozialgesetzgebung der Welt erlassen.

Mehr als ein Jahrhundert stützte sich das **Sozialversicherungssystem** in Deutschland auf drei Säulen:
- Kranken-,
- Renten- und
- Arbeitslosenversicherung.

1995 kam die Pflegeversicherung als vierte Säule hinzu.

> **M** Die Sozialversicherung (Kranken-, Renten-, Arbeitslosen- und Pflegeversicherung) ist eine gesetzlich geregelte Pflichtversicherung.

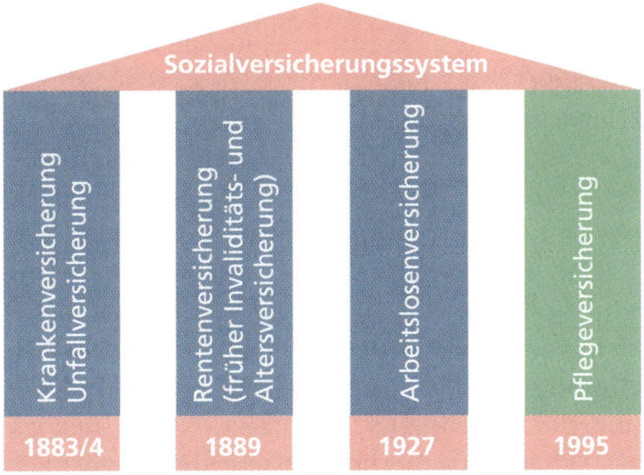

1 Sozialversicherungssystem in Deutschland

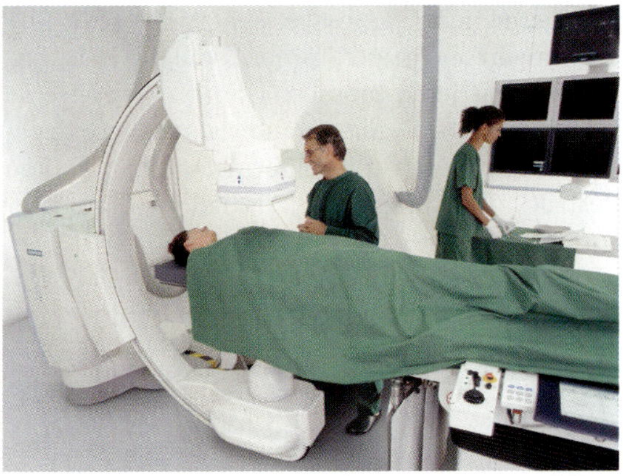

2 Moderne Technik in der Medizin – ein Kostenfaktor für die Krankenversicherung

Die gesetzlichen Versicherungen von Lebensrisiken

Die **Krankenversicherung** ist die erste Säule der Sozialversicherung, die in Deutschland 1883 eingeführt wurde. Sie tritt zum Schutz des Einzelnen und der Familie dann ein, wenn es darum geht, die Gesundheit zu erhalten oder wieder herzustellen. Die gesetzliche Krankenversicherung folgt dem Prinzip einer Solidargemeinschaft.

Die **Rentenversicherung** ist die zweite Säule der Sozialversicherung, die 1889 ursprünglich als Invaliditäts- und Altersversicherung gegründet wurde. Sie basiert auf dem so genannten Prinzip des ungeschriebenen Generationenvertrags, mit dem sich die heute verdienende Generation zur Zahlung von Beiträgen zur Rentenversicherung verpflichtet in der Erwartung, die gleiche Fürsorge von der nachrückenden Generation zu erfahren.
Träger der Rentenversicherung für Arbeiter:
- Landesversicherungsanstalten,
- Bahnversicherungsanstalt und
- Seekasse.

Träger der Rentenversicherung für Angestellte ist die Bundesversicherungsanstalt für Angestellte, Sitz Berlin. Träger der knappschaftlichen Rentenversicherung ist die Bundesknappschaft.

Die gesetzliche Rentenversicherung wird ihre Leistungen aufgrund immer weniger Beitragszahler reduzieren müssen. Damit entsteht eine Versorgungslücke, die durch private Vorsorge geschlossen werden muss. Berufsanfänger sollten deshalb unbedingt eine zusätzliche Altersvorsorge aufbauen.

Entwicklung der gesetzlichen Altersrente

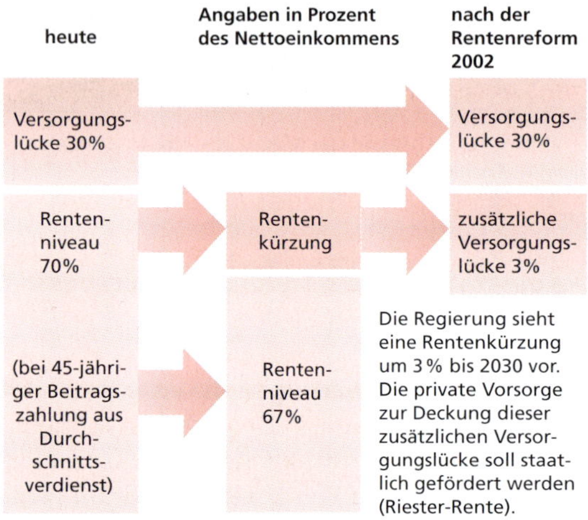

Die gesetzliche **Unfallversicherung,** 1884 eingeführt, soll dazu beitragen, Unfälle zu verhüten und das Unfallfolgenrisiko zu mindern. Hierzu erstellt sie Unfallverhütungsvorschriften, fördert die Wiederherstellung der Erwerbsfähigkeit von Arbeitnehmern und übernimmt die Behandlungskosten versicherter Verletzter.

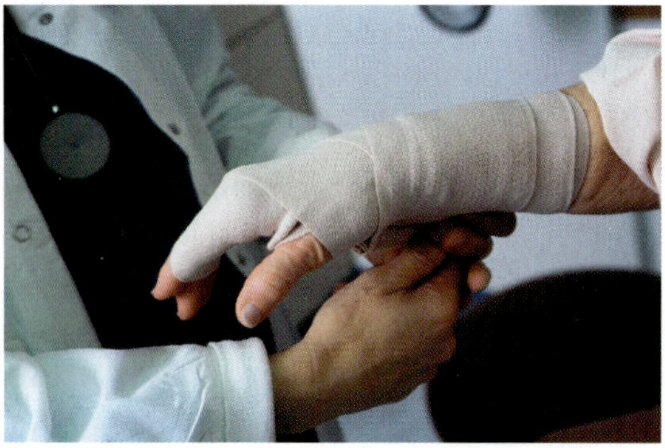

1 Unfälle am Arbeitsplatz – die Wiederherstellung der Erwerbsfähigkeit übernimmt die Unfallversicherung.

Sie ist eine Pflichtversicherung, die vom Arbeitgeber direkt an den Unfallversicherungsträger gezahlt wird.

Die **Arbeitslosenversicherung** trat 1927 in Kraft. Der Reichstag verabschiedete das Gesetz zur Einführung einer staatlichen Arbeitslosenversicherung. Erstmals besaßen Arbeiter und Angestellte einen Rechtsanspruch auf Arbeitslosenunterstützung, der gebunden war an Arbeitswilligkeit und unfreiwillige Arbeitslosigkeit. Versicherten wird ein Arbeitslosengeld bezahlt. Die Teilausgleichszahlungen, die bei Eintritt von Arbeitslosigkeit geleistet werden, werden über die eingezahlten Prämien aus der Arbeitslosenversicherung gezahlt. Der Versicherungsträger ist die Bundesanstalt für Arbeit. Bei Selbstverschulden der Arbeitslosigkeit oder eigener Kündigung erhält der Arbeitslose erst nach einer Sperrfrist von 12 Wochen Arbeitslosenunterstützung.

Finden Auszubildende, die eine Ausbildungsvergütung erhielten, nach bestandener Abschlussprüfung keine Anstellung, wird als Berechnungsgröße die Ausbildungsvergütung herangezogen oder es wird von 50 % des zu erreichenden Tariflohnes ausgegangen. Für Absolventen von Hochschulen und Universitäten, die nach Ausbildungsende keine Arbeit finden, wird kein Arbeitslosengeld gezahlt, da in der Regel keine Versicherungsbeiträge entrichtet wurden. Hier wird das Sozialamt nach erfolgter Offenlegung der Vermögensverhältnisse wirksam.

Zum 1. Januar 1995 trat eine soziale **Pflegeversicherung** zur Absicherung des Risikos der Pflegebedürftigkeit in Kraft. In ihren Schutz sind alle einbezogen, die in der gesetzlichen Krankenversicherung versichert sind. Privat Versicherte müssen eine private Pflegeversicherung abschließen. Träger der sozialen Pflegeversicherung sind die Pflegekassen, die bei jeder Krankenkasse errichtet wurden. Die Ausgaben der Pflegeversicherung werden durch Beiträge der Mitglieder und der Arbeitgeber finanziert. Neben der gesetzlichen Versicherung besteht die Möglichkeit der privaten Versicherung.

Unterschiede zwischen privater und gesetzlicher Versicherung	
Privatversicherung	**Sozialversicherung**
Absicherung privater und spezieller Risiken des Einzelnen	Schutz von „wirtschaftlich Schwachen" vor Lebensrisiken
Privater Vertrag zwischen Versicherungsnehmer und Gesellschaft muss abgeschlossen werden.	„Zwangsvertrag" setzt ein, wenn bestimmte Voraussetzungen erfüllt werden: z. B. Aufnahme eines Arbeitsrechtsverhältnisses.
Beiträge zahlt ausschließlich der Versicherungsnehmer.	Beiträge werden vom Arbeitnehmer, vom Arbeitgeber und zum Teil anteilig gezahlt.
Rechtsverhältnisse sind grundsätzlich durch Vertragsbedingungen geklärt.	Rechtsverhältnisse werden zwingend vorgeschrieben und lassen keine individuellen Regelungen zu.
Individualversicherung dient der Absicherung persönlicher Lebensinteressen.	Massenversicherung dient der staatlichen Fürsorge von Arbeitnehmern.

Die private Vorsorge

Um einen einmal erreichten Lebensstandard abzusichern sowie zum Schutz und der Erhaltung von Eigentum und Gesundheit, ist es notwendig, Möglichkeiten privater Vorsorge vorzunehmen. Bestimmte Vorsorgeaufwendungen werden staatlich gefördert.
Die Schwierigkeiten für jeden privaten Haushalt bestehen in einer bedarfsgerechten Absicherung. Versicherungsfachkräfte und Finanzdienstleistungsunternehmen bieten dabei Hilfe und Unterstützung. Der Markt ist aber kaum zu überschauen, sodass der Einzelne einige Grundkenntnisse besitzen muss, um nicht allen Angeboten nachzugeben. Vieles ist notwendig, vieles ist möglich, aber nicht alles ist sinnvoll für bestimmte individuelle Bedingungen. Es gilt der Grundsatz: „So sicher wie möglich, so versichert wie nötig."

M Bei der privaten Vorsorge werden Personenversicherungen und Sach- und Vermögensversicherungen unterschieden.

Personenversicherungen sichern das Risiko für eine konkrete Person ab. Viele, die im Alter über ein ausreichendes finanzielles Polster verfügen und gleichzeitig ihre Familie absichern wollen, entscheiden sich für eine Form der **Lebensversicherungen.** Die Lebensversicherung stellt für die Deutschen derzeit die beliebteste Maßnahme für die private Altersvorsorge dar. Versicherungsziele können sein:

1. Sicherheit für Hinterbliebene (Risikolebensversicherung),
2. Kapitalbildung/Altersvorsorge (Erlebnisfallversicherung),
3. Schutz für Hinterbliebene und Altersvorsorge.

Für Berufsanfänger wäre die Erlebnisfallversicherung eine Alternative zur Rentenversiche-

Hauptformen der Lebensversicherung

Risikolebensversicherung
(Todesfallversicherung)

Versicherungsfall: Tod der versicherten Person

Leistung: Die Versicherungssumme wird nur fällig, wenn der Versicherte innerhalb des Versicherungszeitraumes stirbt.

Verwendung: Vorrangig zur Absicherung der Hinterbliebenen bis zum Aufbau einer anderen Versorgung

Erlebnisfallversicherung

Versicherungsfall: Ablauf des Versicherungsvertrages

Leistung: Die Versicherungssumme wird nur fällig, wenn der Versicherte den Ablauf des Vertrages erlebt.

Verwendung: Dient primär der Kapitalbildung, kommt in dieser Reinform jedoch äußerst selten vor

Gemischte Todes- und Erlebnisfallversicherung

Versicherungsfall: Tod des Versicherten oder Ablauf des Vertrages

Verwendung: Bietet Hinterbliebenen einen Schutz und dient der eigenen Altersvorsorge; häufigste Form in Deutschland

rung, da sie aufgrund der langen Laufzeit eine relativ hohe Rendite verspricht.

Eine Lebensversicherung ist eine Form von Sparvertrag, der es ermöglicht, je nach Art der Versicherung Kapital anzusparen, die Rente abzusichern und/oder die Hinterbliebenen finanziell abzusichern.

Die **private Krankenversicherung** übernimmt Krankheitskosten von nicht versicherungspflichtigen Personen.

Die **private Unfallversicherung** sichert die eigene Person oder dessen Angehörige beim Eintritt von körperlichen Schäden durch einen Unfall finanziell ab.

Zunehmend schließen immer mehr Bundesbürger **private Rentenversicherungen** ab, um die sich ergebende Lücke zu schließen. Die gesetzliche Absicherung bei **Erwerbs- und Berufsunfähigkeit** ist ebenfalls nur unzureichend vorhanden. Sie beträgt bei voller Erwerbsminderung ca. 32 % des letzten Bruttoeinkommens.

Einen umfassenden Schutz bei Krankheits- und Unfallfolgen bietet die private Berufsunfähigkeitsversicherung.

Sach- und Vermögensversicherungen sichern Schäden an Hab und Gut (Hausrat, Gebäude), an die eigene Person gerichtete Ansprüche (Haftpflicht) und gegen Kosten zu deren Abwehr (Rechtsschutz).

Die **Haftpflichtversicherung** deckt Schadensfälle, die der Versicherte anderen zugefügt hat. Wer keine Haftpflichtversicherung besitzt, muss mit dem gesamten Vermögen haften. Sie ist meist kombiniert mit der Hausratversicherung, mit der Vorsorge getroffen wird für eintretende Schäden, z. B. durch Wasser, Feuer oder Diebstahl. Bei Gründung eines eigenen Haushalts sollte diese Versicherung unbedingt abgeschlossen werden.

Die **Kfz-Versicherung** umfasst die Haftpflichtversicherung und die je nach Umfang freiwillig gewählte Kaskoversicherung (Kasko: span. *casco* = Scherbe, zerbrochenes Stück).

1 Sowohl die Kfz-Versicherung als auch die Rechtsschutzversicherung können bei einem Unfall helfen.

Die **Rechtsschutzversicherung** hilft eigene Ansprüche durchzusetzen oder fremde Ansprüche abzuwehren. Als motorisierter Verkehrsteilnehmer kann eine Verkehrsrechtsschutzversicherung ratsam sein, da bei einem Rechtsstreit die Gebühren sehr hoch sein können.

Geldanlage und Vermögensaufbau

Im Jahre 2002 betrugen die Gesamtspareinlagen in Deutschland 586,2 Mrd. Euro. Das Jahresnettoeinkommen je Haushalt betrug im Durchschnitt 32 000 Euro. Einem Ehepaar mit einem Kind standen etwa 2 700 Euro als durchschnittliches Nettoeinkommen je Monat zur Verfügung. Etwa 40 % aller Haushalte liegt in der Einkommensklasse von 900–2 000 Euro netto monatlich, etwa 50 % der Haushalte erzielten ein Einkommen zwischen 2 000 und 4 000 Euro und etwa 10 % erhalten 4 000 Euro und mehr.

Ausgehend von diesen Einkommen gibt es je Haushalt unterschiedliche Anlagestrategien, um Vermögen aufzubauen. Die durchschnittliche Sparrate lag in der Bundesrepublik in den letzten Jahren bei 12 % des Nettoeinkommens.

M

Die **Vermögensbildung** erfolgt durch die Umwandlung eines Teiles vom Einkommen in Vermögenswerte (Geldanlage). Verschiedene Sparformen dienen der Bildung von Vermögen.

Welche Anlageform für den individuellen Bedarf die richtige ist, hängt von vier wesentlichen Kriterien ab:
- Ertrag,
- Risikobereitschaft,
- Verfügbarkeit,
- Sicherheit.

Eine Idealform, die alle Faktoren berücksichtigt, ist nur schwer zu realisieren. Deshalb haben sich Anlageformen durchgesetzt, die von einem gesplitteten Vermögensaufbau ausgehen.

Eine traditionelle und immer noch beliebte Sparform ist das Sparen auf einem Sparkonto **(Sparbuch).** Obwohl geringe Zinsen gezahlt werden, ist es für viele Anleger in unsicheren Zeiten nach wie vor eine sichere Anlageform.

Termingeldeinlagen nehmen Sparer vor, die auf ihr Geld nur einen kurzen Zeitraum verzichten können oder wollen. Sie legen eine bestimmte Summe (meist ab 5 000 Euro) für einen bestimmten Zeitraum an. Diese Zeiträume können sich auf 30, 60, 90 ... Tage erstrecken. Dadurch kann ein höherer Zinssatz erzielt werden.

"Mit dieser Anlage kann man gut und sicher für das Alter vorsorgen."

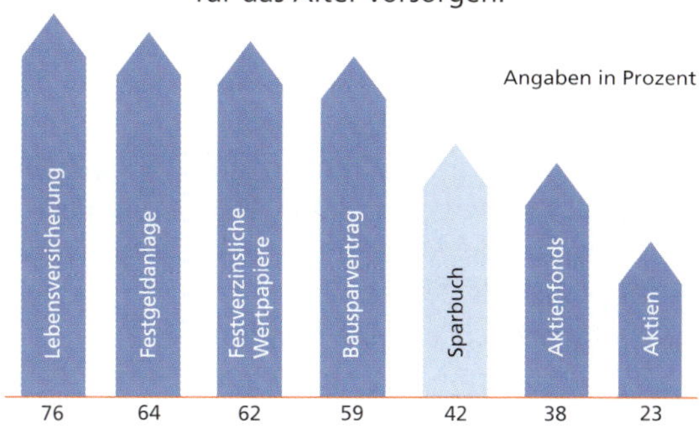

1 2126 Bundesbürger ab 16 Jahre wurden befragt. Mehrfachnennungen waren möglich.
Quelle: Institut für Demoskopie Allensbach

Sparbriefe sind Wertpapiere, die nicht an der Börse gehandelt werden. Sie unterliegen damit auch nicht den Kursschwankungen. Mit Laufzeiten von vier bis acht Jahren sind sie nur für langfristige Anlagen geeignet.

Festverzinsliche Wertpapiere sind eine Form der Sparanlage, die einen gleich bleibenden Zinsertrag während der Laufzeit garantiert. Pfandbriefe, Anleihen oder Kommunalobligationen sind z. B. festverzinsliche Wertpapiere, die von Hypothekenbanken, Industrieunternehmen, vom Bund, den Ländern oder den Gemeinden herausgegeben werden.

Die **Aktie** ist eine Urkunde, die ihrem Besitzer ein Anteilsrecht an einer **Aktiengesellschaft** (AG) verbrieft. Der Aktieninhaber (Aktionär) ist damit Miteigentümer am Vermögen der Aktiengesellschaft. Seine Rechte sind im Aktiengesetz geschützt. Für die Beteiligung an der Aktiengesellschaft erhält er eine **Dividende.** Das ist der jährliche Gewinnanteil.

Der Kurs der Aktie wird jeweils im Börsenhandel gebildet. Der Kurswert ist dabei der Preis, der für die entsprechende Aktie gezahlt werden muss. Hierin liegt die Chance, aber auch das Risiko für den Anleger. Die Kursentwicklung ist von vielen Faktoren abhängig, u. a. von

- der wirtschaftlichen Lage,
- der zukünftigen Entwicklung der Wirtschaft,
- den politischen Einflüssen,
- den Auslandseinflüssen ...

Bei schlechten wirtschaftlichen Situationen fallen die Kurse. Der Wert von Aktien ist nicht stabil. Mit dem Erwerb von Aktien hat der Inhaber grundsätzlich folgende Rechte:

- Anspruch auf eine Dividende,
- Teilnahme-, Auskunfts- und Stimmrecht in der Hauptversammlung,
- Bezug neuer Aktien bei Kapitalerhöhung,
- Anteil am Liquidationserlös bei Auflösung der AG.

Das **Fondssparen** verteilt das Börsenrisiko, das ansonsten auf einer einzelnen Aktie lastet.

Beim **Aktienfonds** fließt das Geld in den Kauf unterschiedlicher Aktien. Der Fonds profitiert vom gesamten Aktienanteil, der im jeweiligen Fonds verwaltet wird. Bei der Gestaltung der Fonds werden europaweite oder weltweite Aktien mit einbezogen. Das obere Bild zeigt die SchülerAktiengesellschaft Tapfer und Schneider (T&S), ein Unternehmen der Schüler der Berufsschule Northeim in der Nähe von Göttingen, die an die Börse gegangen ist. (www.schueleraktiengesellschaft.de)

Geld – was ist das eigentlich?

„Als ich klein war, glaubte ich Geld sei das Wichtigste im Leben. Heute, da ich alt bin, weiß ich: es stimmt."

Oscar Wilde

M

Geld ist **Tauschmittel:**
Es erleichtert den Handel mit Waren. Gäbe es kein Geld, dann könnte nur Ware gegen Ware getauscht werden, was in den Anfängen der Handelsbeziehungen üblich war.

Geld ist **Recheneinheit:**
Es macht die Preise von Waren und Dienstleistungen möglich.

Geld ist **Wertaufbewahrungsmittel:**
Es speichert einen Wert, bis dieser wieder in eine entsprechende Ware umgewandelt wird.

Geld ist **Wertübertragungsmittel:**
Es dient dazu, Werte von einer Person auf eine andere zu übertragen.

Geld muss in hohem Maße stabil, leicht übertragbar, wertbeständig und als Zahlungsmittel anerkannt sein.

Die reichsten Menschen der Welt

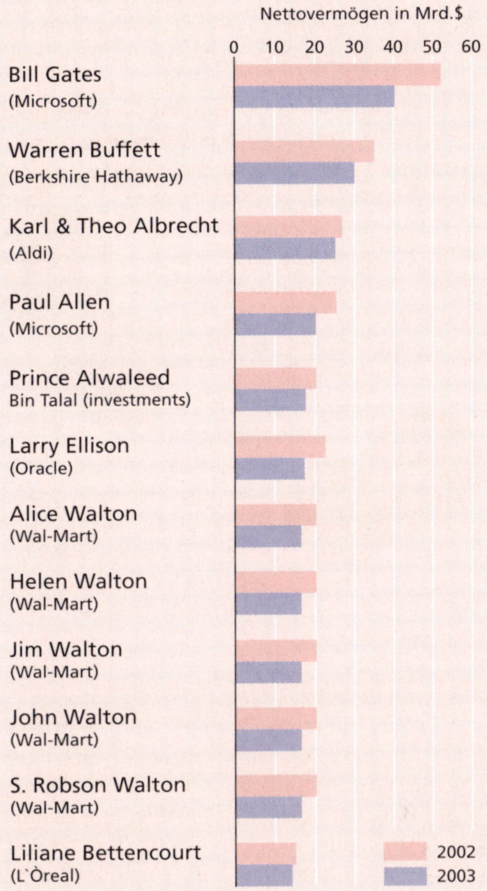

Quelle: *Forbes*

„Geld ist nicht so wichtig. Darum ist es mir völlig egal, ob ich 70 Millionen oder 50 Millionen Dollar besitze."

Arnold Schwarzenegger

„Dem Geld darf man nicht nachlaufen. Man muss ihm entgegengehen."

Karl Pisa

„Das einzige, was man ohne Geld machen kann, sind Schulden."

Aristoteles Onassis

„Geld macht nicht glücklich aber man wird besser mit dem Unglück fertig, wenn man nicht arm ist."

Unbekannt

Geld in Deutschland und wie es entstand

Die Geschichte des Geldes ist sehr alt. So prägten schon etwa 2000 v.Chr. die Kelten (von den Römern auch Gallier genannt) Münzen aus seltenen Metallen, um den Handel zu erleichtern. Zuerst waren aber die Phönizier auf die Idee gekommen, Metallbarren in Umlauf zu bringen, auf denen ein Stempel eingeprägt war. Bekannt wegen seiner Goldmünzen, die mit Löwe und Stier versehen waren, wurde der Lyderkönig Krösus (560–546 v.Chr.).

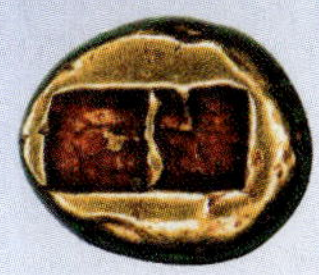

Gulden und Taler galten lange Zeit als Zahlungsmittel in unseren Breiten. Nach der Gründung des Deutschen Reiches 1871 wurden die verschiedenen alten Landeswährungen abgelöst und durch die Mark ersetzt. Im Jahre 1876 schuf das Deutsche Reich eine **zentrale Notenbank.** Diese hatte neben einigen Privatbanken das Recht, Geldscheine herzustellen und in den Verkehr zu bringen. Das neue Geld hatte für jeden Bürger sichtbar einen großen Wert. Der Wert der Geldscheine war durch Golddeckungsvorschriften begrenzt. Die Reichsbank tauschte auf Verlangen die Geldscheine in Goldmark um.

Seit 1914 benötigte der Staat enorme Geldmengen zur Finanzierung des Ersten Weltkrieges. Deshalb wurde festgelegt, dass die Goldeinlösung der Geldscheine nicht mehr erfolgen kann, auch die Deckungsvorschriften wurden gelockert. Damit war der Weg in die erste große **Inflation** geebnet. Während der Inflation wurde das so genannte **Notgeld** eingeführt, und die Geldmenge steigerte sich im Dezember 1922 auf das 213fache, während die Preise auf das 1475fache zum Vorkriegsstand stiegen. Ende 1923 war das Preisniveau auf das 1,2 Billionenfache gestiegen.

1924 wurde nach einer kurzzeitig geltenden Rentenmark die zweite deutsche Währung, die **Reichsmark,** eingeführt. Diese war ebenfalls an Gold gebunden. Es mussten 40% des Notenumlaufes mit Gold oder Devisen gedeckt sein. Die Kredite für den Staat wurden eng begrenzt, um einer erneuten Inflation vorzubeugen. Das gelang auch durch Gesetze, in denen die Unabhängigkeit der Reichsbank von der Regierung festgestellt wurde. Diese Gesetze wurden schrittweise in Vorbereitung des Zweiten Weltkrieges abgeschafft, sodass 1939 die Reichsbank dem Führer unterstellt wurde.

Nach dem Krieg hatte das Geld nur noch eine Hilfsfunktion, denn es stand kein nennenswertes Angebot an Gütern zur Verfügung. Es wurden Bezugsscheine und Lebensmittelkarten zugeteilt, und es fand ein direkter Güteraustausch statt. Am Anfang des Neuaufbaus in Deutschland stand deshalb eine **Währungsreform.** Unter der Gesetzgebung der westlichen Alliierten entstand die **Bank deutscher Länder** als Voraussetzung für die Währungsumstellung. Das Währungsgesetz schuf die **Deutsche Mark.** Am 21. Juni 1948 konnten alle „natürlichen Personen" 40,- DM gegen alte Reichsmark umtauschen. Die Sparguthaben wurden im Verhältnis 10:1 umgewertet. Laufende Zahlungen, wie Löhne, Renten, Mieten, ... wurden 1:1 umgewandelt. Der Sachbesitz war von der Umstellung nicht betroffen. Um die Benachteiligung der Geldsparer gegenüber den Sachsparern zu mildern, wurde ein **Lastenausgleich** eingeführt. Als Reaktion auf die Errichtung der „Bank deutscher Länder" gründete die Sowjetunion in ihrer Besatzungszone die „Deutsche Emissions- und Girobank", die später in „Notenbank" und dann in **„Staatsbank der DDR"** umbenannt wurde. Sie führte zur Währungsreform am 23. Juni 1948 die „Deutsche Mark der Deutschen Notenbank" ein, die 1962 in **„Mark der DDR"** umbenannt wurde.

Jeder Bürger konnte bis zu 70,- Reichsmark 1:1 umtauschen und Beträge darüber hinaus im Verhältnis 10:1. Wer mehr als 5000 RM besaß, musste den rechtmäßigen Erwerb nachweisen.

Beide Währungen hatten bis 1990 ihre Gültigkeit. Am 1. Juli 1990 trat der **Staatsvertrag** über die Währungs-, Wirtschafts- und Sozialunion zwischen der BRD und der DDR in Kraft. Ab diesem Tag war die D-Mark alleiniges gesetzliches Zahlungsmittel. Die privaten Ersparnisse der DDR-Bürger wurden bis zu einem bestimmten Festbetrag im Verhältnis 1:1 umgetauscht. Verbindlichkeiten, z. B. Kredite und Spareinlagen über den Festbetrag hinaus, wurden im Verhältnis 2:1 umgetauscht. So gab es am 3.10.1990, dem Tag der deutschen Einheit, nur noch die Deutsche Mark als Währung.

Am 1. Januar 1999 erfolgte durch die Europäische Zentralbank die Umstellung der Wirtschaft von D-Mark in Euro. Die einzelnen Landeswährungen wurden nach festgelegten Kursen umgerechnet. Allen Wirtschaftsteilnehmern stand es frei, ihre Geschäfte in Euro abzuwickeln. Ab dem 1.1.2002 erfolgte die Ausgabe der Euro-Banknoten und Münzen. Der Euro und die D-Mark waren bis zum 30. Juni 2002 parallel gültig. Seit dem 1. Juli 2002 gibt es nur noch den Euro als Zahlungsmittel in Deutschland und weiteren 11 EU-Ländern.

Zahlungsverkehr (Geldtransfer)

M

Zahlungsvorgänge, die zwischen privaten und öffentlichen Haushalten, Unternehmen und Geldinstituten stattfinden, bezeichnet man in der Wirtschaft als **Zahlungsverkehr.** Ein Schuldner (Zahlungsleistender) leistet an den Gläubiger (Zahlungsempfänger) eine Zahlung.

Im Zahlungsverkehr werden **drei Zahlungsarten** unterschieden:
- Barzahlung,
- halbbare Zahlung und
- bargeldlose Zahlung.

Träger der halbbaren und bargeldlosen Zahlungsart sind **Geldinstitute.**
Banken, Sparkassen, Raiffeisenkassen sowie der Postbankdienst verfügen über große Gironetze, die den Geldverkehr organisieren.

Moderne Formen des Geldtransfers

Eine moderne Form des Geldtransfers ist das **Onlinebanking.** Hier ist es nicht nur möglich, besondere Sparformen zu nutzen, sondern die Geldübermittlung von Konto zu Konto ist problemlos durchführbar. Onlinebanking hilft, aufwendiges und zeitraubendes Ausfüllen von Formularen zu erleichtern. Dadurch ist der Nutzer in der Lage, die eigenen Finanzen schneller und leistungsfähiger zu handhaben. Überweisungen ausfüllen, Daueraufträge erteilen, Wertpapiere kaufen und verkaufen gehört zu den Angeboten, die den ganzen Tag über möglich sind.
Damit hat sich der **Onlinebankverkehr** zu einem modernen und leistungsfähigen Dienstleistungswerkzeug entwickelt. Für die Banken stellt das eine Wettbewerbsherausforderung dar bei der Erarbeitung neuer Serviceleistungen, die neben der Beratung Vertrauen und Sicherheit geben sollen (Abb.1).

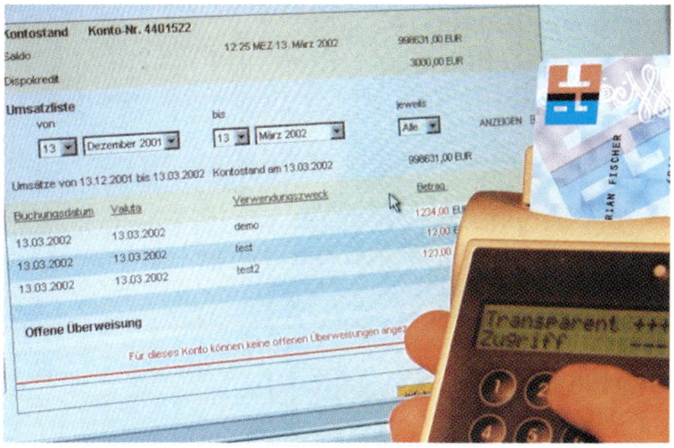

1 Zukunft: Die ec-Karte wird zur Zutrittskarte zum elektronischen Bankschalter im Internet.

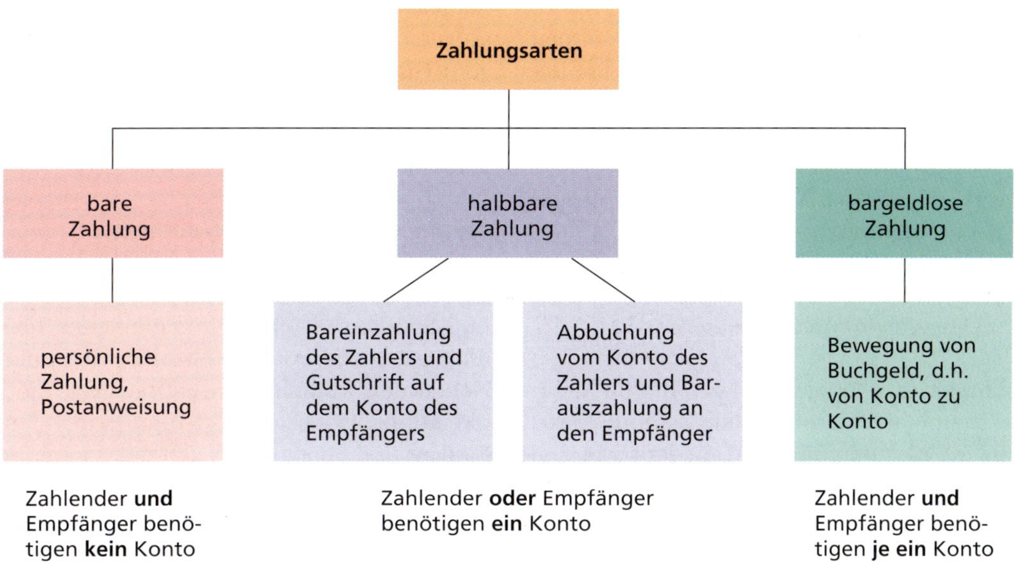

Kartenzahlungen
Die Brieftasche voller Karten und trotzdem kein Geld! Wer kennt sich aus in diesem Dschungel?

> **M** Kartenzahlungen sind unbare Zahlungen, bei denen eine an das Konto des Zahlungspflichtigen gebundene Karte eingesetzt wird.

Hierbei werden unterschieden:
- Bankkarten,
- Chipkarten und
- Kreditkarten.

Bankkarten dienen vorrangig dem bargeldlosen Zahlungsverkehr am point of Sale **POS,** dem Ort des Verkaufs und der Zahlung. Der vorhandene Magnetstreifen enthält für den Abbuchungsauftrag alle notwendigen Informationen bis hin zur **PIN,** der **P**ersönlichen **I**dentifikations-**N**ummer. Mit der ec-Karte ist das Abheben von Bargeld bis 500 € weltweit in der Landeswährung möglich.
Überall dort, wo das maestro Zeichen ersichtlich ist, kann mit ec-Karte und PIN bezahlt werden.
Eine willkommene Ergänzung stellt die **Geldkartenfunktion** dar. Die ec-Karten sind mit einem Chip versehen, der zum bargeldlosen Bezahlen als elektronische Brieftasche geeignet ist. Auf diesen Chip kann eine bestimmte Summe bis zu 200 € aufgeladen werden. Das Aufladen erfolgt an dafür vorgesehenen Ladeautomaten. Bei Bezahlung wird der Betrag automatisch vom Chip abgezogen. Bei einer reinen Geldkartenfunktion ist kein Girokonto erforderlich.
Es zeigt sich, dass bei Kartenzahlungen oftmals mehr Geld ausgegeben wird als bei Barzahlungen. Der unmittelbare Bezug zum Bargeld geht häufig verloren und bildet schnell die Grundlage für das Überziehen von Girokonten.

Die **Chipkarte** oder auch elektronische Geldbörse ist eine im Voraus bezahlte Zahlungskarte. Auf einem elektronischen Chip auf der Karte sind ähnlich wie bei einer Telefonkarte Geldwerte gespeichert, mit denen an entsprechenden Terminals oder Kassen bezahlt werden kann. Diese Zahlungsform eignet sich für kleinere Geldbeträge wie Briefmarken oder Fahrscheine. Bei solchen Zahlungen wird weder die Geheimzahl noch eine Unterschrift benötigt. Meist sind die Chips auf die Bankkarte integriert.

electronic cash-Logo für die Akzeptanz der Karte an deutschen elektronischen Kassen/Terminals

Maestro-Logo für die weltweite Akzeptanz der Karte an elektronischen Kassen/ Terminals und an Geldautomaten

EUFISERV-Logo, Symbol für die Akzeptanz der Karte an Geldautomaten des europäischen Sparkassenverbundes

ec-Geldautomaten-Logo für die Akzeptanz der Karte an Geldautomaten

Geldkarte-Logo für die Akzeptanz der Bezahlung mittels der aufladbaren elektronischen Geldbörse (Chip)

1 Überblick, was die Zeichen auf der Geldkarte bedeuten

Kreditkarten können bei einer Bank oder Sparkasse (Kreditfirma) beantragt werden. Diese Karte (Visakarte, American Express) kann z. B zur Zahlung von Rechnungen, Einkäufen, Hotelübernachtungen, Onlinegeschäften eingesetzt werden. Des Weiteren kann an Geldautomaten über Bargeld verfügt werden. Der Gesamtbetrag wird aufgerechnet und zu einem vereinbarten Termin vom Girokonto abgebucht. Der Kreditkarteninhaber erhält einmal im Monat vom Kreditinstitut eine Rechnung. Das Girokonto wird also nicht bei jeder Buchung automatisch belastet.

Kredite, Darlehen und Hypotheken

Die Mittler für die Geldgeschäfte sind Banken und Sparkassen mit ihren zahlreichen Filialen, die die Funktion des Geldhandels übernehmen. Neben den zahlreichen Geldtransfers, die über die Kontenabwicklung erledigt werden, haben Banken und Sparkassen auch die Funktion Kredite zu vergeben. Ziele und Wünsche, die sich auf hochwertige und teure Gebrauchsgüter beziehen, wie Auto-, Möbel- oder Heimelektronikkauf, sind oftmals nur über eine Fremdfinanzierung (Kredit) möglich, da Ansparzeiten sehr lange dauern.

M
Für den Verbraucher sind die wichtigsten **Kreditarten**
- der Dispositionskredit,
- das Anschaffungsdarlehen (-kredit) und
- das Hypothekendarlehen.

Der **Dispositionskredit** dient einer kurzzeitigen Abdeckung von Geldbedarf bei Kontoüberziehungen. Je nach Einkommen wird dieser DISPO-KREDIT durch das kontoführende Unternehmen gewährt. Der Ausgleich erfolgt über Verrechnung beim nächsten Geldeingang. Zinsen werden je nach Überziehungszeitraum berechnet und sind relativ hoch.

Das **Anschaffungsdarlehen,** auch Ratenkredit, kann ein kurz- oder mittelfristiges Darlehen zur Finanzierung von Konsumgütern sein:
- kurzfristig = bis zu einem Jahr,
- mittelfristig = bis zu vier Jahren.

Der Abschluss eines Kredits wird vertraglich geregelt.
Inhalt: Gesamtkredithöhe, Laufzeit, Monatsrate, effektiver Jahreszins.

M
Der Zins ist der Preis, der für die Überlassung von Kapital bzw. Geld gezahlt werden muss.

Für die Vergleichbarkeit der vielfältigen Kreditangebote ist der effektive Jahreszins eine wesentliche Größe. Der **Effektivzins** beinhaltet sämtliche Kosten eines Darlehens. Der **Nominalzins** dagegen beinhaltet die Höhe der Zinslasten ohne Disagio/Bearbeitungsgebühr. In Abbildung 1 beträgt der effektive Jahreszins 14,1%.

Hypothekendarlehen werden für die Finanzierung eines Hauses oder einer Eigentumswohnung von den Banken oder Bausparkassen gegeben. Diese Kredite oder Darlehen sind langfristig. Der Kreditgeber sichert sich das Recht zu, das

Kreditangebot von 10000,00 €	Zinssatz 0,3% pro Monat
	Bearbeitungsgebühr 2%
	Laufzeit 48 Monate

Ermittlung der Gesamtkosten in €

1. Gesamtzinsen

$$\frac{(0{,}3 \text{ pro Monat} \times 48 \text{ Monate} \times 10000{,}00\,€)}{100} = 1440{,}00\,€$$

2. Bearbeitungsgebühr

$$\frac{(2 \times 10000{,}00\,€)}{100} = 200{,}00\,€$$

Gesamtkosten:	1440,00 € + 200,00 € = 1640,00 €
Der zurückzuzahlende Gesamtbetrag:	10000,00 € + 1640,00 € = 11640,00 €

Die monatliche Rate beträgt 242,50 Euro, davon 208,33 Euro Tilgung und 34,17 Euro Zinsen.

1 Beispiel für die Ermittlung der monatlichen Rate

Grundstück zu versteigern, wenn das Darlehen nicht vertragsgerecht zurückgezahlt wird. Die Hypothek wird in das Grundbuch eingetragen. Ist das Darlehen getilgt, entfallen die Rechte aus der Hypothek. Jetzt hat der Grundstückseigentümer das Recht, die Hypothek im Grundbuch löschen zu lassen.

Kreditsicherung
Bevor ein Kreditinstitut einen Kredit gewährt, verlangt es fast immer Sicherheiten. Diese Kreditsicherung wird wirksam, wenn z. B. die Raten nicht mehr gezahlt werden können. Dispo-Kredite werden meist bereits dann bewilligt, wenn auf dem Girokonto regelmäßige (Gehalts-) Zahlungen eingehen. Ein langjähriges Arbeitsverhältnis in einer krisensicheren Branche ist eine gute Gewähr für die Rückzahlung eines Kredites.

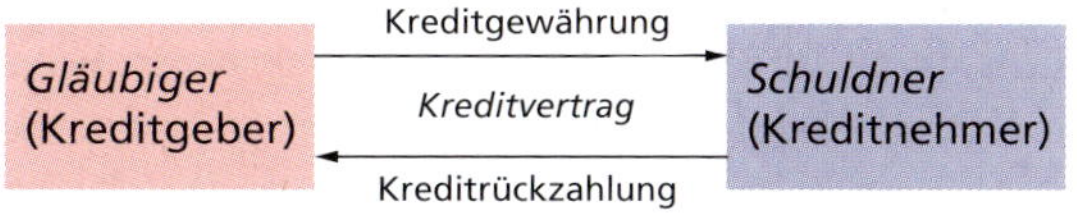

M Man unterscheidet zwischen Realsicherheiten und Personalsicherheiten. Zu den Realsicherheiten gehören vor allem die Lohn- und Gehaltsabtretung, die Sicherungsübereignung und die Grundschuld. Zu den Personalsicherheiten zählen die Haftung als Mitschuldner oder die Bürgschaft.

Lohn- und Gehaltsabtretung

Der Kreditnehmer verpflichtet sich, Teile seines Arbeitseinkommens an das Kreditinstitut abzutreten. Der Arbeitgeber wird nur dann informiert, wenn der Kreditnehmer seinen Zahlungsverpflichtungen nicht vertragsgemäß nachkommt. Bei dieser so genannten „Offenlegung" kann der Kreditgeber den Anteil des Gehalts direkt einfordern, der über der Pfändungsfreigrenze liegt. Die Pfändungsfreigrenze ist gesetzlich festgelegt und sichert das Existenzminimum des Schuldners ab. Die Höhe hängt von der Anzahl der unterhaltspflichtigen Personen und der Höhe des Einkommens ab.

Sicherungsübereignung

Der Kreditnehmer überträgt dem Kreditinstitut vertraglich das Eigentum an der gekauften Sache, behält sie aber in seinem Besitz. Er darf sie auch nutzen (z.B. Auto-Kfz-Brief verbleibt beim Kreditgeber).
Kommt der Kreditnehmer seinen Verpflichtungen nicht nach, so kann der Kreditgeber die Herausgabe der Sache verlangen und seine Forderungen aus dem Verkaufserlös abdecken.

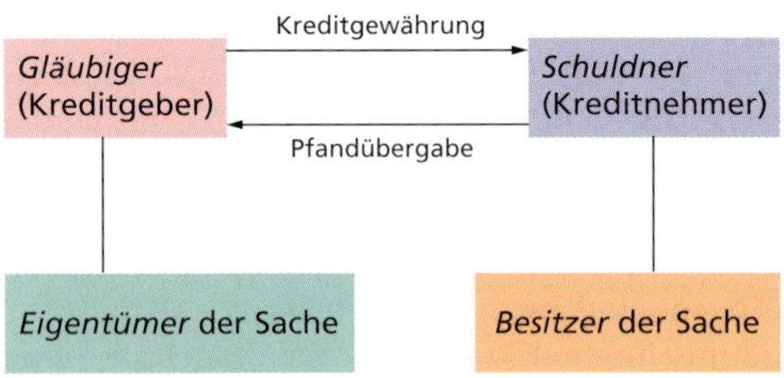

Grundschuld

Im Gegensatz zur Hypothek ist die Grundschuld ein abstraktes Pfandrecht an einem Grundstück oder Wohneigentum. Auch die Grundschuld wird in das Grundbuch eingetragen. Das Besondere an einer Grundschuld besteht darin, dass sie mit der Forderung, zu deren Sicherheit sie bestellt wird, nichts zu tun hat. Die Verbindung zwischen der Grundschuld und der zu sichernden Forderung (Kredit) wird jeweils hergestellt durch eine Zweckerklärung, in der dann steht, für welche Forderungen die Grundschuld als Sicherheit dienen soll.

Bürgschaft

Bei der Bürgschaft haften weitere Personen (z.B. Ehegatte, Eltern oder Freund) für die Rückzahlung des Kredits, wenn der Schuldner seinen Verpflichtungen nicht vertragsgemäß nachkommt.

- Bei der **Ausfallbürgschaft** haftet der Bürge *nach* dem Schuldner, d.h., er haftet nur für den Teil der Schuld, der beim Hauptschuldner nicht eingetrieben werden kann.
- Bei der **selbstschuldnerischen Bürgschaft** haftet der Bürge *neben* dem Schuldner. Der Gläubiger kann die Zahlung von ihm verlangen, ohne dass er sich zuvor an den Hauptschuldner halten muss.

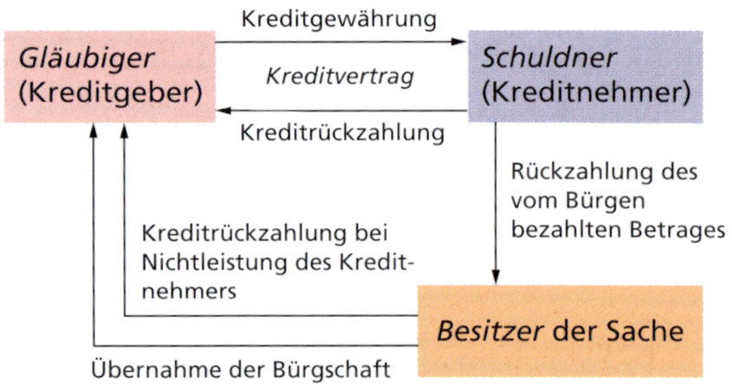

Mitschuldner

Der Mitkreditnehmer oder Mitschuldner (meistens Ehepartner) haftet wie der Kreditnehmer für sämtliche Verbindlichkeiten, die aus einem Kreditverhältnis entstehen. Mitschuldner ziehen im Gegensatz zu reinen Bürgen aus den ausbezahlten Kreditmitteln einen (Mit-)Nutzen und können ohne den Eintritt bestimmter Voraussetzungen zur Zahlung herangezogen werden. Das Kreditinstitut kann dabei wählen, welcher Mitschuldner die Rückzahlung des Kredits tätigt. Es darf die Leistung jedoch nur einmal verlangen.

Aufgaben

1. Nenne die Säulen des Sozialversicherungssystems und charakterisiere ihre Bedeutung und Entwicklung!

2. a) Welche Möglichkeiten der privaten Vorsorge gibt es?
   b) Welche Formen favorisierst du? Begründe deine Entscheidung!

3. Charakterisiere einzelne Sparformen und nenne Vorteile und Risiken!

4. Gib einen Überblick über die Geschichte des Geldes! Nutze auch das Internet! z. B. www.schuelerlexikon.de

5. Bestimme die Funktionen des Geldes und erläutere die einzelnen Geldarten!

6. Setze dich mit den Rechtsbedingungen des Onlinebankings auseinander!
   a) Welche Sicherheitsmaßnahmen wurden getroffen, um einen fremden Zugang zum Konto zu verwehren?
   b) Vergleiche verschiedene Anbieter und trage deine Ergebnisse vor!

7. Onlinebanking wird durch die Kunden immer mehr angenommen. Setze dich mit Vorteilen, Nachteilen, aber auch sozialen Auswirkungen auseinander!

8. Erarbeite ein Rollenspiel: Kundengespräch in einer Bank zu Vor- und Nachteilen und zur Sicherheit des Onlinebankings!

9. a) Erkundige dich, welche Voraussetzungen erfüllt werden müssen, um eine Kreditkarte zu erhalten!
   b) Vergleiche dazu auch die unterschiedlichen Kostenfaktoren, die berücksichtigt werden müssen!
   c) Stelle die gefundenen Ergebnisse in einer Übersicht dar!

10. a) Informiere dich über Sicherungsmöglichkeiten bei Kreditvergaben durch Kredit vergebende Institute!
    b) Erarbeite dir einen Standpunkt zur Kreditvergabe durch Zeitungsanzeigen!

11. a) Ermittle anhand von Kreditangebot, Laufzeit, Bearbeitungsgebühr und Zinssatz die monatlich zu zahlende Rate!
    Kredit: 3 000 €
    Bearbeitungsgebühr: 1,5 %
    Laufzeit:12 Monate
    Zinssatz/Monat: 0,4 %
    b) Bestimme den effektiven Jahreszins!

12. Bargeldzahlungen haben auch Risiken. Seit Einführung des Euro hört man immer wieder von Falschgeld, das auf dem Markt ist.
    a) Welche Möglichkeiten hast du, dich vor Falschgeld zu schützen?
    b) Was sind Erkennungsmerkmale einer gültigen Euronote?

13. a) Informiere dich in Gruppen über die Eröffnung eines Jugendkontos in verschiedenen Geldinstituten in deiner Nähe.
    b) Stelle die Ergebnisse deinen Mitschülern vor. Welche Konditionen sind gut, was vermisst du?
    c) Stelle die Ergebnisse deiner Recherchen in einer Tabelle zusammen, gestalte ein Poster und stelle dieses im Schulhaus aus!

14. Setze dich mit dem Satz: „Solidarität bedeutet nicht, dass man vom Staat bekommt, was man will, sondern dass man sich auch selbst kümmern muss.“ auseinander!
    Sammle Argumente aus den Medien und bereite eine Erörterung vor!

Das Wichtigste im Überblick

Sparen wird beeinflusst durch: Ertrag, Risikobereitschaft, Verfügbarkeit, Sicherheit.

Sparformen: Sparbuch, Termingeld, Sparbriefe, Bundesschatzbriefe, Bausparen, Festverzinsliche Wertpapiere, Invetsmentfonds, Aktien, Versicherungssparen

Sparziele: Altersabsicherung, Vermögensaufbau zur Erfüllung kurzfristiger und langfristiger Bedürfnisse

Zahlungsarten	**Zahlungsvoraussetzungen**
Barzahlung →	Übergabe von Bargeld – kein Konto notwendig
Halbbare Zahlung →	Einer der Beteiligten besitzt ein Konto
Bargeldlose Zahlung →	Beide Beteiligten besitzen ein Konto. Mittler ist ein Kreditinstitut.

Für die Vorsorge und Absicherung gegen Lebensrisiken gibt es zwei grundsätzliche Verantwortlichkeiten:

Die **Unternehmer,** die verpflichtet sind per Gesetz, einen finanziellen Beitrag zur gesetzlichen Sozialversicherung zu leisten und **private Personen,** die entsprechend ihrem Zahlungsvermögen eine Absicherung bei zahlreichen Versicherungsgesellschaften oder Geldinstituten vornehmen können.

Banken vergeben Kredite

Kreditarten

Dispositionskredit
Anschaffungsdarlehen
Hypothekendarlehen

Sicherheiten

Grundschuld
Bürgschaft
Übereignung
Gehaltsabtretung

Banken sichern Kredite

Verträge
Kurzfristig
Mittelfristig
Langfristig

Bank prüft
Kreditwürdigkeit

Konsument
vergleicht Angebote

Konsumenten nehmen Kredite

Kreditgefahren

Überschuldung
Insolvenz

BGB schützt den Verbraucher

- Schriftliche Vertragsform
- Mindestangaben
- Widerrufsrecht

3 Produktion und Unternehmen

3.1 Arbeit und Betrieb

Arbeit und Arbeitsplatz
Arbeit ist immer an einen konkreten Arbeitsplatz gebunden. Dabei können unterschieden werden: der Arbeitsplatz zu Hause wie der Schreibtisch, an dem die Schularbeiten erledigt werden, der Arbeitsplatz in einem Handwerksbetrieb, an dem z. B. ein Werkstück an einer Werkbank bearbeitet wird oder der Arbeitsplatz am Computer, von dem aus z. B. ein ganzer Prozess wie die Walztrasse gesteuert wird.

Arbeit menschengerecht gestalten
Die Gestaltung der Arbeit, d. h. der Arbeitsplatz, die Arbeitsbedingungen, die Arbeitsorganisation müssen den Grundrechten der Menschen entsprechen. *Was bedeutet das?*

- Leben und Gesundheit sind zu schützen.
- Die Persönlichkeit soll sich frei entfalten können.
- Die Menschenwürde ist zu wahren.

Arbeitswissenschaft – eine Wissenschaft der Arbeit?
Die Arbeit ist einem ständigen Wandel unterworfen. Von der einfachen Handarbeit über die Arbeit am Fließband bis hin zur robotergesteuerten Werkstraße werden unterschiedliche Anforderungen an den Menschen, an seine Arbeitsbedingungen gestellt.

Aufmerksam verfolgen die Arbeitsmedizin, die Arbeitshygiene sowie die Arbeitswissenschaft mit dem Teilgebiet der Ergonomie diese Entwicklung.
Der Arbeitsmarkt stellt in den unterschiedlichen Wirtschaftssektoren eine kaum überschaubare Vielzahl unterschiedlichster Arbeitsplätze bereit. Im Zusammenhang mit der Berufswahl ist es wichtig, Arbeitsplatzmerkmale und Arbeitsplatzbedingungen zu analysieren und zu vergleichen. Optimale Arbeitsbedingungen sind die Voraussetzung für die Arbeitsplatzzufriedenheit und für eine hohe Arbeitsproduktivität.

Betriebe und ihre Funktionen

M

Betriebe sind örtliche technisch-organisatorische Wirtschaftseinheiten, die Sachgüter produzieren oder Dienstleistungen erbringen. Sie sind in der Regel an einen Standort gebunden. Der Begriff **Unternehmen** bezeichnet die rechtliche und wirtschaftlich-finanzielle Einheit. Ein Unternehmen ist meist über einen Standort hinaus wirksam und besteht i.d.R. aus mehreren Betrieben.

In Konstruktionsbüros, Werkstätten, Werk- und Lagerhallen, in der Verwaltung arbeiten Menschen, um durch gewissenhafte Planung, durch ökonomischen Einsatz von Arbeitsmitteln und Materialien sowie durch notwendige Kontrollen die von einem Betrieb gestellten Aufgaben zu erfüllen.
Durch seine Arbeit stellt der Mensch Güter her, oder er leistet Dienste. Arbeit ist wesentliche Voraussetzung, um die materielle Existenz zu sichern. Arbeit schafft den Wohlstand der Gesellschaft.
Die **betriebswirtschaftlichen Grundfunktionen** sind die Beschaffung und Lagerung, die Leistungserstellung (Produktion oder Dienstleistung), der Absatz und die Verwaltung einschließlich Rechnungswesen. Nur wenn diese Grundfunktionen organisatorisch aufeinander und innerhalb abgestimmt sind, können die Betriebe ihren Auftrag erfüllen. Der Auftrag, den ein Betrieb zu realisieren hat, besitzt in der Regel zwei Komponenten:
- eine **wirtschaftliche Komponente** und
- eine **soziale Komponente.**

Die wirtschaftliche Komponente bezieht sich auf die Produktion und den Absatz von Erzeugnissen oder auf die Erfüllung von Dienstleistungen mit dem Ziel einer **Gewinnerwirtschaftung.**
Die soziale Komponente beinhaltet die Verpflichtung, Löhne und Gehälter zu zahlen, Steuern und Sozialbeiträge zu entrichten, das Leben und die Gesundheit der Mitarbeiterinnen und Mitarbeiter zu schützen und für ein Betriebsklima zu sorgen, das Persönlichkeitsentfaltung ermöglicht und die Würde jedes Einzelnen gewährt.

Betriebstypen

Unterscheidung wichtiger Betriebstypen	
	Betriebstypen
Nach der Zuordnung zu einem Wirtschaftszweig, wie – Verarbeitendes Gewerbe – Verkehr und Nachrichtenübermittlung – Handel – Kredit- und Versicherungswesen	– Industriebetriebe – Handwerksbetriebe – Verkehrsbetriebe – Transportbetriebe – Handelsbetriebe – Banken – Versicherungen
nach der Art der Leistungserstellung	– Konsumgüterbetriebe – Baubetriebe – Dienstleistungsbetriebe
nach der Rechtsform	– Einzelunternehmen – Personengesellschaften – Kapitalgesellschaften – Genossenschaften
nach der Anzahl der Beschäftigten	– Kleinbetriebe – mittelständische Betriebe – Großbetriebe
nach den bestimmenden Produktionsfaktoren	– arbeitsintensive Betriebe – kapitalintensive Betriebe – mitarbeiterintensive Betriebe

Es bilden sich innerhalb der Wirtschaft verschiedene **Betriebstypen** heraus, die das Gesamtgeflecht einer Volkswirtschaft darstellen.

Die in der Tabelle dargestellten Betriebe haben neben unterschiedlichen Struktureigenschaften eine Gemeinsamkeit – Menschen sind arbeitsteilig an Arbeitsplätzen tätig.

Fortschritt durch Arbeitsteilung

> **M** Unter **Arbeitsteilung** wird die Verteilung einer Arbeit auf verschiedene Personen verstanden.

Arbeitsteilung im Wandel der Zeit

Von den Jäger- und Sammler-Kulturen der Steinzeit bis zur hochgradig arbeitsteilig organisierten Wirtschaft der Gegenwart war es ein weiter Weg. Aus der anfänglichen Arbeitsteilung nach dem Geschlecht, dem Alter, dem Leistungsvermögen und dem Gesundheitszustand der Gruppenmitglieder entwickelte sich im Laufe der Jahre aus dieser biologischen oder natürlichen Arbeitsteilung die Arbeitsteilung, die auf den Arbeitsgegenstand, den Arbeitsprozess bezogen ist.

Arbeitsteilung und zunehmende Spezialisierung führten zur Veränderung der Märkte. Aus der Selbstversorgung entstand die Produktion für die nahen Märkte der unmittelbaren Umgebung bis hin zu den fernen Märkten. Heute ist die Welt im Prinzip der Markt. Die Arbeitsteilung ermöglicht Spezialisierung, d. h. Spezialisierung ist eine direkte Folge der Arbeitsteilung. Die Spezialisierung führte und führt zur Entwicklung von zeittypischen Berufen wie Jäger, Schmied, Schneider u. a., heute Informatiker, Softwareentwickler, Designer. Eine enorme Erhöhung der Wirkkraft der menschlichen Arbeit zeigte sich zu Anfang des 18. Jahrhunderts in den **Manufakturen.** Zum damaligen Zeitpunkt wurde mit der Zerlegung von Produktionsprozessen in eine Vielzahl auf eine Person oder Personengruppe entfallender Teilprozesse (technische Arbeitsteilung in Form von Arbeitszerlegung) begonnen.

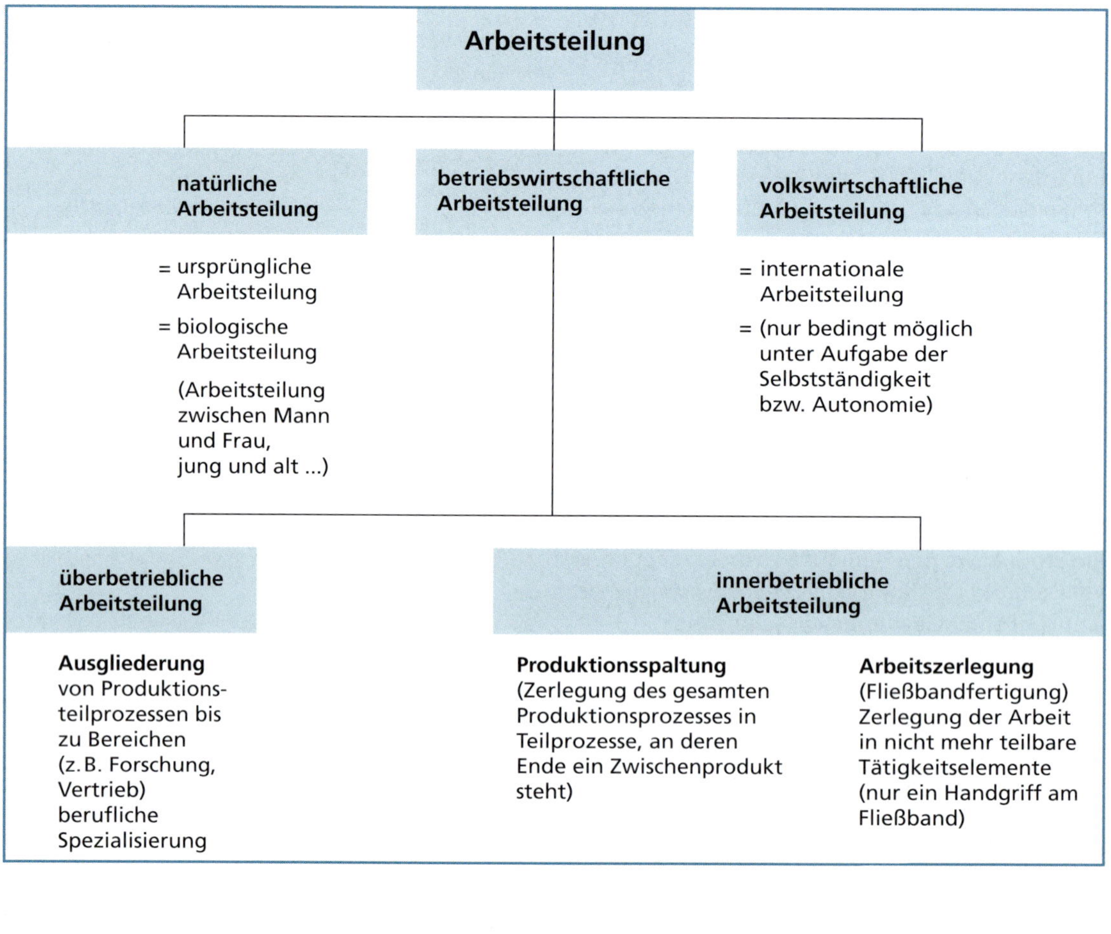

1 Arbeit eines Roboters in der Autoindustrie

Im 19./20. Jahrhundert wurde die technische Arbeitsteilung in den Fabriken und später in den Industriebetrieben durch die Einführung von Fließbändern weiter entwickelt. Somit war die Voraussetzung für eine moderne Massenproduktion erfüllt. Im 20./21. Jahrhundert haben in vielen Bereichen der Industrie Roboter die Aufgaben der Arbeitskräfte übernommen. Hoch qualifizierte Facharbeiter sind für die Steuerung und Kontrolle ganzer Fertigungsprozesse notwendig geworden.

Zunehmend wird im 21. Jahrhundert, z. B. in der Automobilindustrie, auch eine Teilung der Produktion vorgenommen. Das bedeutet, dass viele Unternehmen ein Gut (Automobil) nicht mehr in Eigenständigkeit, also vom Rohstoff bis zum fertigen PKW, produzieren, sondern spezialisierte Zulieferer in den Produktionsprozess einbinden.

M

Unter **Spezialisierung** (lateinisch: *differenzieren, unterscheiden, bestimmen)* ist die Konzentration auf ein bestimmtes Gebiet, einen bestimmten Bereich zu verstehen.

Formen der betrieblichen Arbeitsteilung

Das Ziel der betrieblichen Arbeitsteilung besteht darin, die Arbeit nach Menge und Art auf mehrere Menschen oder Maschinen (Betriebsmittel) aufzuteilen.

Dabei sind folgende Fragen zu klären:

- Verteilung der Aufgaben zwischen Mensch und Technik – *welche Aufgaben werden manuell und welche maschinell erfüllt?*
- Verteilung auf Technik – *wie teilen sich die Arbeitsabläufe auf verschiedene Betriebsmittel auf?*
- Arbeitsteilung zwischen den Menschen – *wie verteilen sich die Tätigkeiten auf einzelne Menschen oder Personengruppen?*

Grundsätzliche Unterscheidungskriterien innerhalb des betrieblichen Prozesses sind die Artteilung und die Mengenteilung.

Artteilung ist die Verteilung der Arbeit auf mehrere Menschen oder Maschinen in der Weise, dass jeder Mensch bzw. jedes Betriebsmittel einen Teil (Art) des gesamten Arbeitsablaufes an der Gesamtmenge aller Tätigkeiten ausführt.
Ziel der Artteilung ist es, durch Spezialisierung die Mengenleistung zu erhöhen. Zur Herstellung eines Gegenstandes wird immer nur ein Arbeitsgang ausgeführt. Das bedeutet: Monoton – aber perfekt!

Mengenteilung ist die Verteilung der Arbeit auf mehrere Menschen oder Maschinen in der Art, dass jeder Mensch bzw. jede Maschine den gesamten Ablauf der Tätigkeiten ausführt.
Ziel der Mengenteilung ist es, den Arbeitsauftrag durch Teilung aller Arbeitstätigkeiten in kürzerer Zeit fertig zu stellen. Jeder der beteiligten Personen muss alle Arbeitsgänge möglichst in gleich guter Qualität beherrschen. Das bedeutet: Vielseitig – dadurch nicht ganz so perfekt!

Vor- und Nachteile der Arbeitsteilung

Die Beschränkung auf sich ständig wiederholende Teilaufgaben kann durch ständige Übung und Spezialisierung zu einer hohen Arbeitsgeschwindigkeit mit nahezu automatisierten Arbeitsabläufen mit einer geringen Fehlerrate führen. Eine geistige Umstellung auf neue Arbeitsabläufe entfällt. Die Beschränkung auf wenige Arbeitsinhalte verkürzt die zur Einarbeitung notwendige Zeit und erlaubt die Beschäftigung von angelernten Kräften. Mithilfe von Maschinen können einfache Arbeitsabläufe automatisiert werden.

Vorteile

- höhere Produktivität
- kostengünstige Massenproduktion
- bestmögliche Ausnutzung der Arbeitskraft
- höhere Geschicklichkeit der Arbeitskraft
- Einsatz spezialisierter Maschinen
- bessere Versorgung mit Gütern
- höherer Wohlstand in der Gesellschaft

Die sich ständig wiederholenden Arbeitsaufgaben können zu einseitigen körperlichen Belastungen und damit zu Krankheiten führen. Beispiele finden sich hierfür in verschiedenen Industriezweigen, wie der Elektroindustrie bei der Herstellung von elektronischen Schaltungen. Zunehmend sind aber auch rechnergestützte Arbeitsplätze und insbesondere der PC-Arbeitsplatz davon betroffen. Lokale körperliche Überforderungen sind möglich, die zu Erkrankungen des Stütz- und Bewegungsapparates führen können.

Eine dauernde Wiederholung kurzzyklischer Tätigkeiten kann vor allem in reizarmer Umgebung zu hoher Monotonie führen. Negative Umgebungseinflüsse wie Dunkelheit, Wärme, das Fehlen von Kommunikationsmöglichkeiten oder ständiger Lärm verstärken den Monotonieeffekt.

Nachteile

- monotone Tätigkeiten
- geringere Motivation
- Arbeitskraft ermüdet schneller
- oftmals wird das Gut nicht im Betrieb finalisiert, deshalb schwindet die Beziehung zum Arbeitsprodukt
- Abhängigkeit durch Verzicht auf Selbstversorgung
- soziale Diskrepanzen

Entwicklung der Technisierungsstufen der Produktion

Heute ist Produktion weitestgehend durch arbeitsteilige Prozesse gekennzeichnet. Das war nicht immer so. Über die verschiedenen Technisierungsstufen der Produktion haben sich die verschiedensten Formen der Arbeitsteilung herausgebildet. Über Mechanisierung – Teilautomatisierung – Automatisierung haben sich in verschiedenen Wirtschaftszweigen diese Entwicklungsstufen vollzogen. Diese Technisierungsstufen waren verbunden mit unterschiedlichen Informationsaufnahmen und Informationsverarbeitungen. Die folgenden Beispiele verdeutlichen die Technisierungsstufen.

Technisierungsstufe Hantierung:
Es werden Werkzeuge eingesetzt. Der Mensch muss für die Bewältigung der technischen Aufgabe die notwendige Energie als Muskelkraft aufbringen und die Reihenfolge der Operationen beachten. Naturgesetze wurden erkannt und in einem technischen Gebilde umgesetzt.

Werkzeuge und Werkstücke werden durch die Hand geführt und gehalten.
Um das Werkstück ist eine Schnur gezogen. Durch die Muskelkraft einer zweiten Person wird eine Drehbewegung erzwungen. Mit Hilfe eines Keilwerkzeuges wird eine Form erzeugt, die im Gedächtnis des Bearbeiters gespeichert ist.

1 Fideldrehbank ca. 2500 v. Chr.

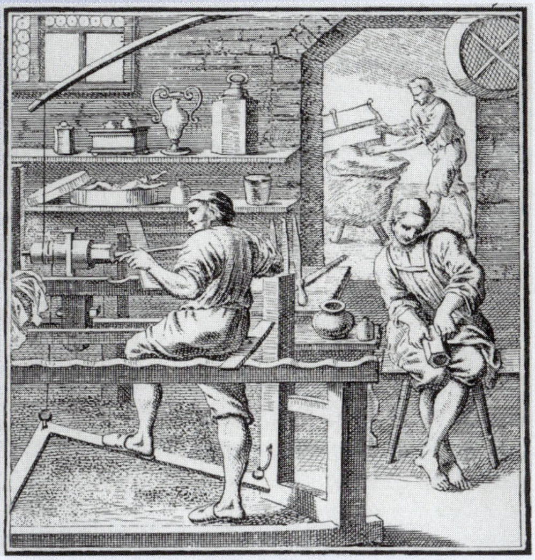

1 Wippendrehbank im 16. Jhd

Das Werkstück wird über eine Fußwippe angetrieben. Es entfällt die zweite Person, die Arbeit wird produktiver. Beide Hände sind frei für die Formgebung. Eine große Kraftanstrengung bei gleich bleibender Haltung war erforderlich.

Technisierungsstufe Mechanisierung:
Die Maschinen verrichten einzelne Operationen. Die Antriebsenergie wird durch Energieressourcen, Hebelgesetz, Drehmoment etc. bereitgestellt. Der Mensch bestimmt zu jedem Zeitpunkt den Zugriff der Maschine.

2 Leitspindeldrehbank um 1910

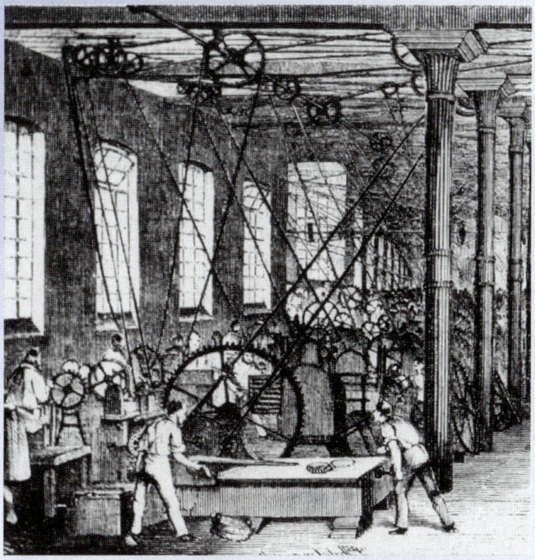

3 Transmissionsanlage bei Borsig im 19. Jhd

Erste **Werkstattzeichnungen** entstehen, die als Informationsgrundlage für den Dreher genutzt werden. Eine Einzelteilfertigung entsteht. Das Gesamtprodukt wird erst später montiert.
Der Antrieb durch Muskelkraft wird durch die Dampfmaschine ersetzt. Mehrere Maschinen werden über den Transmissionsriemen angetrieben. Das Trennwerkzeug wird mit der Hand gehalten. Das bedarf einer großen Kraftanstrengung. Die schwere Antriebsleistung wird durch eine Maschine übernommen. Größere Werkstücke und härtere Materialien können in kürzerer Zeit bearbeitet werden. Mit der Normung von Teilen erhalten Zeichensymbole eine immer größere Bedeutung. Die Zeichnung entwickelt sich zur Sprache des Technikers.

Weitere Verbesserungen ergeben sich durch die Antriebsmöglichkeiten des Elektromotors und eine Vervollkommnung der Werkzeugaufnahme.
Die Drehmeißel werden in einer Werkzeugaufnahme eingespannt. Durch den Bedienenden wird die Maschine gesteuert.

Technisierungsstufe Teilautomatisierung:
Einige wiederkehrende Operationen werden bei der technischen Aufgabenbewältigung selbsttätig ausgeführt. Das Gros der Aufgaben ist jedoch noch mehr oder weniger mechanisierte Handarbeit.
Numerisch gesteuerte Drehmaschinen entwickeln sich um 1950. Lochstreifen werden vom Einrichter in die Maschine gelegt. Diese werden automatisch gelesen. Dadurch werden über die Motoren verschiedene Arbeitspositionen ausgeführt.

Technisierungsstufe Automatisierung:
Die Automaten werden für die Verrichtung formalisierbarer geistiger und körperlicher Arbeiten eingesetzt und übernehmen den gesamten Bearbeitungsablauf. Ein Zugriff des Menschen ist nicht mehr erforderlich (Siehe Abb. 1, S. 123).

Organisation des Betriebes (Überblick)

M

Die **Organisation** beinhaltet die Festlegung von Regeln und Rahmenbedingungen für den Betrieb, um alle betrieblichen Aufgaben (vgl. Grundfunktionen) möglichst effektiv zu erfüllen. Eine Organisation ist überall dort notwendig, wo
- Menschen gemeinsam an der Erledigung einer Aufgabe arbeiten und
- Betriebsmittel sowie Arbeitskräfte zu kombinieren sind.

Unterschieden werden
- die Betriebsorganisation
- die Produktionsorganisation,
- die Prozessorganisation und
- die Arbeitsorganisation.

Aufgabe der **Betriebsorganisation** ist es, die einzelnen Grundfunktionen des Betriebes miteinander abzustimmen und somit einen reibungslosen Ablauf zu erreichen. Wenn verschiedene Produkte in einem Betrieb hergestellt werden, ist es Aufgabe der **Produktionsorganisation,** die Produktionsabläufe der Produkte zu kombinieren, um einen reibungslosen Produktionsablauf zu gewährleisten.
Bei der organisatorischen Gestaltung der Fertigung (Herstellung von Produkten) werden Organisationstypen unterschieden (Schaubild S. 125).

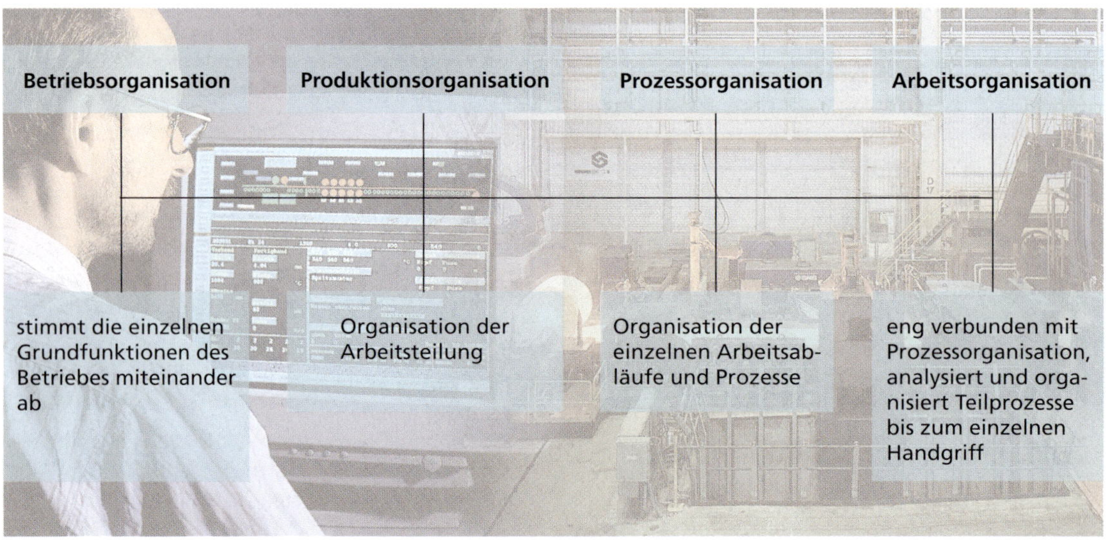

Organisationstypen der Fertigung

Werkbankfertigung

- handwerkliche Herstellung eines Erzeugnisses am Einzelarbeitsplatz
- Anfertigung einzelner Produkte
- qualifiziertes Personal

Werkstattfertigung

- räumliche Zusammenfassung artgleicher Arbeitsplätze und Betriebsmittel
- viele Produktarten mit geringer Stückzahl
- hohe Anpassungsfähigkeit
- qualifiziertes Personal

Fertigung nach dem Flussprinzip

- Anordnung der Arbeitsplätze und der Maschinen nach dem Fertigungsablauf der Erzeugnisse
- wenige Produktarten, aber mit hoher Stückzahl
- gute Planbarkeit und Steuerung des Produktionsablaufes
- angelernte Arbeitskräfte

kein direkter, zeitlich gebundener Ablauf: Reihenfertigung

zeitlich gebundener Ablauf: Fließbandarbeit nach vorgegebenen Taktzeiten

Gruppenfertigung

- Kombination von Fließfertigung und Werkstattfertigung
- viele Produktarten mit gleicher oder ähnlicher Bearbeitungsreihenfolge
- Abschwächung der Nachteile der reinen Fließfertigung
- Monotonie der Arbeit

Baustellenfertigung

- Personen und Betriebsmittel müssen zum ortsgebundenen Arbeitsplatz gebracht werden
- hohe Flexibilität der Arbeitskraft
- meist gut qualifiziert

Nach der räumlichen Anordnung und Verbindung mehrerer Arbeitsplätze werden unterschieden:

Reihenfertigung

Bei dieser Fertigungsart besteht keine direkte Bindung zwischen den einzelnen Arbeitsplätzen. Die Weitergabe der einzelnen Produkte erfolgt nicht nach einem bestimmten Rhythmus. Es sind Vorratspuffer vorhanden, die den einzelnen Arbeitsgang unabhängig vom nachfolgenden machen.

Fließfertigung

Bei dieser Fertigungsart ist der Ablauf exakt zeitlich gebunden. Der Durchlauf der Produkte durch die einzelnen Arbeitsplätze ist so aufeinander abgestimmt, dass zwischen ihnen kein Verweilen der Arbeitsgegenstände entsteht. Die Durchlaufzeit wird von der Geschwindigkeit des Bandes bestimmt (Taktzeit).

Der US-amerikanische Konstrukteur und Industrielle Henry Ford ist der Begründer des bekannten Autokonzerns Ford. Er gründete im Jahr 1903 die Ford Motor Company.

Durch Rationalisierung der Arbeitsgänge machte er das Auto für die Allgemeinheit erschwinglich. Dazu entwickelte er Fließbänder, Standardisierungen in der Fertigung und arbeitsteilige Herstellungsprozesse.

Arbeitsplatzgestaltung

> M Der **Arbeitsplatz** ist der räumliche Bereich im Arbeitssystem, in dem die Arbeitsaufgabe erfüllt wird.

Zur Erfüllung der Arbeitsaufgabe gehören Werkzeuge, Maschinen, Geräte – also die Betriebsmittel, die für die zu verrichtenden Tätigkeiten notwendig sind.

Um einen motivierten und effektiven Einsatz der Mitarbeiter zu gewährleisten, steht die Anpassung der Arbeit an den Menschen im Vordergrund.

> M Die **Arbeitsbedingungen** und die **Strukturierung** (Inhalt) der **Arbeit** sind die zwei Gestaltungspunkte, die die **Humanisierung** der Arbeit als menschengerechte Gestaltung der Arbeit im Betrieb beinhalten.

Beide Aspekte bilden die Grundlage für die Analyse von Arbeitsplätzen in Betrieben, öffentlichen Einrichtungen oder Institutionen.

Die Arbeitsbedingungen am Arbeitsplatz sind unter anderem von folgenden Kriterien abhängig:

- vom Arbeitsplatz selbst
- vom Arbeitsmittel
- von der Arbeitsplatzumgebung
- von der Arbeitszeit (Arbeitszeitregelung)

Der **Arbeitsplatz** ist gekennzeichnet durch die optimale Zuordnung der Arbeitsmittel zum Arbeitenden. Berücksichtigung finden dabei anatomische, biologische, physische und psychische Bedürfnisse der Arbeitsperson am jeweiligen Arbeitsplatz. Realisiert wird die Arbeitsplatzgestaltung durch die Anpassung technischer **Arbeitsmittel** an die körperlichen Normen des Arbeitenden (Anthropometrie).

Die Gestaltung der **Arbeitsplatzumgebung** umfasst Maßnahmen zur Minderung und Beseitigung nachteiliger, insbesondere gesundheitsgefährdender Einflüsse und Unfallgefahren aus der Umgebung eines Arbeitsplatzes. Dazu gehören u. a.: Lärm, Beleuchtung, Erschütterungen, Staub, Klima, Farbe, Lüftung, Strahlung.

Um die Sicherheit und den Gesundheitsschutz der Arbeitnehmer zu gewährleisten, finden sich im **Arbeitszeitgesetz** zahlreiche Vorschriften zur Regelung der Arbeitszeit. Diese beinhalten nicht nur die zulässige Arbeitszeit, sondern auch Ruhepausen, Ruhezeiten, Nacht- und Schichtarbeit sowie die Zulässigkeit von Sonn- und Feiertagsarbeit.

Arbeitsinhalte und mögliche Belastungen

Bei Belastungen durch Arbeitsaufgaben können grundsätzlich körperliche und informatorische Arbeitsinhalte unterschieden werden.

> M Bei vorwiegend **körperlichen Tätigkeiten** werden in erster Linie Muskeln, Herz und Kreislauf beansprucht, man spricht von muskulärer Arbeit.
> Die vorwiegend **informatorische Arbeit** wird je nachdem, ob Sinnesorgane, geistige Fähigkeiten und in geringem Maße die Muskeln beansprucht werden, als kombinatorische oder schöpferische Arbeit bezeichnet.

Die spezifischen Arbeitsinhalte im Bereich der Fertigung und Montage bestehen hauptsächlich aus der Krafterzeugung, Abstimmung von Muskeln und Sinnesorganen sowie im Umsetzen von Informationen (Abb. 1).

Mithilfe der Sinnesorgane Auge und Ohr und dem Tastsinn werden mehr als 90 % der arbeitsrelevanten Informationen aufgenommen und verarbeitet. Entscheidungen über notwendige Handlungen werden aus dem Vergleich mit Erfahrungswerten abgeleitet. Auf diese Weise ist es möglich, ein erwartetes Arbeitsergebnis zu erzielen und äußere Störungen der Arbeit auszugleichen.

Dort, wo solche Anforderungen gestellt werden, die den Menschen in Bezug auf Schnelligkeit und Genauigkeit weit überfordern oder wo die Arbeit des Menschen unrentabel ist, wird nach Möglichkeit die Arbeit automatisiert.

Grundsätze und Richtlinien für die Gestaltung von Arbeitsplätzen

Falsch eingeschätzte oder eingerichtete Arbeitsplätze sind nicht selten die Ursache für Unzufriedenheit am Arbeitsplatz und den daraus resultierenden Arbeitsplatzwechsel.

1 Typische Montagearbeit in der Autofertigung

REFA, gegründet 1924 als Reichsausschuss für Arbeitszeitstudien, ab 1936 Reichsausschuss für Arbeitsstudien, REFA e. V., von Rationalisierungsfachleuten und Unternehmen mit Sitz in Darmstadt, formulierte für Industrie, Handwerk, Dienstleistung und Haushalt eine Vielzahl von Leitsätzen zur optimalen Gestaltung der Arbeitsplätze.

> M Die Arbeitsbedingungen am Arbeitsplatz müssen stetig an die Bedürfnisse der Arbeitenden angepasst und optimiert werden.

Jeder Arbeitgeber ist laut **Arbeitsschutzverordnung** verpflichtet zu analysieren, welchen Belastungen und Gefährdungen seine Angestellten ausgesetzt sind. Der Arbeitgeber ist neben der Durchsetzung effizienter Arbeitsschutzmaßnahmen auch verpflichtet, diese Maßnahmen auf ihre Wirksamkeit zu überprüfen. Der gesetzliche Rahmen wird unter anderem durch das Arbeitsgesetzbuch, verschiedene Unfallverhütungsvorschriften und durch das Jugendarbeitsschutzgesetzbuch geregelt. In diesen Gesetzestexten sind auch auch die Verbindlichkeiten für das **Schülerbetriebspraktikum** geregelt.

Arbeitswissenschaft / Ergonomie

Die optimale Gestaltung eines Arbeitsplatzes ist durch ergonomische Gesichtspunkte geprägt.
In der Gegenwart wird **Ergonomie** wie folgt verstanden:

> M **Ergonomie** ist die Wissenschaft von der Optimierung der Arbeitsbedingungen.

Sie ist ein Teilgebiet der **Arbeitswissenschaft** und versucht durch Analyse und Gestaltung der technischen, organisatorischen und sozialen Bedingungen sowie der Belastungsfaktoren an Arbeitsplätzen die Arbeit des Menschen an dessen physische und psychische Möglichkeiten anzupassen. Von außen wirkende **Belastungsfaktoren** können sein: Klimaeinflüsse, Lichteinflüsse,

1 Das „Ergonomische Viereck" nach LAURIG

Lärmbelastungen, falsche Maßverhältnisse zwischen Körpergröße und Betriebsmittel.

Die Berücksichtigung ergonomischer Grundsätze am Arbeitsplatz soll es ermöglichen, alle Faktoren, die die Leistungsfähigkeit und Gesundheit der Arbeitskraft verringern oder körperliche Beeinträchtigungen hervorrufen, abzuschalten. Diesen Zusammenhang stellte W. LAURIG 1990 im „Ergonomischen Viereck" dar.

Raumklima

Von einem optimalen Raumklima wird dann gesprochen, wenn an thermisch behaglichen Arbeitsplätzen gearbeitet werden kann. Der Gesetzgeber schreibt in der Arbeitsstättenverordnung folgende Raumtemperaturen vor:

- bei überwiegend sitzender Tätigkeit 19 °C
- bei nicht sitzender Tätigkeit 17 °C
- bei schwerer körperlicher Arbeit 12 °C
- in Büroräumen 20 °C – 21 °C

Die Raumtemperatur soll 26 °C (nur bei extremen Außentemperaturen) nicht überschreiten. Außerdem ist auf eine ausreichende Luftfeuchtigkeit und einwandfreie Raumluft zu achten. Die Luftfeuchtigkeit sollte zwischen 40 % und 60 % liegen.

1 Arbeitsplatz: Hier wurde eine Kombination von Direkt- und Indirektbeleuchtung gewählt.

Licht und Farben

Gute Beleuchtung des Arbeitsplatzes und eine geeignete Farbgebung im Arbeitsraum erleichtern die Arbeit und erhöhen die Sicherheit. Ein Arbeitsplatz ist dann gut beleuchtet, wenn das Tageslicht von der Seite oder von vorn kommt. Helle Wände und Decken tragen zu einer guten Beleuchtung bei.

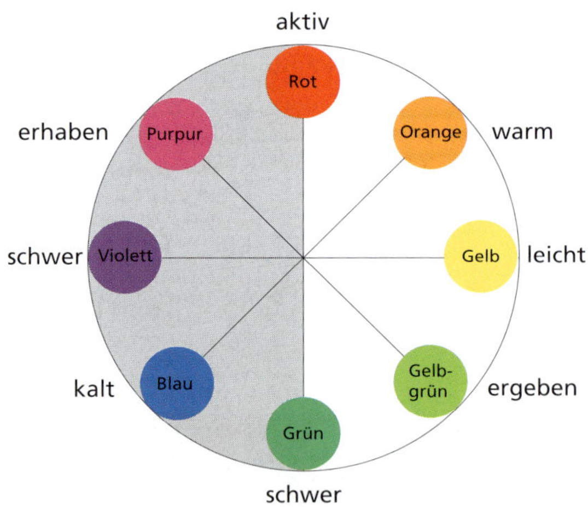

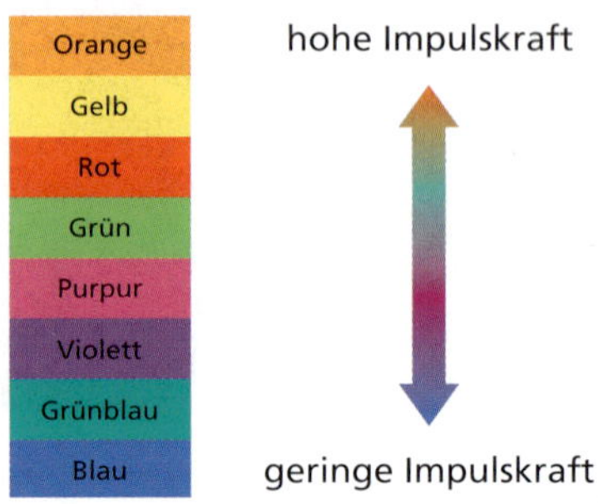

Wichtig für eine gute Beleuchtung ist:
- Arbeitsplatz in Fensternähe,
- Sonnenschutz am Fenster,
- Hand- und Körperschatten vermeiden.

Für die künstliche Beleuchtung gilt außerdem, dass die Beleuchtungsstärke von der Feinheit der Tätigkeit und vom Alter der arbeitenden Person abhängt. Ältere Menschen benötigen bei groben Arbeiten eine doppelt so starke Beleuchtung wie jüngere. Bei feinen Arbeiten liegt der Wert nur 30 % höher.

Farben wirken auf den Menschen und erzeugen Wohlbefinden, Unlustgefühle, Aktivität oder Passivität. Farbgebungen können die Leistungsbereitschaft steigern oder/und die Gesundheit fördern.

Lärm ist eine subjektive, das heißt vom Erleben des einzelnen Menschen abhängige Beurteilung. Die Belastungen des Menschen sind objektiv durch Lärmpegelmessungen erfassbar und werden in dB (Dezibel) angegeben. Die subjektive Lärmschwelle wird durch den Gesundheitszustand, durch Gewöhnungseffekte und durch Einstellungen zum Lärmerzeuger (Discomusik oder lautes Kindergeschrei) beeinflusst. In Arbeitsräumen sollten bei
- überwiegend geistiger Arbeit, < 55 dB,
- bei mechanischer Bürotätigkeit < 70 dB,
- bei allen anderen Tätigkeiten < 85 dB

nicht überschritten werden.
Gesundheitsgrenzen liegen bei Werten > 85 dB und dürfen nur in Ausnahmefällen überschritten werden.

Anthropometrie
Sie ist die Grundlage für die Gestaltung von Arbeitsplätzen und Arbeitssystemen.
Die Indikatoren für beispielhafte Körperhaltung sind:
- Bewegungsfreiheit des Kopfes
- entspannte Muskulatur von Nacken, Schulter und Rücken, Rücken gerade
- Oberarme locker herabhängend
- Oberarm/Unterarm im stumpfen Winkel

Bei sitzender Tätigkeit:
- Unterstützung des 5. Lendenwirbels durch Rückenlehne
- ausreichende Sitzfläche
- Bewegungsfreiheit der Knie und Füße (s. Skizze)

Merkmale eines ergonomisch gestalteten Arbeitsstuhles:
- in der Höhe verstellbare Rückenlehne
- Mechanismus zum Umklappen der Rückenlehne
- Hebel zum Einstellen der Sitzhöhe
- Fußring zum Abstützen

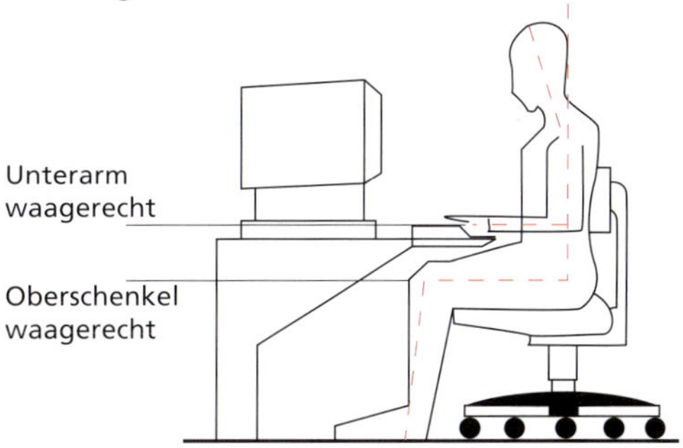

M **Anthropometrie** ist die Wissenschaft von den menschlichen Körper- und Skelettmerkmalen und deren exakter Bestimmung.

Der Greifraum
Von großer Bedeutung für Bewegungsabläufe z. B. in einem Büro, ist der Greifraum. Unterschieden werden horizontaler und vertikaler Greifraum.

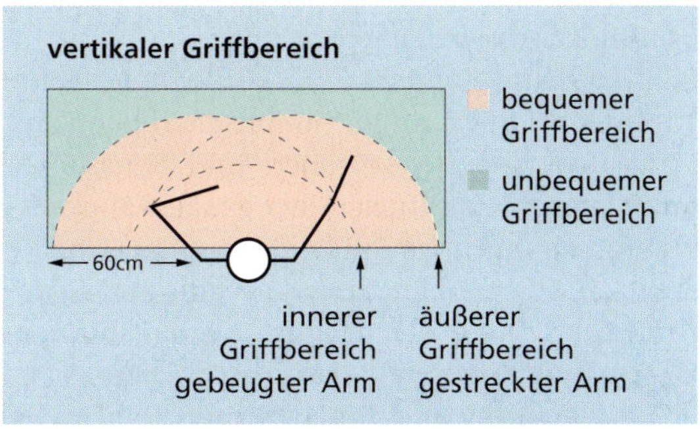

1 Greifraum für Bewegungsabläufe im Büro

1 Arbeitsplatz Küche: Die Mikrowelle in Augenhöhe angebracht erleichtert die Bedienung.

Folgende Maße gelten für die horizontalen Greifbereiche:

Innerer Griffbereich:	35 – 45 cm Tiefe
	80 – 100 cm Breite
Äußerer Griffbereich:	55 – 60 cm Tiefe
	140 – 160 cm Breite

Beim vertikalen Greifbereich liegt der Aktionsradius um das Schultergelenk.
Geräte, Arbeitsmittel und -materialien sollen am Arbeitsplatz stets übersichtlich und griffbereit sein.
Das heißt, Verzögerungen beim Greifen durch Suchen und Auswählen sollten so gering wie möglich gehalten werden. Schwierig zu greifende und häufig benötigte Dinge sollten im inneren Greifbereich sein, leicht zu greifende und selten benötigte Geräte sollten sich im äußeren Greifbereich befinden.

Der Bildschirmarbeitsplatz
Bankkaufleute führen z. B. körperlich leichte Tätigkeit bei Büro- und Schreibtischarbeiten aus. Häufig wechselnde Aufgaben und Situationen mit Stress und Zeitdruck (Eilvorgänge, Tätigkeitsunterbrechungen durch Telefonkontakte) sind jedoch keine Seltenheit. Einzel-, Team- und Gruppenarbeit sind mögliche Arbeitsformen. Wesentliche Bürotätigkeit erfolgt an Datenverarbeitungsanlagen und **Bildschirmen.** Ein strahlungsarmer und flimmerfreier Monitor entspricht den Anforderungen an die Bildschirmergonomie. Blendungen an Bildschirmarbeitsplätzen sind zu vermeiden. Bei der Bildschirmaufstellung ist darauf zu achten, dass die oberste Zeichenzeile auf Augenhöhe liegt und der Sehabstand mindestens 50 cm betragen muss.
Gesetzliche Grundlage für Bildschirmarbeitsplätze ist das **Arbeitsschutzgesetz** (ArbSchG) und die aufgrund dieses Gesetzes erlassene Bildschirmarbeitsverordnung (BildscharbV).
So heißt es unter § 5 der BildscharbV:
„Der Arbeitgeber hat die Tätigkeit der Beschäftigten so zu organisieren, dass die tägliche Arbeit an Bildschirmgeräten regelmäßig durch andere Tätigkeiten oder durch Pausen unterbrochen wird, die jeweils die Belastung durch die Arbeit am Bildschirmgerät verringern."

Die genannten Rechtsgrundlagen setzen die **EU-Richtlinie** zur Gestaltung von Bildschirmarbeitsplätzen in nationales Recht um. Neben den Vorschriften der **Bildschirmarbeitsverordnung** ist für Arbeitnehmer auch § 15 (1) des ArbSchG von Bedeutung. Sinngemäß heißt es dort, dass jeder oder jede Einzelne, der/die am Bildschirm arbeitet, von sich aus verpflichtet ist, auf den Gesundheitsschutz zu achten, die Arbeitsmittel richtig anzuordnen und die notwendigen Hilfsmittel zu benutzen bzw. einzufordern.

2 Ein strahlungsarmer und flimmerfreier Monitor entspricht der Bildschirmergonomie.

Das Schülerbetriebspraktikum – mein erster Arbeitsplatz

„Schüler schnuppern Praxisluft“ – unter diesem Leitfaden stellt das Schülerbetriebspraktikum in den 9. und 10. Klassen eine sehr wirksame Maßnahme dar, um die reale Arbeitswelt zu erfahren.

Die drei Phasen des Praktikums

Vorbereitung:
Bereits während des Unterrichts sind mögliche Aufgaben zu klären und zu besprechen. Eine Unterweisung ist durchzuführen. Die Suche nach einem geeigneten Platz ist Aufgabe des Praktikanten. Interessen und Neigungen sollten möglichst berücksichtigt werden.

Durchführung:
Die Praktikanten ordnen sich in den betrieblichen Arbeitsablauf ein und lösen die geforderten Aufgaben. Nebenher entstehen Materialsammlungen zur Lösung der geforderten schulischen Anforderungen.

Mögliche Arbeitsaufgaben und Zielorientierungen:
- berufsvorbereitende Tätigkeiten unter Anleitung und/oder selbstständig durchführen
- Arbeitsplätze analysieren
- die Tätigkeitsbereiche der Berufsbilder analysieren
- Technische, organisatorische, ökonomische und ökologische Abläufe bzw. Prozesse im Betrieb beobachten
- berufliche Möglichkeiten im Betrieb ermitteln
- Informationen zu den Zugangsvoraussetzungen für einen möglichen Ausbildungsplatz, Aufstiegschancen, Weiterbildung sowie Änderungen des Berufsbildes einholen.

1 Schülerpraktika geben Einblicke in die künftige Berufs- und Arbeitswelt.

Wichtige Fragen:

Wann und wie lange dürfen Jugendliche tätig sein?

An fünf Tagen in der Woche – von Montag bis Freitag – dürfen im Schülerbetriebspraktikum die Schülerinnen und Schüler in der Zeit zwischen 6 und 20 Uhr bis zu sieben Stunden täglich bzw. bis zu 35 Stunden in der Woche beschäftigt werden.

Welche Tätigkeiten dürfen erledigt werden?

Nur leichte und für die Jugendlichen geeignete Aufgaben dürfen übertragen werden. Außerdem ist es nicht zulässig, dass die Jugendlichen als Ersatz für andere Arbeitskräfte eingesetzt werden.

Wie ist die Stellung der Jugendlichen im Betrieb?

Es besteht kein Ausbildungs- oder Beschäftigungsverhältnis mit dem Betrieb, und es darf auch keine Vergütung gewährt werden.

Nachbereitung des Betriebspraktikums

Zur Auswertung bieten sich folgende Präsentationsformen an:
- Praktikumsmappe (Portfolio)
- Praktikumsplakat
- multimediale Präsentation mit dem Präsentationsprogramm Power Point oder dem Autorensystem Mediator
- ein Videofilm meines Praktikums
- Gestalten einer Ausstellung in der Schule zum Tag der offenen Tür o. Ä.
- Gespräch mit einem Berufsberater (Arbeitsamt, Kammern) zur Klärung offener Fragen.

Aufgaben

1. Was sind Betriebe und welche Funktion innerhalb einer Volkswirtschaft haben sie?

2. a) Begründe, warum Arbeitsteilung und Spezialisierung einander bedingen!
   b) Welcher Zusammenhang besteht zwischen Arbeitsteilung, Spezialisierung und der Entwicklung von Berufen?

3. Erläutere die Grundfunktionen eines Betriebes und leite daraus die Organisationsformen ab!

4. a) Charakterisiere die einzelnen Technisierungsstufen hinsichtlich der Arbeitsplatzgestaltung!
   b) Bestimme die Arbeitsinhalte und die sich daraus für den Menschen ableitenden Belastungen!

5. a) Beschreibe die einzelnen Organisationstypen, die bei der Herstellung von Produkten unterschieden werden!
   b) Stelle in einer Tabelle Organisationstypen deiner Region zusammen ?

6. a) Erkläre den Unterschied zwischen Reihenfertigung und Fließfertigung!
   b) Henry Ford war der erste, der die Fließbandfertigung einführte. Recherchiere im Internet, welche Vorteile oder Nachteile diese Fertigung für den Unternehmer und für den Arbeitnehmer brachten!

7. a) Worin besteht der Unterschied zwischen Arbeitsteilung und Arbeitszerlegung?
   b) Ein Musterbeispiel für die höhere Arbeitsproduktivität der Manufaktur durch Arbeitszerlegung gegenüber eines einzelnen Handwerker ist die Nadelherstellung.

   „Ein Arbeiter, der die Nadel vollständig selbst herstellte, fertigte am Tag etwa 20 Nadeln. Wurde die Arbeit in einzelne Schritte zerlegt, die durch je einen Arbeiter ausgeführt wurde, dann stieg die Produktion auf 4 800 Nadeln pro Arbeiter und Tag.“

   (Adam Smith)

   Um wie viel Prozent stieg die „Nadelproduktion“ durch Arbeitszerlegung in dieser Manufaktur?

8. a) Erläutere, warum Arbeitsteilung als „Motor für gesellschaftlichen Wohlstand“ gilt!
   b) Erarbeite dazu eine Mind Map!

9. Nenne und erkläre die ergonomischen Merkmale eines Bildschirm-Arbeitsplatzes! Recherchiere im Internet unter www.schuelerlexikon.de !

10. Wann stellt sich aus der Sicht eines Arbeitnehmers „Arbeitsplatzzufriedenheit“ ein? Nutze zur Aufgabenlösung die Methode „Expertenbefragung“ oder das Schülerbetriebspraktikum.

11. Welcher Zusammenhang besteht zwischen „Humanisierung der Arbeit“ und „Ergonomie“ am Arbeitsplatz?

12. a) Nenne von außen wirkende Belastungsfaktoren auf den Arbeitnehmer am Arbeitsplatz!
    b) Untersuche die Wirkung der Belastungsfaktoren auf die Arbeitnehmer in deinem Schülerbetriebspraktikum und bewerte sie!

Das Wichtigste im Überblick

Arbeitsteilung

natürliche Arbeitsteilung
= ursprüngliche Arbeitsteilung
= biologische Arbeitsteilung
(Arbeitsteilung zwischen Mann und Frau, jung und alt ...)

betriebswirtschaftliche Arbeitsteilung

volkswirtschaftliche Arbeitsteilung
= internationale Arbeitsteilung
= (nur bedingt möglich unter Aufgabe der Selbstständigkeit bzw. Autonomie)

überbetriebliche Arbeitsteilung
Ausgliederung von Produktionsteilprozessen bis zu Bereichen (z. B. Forschung, Vertrieb) berufliche Spezialisierung

innerbetriebliche Arbeitsteilung
Produktionsspaltung (Zerlegung des gesamten Produktionsprozesses in Teilprozesse, an deren Ende ein Zwischenprodukt steht)
Arbeitszerlegung (Fließbandfertigung) Zerlegung der Arbeit in nicht mehr teilbare Tätigkeitselemente (nur ein Handgriff am Fließband)

Arbeitsplatz, Arbeitsplatzbedingungen und Arbeitsplatzzufriedenheit

Die Arbeitsbedingungen am Arbeitsplatz müssen stetig an die Bedürfnisse der Arbeitenden angepasst werden. Dabei sind die Arbeitsbedingungen von folgenden Kriterien abhängig:
- vom Arbeitsplatz selbst
- vom Arbeitsmittel (z. B. strahlungsarmer und flimmerfreier Monitor)
- von der Arbeitsplatzumgebung (z. B. Raumklima, Farbe, Lärm)
- von der Arbeitszeitregelung

Neben diesen Kriterien sind leistungsgerechte Entlohnung, ein gutes Klima im Arbeitsteam, gute soziale Leistungen des Betriebes und Arbeitsplatzsicherheit wesentliche Voraussetzungen für die Arbeitszufriedenheit.

Mensch und Arbeit im Wandel
Die Menschen lernten im Laufe der Geschichte bestimmte Arten menschlicher Arbeit durch den Einsatz von Werkzeugen und Technologien zu erleichtern. Mehr noch, sie erlangten nach und nach das Wissen, einzelne Kategorien menschlicher Fähigkeiten auf Maschinen zu übertragen, die mit nichtanthropogenen Energiequellen kombiniert werden konnten.

3.2 Der Betrieb als technisch-organisatorisches System

Ohne Organisation herrscht Chaos
Überall wo Menschen gemeinsam an der Erledigung von Aufgaben arbeiten und Betriebsmittel sowie Arbeitskräfte kombiniert werden, ist Organisation notwendig. Die Betriebsorganisation legt mit der Aufbau- und Ablauforganisation die wesentlichen Grundlagen für die Struktur des Betriebes und das Zusammenspiel aller Produktionsfaktoren.

Diese Möglichkeit, menschliche Arbeit zu erleichtern oder an Geräte zu transferieren (man spricht auch von wirtschaftlicher Evolution) führte zu Produktivitätserhöhungen und Perioden wirtschaftlichen Wachstums.

Steuerungs- und Regelungsprozesse
Was ist der Unterschied zwischen Steuern und Regeln?

Nach welchen Prinzipien arbeiten die Systeme der Steuerung und Regelung?

Wo bleibt der Mensch, wenn in modernen Automaten Computer die Steuerungs- und Regelungsfunktionen sowie Kontroll- und Überwachungsfunktionen übernehmen?

1 Schnitter bei der Getreideernte im Mittelalter

Der Betrieb als technisch-organisatorisches System

Der Wandel von Produktion und Arbeit

Innerhalb der Agrargesellschaft bestand die wirtschaftliche Produktion nur aus nichtindustrieller Landwirtschaft (Abb. 1).
Die mit keinem oder geringstem maschinellen Einsatz hergestellten landwirtschaftlichen Produkte dienten dabei vor allem der Selbstversorgung. **Handarbeit** war vorrangig durch Muskelarbeit gekennzeichnet. Die älteste Form der Produktion wird damit über die Handarbeit realisiert (Abb. 2). Der Handel mit landwirtschaftlichen Produkten fand nur in geringem Maß statt, so dass der überwiegende Teil der Bevölkerung in der landwirtschaftlichen Produktion beschäftigt war. Die Siedlungen und Städte waren jeweils in ein größeres agrarisch geprägtes Umfeld eingebettet.

2 Tischler im Mittelalter

Das Handwerk
Handwerklich begabte Bauern trennten sich später vom Ackerbau und bildeten durch Spezialisierung, z. B. Konstruieren und Reparieren von Werkzeugen, das seit Jahrhunderten bestehende **Handwerk,** eine Betriebsform, die noch heute ihre Berechtigung hat.

Bereits zum Ende des 11. Jahrhunderts organisierten sich erstmals Handwerker in so genannten **Zünften** (1099 in Mainz die Weber, 1128 in Würzburg die Schuhmacher, ...). Das Ziel dieser Organisation war der Schutz des städtischen Handwerks vor Konkurrenz.

In den so genannten Zunftrollen waren u. a. Bestimmungen über die Arbeitszeit, Preise, Rohstoffe, Qualität der Waren, Ausbildung der Lehrjungen enthalten.

M

Zunft ist eine genossenschaftliche Vereinigung von Handwerkern gleichen Berufes zur Wahrung der Handwerksinteressen in mittelalterlichen Städten. Charakterisiert war diese vorindustrielle Produktion durch eine handwerkliche Produktion.

Die Zünfte leben heute in veränderter Form in Deutschland weiter. Das Handwerk wird sehr umfassend organisiert. Alle Handwerker werden in den regionalen Handwerkskammern in deren „Handwerksrollen" geführt.

Das Handwerk bildet in Deutschland den zweitstärksten Wirtschaftsbereich und leistet in strukturschwachen Regionen einen erheblichen Beitrag zur Bereitstellung wohnortnaher und qualifizierter Arbeitsplätze.

Handwerksbetriebe, die nach der **Werkstattfertigung** organisiert sind, könnten den zunehmenden Bedarf und die ständig steigende Nachfrage nach Massenprodukten (z. B. Textilien, Glas- und Lederwaren) oder Luxusgütern (z. B. Teppiche, Porzellan, Möbel), nicht befriedigen. Es bildeten sich mit der fortschreitenden Arbeitsteilung und aufgrund der wachsenden Nachfrage Manufakturen heraus.

Die Manufaktur

Zwischen dem 17. und 18. Jahrhundert entwickelten sich **Manufakturen** (Manufakturperiode). Die Manufaktur stellte den Übergang vom Handwerk zur Fabrik dar. Diese Betriebsform war für den Frühkapitalismus charakteristisch.

In der Manufaktur arbeiteten die Arbeitskräfte organisiert, das heißt unter einer zentralen Leitung (Aufsicht). Manufakturen waren größere Betriebsstätten, in denen Arbeitsteilung und Spezialisierung praktiziert wurden. Durch die Entstehung der Manufaktur entwickelte sich die räumliche Trennung zwischen Arbeits- und Lebensraum.

> **M** Manufakturen sind gewerbliche Großbetriebe, die auf Arbeitszerlegung (Ausführung von Teilarbeiten), innerbetrieblicher Arbeitsteilung und handwerklicher Technik beruhten. Heute gelten Arbeiten aus Manufakturen als besonders hochwertig, z. B. Produkte aus den Porzellanmanufakturen in Meißen.

Die Fabrik

Mit der industriellen Revolution am Ende des 18. Jahrhunderts wurden die Manufakturen schrittweise durch **Fabriken** verdrängt. Das beginnende Industriezeitalter leitete die Umwandlung von der Agrargesellschaft in die Industriegesellschaft ein. Charakterisierend dafür waren die schnellen Veränderungen in der Produktionstechnik und der Produktionsweise.

1 Beginnende Industrialisierung in der Weberei

Diese Revolution begann zunächst in Großbritannien und breitete sich im Laufe des 19. Jahrhunderts auf die meisten europäischen Staaten sowie die USA und Japan aus. In Deutschland setzte die Industrialisierung mit dem Ausgang des 19. Jahrhunderts ein. Ermöglicht wurde die industrielle Revolution durch die Anwendung naturwissenschaftlicher Erkenntnisse, z. B. die Entwicklung der Dampfmaschine als Antriebsmaschine und später als Arbeitsmaschine. Maschinen übernahmen die körperlich schwere Muskelarbeit.

Im Zuge dieser industriellen Revolution entwickelte sich das Fabriksystem als vorherrschende Organisationsform des Betriebes.

> **M** **Fabrik** ist eine einheitlich geleitete industrielle Produktionsstätte mit vorwiegend **maschineller Massenfertigung.**

Die Fabrik zeichnete sich durch einen hohen Grad an **Mechanisierung** und beginnender Automatisierung aus.

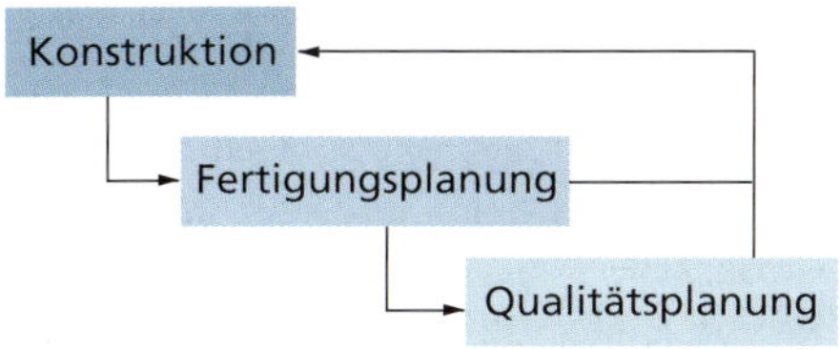

1 Grobes Schema einer Ablauforganisation in der Vorbereitungsphase

Die Entscheidung, ein neues Erzeugnis in die Produktpalette aufzunehmen, führt zu einer bestimmten Ablauforganisation in der Vorbereitungsphase.

Konstruktion eines Produkts:
Gestalt, Berechnungen, Zeichnungen, ...
Fertigungsplanung:
Zeichnungen, Stücklisten,
Fertigungsverfahren, Arbeitsmittel,
Zeitbestimmung, Kostenbestimmung ...
Qualitätsplanung:
Prüfverfahren, Prüfmittel, Vorschriften (DIN, TÜV ...) ...

Hieraus ergeben sich Konsequenzen für eine zielgerichtete Planung der Produktion.
Arbeitsplan, Bedarfsplan, Fristenplan und Kostenplan sind zu erstellen.

Der **Arbeitsplan** umfasst die Arbeitsgegenstände, Arbeitsplätze, Arbeitsvorgänge, Werkzeuge.
Der **Bedarfsplan** beinhaltet die Planung von Material, Hilfsstoffen, Arbeitsmitteln und Arbeitskräften.
Der **Fristenplan** enthält Angaben zum Zeitbedarf wie Lagerzeiten, Transportzeiten, Durchlaufzeiten oder Störungszeiten.
Der **Kostenplan** beschreibt Kostenvergleiche zu anderen Herstellungsarten oder/und Materialkosten, Personalkosten, Fremdleistungen, Abschreibungen ...

M Unter **Arbeitsablauf** ist das Neben- und Nacheinander von Arbeitsgängen im Verlauf der Beschaffung, der Produktion und des Absatzes zu verstehen.

Eine besondere Methode der Ablauforganisation ist die **Netzplantechnik.**

M Das charakteristische Merkmal der **Netzplantechnik** ist, dass das gesamte Projekt in seine einzelnen Arbeitsgänge (=Vorgänge) gegliedert wird und die sachlogischen Abhängigkeiten der Vorgänge untereinander in Form eines grafischen Netzplanes dargestellt werden (Ablaufplan).

Moderne Organisationskonzepte im Überblick

Moderne Organisationskonzepte sind die Antwort auf die sich stetig verändernde Situation auf dem Markt. **Nachhaltigkeit** ist dabei der Wertmaßstab für kommende Produktionsorganisationen. Mit den knappen Ressourcen ist schonend und effizient umzugehen.

Wie äußert sich das in der Produktion?
„Lean Production“ (englisch: schlanke Produktion) beinhaltet

- schlanke Verwaltung,
- Wandel in der Arbeitsorganisation zu mehr Teamarbeit,
- Kompetenzerweiterung der Arbeitnehmer (Ausbau der Mitbestimmung im Produktionsprozess),
- Aufbau eines Fehlerentdeckungssystems (Probleme werden auf ihre Ursachen zurückgeführt),
- enge Kooperation mit der Zulieferindustrie und Just-in-time-Zulieferung.

Sie soll bei der Realisierung der Idealvorstellung zur Halbierung der Kosten bei Verdoppelung des Produktionsergebnisses führen. **„Just-in-time-Konzept“** heißt, Produktion auf Abruf.

M **Lean Production** steht damit für ein umfangreiches Konzept einer systematischen Rationalisierung im Unternehmen, was weitreichende Veränderungen in der Arbeit selbst und in den Arbeitsbeziehungen nach sich zieht.

M Das Prinzip des Just-in-time-Konzepts ist Teil einer auf dezentralisierter Planung und Steuerung beruhenden Produktion, die in allen Fertigungsbereichen und Produktionsebenen auf Abruf erfolgt.

Das gilt für die Zulieferung des benötigten Materials, beispielsweise von Rohmaterialien oder vorproduzierten Teilen, bis hin zur Auslieferung der Endprodukte. Damit wird im Betrieb Folgendes erreicht:
- kurzfristige Kapazitäts- und Materialplanung,
- Lagerbestände werden niedrig gehalten,
- Zeit der gesamten Fertigung eines Produkts kann minimiert werden.

Angewendet wird dieses Konzept vor allem bei Serien- oder Massenproduktionen (z. B. Autoproduktion).
Die synchrone Produktion beim Just-in-time-Konzept geht von einer bedarfsorientierten Planung aus. Hierbei wird entsprechend dem Bedarf des folgenden Tages vorproduziert. Gemäß dem in Japan entwickelten Kanban-System wird das produziert, was am Vortag verbraucht wurde.

„E-Manufacturing“
Wer hat sich nicht schon einmal solche Fragen gestellt:
Wie wird ein Flugzeug gebaut?,
Wie arbeitet eine Werft? oder
Wie wird das Bier gebraut?“
Aus diesen oder ähnlichen Fragen entstand die Idee, „Gläserne Produktionsstätten“ zu errichten.

1 Die gläserne Manufaktur von VW in Dresden

In der „Gläsernen Manufaktur“ können Kunden bestaunen, wie z. B. ihre neue VW-Karosse entsteht (Abb. 1). Was hier passiert, ist die elektronische Einbindung der Zulieferer in den Fertigungsprozess.
Vorteile von E-Manufacturing sind:
- elektronische Verknüpfung von Kunden- und Lieferantensystemen mit Produktion und Vertrieb,
- Kostenreduktion,
- schnelle und flexible Produktion.

Das ist sicherlich nur ein erster Ansatz für die neuen Organisationskonzepte der Unternehmen in einer sich weiter entwickelnden Informations- und Wissensgesellschaft.

Ein schneller Datenaustausch wird durch neue Techniken und Informationssysteme ermöglicht.

M **Steuerungs- und Regelungsprozesse** sind die Grundlage für eine moderne Fertigung und die Organisation von Produktionsabläufen. Speichern, Handhaben, Transportieren und ständiges Kontrollieren sind die Aufgaben flexibler Fertigungssysteme, die Bearbeitungs-, Materialfluss- und Informationssysteme vereinigen.

Automatisieren technischer Prozesse

Technik soll den Menschen bei der Ausübung schwerer, gesundheitsschädigender und wiederkehrender Vorgänge helfen, wenn möglich die Arbeit selbstständig verrichten. Mit diesem Merkmal ausgestattete Maschinen nennt man Automaten. Werkhallen ohne Menschen sind heute keine Seltenheit mehr. Sämtliche Produktionsabläufe werden darin von Automaten und Robotern verrichtet.

M Im automatischen Prozess lassen sich zwei grundlegende Funktionsgruppen unterscheiden, die Maschine an sich und die Steuerung. Beide stehen durch Informationen miteinander in Wechselwirkung.

Die Art der Wechselwirkung kann dabei
- ein offener Wirkungsablauf, eine **Steuerung** oder
- ein geschlossener Wirkungsablauf, eine **Regelung** sein.

Systeme der Steuerung und Regelung arbeiten zumeist nach elektrischen Prinzipien. In modernen Automaten übernehmen größtenteils Computer die Steuerungs- und Regelungsfunktionen, darüber hinaus auch die Kontroll- und Überwachungsfunktionen, was zuvor Aufgabe der Menschen war (Abb. 1).

M Ein technischer Prozess ist ein Vorgang zum Umformen und/oder zum Transportieren von Material, Energie und/oder Information.

Im Produktionsprozess lassen sich je nach Aufgabenstellung unterschiedliche Prozessklassen auseinanderhalten:
- **Verfahrensprozesse** bezeichnen die chemischen und physikalischen Vorgänge zur Umwandlung von Rohstoffen in Werkstoffe oder Energie. Beispiele hierfür sind das Kraftwerk zur Elektroenergiegewinnung oder die Brennerei zur Herstellung von Ziegeln für den Wohnungsbau.

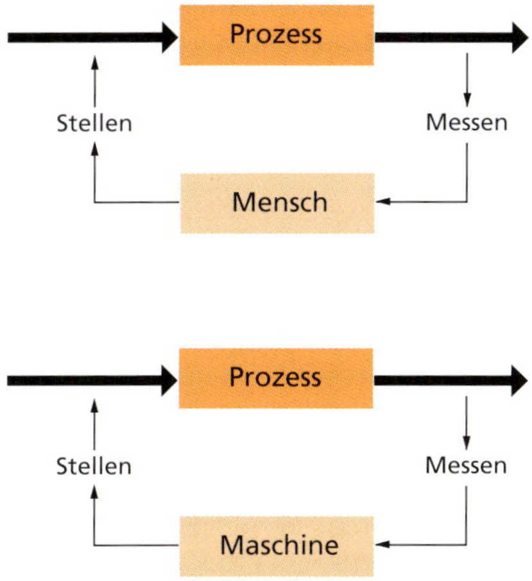

1 Prozessbeeinflussung durch den Menschen (oben) und die Maschine (unten).

2 Technischer Prozess

- **Fertigungsprozesse** sind auf die mechanische Änderung der Form von Werkstoffen gerichtet. Hierzu zählen das Gießen von Figuren in Formen genauso wie das Beschichten von Oberflächen durch Anstriche.
- **Verteilungsprozesse** verteilen Material, Energie oder Informationen nach zeitlichen oder räumlichen Gesichtspunkten. Moderne Verteilungen erfolgen in Netzwerken wie in Straßensystemen für Güter und Personen, in Verbundsystemen für die Belieferung mit elektrischem Strom oder im Internet für den Informationsaustausch.
- **Mess- und Prüfprozesse** dienen der chemischen, physikalischen oder mechanischen Untersuchung von Objekteigenschaften. In einem Schmelz- oder Backofen wird eine definierte Temperatur gehalten, in der Lebensmittelindustrie werden die Zutaten dosiert, oder am Motorenstand sind die Abgaswerte zu messen.

Unabdingbare Voraussetzung für jede automatische Produktion ist die Zerlegung des Gesamt-

3 Kontinuierlicher Prozess – Walzen einer landwirtschaftlichen Fläche

prozesses in elementare Bearbeitungsstufen. Sie werden so angeordnet, dass sie nacheinander oder parallel im Ergebnis bis zum fertigen Produkt führen. Die Schwierigkeit liegt oft darin, die einzelnen Arbeitsschritte zeitlich und organisatorisch aufeinander abzustimmen. Insofern ist es auch sinnvoll, zwischen

- **kontinuierlichen Prozessen,** bei denen die Veränderung am Werkstück hintereinander z. B. beim Walzen von Blechen oder Ziehen von Drähten erfolgt, und
- **diskontinuierlichen Prozessen,** bei denen die Veränderungen eher sprunghaft wie beim Abfüllen von Getränken oder dem Vernieten von Teilen, zu unterscheiden.

Jede Automatisierung basiert auf ausgefeilten Steuersystemen. Sie erfordern das Erfassen und Konstanthalten von physikalischen Größen sowie das Steuern von Abläufen. Daraus ableitbare Aufgaben können in sich relativ abgeschlossenen Gruppen zugeordnet werden:

- Das Erfassen von Prozesszuständen besorgt die **Sensorik.**
- In der **Prozessorik** werden die Prozesszustandsdaten verarbeitet.
- Je nach Verarbeitungsziel beeinflusst die **Aktorik** den Prozess.

Das Zusammenwirken der drei Gruppen veranschaulicht ein Funktionsschema (Abb. 1).

Die darin enthaltenen Komponenten sind für die Bewältigung von Teilaufgaben zuständig:

- Die Prozesszustände werden als Messsignale von den **Sensoren** erfasst.
- Die Messsignale werden für den Prozessor in der **Signalanpassung** aufbereitet.
- Nun kann der **Prozessor** die Messsignale verarbeiten.
- Die Verarbeitungsvorschrift steht als Verarbeitungsalgorithmus in einem **Programm.**
- Je nach Aktion stellt die **Signalanpassung** die nachfolgend benötigten Signale bereit.
- Die **Aktoren** wirken unmittelbar verändernd auf den Prozess ein.

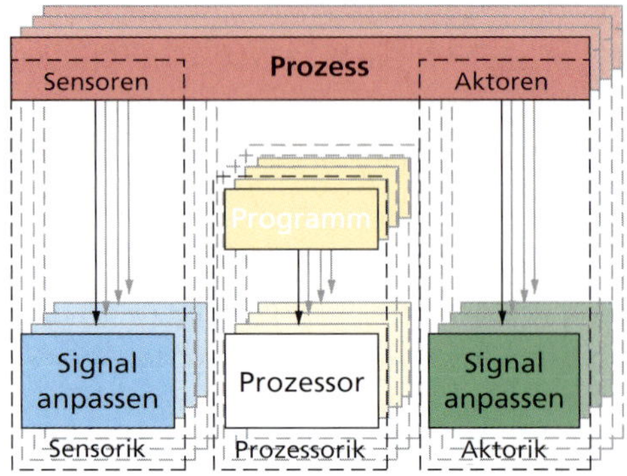

1 Technischer Prozess

Steuern

Für das Steuern im eigentlichen Sinne ist das Fehlen einer Rückmeldung charakteristisch, weshalb auch kein Vergleich mit einem angestrebten Ziel möglich ist.

> M Beim Steuern werden eine oder mehrere Größen nach bestimmten Gesetzmäßigkeiten beeinflusst. Kennzeichnend für das Steuern ist der offene Wirkungsablauf. Man spricht von einer **Steuerkette.**

Regeln

Das Regeln beschreibt Tätigkeiten, die darauf ausgerichtet sind, etwas in Ordnung zu bringen. Das ordnende Eingreifen in einen Wirkungsablauf erfolgt unter ganz bestimmten Zielsetzungen. Das Resultat des Eingriffs wird zurückgemeldet, das Zwischenergebnis mit einem Zielwert verglichen und der Eingriff so lange fortgesetzt, bis Ist- und Zielgröße übereinstimmen.

> M Beim Regeln wird die zu regelnde Größe fortlaufend erfasst und mit einer Sollgröße (Führungsgröße) verglichen. Abhängig vom Ergebnis dieses Vergleichs erfolgt eine Angleichung des Istwertes an den Sollwert. Kennzeichnend ist der geschlossene Wirkungsablauf. Man spricht vom **Regelkreis.**

Vergleich Steuern und Regeln

Das Wesentliche von Steuerungs- und Regelungsvorgängen veranschaulichen so genannte **Blockschaltbilder** (auch Funktionsschemata oder Flussbilder genannt). Die grundlegenden Merkmale der offenen Steuerkette und des geschlossenen Regelkreises treten hierin deutlich hervor:

Das **Steuern** von Vorgängen wird dann bevorzugt angewandt, wenn
- keine gravierenden Störeinflüsse zu erwarten sind,
- der Störeinfluss in Art und Verlauf bekannt ist oder
- das Auftreten von Störeinflüssen kaum zu erwarten ist.

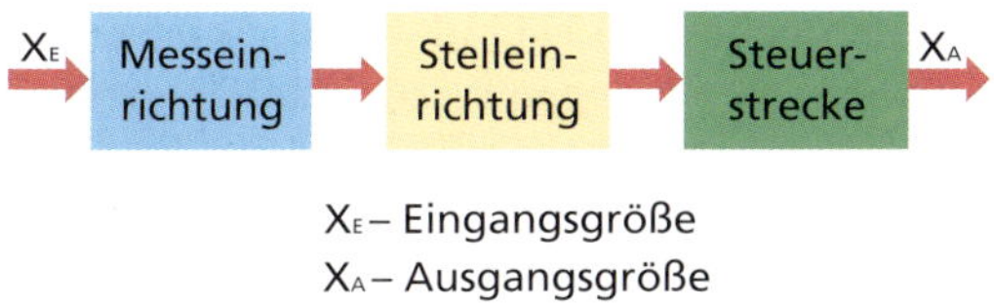

1 Offene Steuerung (xE = Eingangsgröße und xA = Ausgangsgröße)

Das **Regeln** von Vorgängen wird bevorzugt angewandt, wenn
- verschiedene Störgrößen zu erwarten sind,
- die Störgröße nach Art und Größe variiert oder
- in jedem Falle exakte Werte zu garantieren sind.

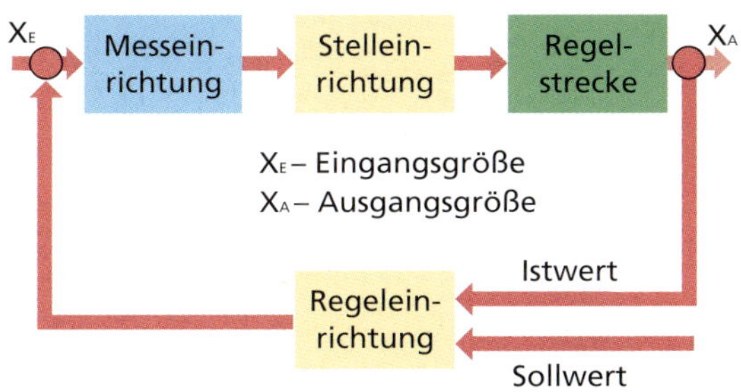

2 Geschlossene Regelung (xE = Eingangsgröße und xA = Ausgangsgröße)

Sensorik

Zum Steuern und Regeln stofflicher, energetischer oder informationeller Vorgänge sind Kenntnisse über die Zustände des Prozesses erforderlich.

M

Für die Erfassung und Aufbereitung der **Prozesszustandsdaten** sowie deren Weiterleitung zur Prozessorik ist die **Sensorik** zuständig.

Ein Fühler (Sensor) nimmt die Messwerte auf, wandelt sie in eine geeignete, zumeist in elektrische Form zum Verstärken um. Die in den Messeinrichtungen gewonnenen Informationen können entweder den Menschen zur Kontrolle und Überwachung angezeigt oder vom Automaten registriert und weiterverarbeitet werden. Der Vorgang des Messens kann in einer Messkette veranschaulicht werden.

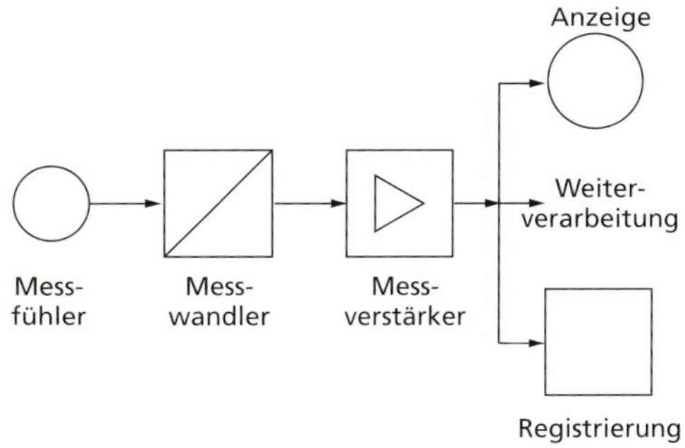

3 Messkette

Sensoren (Bezeichnungen wie Geber, Aufnehmer, Generator, Wandler oder Zelle werden heute mehr oder weniger alle synonym verwendet) sind Geräte, die Messgrößen im Prozess erfassen und an die Steuerung oder Regelung weitergeben. Dies können geometrische Größen wie Länge und Winkel, die Entfernung von Objekten, der Füllstand von Behältern, die Lichtintensität u. v. m. sein.

Die Anforderungen an Messgrößen selbst hängen vom Einsatz der Sensoren ab.

Dies sind beispielsweise
- Genauigkeit,
- Zuverlässigkeit und Robustheit,
- Reaktionsgeschwindigkeit,
- Ansprechempfindlichkeit oder
- Auflösungsvermögen.

Elektrisches Messen

Die Sensorik muss Größen liefern, die von der Prozessorik verarbeitet werden können. Die meisten Prozessoren können nur elektrische Signale, Spannungs-, Strom-, Widerstands-, Kapazitäts- und Induktivitätsänderungen sowie Frequenzen und Impulse verarbeiten. Folglich sind nichtelektrische Größen als elektrische zu erfassen.

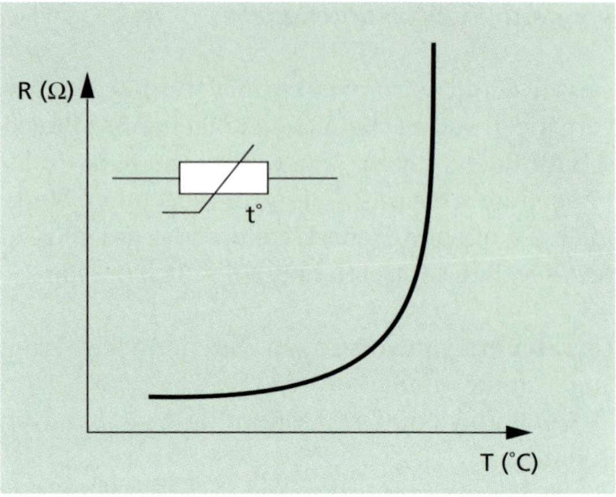

2 Thermistor mit positivem Temperaturkoeffizienten (Kaltleiter)

Temperatursensoren liefern eine der Temperatur proportionale Spannung. Der elektrische Widerstandswert hängt also von der Temperatur ab. Gute Werte liefert ein temperaturabhängiger Halbleiterwiderstand, ein so genannter **Thermistor.** Thermistoren gibt es als **Kaltleiter** mit positivem Temperaturkoeffizienten (Abb. 1), je wärmer, um so größer ist der elektrische Widerstand, und als **Heißleiter** mit negativem Temperaturkoeffizienten, je wärmer, um so kleiner ist der elektrische Widerstand (Abb. 2). Auch andere nichtelektrische Größen sind mit speziellen Sensoren zu erfassen und in proportionale elektrische Größen umzuwandeln. Der wachsende Einsatz von Rechentechnik in der Steuerung und Regelung erfordert die Bereitstellung von den Analogwerten entsprechenden Digitalwerten. Es ist also erforderlich, die analogen Werte in binäre oder digitale Messwerte umzuwandeln oder gar gleich in diesen Formen zu erfassen. Mit einem Binärsignal kann beispielsweise ein analoger Spannungsbereich von 0 bis 10 V in zwei gleich große Intervalle aufgeteilt werden:

Spannungsbereich	Signal
0 ... 5 V	0
6 ... 10 V	1

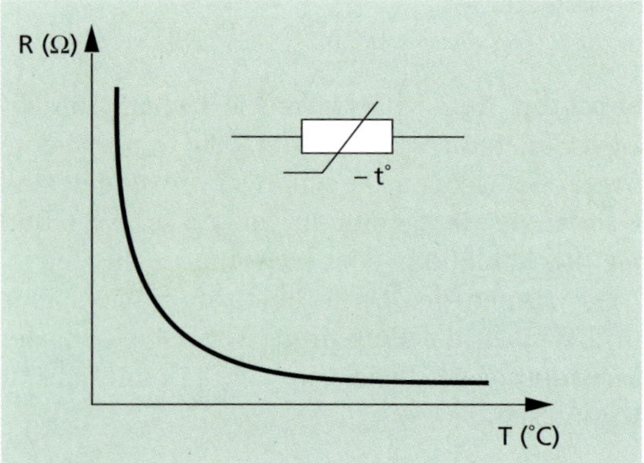

1 Thermistor mit negativem Temperaturkoeffizienten (Heißleiter)

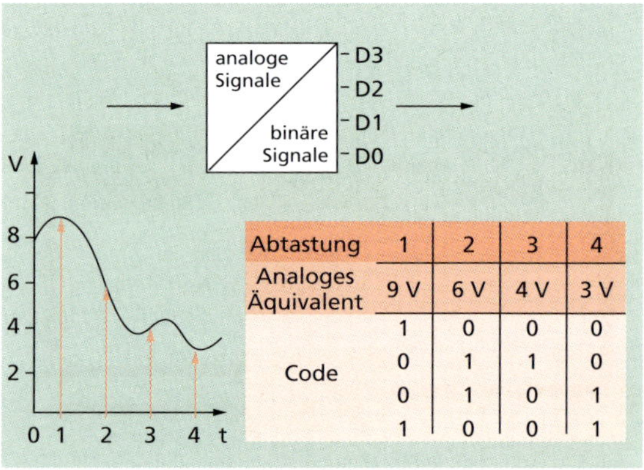

3 Genauere Abbildung eines Analogwertes durch 4 Binärwerte

Der Messwert wird zweiwertig allerdings sehr grob abgebildet. Bei Verwendung mehrerer zweiwertiger Signale kann man einen analogen Messwert genauer abbilden.

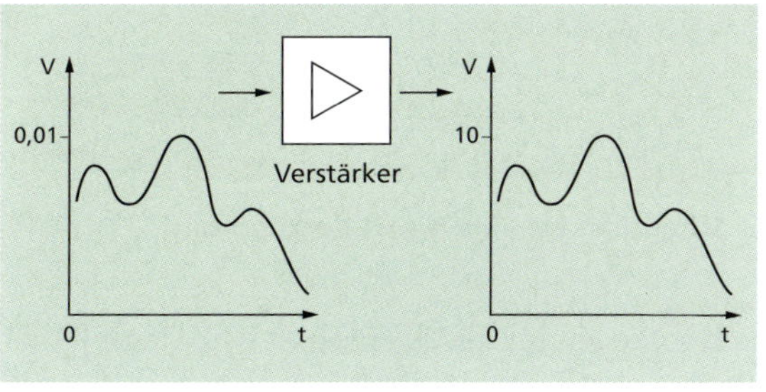

1 Verstärkung des Messsignals zur besseren Auswertung

Wenn das von der Messeinrichtung bereitgestellte Signal zu klein ist, ist eine Auswertung schwierig bis unmöglich. In diesem Fall muss das Signal verstärkt werden.

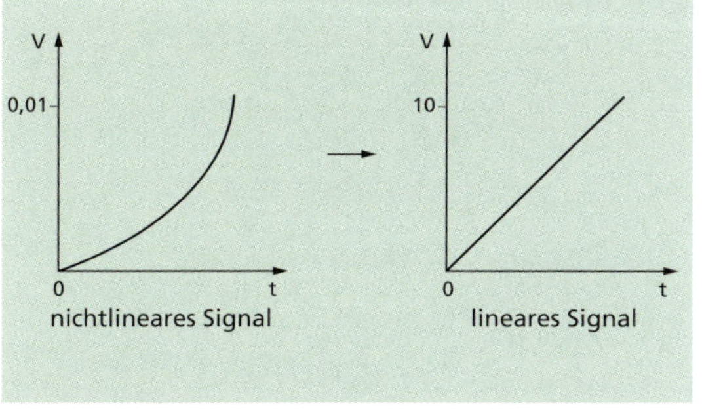

2 Linearisierung

Um eine exakte Messwertauswertung zu gewährleisten, ist es oft erforderlich, das nichtlineare Signal in ein lineares Signal umzuwandeln. Diese Signalanpassung nennt man **Linearisierung**.

Prozessorik

M

Die Aufgabe der Prozessorik besteht darin, die Eingangsinformationen in einen Bedeutungszusammenhang zu bringen und entsprechend einer Verarbeitungsvorschrift an die Aktorik auszugeben.

Die Sensorik vermittelt der Prozessorik Zustandsinformationen. Die Verarbeitungslogik entsteht durch die logische Verknüpfung von Binärwerten. Die Basis dafür sind 3 logische Grundverknüpfungen: UND, ODER und NICHT. Mathematische Grundlage dafür ist die boolsche Algebra.

Logisches UND

Eine Lampe soll nur dann leuchten, wenn 2 Schalter geschlossen sind. Diese logische Verknüpfung hat also 2 Eingänge (S1 und S2) sowie 1 Ausgang (L). Sie kann in unterschiedlichen Darstellungsformen abgebildet werden, unter anderem als Schaltplan, Zustandstabelle, Wertetabelle und Logiksymbol (Abb. 3).

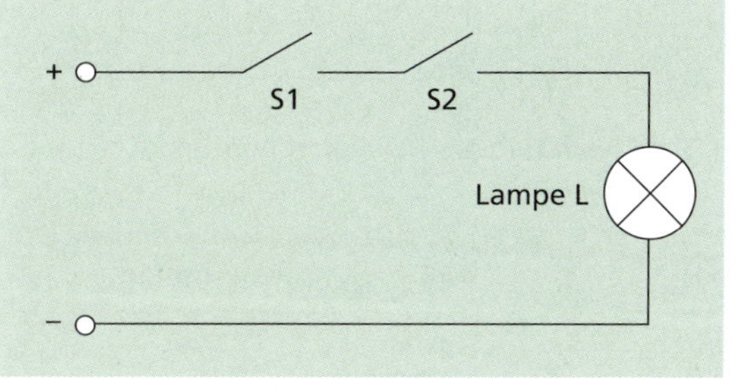

3 Schaltplan für eine UND-Verknüpfung

S_1	S_2	Lampe
offen	offen	Aus
offen	offen	Aus
geschlossen	geschlossen	Aus
geschlossen	geschlossen	Ein

Zustandstabelle für eine UND-Verknüpfung

S1	S2	L
0	0	0
0	1	0
1	0	0
1	1	1

Wertetabelle für eine UND-Verknüpfung

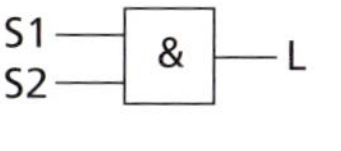

4 Symbol für eine UND-Verknüpfung

Logisches ODER

Eine Lampe (L) soll immer dann leuchten, wenn mindestens ein Schalter (S1 und S2) betätigt wurde. Diese Funktion würde beispielsweise nützlich sein, um Störungen in unterschiedlichen Systemen anzuzeigen. So kann mit der ODER-Verknüpfung ein Defekt von Umluftgebläse *oder* Heizung in einem Raum gemeldet werden. Auch hier sind wieder unterschiedliche Darstellungsformen möglich.

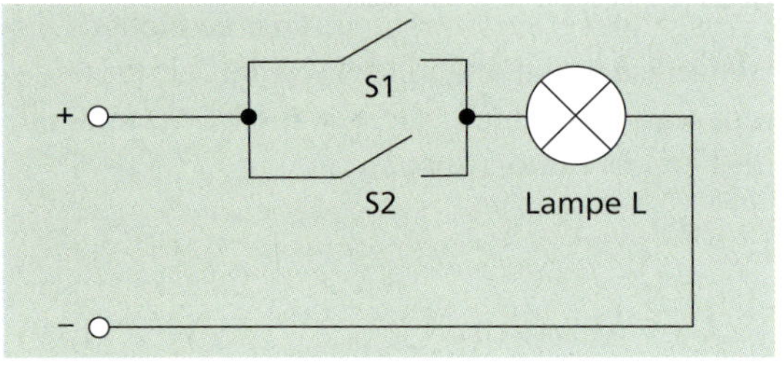

1 Schaltplan für eine ODER-Verknüpfung

S1	S2	Lampe
offen	offen	Aus
offen	geschlossen	Ein
geschlossen	offen	Ein
geschlossen	geschlossen	Ein

Zustandstabelle für eine ODER-Verknüpfung

S1	S2	L
0	0	0
0	1	0
1	0	0
1	1	1

Wertetabelle für eine ODER-Verknüpfung

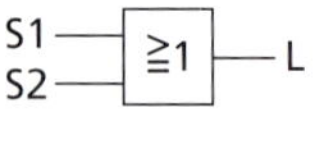

2 Symbol für eine ODER-Verknüpfung

Logisches NICHT

Bei der NICHT-Funktion wird das Eingangssignal am Ausgang umgekehrt. Wenn also am Eingang „1" steht, so liegt am Ausgang „0" an und umgekehrt. Wegen dieser Eigenschaft wird diese Funktion auch Inverter oder Negator genannt. Auch hier lassen sich alle Darstellungsformen nutzen.

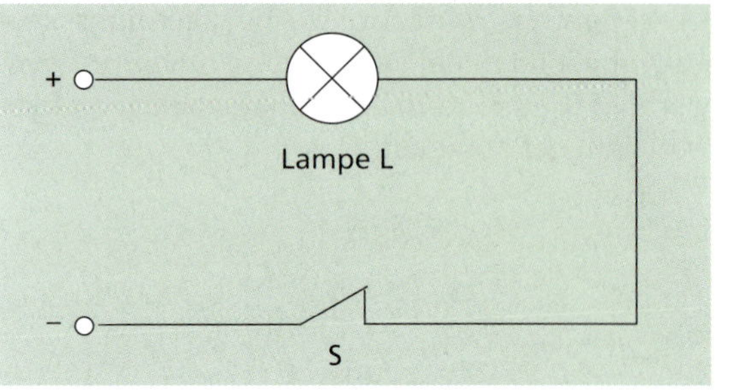

3 Schaltplan für eine NICHT-Verknüpfung

Austaster	Lampe
nicht betätigt	Ein
betätigt	Aus

Zustandstabelle für eine NICHT-Verknüpfung

S	L
0	1
1	0

Wertetabelle für eine NICHT-Verknüpfung

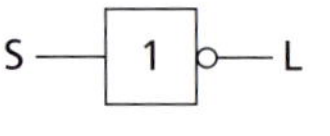

4 Symbol für eine NICHT-Verknüpfung

Kombinationen und Speicherungen von logischen Verknüpfungen

Ausschließlich mit den logischen Grundfunktionen lassen sich nicht die vielen anstehenden Probleme der Praxis lösen. Sie werden deshalb je nach Aufgabenstellung zu mehr oder weniger komplexen Funktionen miteinander verknüpft.

Die Kombination von UND und NICHT liefert das NICHT-UND (engl. NAND). Schon diese einfache Verknüpfung bietet eine interessante Lösung für eine Einbruchsicherung. An verriegel-

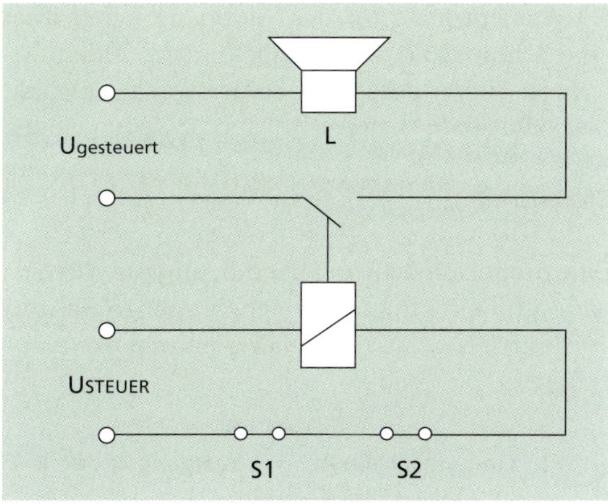

1 Schaltplan für eine NICHT-UND-Verknüpfung

ten Türen und Fenstern wird dazu für den Eindringling unsichtbar ein hauchdünner Draht (S1 und S2) gespannt. Beim Öffnen zerreißt der Draht und unterbricht den Strompfad. Das Relais wird im Steuerstromkreis stromlos, „es fällt ab". Der Schaltkontakt im gesteuerten Stromkreis schließt sich und die Sirene beginnt aufzuheulen:

Draht 2	**Draht 1**	**Sirene**
unbeschädigt	unbeschädigt	Aus
unbeschädigt	gerissen	Ein
gerissen	unbeschädigt	Ein
gerissen	gerissen	Ein

Zustandstabelle für eine NICHT-Verknüpfung

D2	**D1**	**S**
0	0	0
0	1	1
1	0	1
1	1	1

Wertetabelle für eine NICHT-UND-Verknüpfung

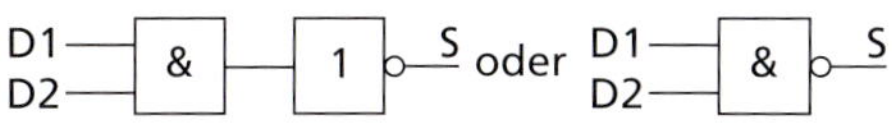

2 Symbol für eine NICHT-UND-Verknüpfung

Das Programm

Durch die richtige Kombination und Speicherung sowie das zeitkoordinierte Zusammenspiel der verschiedenen Grundfunktionen können von der Sache her prinzipiell alle steuerungs- und regelungstechnischen Aufgaben gelöst werden. Für vorgegebene Aufgaben gilt es zunächst, die entsprechenden Anforderungen zu analysieren.

Im nächsten Schritt werden die einzelnen Arbeitsanweisungen in einem Programm festgehalten. Für die Ausführung des Programms ist ein Prozessor, das zentrale Element eines Computersystems, zuständig. In einem Programmablaufplan (PAP) wird der Vorgang der Reifendruckprüfung dargestellt und das Ergebnis angezeigt. Liegt der Druck innerhalb vorgegebener Grenzwerte, so erscheint die Meldung „Druck in Ordnung". Ein Überschreiten des oberen Grenzwertes gibt die Meldung „Druck > O", ein Unterschreiten des unteren Grenzwertes die Meldung „Druck < U" aus.

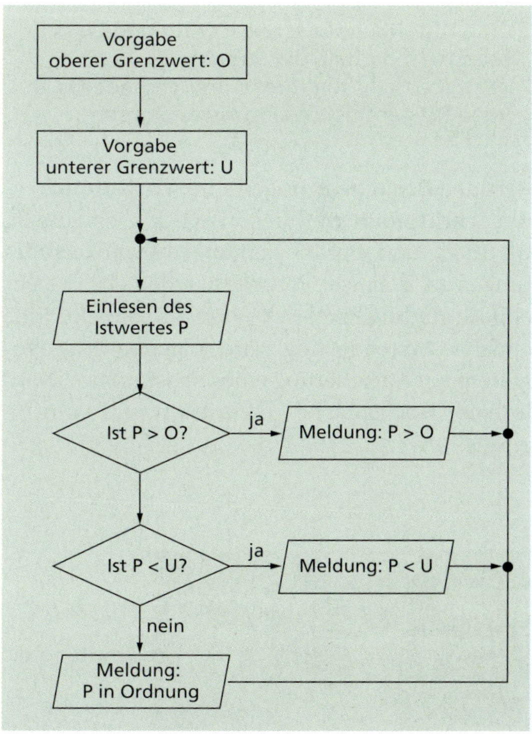

3 Druckprüfung im PAP

Aktorik

Die Signale der Prozessorik gelangen letztlich zur **Aktorik.** Die Aktoren greifen in den technischen Prozess ein, indem sie die jeweils gewünschten Aktionen ausführen. Derartige Aktionen können das Erzeugen von Bewegungen oder irgendwelchen mechanischen, thermischen, elektrischen und anderen Leistungen sein. Die Aktoren erhalten von der Prozessorik in Form von Steuerbefehlen auch „mitgeteilt", zu welcher Zeit, wie lange und mit welcher Heftigkeit sie aktiv werden sollen. Doch meistens müssen die Stellsignale noch aufbereitet oder in eine zur Auswertung geeignete Form umgewandelt werden, um dann in den Massenfluss eingreifen zu können. Eine Linearbewegung erzeugt der Zylinder, eine Drehbewegung der Motor, die Gas- und Flüssigkeitsmanipulation erfolgt über Ventile, der Schütz (elektrotechnisch ferngesteuerter Schalter) zum Schalten von Heizungen und anderen Kraftströmen u. v. a. m.

M Die **Aktorik** umfasst alle Geräte und Einrichtungen innerhalb der Steuerungs- und Regelungstechnik, die direkt und verändernd in den Massenfluss des Prozesses eingreift.

Beispiel: Drehbewegungen mit Schrittmotor
Ein Schrittmotor wird bevorzugt dort eingesetzt, wo exakte und reproduzierbare Drehwinkeländerungen (z. B. Fräse) verlangt werden. Er ist sehr einfach mit digitalen Systemen zu koppeln. Eine einfache Systemlösung wäre folgende: Das Programm zur Ansteuerung eines Schrittmotors wird in einer Hochsprache geschrieben und vom PC ausgeführt.

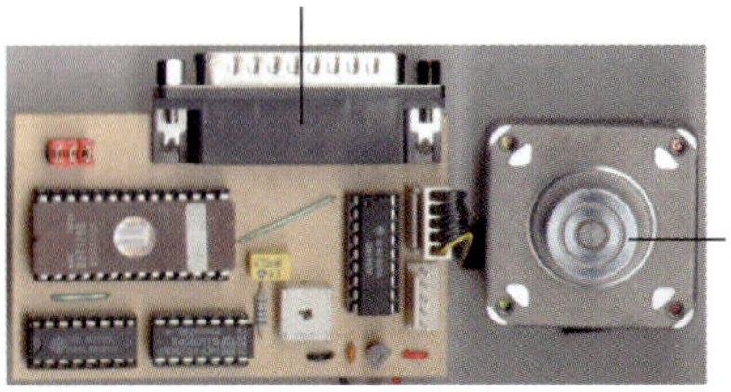

1 computergesteuerter Schrittmotor

Die Steuersignale für den Motor gelangen über eine Schnittstelle (z. B. Parallelport) zu einem Interface. Hier werden die Steuersignale verstärkt und schließlich an den Schrittmotor weitergeleitet.

Steuerung

Eine **Steuereinrichtung** hat die Aufgabe, die Eingangsgröße X_E in eine geeignete Stellgröße umzuwandeln und an die Stelleinrichtung weiterzugeben.

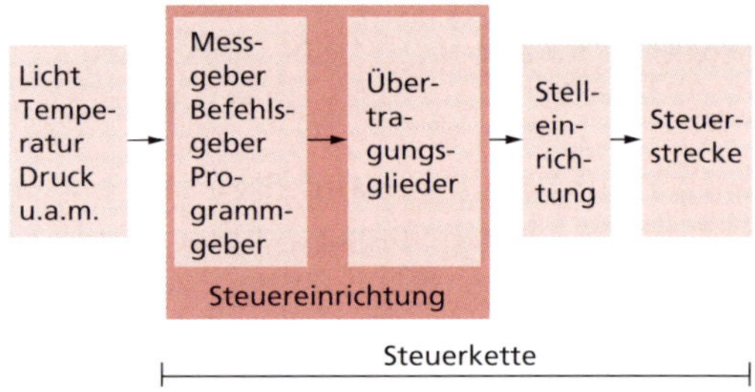

2 Befehle des Steuerns

Beispiel:
Drehbewegungen mit Gleichstrommotor
Ein Gleichstrommotor arbeitet nach dem elektromotorischen Prinzip. Es wirkt eine Kraft auf einen Strom durchflossenen Leiter, wenn er in ein Magnetfeld eingebracht wird. Zur Erreichung eines maximalen Drehmomentes besteht der Motor aus vielen Leiterschleifen. Die Drehzahl des Gleichstrommotors ist von der angelegten Spannung und damit fließendem Strom abhängig. Eine Drehzahlverstellung ist durch Verändern der Anschlussspannung möglich. Die Drehrichtung wird durch Umpolen der Anschlussspannung geändert.
Für die Einteilung von Steuerungen stehen unterschiedliche Gesichtspunkte zur Verfügung. Bei einer Handsteuerung bedient die Person eine zu steuernde Einrichtung. Funktionieren sie jedoch selbstständig, so spricht man von automatischen Steuerungen. Zwischen Steuerungen von Hand und Automaten gibt es noch Arten, die sich anderweitig orientieren wie die **Führungs-, Halteglied-, Zeitplan-, Wegplan- und Ablaufsteuerungen.**

Ein anderes Unterscheidungskriterium für Steuerungen sind die Darstellungen von Informationen. Danach können grob **analoge Steuerungen,** die vorwiegend mit analogen Signalen arbeiten, **digitale Steuerungen,** die die zu verarbeitenden Informationen vor allem in Zahlen darstellen, und **binäre Steuerungen,** deren Informationen aus Binärsignalen bestehen, unterschieden werden.

Regelung

In einem Raum soll die Temperatur auf einem vorgegebenen Wert konstant gehalten werden. Dieser angestrebte Wert bezeichnet den Sollwert T_{Soll}. Die Wärmezufuhr erfolgt über Radiatoren. Das Problem sind dabei die wechselnden Bedingungen, das Wirken von Störgrößen:
Die Außentemperaturen ändern sich fortwährend, geöffnete Fenster und Türen führen zu Wärmeverlusten. Diese Temperatureinflüsse sind unberechenbar, zufällig. Eine Steuerung kann diese zufälligen Störgrößen nicht ausgleichen, aber eine **Regelung.**

Um die Innentemperatur auf den Sollwert T_{Soll} zu regeln, sind folgende Funktionen erforderlich:
- Messen der zu regelnden Temperatur,
- Vergleichen der Regelgröße TIst mit einem Sollwert TSoll zum Erfassen der Regelabweichung $Y=T_{Soll}-T_{Ist}$,

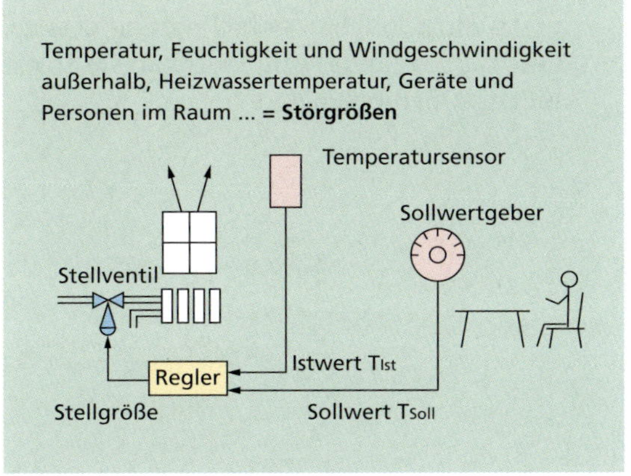

2 Regelung der Raumtemperatur

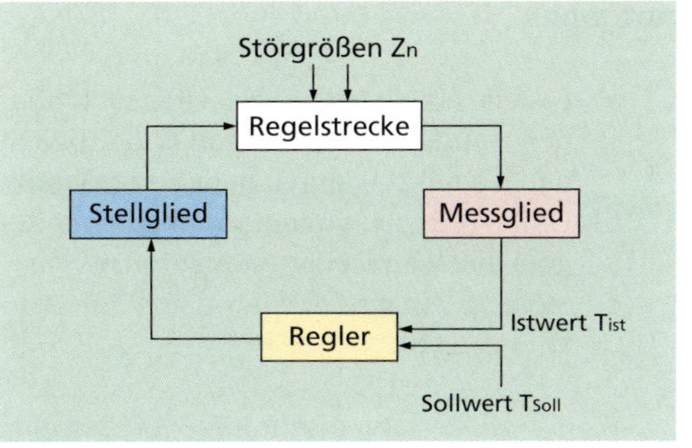

2 Blockschaltbild

- Erzeugen eines geeigneten Stellbefehls und Verstellen des Stellgliedes.

Sollen diese Aufgaben selbstständig geregelt werden, so sind diese drei Funktionen einer Regeleinrichtung zu übertragen. Der Funktionsblock „Regler" ermittelt die Differenz zwischen Sollwert und Istwert. Der Istwert wird fortwährend vom Messglied erfasst und in eine für den Regler geeignete Form umgewandelt.
Der Sollwert wird mit dem Sollwertgeber eingestellt. Anhand dieser Differenz und einem festgelegten Zeitverhalten bildet der Regler Signale. Verstärkt werden sie an das Stellglied gesandt. Das Stellglied greift unmittelbar in die Regelstrecke ein.

Wie bei der Steuerung gibt es auch unterschiedliche Ordnungskriterien für Regelungen. Bei **stetigen Reglern** wird das Stellglied **stetig** zur Beeinflussung der Regelgröße bedient. Dies ist beispielsweise im Backofen der Fall, wo trotz vielerlei Störungen die Backtemperatur annähernd konstant zu halten ist.
Bei **unstetigen Reglern** wird das Stellglied **nicht stetig** betätigt. Die Stellgröße nimmt nur zwei, drei oder mehrere feste Werte an. Der Istwert der Regelgröße schwankt zwischen zwei Grenzwerten. Nichtstetige Regler mit zwei festen Werten für die Stellgröße heißen Zweipunktregler, mit drei festen Werten Dreipunktregler. Ein typischer Zweipunktregler ist der Bimetallschalter des Bügeleisens.

Aufgaben

1. a) Erstelle eine tabellarische Übersicht über den Wandel von Produktion und Arbeit in den letzten 100 Jahren in deiner Region!
   b) Untersuche an einem Produkt deiner Region den Wandel der Produktionsweise!
   c) Stelle in einem Portfolio deine Untersuchungen vor!

2. Eine perfekte Organisation ist für Betriebe und Unternehmen ein Garant zum Erfolg. Begründe die Aussage! Welche Rolle spielt „Organisation" im täglichen Leben für dich persönlich?

3. a) Formuliere Ziele und Aufgaben der Betriebe und Unternehmen!
   b) Mit welchen Problemen sind Unternehmen täglich konfrontiert?

4. a) Wovon ist die Wahl der Rechtsform eines Unternehmens abhängig?
   b) Ordne die Unternehmensrechtsformen in einer Übersicht und formuliere das Wesen!
   Welche Vor- und Nachteile haben diese Rechtsformen?
   Recherchiere im Internet und nutze www.schuelerlexikon.de!

5. Plane ein Expertengespräch (z. B. mit einem Unternehmensberater von der HWK oder IHK oder mit einem Jungunternehmer) zum Thema „Regionale Wirtschaftssituation"!

6. a) Erkläre die Begriffe Aufbau- und Ablauforganisation!
   b) Welcher Zusammenhang besteht zwischen beiden zum Betriebsmanagement?
   Informiere dich im Internet unter www.schuelerlexikon.de!

7. Nenne wesentliche Bereiche des betrieblichen Leistungsprozesses und formuliere deren Aufgaben!

8. Der Absatz ist ein Bereich des betrieblichen Leistungsprozesses. Erkunde die verschiedenen Möglichkeiten zur Organisation des Absatzes im Unternehmen!
   Arbeite dazu im Internet und nutze www.schuelerlexikon.de!

9. Recherchiere im Internet zur „Gläsernen Manufaktur" von VW in Dresden!
   Wie ist diese Fabrik organisiert, und was bedeutet in diesem Zusammenhang „gläserne Produktion"?

10. In der Produktion nehmen die Fälle zu, wo Vorgänge ohne jedes menschliche Zutun wie von Geisterhand gesteuert werden. Erläutere einen solchen automatischen Ablauf aus dem Büro, einer Fertigungshalle oder einem anderen konkreten Beispiel!

11. Durch das mechanische Verbinden einer Welle mit dem Schleifer eines Potenziometers ist es möglich, die Drehwinkel als Spannungswerte zu erfassen. Leite eine derartige Beziehung über die Gesetzmäßigkeiten in elektrischen Schaltungen her!

12. Eine Exklusiv-ODER-Verknüpfung liefert am Ausgang nur dann H, wenn beide Eingänge auf H gesetzt sind. Kombiniere die Grundgatter zu einer solchen Schaltlogik und stelle diese als Zustands- und Wertetabelle sowie mit Logik-Symbolen dar!

Das Wichtigste im Überblick

Die **Leistungsfähigkeit von Betrieben** wird entscheidend von der Organisation geprägt. Dabei geht es vor allem um die
- zweckmäßige Organisation und Verkettung der Material- und Produktbewegungen innerhalb des Produktionsprozesses,
- Leistungsfähigkeit und Automatisierungsgrad der Maschinen und
- Leistungsfähigkeit des eingesetzten Personals.

Die **Aufbauorganisation** und die **Ablauforganisation** sind für die Strukturierung des Betriebes und die Gestaltung des Arbeitsprozesses unabdingbar.

Betriebsorganisation			
Aufbauorganisation Bildung der Organisationsstruktur		**Ablauforganisation** Gestaltung des Arbeitsprozesses mit dem Ziel des räumlichen und zeitlichen Zusammenwirkens	
Bildung von Stellen und Abteilungen	Festlegung der Kompetenzen und Informationswege	Regelung der Ablaufzeiten	Regelung der Ablaufwege

Moderne Organisationskonzepte sind die Antwort auf die sich stetig verändernde Situation auf dem Markt. Vorteile moderner Organisationskonzepte:

Lean Management und Produktion	Just-in-time-Konzept	E-Manufacturing
– Schlanke Verwaltung – Wandel in der Arbeitsorganisation zu mehr Teamarbeit – Kompetenzerweiterung der Arbeitnehmer – Aufbau von Fehlerentdeckungssystemen – Enge Kooperation mit Zulieferung und Just-in-time-Zulieferung	– kurzfristige Kapazitäts- und Materialplanung – Lagerbestände werden niedrig gehalten – gesamte Fertigungszeit kann minimiert werden	– Gläserne Produktionsstätten – elektronische Verknüpfung von Kunden- und Lieferantensystemen mit Produktion und Vertrieb – Kostenreduktion – schnelle und flexible Produktion

Steuerungs- und Regelungsprozesse sind die Grundlage für eine moderne Fertigung und die Organisation von Produktionsabläufen. Zum Steuern und Regeln stofflicher, energetischer oder informationeller Vorgänge sind Kenntnisse über die Zustände des Prozesses erforderlich.

Kennzeichnend für das Steuern ist der offene Wirkungsablauf = **Steuerkette.**
Kennzeichnend für das Regeln ist der geschlossene Wirkungsablauf = **Regelkreis.**

3.3 Das Unternehmen als ökonomisches System

Ohne Moos nix los – das gilt für ein Unternehmen ganz besonders. Ohne ein gutes Finanzkonzept kann kein Unternehmen bestehen.

Was sind aber die Eckpunkte eines finanziell erfolgreichen Unternehmens?

Mit Unternehmen hat jeder fast täglich zu tun. Beispielsweise beim Einkaufen oder bei der Freizeitgestaltung.

Warum aber haben Unternehmen für den Wohlstand der Menschen einen besonders großen Anteil?

Informations- und Telekommunikationstechnik (IT) sind aus der Unternehmerwelt nicht mehr wegzudenken.

Welche Verbesserungen kann der IT-Einsatz dem Unternehmen und den Verbrauchern bringen?

Einige Unternehmen gibt es seit Jahrzehnten und länger. Andere schaffen es gerade einmal, sich ein paar Wochen zu halten.

Was sind denn die wichtigsten Erfolgsfaktoren eines Unternehmens?

Bedeutung von Unternehmen für Regionen und die Gesamtwirtschaft

Grundlagen

Ein erwerbswirtschaftliches Unternehmen hat das Ziel, Gewinn zu erwirtschaften. In einer **Marktwirtschaft** kann jeder, der bestimmte Anforderungen erfüllt, ein eigenes Unternehmen gründen und betreiben. Ein Unternehmen ist verpflichtet, sich beim Gewerbeamt bzw. Finanzamt anzumelden. Einige Unternehmen, z. B. Waffengeschäfte, unterliegen der Genehmigungspflicht. Besonders für Handwerksbetriebe, aber auch medizinische oder medizinisch-technische Praxen, Apotheken, Kanzleien wird eine berufliche Qualifikation vorgeschrieben.

In der Marktwirtschaft gilt die dezentrale Planung der Unternehmen. Bei ihren wirtschaftlichen Aktivitäten müssen sie aber „Spielregeln" einhalten, die sich aus der Wirtschaftsordnung und dem Grundgesetz ergeben. Dazu zählen das Recht auf privates Eigentum an Produktionsmitteln, die Einhaltung von Gesetzen und Vorschriften, Wettbewerb am Markt, Festsetzung der durch die Tarifparteien ausgehandelten Löhne und Gehälter, Kontrolle, z. B. durch Aufsichtsräte oder Behörden. Eine Wirtschaftsordnung ist immer gestaltungsbedürftig und gestaltbar.

Der Mittelstand

Mittelständische Unternehmen sind das Rückgrat der Marktwirtschaft in Deutschland. Ein Unternehmen gehört dann zum Mittelstand, wenn es nicht mehr als 499 Beschäftigte hat und eine bestimmte Umsatzsumme im Jahr (Richtwert: 50 Mio. Euro) nicht übersteigt.

M

Was der deutsche Mittelstand leistet:
- Er erwirtschaft knapp 50 Prozent aller steuerpflichtigen Umsätze.
- Er beschäftigt rund zwei Drittel aller Arbeitnehmer.
- Er bildet rund vier Fünftel aller Jugendlichen in einem Beruf aus.

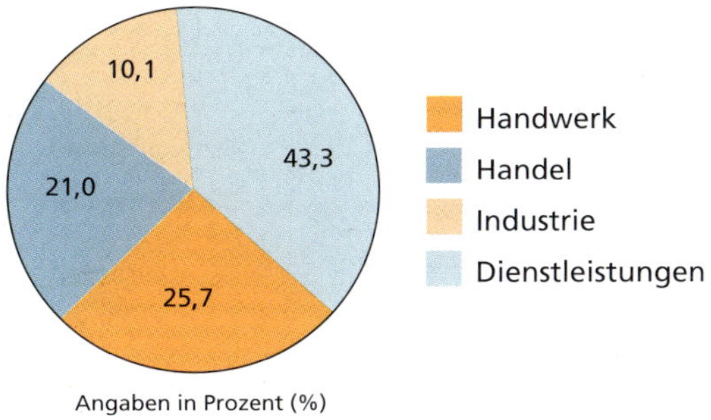

1 Wirtschaftsbereiche des Mittelstands (Basis: 1,117 Mio. Unternehmen)

Mittelständische Unternehmen repräsentieren das Handwerk, die Industrie, das Baugewerbe, den Handel, das Hotel- und Gaststättengewerbe, Verkehrs- und Nachrichtenwesen, Dienstleistungen und die so genannten Freien Berufe, wie Rechtsanwälte oder Ärzte.

Meist trägt der oder tragen die wenigen Eigentümer eine sehr hohe Eigenverantwortung für die ökonomische Stabilität. Das Unternehmen sichert bei Erfolg oder gefährdet bei Misserfolg die Existenzgrundlage des Unternehmers. Deswegen wird bei Gründungen mittelständischer Unternehmen von **Existenzgründung** gesprochen.

Ökonomische Funktionen von Unternehmen in der Volkswirtschaft

Die wichtigsten Funktionen von Unternehmen in der Volkswirtschaft sind:
- Anbieten von Produkten und Dienstleistungen,
- Schaffen von Arbeitsplätzen und Berufsausbildungsplätzen,
- Mitfinanzierung der öffentlichen Haushalte.

Die öffentlichen Haushalte – der Staat (Bund), die Länder und Gemeinden – sind an der Gründung und Existenz von Unternehmen interessiert, weil dadurch die **Steuereinnahmen** sichergestellt werden. Besteuert werden unter anderem die Einkommen (z. B. durch die Lohnsteuer) und die Güter (durch die Umsatz- bzw. Mehrwertsteuer).

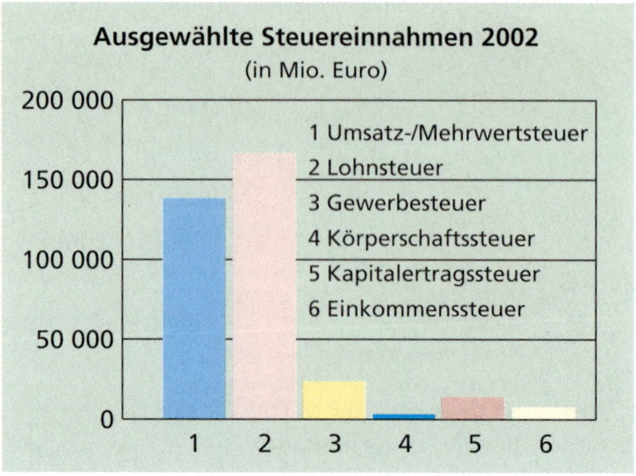

1 Ausgewählte Steuereinnahmen von Bund, Ländern und Gemeinden im Jahr 2002

Die Steuereinnahmen dienen neben anderen Einnahmen dazu, dass die öffentlichen Haushalte die ihnen übertragenen Aufgaben erfüllen können. Die Kraft oder Schwäche der deutschen Gesamtwirtschaft wird mit dem Bruttoinlandsprodukt ausgedrückt. Wenn Wachstumsdaten für die Bundesrepublik in Prozent (z. B. 3,0 Prozent – der Wachstumswert für das Jahr 2000) bekanntgegeben werden, so ist damit die Veränderung des Bruttoinlandsproduktes gemeint.

M

Das **Bruttoinlandsprodukt** für Deutschland summiert den Wert aller Dienstleistungen und Sachgüter, die innerhalb eines Jahres in den Landesgrenzen von Deutschland entstanden sind.

Im Jahr 2000 betrug das Bruttoinlandsprodukt je Einwohner in Deutschland 24 569 €. Im Jahr 2002 betrug es 25431 €. Der Wert des Bruttoinlandsproduktes wird statistisch erhoben.

Beziehungen und Verflechtungen eines Unternehmens

Kein Unternehmen kann isoliert existieren. Die Unternehmen für sich machen eigene Systeme aus – man spricht vom „Subsystem“. In diesem **Subsystem** ist unter anderem geregelt, wer welche Aufgaben hat oder wer wem eine Anweisung geben darf.

2 Beziehungen und Verflechtungen eines Unternehmens

Das Unternehmen ist zugleich Teil übergeordneter Systeme oder steht in Beziehungen zu anderen Systemen. Ein Unternehmen ist Teil des sozialen, politischen, ökologischen Umfeldes.

Es steht in Beziehungen zu Beschaffungs- und Absatzmärkten. Für moderne Unternehmen ist das systemische (auch vernetzt genannte) Denken sehr wichtig.

Interessengruppen und Zielkonflikte

Interessengruppe	Ziele (Beispiele)
Eigentümer von Unternehmen	Selbstständigkeit, Existenzsicherung
Arbeitnehmer	soziale Sicherheit, Einkommen
öffentliche Haushalte	Arbeitsplätze, Steuern
Konsumenten	breites Angebot, Service
Lieferanten	stabile Lieferkonditionen, Zahlungsmoral
Kapitalanleger	sichere Anlage, Kapitalsteigerung

Für ein Unternehmen sind im Spannungsfeld von Interessen folgende Fragen wichtig:

- *Welche gesellschaftlichen, politischen und wirtschaftlichen Rahmenbedingungen kennzeichnen die Region?*
- *Wer hat Interesse am Unternehmen?*
- *Was ist das Ziel der jeweiligen Interessengruppe?*
- *Welche Zielkonflikte können zwischen den Interessengruppen entstehen?*

Neben den genannten Interessengruppen und Zielen sind die **Rahmenbedingungen** der Volkswirtschaft zu beachten.

Im Zuge der technologischen Entwicklung und der sich wandelnden Güternachfragestruktur verlieren einzelne Branchen an Bedeutung und verschwinden unter Umständen ganz (Bergbau, Schiffbau). Andere Branchen können an wirtschaftlichem Gewicht gewinnen oder neu entstehen. Wichtige Wachstumsbranchen in der Bundesrepublik sind u. a. der Fahrzeugbau, die Informations- und Kommunikationstechnik, die Automatisierungstechnik. Der strukturelle Wandel betrifft die einzelnen Regionen unterschiedlich.

1 Das Unternehmen REpower Systems AG (Netzwerk und Bedeutung)

M Zwischen den Interessengruppen wirken ständig Zielkonflikte. Aufgabe der Unternehmen und Interessengruppen ist es deshalb, diese Konflikte auf ein erträgliches Maß zu reduzieren.

Regionales Wirtschaftswachstum

In wirtschaftlich starken Gebieten liegen die Produktion (von Sachgütern oder Dienstleistungen) und das Einkommen der Bevölkerung über dem Durchschnitt. Ist das Gegenteil der Fall, so existieren verschiedene Ursachen, wie überregionale oder globale ungünstige wirtschaftliche Bedingungen. Beispielsweise bestehen bei Kohle nicht nur in Deutschland, sondern auch global Überkapazitäten. Das hat Auswirkungen auf das Wirtschaftswachstum in den betroffenen Regionen mit Kohleförderung. Nur durch **Subventionen** und gedrosselten Abbau können solche Standorte erhalten werden. Solche Regionen sind von Abwanderung bedroht, wenn es nicht gelingt, andere Produktionszweige aufzubauen. Die Entwicklung gut funktionierender mittelständischer Unternehmen ist eine Möglichkeit, dass in den Regionen wieder ein Wirtschaftswachstum zu verzeichnen ist. Ein Beispiel ist das Unternehmen REpower Systems AG.

Produkte: Entwickeln, Produzieren und Installieren von Windenergieanlagen

Standorte: Hauptverwaltung in Hamburg; Entwicklungszentrum in Rendsburg, Produktion und Service u. a. in Trampe (Land Brandenburg); International: Spanien, Frankreich, Griechenland, Australien, Kanada

Zulieferer: Rotorblätter, Getriebe und andere Teile werden von deutschen Unternehmen zugeliefert; Gondelverkleidungen stammen von tschechischen Unternehmen

Absatzmärkte: vorrangig Deutschland, Japan, Zypern, Österreich, Frankreich

Umsatzerlös 2002: 215,1 Mio. € (das sind 156 in Deutschland verkaufte und installierte Windenergieanlagen), das ergibt 34,4 Mio Umsatzsteuer, die der Letztverbraucher an die öffentlichen Haushalte zahlt.

Erfolgsfaktoren im Unternehmen

Kompetenzen des Unternehmers/der Unternehmerin

Ein wesentlicher wirtschaftlicher Erfolgsfaktor für ein Unternehmen sind die Kompetenzen des Unternehmers/der Unternehmerin: Selbstkompetenz, Sozialkompetenz, Sachkompetenz.
Selbstkompetenzen sind Fähigkeiten des Umgangs mit sich selbst, wie Ausdauer, Zeitmanagement, Entspannungsfähigkeit, Regenerationsfähigkeit.
Sozialkompetenzen sind Fähigkeiten des Umgangs mit anderen, wie Umgang mit verschiedenen Charakteren, Rhetorik, Charisma.
Sachkompetenzen sind Fähigkeiten, Wissen effizient zu nutzen, wie Analysieren, Vereinfachen, Strategien entwickeln.

Nachfrage

Entscheidend für jedes Unternehmen ist, ob eine **Nachfrage** nach einem Produkt besteht. Es ist oft sehr schwierig und aufwendig zu ermitteln, ob eine Nachfrage für ein bestimmtes Sachgut oder eine Dienstleistung besteht und bestehen bleiben wird. So ändern sich die Nachfragetrends z. B. in Abhängigkeit von der Altersstruktur (in Deutschland nimmt die Überalterung zu), durch die verbreitete Nutzung des Internets – völlig neue Kaufgewohnheiten bilden sich heraus, zunehmende Mobilität – hohe Anforderungen an Autoindustrie, Nah- und Fernverkehr.

1 Mobilität erhöht auch die Nachfrage nach höherer Sicherheit

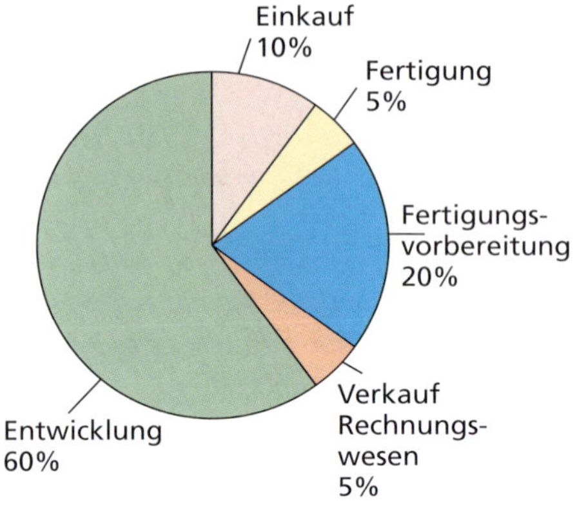

2 Beispiel für mögliche Kostenanteile einzelner Funktionsbereiche von Unternehmen

Unternehmensorganisation

Im Unternehmen wird zwischen Aufbauorganisation und Ablauforganisation unterschieden. Während die Ablauforganisation die Gliederung des Unternehmens in Unternehmensleitung, Abteilungen, Bereiche ... beinhaltet und im Ergebnis eine Stellengliederung schafft, regelt die Aufbauorganisation die zeitlichen und räumlichen Arbeitsabläufe. Beide Formen wirken eng zusammen, es wird deshalb auch nur von Unternehmensorganisation gesprochen.
Die Qualität der Aufbau- und Ablauforganisation hat einen großen Einfluss auf die Kosten, die im Unternehmen entstehen.

Fallbeispiele für die Organisation von Unternehmen
Anhand zweier größerer Unternehmen werden zwei typische unternehmerische Organisationsformen vorgestellt. Diese typischen Organisationsformen („Modelle“) sind auch bei vielen weiteren Unternehmen wiederzufinden.
Das Unternehmen **„Epigenomics“** verdeutlicht das **„Unit-Modell“** (Unit = Einzelteil, Einheit, Abteilung). Jede „Unit“ ist relativ eigenständig und eigenverantwortlich unter dem Dach des Gesamtunternehmens. Die „Units“ sind also praktisch eigenständige, kleinere Unternehmen innerhalb des großen Unternehmens.

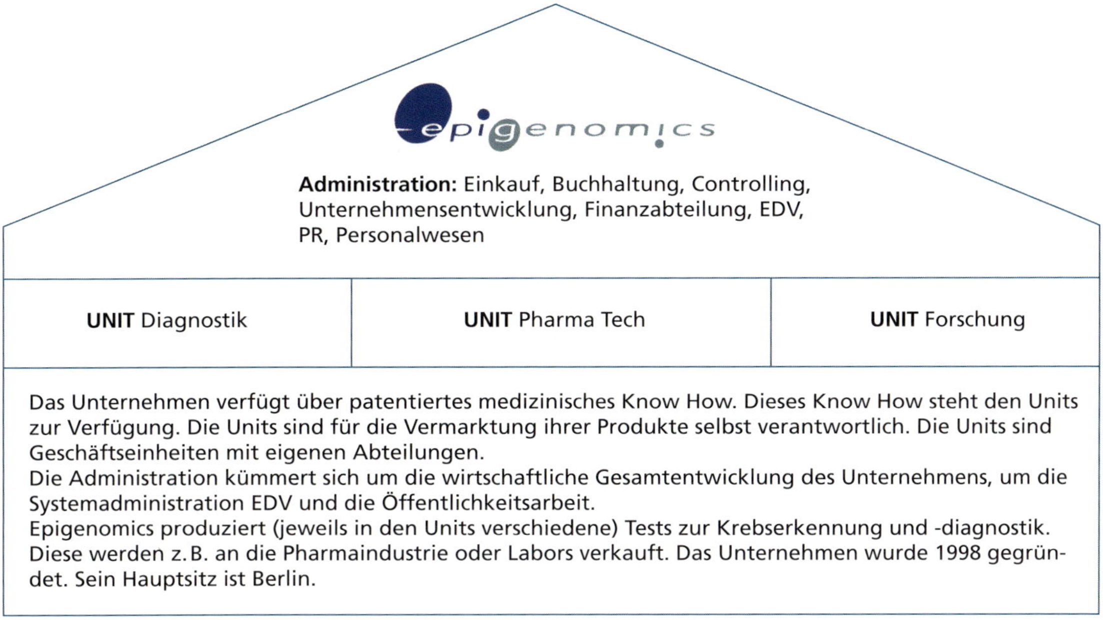

1 Beispiel für Unit-Modell anhand des Unternehmens Epigenomics AG

Das Unternehmen **„adidas-Salomon"** verdeutlicht das **„Verteilungsmodell".** Viele der Unternehmensaufgaben werden nach außen, an eigenständige Unternehmen weggegeben, also verteilt. Zwischen dem Unternehmen „adidas-Salomon" und den „Fremdunternehmen" werden Verträge geschlossen. Darunter z. B. Lizenzverträge. Lizenzen erlauben unter bestimmten Bedingungen die Warenproduktion unter dem Namen des Lizenzgebers.

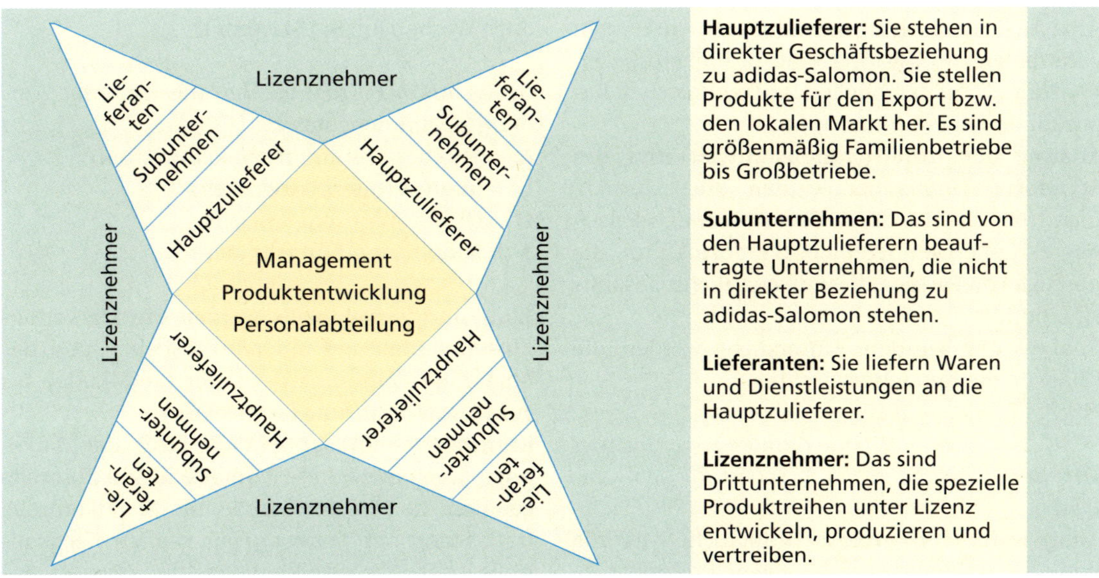

2 Beispiel für Verteilungs-Modell anhand des Unternehmens adidas-Salomon

Marketing

„Was nicht immer besser wird, hört auf, gut zu sein."

(Unternehmergrundsatz)

Ein Ziel von **Marketing** ist es, die Kundenbedürfnisse und -wünsche zu ermitteln und diese mit einem kundenorientierten Produkt zu befriedigen. Das Produkt wird so präsentiert, dass es möglichst viele Kunden findet. Die Reaktion des Marktes auf das Produkt wird ständig beobachtet und ausgewertet, um das Unternehmen darauf einzustellen. Marketing ist eine laufende Aufgabe eines Unternehmens. Das Marketing eines Unternehmens muss ständig an den sich verändernden Markt mit seinen Kunden angepasst werden. Gegenstände des Marketing sind:

- das eigene Unternehmen,
- die Unternehmensumwelt,
- die Kunden,
- die Konkurrenz.

Schwerpunkte von Marketing sind:

- Analyse,
- Marketing-Mix,
- Etat- und Zeitplanung,
- Kontrolle.

Analyse des eigenen Unternehmens: Untersucht wird die eigene Leistungskraft bezüglich der Finanzmittel, der personellen und technischen Kapazität und der Marktposition.

Analyse der Unternehmensumwelt und des Standorts: Untersucht werden die externen, nicht vom Unternehmen beeinflussbaren Faktoren, z. B. die Demographie, die Soziokultur, die potenziellen Partner, die wirtschaftliche Gesamtsituation.

Analyse der Kunden: Untersucht werden die Chancen der Kundengewinnung.

Wer sind und was wollen die Kunden?
Welchen Nutzen haben die Kunden vom Angebot?
Was ist das Besondere des Angebots für den Kunden?

Analyse der Konkurrenz: Untersucht wird die Konkurrenzsituation für das eigene Produkt.

Wer sind und was bieten die Konkurrenten?
Warum ist das eigene Angebot besser?
Wie könnte die Konkurrenz auf unser Angebot reagieren?

Marketing-Mix:
Die Instrumente, die eingesetzt werden können, sind

- das Produktsortiment,
- die Vertriebsart,
- das Preis-Qualität-Verhältnis,
- Service und verkaufsfördernde Maßnahmen,
- die Werbung.

Entscheidend ist der richtige „Mix" dieser Instrumente. Bei der **Werbung** wird Absatzwerbung von Öffentlichkeitsarbeit (Public Relations - PR) unterschieden.

Bei der **Absatzwerbung** geht es um direkte Bewerbung eines neuen Produkts oder einer neuen Zielgruppe. **PR** dient der Steigerung des Ansehens des Unternehmens bei potentiellen Käufern. Zu den wichtigsten Werbegrundsätzen zählen Wirksamkeit, Wirtschaftlichkeit und Wahrheit. Weil Werbung teuer ist, muss die Wirksamkeit genau geplant werden. Zwischen den Werbekosten und dem Werbeerfolg sollte ein angemessenes Verhältnis bestehen. Übertreibungen und Unwahrheiten sind zu vermeiden (siehe auch Werbeplan, S. 161, Abb. 1)

In der **AIDA**-Formel werden die Ziele der Werbung zusammengefasst:

A = Attention (Aufmerksamkeit wecken)
I = Interest (Interesse wecken)
D = Desire (Wünsche wecken)
A = Action (Handlung, Kaufen)

Etat- und Zeitplan: Es werden die Marketing-Einzelmaßnahmen mit den Ausgaben und der Marketing-Zeitrahmen von der Produktidee bis zur Markteinführung festgelegt.

Kontrolle: Kontrolliert wird der Erfolg der Marketingmaßnahmen (Soll-Ist-Vergleich). Zur Kontrolle gehören die Finanzkontrolle, die Marktkontrolle (z. B. Stand der Marktanteile), die Vertriebskontrolle (z. B. Absatzzahlen) und die Zielgruppenkontrolle (z. B. Zielgruppenzufriedenheit).

1 Entwurf eines Werbeplans als Mind Map

Der Business-Plan eines Unternehmens

Das Wort „Business" (engl.) bedeutet Geschäftsleben im Sinne von Unternehmen.

> **M** Der **Business-Plan** ist das schriftliche Konzept, in dem beschrieben wird, wie die Geschäftsidee zu einem erfolgreichen Unternehmen führen soll.

Ein Business-Plan muss einen dreifachen Zweck erfüllen:

1. Er ist für den Unternehmer das persönliche Handbuch zum Weg in den Erfolg. Er beinhaltet alle für die Unternehmensentwicklung wichtigen Informationen und berücksichtigt alle wesentlichen Führungsaspekte.
2. Er ist für potenzielle Geschäftspartner ein wichtiges Dokument zur Prüfung des Unternehmenskonzepts vor einer möglichen Partnerschaft.
3. Er ist für Banken das Dokument, das Aussagen zur Kreditwürdigkeit des Unternehmens enthält.

„Banken geben nur Geld, wenn man Sicherheiten vorweisen kann."

(Unternehmergrundsatz)

Für den Inhalt eines Business-Planes gibt es keine Vorschriften. Im Allgemeinen gehört in einen Business-Plan:

- Beschreibung der Geschäftsidee:
  Welche Sachgüter oder Dienstleistungen sollen produziert und verkauft werden?
  Was ist das Besondere des Produkts?
- Marktanalyse:
  Wer genau sind die Kunden?
  Wie werden die Kunden erreicht?
- Konkurrenzanalyse:
  Wer und wo sind die Konkurrenten?
  Wie ist deren Preis-Qualitäts-Angebot?
  Warum ist das eigene Angebot besser?
- Gründer/innen:
  Welche Kenntnisse, Qualifikationen und Verbindungen haben die Gründer, die für das zukünftige Unternehmen wichtig sind?
- Rechtsform und Standort:
  Welche Rechtsform wird warum gewählt?
  Welche Standortvorteile gibt es?
- Marketing und Partner:
  Was sollen die Produkte kosten?
  Ist der Preis konkurrenzfähig?
  Sind dadurch die notwendigen Einnahmen gedeckt?
  Wie wird geworben?
  Welche Geschäftsbeziehungen (z. B. zu Zulieferern) werden warum aufgenommen?
- Mitarbeiter:
  Wer soll wann für welche Vergütung eingestellt werden?
- Finanzplanung:
  Wie wird die Unternehmensgründung finanziert?
  Welche Investitionen werden getätigt?
  Wie viel Kapital (z. B. für Ausgaben bis zum ersten Umsatz) wird benötigt?
  Nachweis, wie sich der Umsatz und Gewinn entwickeln. Planung der Liquidität.
- Zukunftsprognosen:
  Wie wird sich der Markt entwickeln?
  Welche unternehmerischen Risiken bestehen?

Bei Beachtung dieser Fragen kann z. B. einem Investor ein Überblick darüber gegeben werden, welcher Umsatz und Gewinn sich voraussichtlich innerhalb der nächsten Jahre erzielen lässt.

Einige Prüffragen an einen Business-Plan:

Haben andere Experten die Geschäftsidee geprüft?

Wie reagieren Sie, wenn Zulieferer ausfallen?

Werden alle Umweltbestimmungen eingehalten?

Gibt es im Ausland vergleichbare Geschäftskonzepte?

Wurde das Produkt von der Zielgruppe getestet?

Welche Partner unterstützen in der Startphase?

Kann die Geschäftsidee gegen Nachahmer geschützt werden?

Werden Genehmigungen benötigt?

Gibt es genügend qualifiziertes Personal?

Auszüge aus zwei Business-Plänen

1 Dämmstoffe aus Hanf

Geschäftsidee: Vertrieb eines natürlichen Bau-Dämmstoffs aus Hanf – „Thermo-Hanf"
Erfolgsfaktoren: ökologische Vorteile; fachliche Kompetenz der Geschäftsleitung durch 20 Jahre Tätigkeit in der Baubranche
Risiko: Kopie durch Konkurrenz
Risikoschutz: Know-how-Vorsprung
Kundennutzen: einfacher Einbau; variabel, recycelfähig; gesundes Raumklima
Preis: preisgünstigster ökologischer Dämmstoff
Markt: lt. Studie sind 10 % der Bauherren sehr und 35 % der Bauherren interessiert an ökologischer Bauweise; lediglich 30 bis 35 Unternehmen stellen in Deutschland ökologische Dämmstoffe her
Vertrieb: Händlernetz, Baustoff-Fachhandelsketten, Fertighaushersteller

In Mecklenburg-Vorpommern wurde eine Aktiengesellschaft gegründet, die ein cholesterinfreies Volleipulver produziert. Auch hier wurden im Business-Plan Geschäftsidee, Erfolgsfaktoren, Markt, Preis und Absatzmöglichkeiten ausgewiesen.

Geschäftsidee: cholesterinfreies Ei (Vollei-Pulver, z. B. für Nudeln)
Erfolgsfaktoren: Diät-Marktlücke – cholesterinfreies Vollei-Pulver auf Eibasis gibt es bisher nicht; zunehmendes Gesundheitsbewusstsein; kaum Geschmacksunterschied zu cholesterinhaltigem Vollei-Pulver; Mitarbeit von Fachexperten, z. B. Lebensmittelanalytiker
Markt: rund 1 % der Speisen, die ein Durchschnittsbürger zu sich nimmt, bestehen aus Ei; Trend zu fertigen Ei-Produkten steigt an
Preis: preisgünstiger als Eierersatzstoffe
Absatz: Ei-verarbeitende Industrie

Franchising – Kaufen von Geschäftskonzepten

Der Begriff „Franchise" stammt ursprünglich aus Frankreich und bezeichnete das Privileg, bestimmte Güter gegen Entgelt zu produzieren oder zu handeln.

> **M** Beim heutigen **Franchising** kauft der Franchise-Nehmer vom Franchise-Geber ein bewährtes Unternehmenskonzept und bestimmte Dienstleistungen (z. B. Beratung beim Unternehmensaufbau).

Der Franchise-Nehmer bezahlt für das Franchising und geht bestimmte Verpflichtungen gegenüber dem Franchise-Geber ein (z. B. Einhaltung des Franchise-Konzepts). Kosten, die für den Franchise-Nehmer entstehen können:

- Einstiegsgebühr (z. B. beim Unternehmen „Blume 2000" ca. 10 000 €)
- laufende Gebühr beträgt bis zu ca. 15 % vom Umsatz
- Werbekostenumlage beträgt bis zu ca. 5 % vom Umsatz

Die einzelnen Kosten und Bedingungen werden im Franchise-Vertrag festgelegt. Die Vorteile für den Franchise-Nehmer sind der Wettbewerbsvorsprung, das Markenimage und das Know-how des Franchise-Gebers. Der größte Vorteil des Franchise-Gebers sind die Expansionsmöglichkeiten. Der Franchise-Nehmer hat trotz seiner Bindung an den Franchise-Geber viele unternehmerische Freiheiten (z. B. in der Personalpolitik). Er agiert weitgehend eigenverantwortlich und trägt das unternehmerische Risiko. Typische Franchise-Formen sind:

Vertriebsfranchising: Der Franchise-Nehmer verkauft unter dem Namen des Franchise-Gebers in seinem eigenen Geschäft bestimmte Waren bei Einhaltung bestimmter Vorgaben (z. B. McDonalds, Baumärkte).
Dienstleistungsfranchising: Der Franchise-Nehmer bietet Dienstleistungen unter dem Namen der Franchising-Zentrale bei Einhaltung bestimmter Vorgaben an (z. B. Hotelkette).
Produktionsfranchising: Der Franchise-Nehmer stellt Produkte nach Anweisung des Franchise-Gebers her und verkauft diese unter dessen Warenzeichen (z. B. Coca Cola).

Das Franchise-System

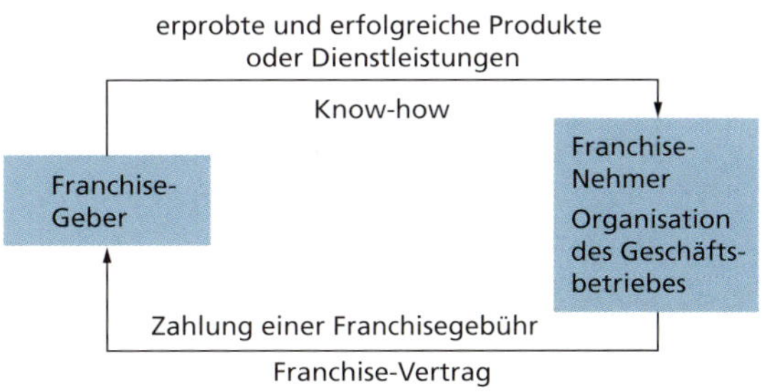

Factoring – Kauf von Geldforderungen

Während Franchising eine spezielle Form des direkten Absatzes eines Unternehmens ist, ist **Factoring** ein Kaufgeschäft, das besonders den Betrieben des Mittelstandes die Liquidität sichern hilft. Damit ist Factoring eine besondere Form der Finanzierung. So kauft z. B. ein Finanzierungsinstitut die Forderungen des Unternehmens und übernimmt das Ausfallrisiko. Der Vorteil ist, dass das Unternehmen sofort einen Betrag (70 bis 90 %) des Außenstandes erhält und damit Forderungen sich schneller in Liquidität verwandeln.

Kriterien eines finanziell erfolgreichen Unternehmens

Finanzierungskonzept einer Unternehmensgründung

Ein ausgefeiltes Finanzkonzept ist eine der tragenden Säulen eines Unternehmens. Schätzungen „über den Daumen" reichen nicht aus. Erfolgsversprechender ist eine detaillierte Finanzplanung, die meist mit professioneller Beratung entwickelt wird. Vor der Unternehmensgründung sind zwei Fragen zu beantworten:

Wie viel Kapital wird für die Gründung benötigt (Kapitalbedarf)? Wie und woher wird der Kapitalbedarf gesichert (Finanzierung)?

M Der **Kapitalbedarf** sagt aus, wie viel Geld für den Start des Unternehmens notwendig ist.

Zum Kapitalbedarf gehören:

Startinvestitionen	Büroeinrichtungen, Maschinen und Geräte, Fahrzeuge ...
Betriebsmittel	Materialien, Rohstoffe ...
Gründungskosten	Beratungen, Anmeldungen, Notar, Personalkosten, Einlagen je nach Rechtsform ...
Kapitalkosten	Zins- und Tilgungskosten ...
Lebenshaltungskosten	Privatentnahmen für den eigenen Lebensunterhalt
Reserven	Rücklagen für Unvorhergesehenes

M Die **Finanzierung** sagt aus, welche Geldquellen in Anspruch genommen werden. Unterschieden werden Eigenkapital von Fremdkapital.

„Je mehr Eigenkapital, um so besser."
(Unternehmererfahrung)

Zum **Eigenkapital** zählt das privat verfügbare Vermögen (Ersparnisse), vorhandene Sachmittel und Eigenmittel von Teilhabern. Teilhaber wollen als Gegenleistung Mitspracherecht.
Das **Fremdkapital** wird gesichert durch Bankkredite (Darlehen). Hinzu kommen die Möglichkeiten der Wirtschaftsförderung. Für Erlangung eines Bankkredits muss Kreditwürdigkeit gegenüber der Bank nachgewiesen werden. Zum wichtigsten Kriterium für Kreditwürdigkeit zählen Sicherheiten, wie Hypotheken (Belastung von Immobilien), Bürgschaften (ein Bürge verpflichtet sich zum finanziellen Aufkommen im Schadensfall) oder andere Sachen, die im Schadensfall zu „Geld gemacht" werden könnten. Merkmale eines Kredits sind die Laufzeit und die Kreditkosten (Zinsen und Gebühren). Die Rückzahlung des Kredits (in Raten oder als Gesamtsumme) heißt Tilgung.

Verringern des kurzfristigen Kapitalbedarfs durch Leasing

Beim **Leasing** überlässt der Leasinggeber dem Leasingnehmer „Sachen" (z. B. Büromaschinen) zum Gebrauch. Darüber wird ein Leasingvertrag geschlossen. Der Leasingnehmer zahlt eine Leasingrate. Anders als beim Mieten muss der Leasingnehmer das Objekt warten und instand halten. Vorteile des Leasings sind neben der Verbesserung der Liquidität des Leasingsnehmers gewisse Steuervorteile, die sich daraus ergeben, dass nur die Ausgaben in der Bilanz erscheinen, und der Service des Leasinggebers. Durch Leasing kann die Technik des Unternehmens bei kurzer Leasingdauer (ab ca. 3 Jahre) immer auf dem neuesten Stand gehalten werden.

Finanzplanung

Mit einer **Finanzplanung** wird möglichst genau prognostiziert, wie sich das Unternehmen im kommenden Jahr bzw. in den nächsten Jahren finanziell entwickeln wird. Durch diese Planung soll verhindert werden, dass das Unternehmen an Finanzierungsmängeln scheitert. Finanzierungsmängel sind der Hauptgrund für das Scheitern von Unternehmen. Zur finanziellen Prognose zählen die Umsatz-, Rentabilitäts- und Liquiditätsvorschau, d. h. im Wesentlichen die Kosten und Einnahmen.

Kosten und Einnahmen eines Unternehmens

M

Die **Kosten** eines Unternehmens sind alle Finanzmittel, die abfließen. Sie sind die Gesamtheit der Werte von Gütern und Leistungen, die bei der Erstellung eines Produkts verbraucht werden.

Die **Einnahmen** eines Unternehmens sind alle Finanzmittel, die einfließen, wie verkaufte Sachgüter und Dienstleistungen oder Erlöse aus Bankguthaben. Um die Vielfalt der Kosten eines Unternehmens durchschaubar zu machen, werden diese aus verschiedenen Perspektiven betrachtet:

Perspektive Produktionsauslastung: Es werden fixe (feste) von variablen Kosten unterschieden.

1 Produkt mit Planungssicherheit?

Fixe Kosten (z. B. Mieten) haben immer die gleiche Höhe, unabhängig vom Produktionsumfang. Sie fallen auch an, wenn gar nicht produziert wird.
Variable Kosten (z. B. Materialkosten) steigen bei wachsendem Produktionsumfang und sinken bei rückläufigem Produktionsumfang.
Fixe Kosten + variable Kosten = Gesamtkosten.

Perspektive Kostenzuordnung: Es werden Einzelkosten von Gemeinkosten unterschieden.
Einzelkosten (direkte Kosten) sind solche, die der Unternehmensleistung (Sachgut oder Dienstleistung) direkt zugeordnet werden können, wie Fertigungslöhne oder Materialien.
Gemeinkosten (indirekte Kosten) sind solche, die der Unternehmensleistung nur indirekt zugeordnet werden können, wie Gehälter oder Miete.

M

Gesamtkosten eines Unternehmens
- Arbeitskosten: Löhne und Gehälter und gesetzliche und freie Leistungen des Unternehmens
- Materialkosten und Energiekosten
- Dienstleistungen anderer Unternehmen
- Transport- und Versandkosten
- Sachgemeinkosten: Miete, Heizung, Wasser, Versicherungen, Steuern, Telefon, Bürobedarf, Werbung, Instandhaltung ...
- Kapitalkosten: u. a. Zinsen, Leasingraten
- Abschreibungen
- sonstige Kosten: z. B. Weiterbildung

Kalkulation eines Verkaufspreises

Preispolitische Entscheidungen der Unternehmen werden in der Regel vom Markt und den eigenen Kalkulationen bestimmt. Dabei muss der Preis wettbewerbsfähig sein. Grundlage der eigenen Kalkulationen ist die exakte Erfassung der Kosten, d. h. eine funktionierende Kostenrechnung.

Die Kostenrechnung hat die bei der Beschaffung, Leistungserstellung, Lagerung, beim Absatz und bei der Verwaltung anfallenden Kosten zu erfassen und damit die Selbstkosten verkaufsfertiger Ware zu ermitteln.

Berechnung des Verkaufspreises

> **M** Selbstkosten je Einheit (Stück, m, kg) + kalkulatorischer Gewinnzuschlag = kalkulierter Verkaufspreis (Bruttoverkaufspreis)

Der kalkulatorische Gewinn enthält den Unternehmerlohn (Ul), die Eigenkapitalverzinsung (Ev) und die Risikoprämie (R). Diese Bestandteile werden zu einem Gewinnzuschlag zusammengefasst, der sich auf die Selbstkosten bezieht.

$$\text{Gewinnzuschlag} = \frac{\text{Ul} + \text{Ev} + \text{R}}{\text{Selbstkosten}} \times 100$$

Gewinnzuschlag =
Unternehmerlohn + Eigenkapitalverzinsung + Risikoprämie/Selbstkosten × 100.

Die **Selbstkosten** können mit verschiedenen Methoden ermittelt werden. Eine einfache Methode ist die **Divisionskalkulation:**

$$\frac{\text{Gesamtkosten (€)}}{\text{Fertigungsmenge (Stück)}} = \text{Selbstkosten (€)/Stück}$$

Eine weitere Methode ist die **vereinfachte Zuschlagskalkulation:**

+ Materialkosten (€)
+ Fertigungslohn (€)
+ Gemeinkostenzuschlag (€)

= Selbstkosten

Der Gemeinkostenzuschlag (GKZ) berechnet sich bei dieser Methode prozentual aus dem Fertigungslohn. Die prozentuale Höhe (Gemeinkostenzuschlagsatz in %) berechnet sich wie folgt:

$$\text{GKZ} = \frac{\text{Gemeinkosten (im letzten Jahr)} \times 100\,\%}{\text{Fertigungslohnkosten (im letzten Jahr)}}$$

Der Gemeinkostenzuschlagsatz ist also ein unternehmerischer Erfahrungswert, der bei der Zuschlagkalkulation eingesetzt wird.

Der auf die Selbstkosten aufgeschlagene Gewinnzuschlag ist abhängig von der Marktsituation. Der Verkaufspreis muss gegenüber anderen Anbietern konkurrenzfähig sein.

Wirtschaftlichkeit eines Unternehmens

> **M** **Gewinn** ist der Überschuss der Erträge eines Unternehmens über die Aufwendungen.

Der Jahresgewinn dient als Grundlage für die Berechnung der gewinnabhängigen Steuern eines Unternehmens. Er kann ausgeschüttet werden, als **Rücklage** im Unternehmen verbleiben oder für **Investitionen** eingesetzt werden.

Der Gewinn kann wie folgt berechnet werden:

+ Umsatz
+ sonstige Erlöse
– Gesamtkosten

= Gewinn

Der **Umsatz** ist das Geld, welches aus der Gesamtheit der verkauften Sachgüter oder Dienstleistungen eingeflossen ist. Sonstige Erlöse können z. B. Habenzinsen sein. In einer **Gewinn-Verlust-Rechnung** (GuV) werden Aufwendungen und Erträge gegenübergestellt:

Gewinn-Verlust-Rechnung	
Aufwendungen	**Erträge**
Verminderung des Bestands an fertigen und unfertigen Erzeugnissen Aufwand für bezogene Materialien und Leistungen Personalaufwand Abschreibungen sonstige Aufwendungen	Umsatzerlöse Erhöhung des Bestands an fertigen und unfertigen Erzeugnissen sonstige Erträge
Aufwendungen – Erträge = Gewinn oder Verlust	

Eine wesentliche Aufwandsgröße sind die Abschreibungen.

> **M** Durch **Abschreibungen** werden die Anschaffungskosten auf die Jahre der Nutzung verteilt. Mit der Abschreibung wird der Wertverlust von Maschinen und Anlagen erfasst.

Die Abschreibung erfolgt meist linear.

> Beispiel: Ein Firmenauto wurde für 20 000 € angeschafft. Die Nutzungsdauer beträgt 10 Jahre. Die jährliche Abschreibung beträgt somit 2 000 €.

Wenn der Gewinn des Unternehmens den Erwartungen entspricht, das heißt, die Ziele des Unternehmens deckt, so arbeitet das Unternehmen rentabel. Aber auch wenn ein Unternehmen rentabel arbeitet, muss für die Wirtschaftlichkeit noch mehr erfüllt sein – insbesondere die Liquidität.

> **M** Ein Unternehmen ist liquide, wenn es jederzeit in der Lage ist, seine laufenden Kosten und eingehenden Rechnungen zu bezahlen.

Liquiditätsschwierigkeiten gehören zu den größten Problemen von Unternehmen. Die Liquidität wird regelmäßig überwacht nach folgender Berechnung:
monatliche Einnahmen > monatliche Ausgaben = liquide (zahlungsfähig);
monatliche Einnahmen < monatliche Ausgaben = illiquide (zahlungsunfähig).

Steuern eines Unternehmens

> **M** **Steuern** sind Pflichtabgaben von Unternehmen an Bund, Länder und Gemeinden.

Einkommensteuer: Sie wird auf das in einem Kalenderjahr erzielte zu versteuernde Einkommen natürlicher Personen erhoben. Zum Einkommen zählt auch der Gewinn der Unternehmer, der nach steuerlichen Vorschriften ermittelt wird.
Körperschaftssteuer: Sie wird auf den erwirtschafteten Gewinn juristischer Personen (z. B. AG, GmbH) erhoben.
Einkommens- und Körperschaftssteuer werden auch Ertragssteuer genannt.
Umsatzsteuer: Die Umsatzsteuer wird immer vom Endverbraucher gezahlt. Das Unternehmen führt eingenommene Umsatzsteuer an das Finanzamt ab. Für Vorprodukte gezahlte Umsatzsteuer wird gegenüber dem Finanzamt verrechnet. Sie beträgt derzeit 16 % bzw. 7 % für Lebensmittel, Bücher u. a.
Gewerbesteuer: Diese bezahlt jedes Unternehmen an die Gemeinde (außer bei Besonderheiten, z. B. Freibetrag).
Lohnsteuer: Diese ist vom Unternehmen für beschäftigte Arbeitnehmer einzubehalten und an das Finanzamt abzuführen.

IT und Unternehmensökonomie

„IT" steht für „Informations- und Telekommunikationstechnik". Durch die weltweite Vernetzung des Internets sind zahlreiche neue unternehmerische Chancen (und Risiken) entstanden. Außerdem ist IT für jedes moderne Unternehmen unverzichtbar geworden.

Neue Chancen – E-Business

Mit **„E-Business“** sind unternehmerische Aktivitäten und geschäftliche Vorgänge gemeint, die das Internet nutzen. Dabei werden die folgenden Stufen unterschieden:

Stufe	Aktivitäten
Stufe 0	Offline
Stufe 1	passiv online – Internet- und E-Mail-Nutzung ohne eigene Homepage
Stufe 2	eigene Homepage
Stufe 3	Onlineshopping – Homepage mit Bestellmöglichkeit
Stufe 4	digitale Vernetzung – Stufe 3 plus Datenaustausch mit Lieferanten
Stufe 5	elektronische Lieferkette – vollautomatische Verzahnung von Geschäftsprozessen zwischen Unternehmen (supply chain)

Die wichtigsten Motoren für E-Business sind die Kundenansprüche und der Wettbewerbsdruck. Wesentliche Vorteile von E-Business sind Erhöhung der Schnelligkeit und Flexibilität, Verbesserung der Kundenorientierung und Senkung von Kosten. Umsatzsteigerungen und die Erschließung neuer Märkte sind jedoch nicht so bzw. weniger stark, wie zu Beginn der E-Business-Zeit erhofft, eingetreten.

IT im Unternehmensalltag

Die typischen **Einsatzgebiete für IT** im verwalterischen Unternehmensalltag sind:
Lieferantenverwaltung, Kundenverwaltung, Materialverwaltung, Finanzbuchhaltung (u. a. zur Verwaltung des Umsatzes), Schriftverkehr, Zahlungsverkehr (z. B. Abwicklung des Zahlungsverkehrs mit der Bank), Lohnprogramm und Auftragsbearbeitung (z. B. Angebotsverwaltung) und eine Reihe weiterer Einsatzgebiete. Besonders größere Unternehmen greifen auf **Spezialsoftware** oder sogar individuelle Programmierung zurück. Der Trend geht dabei hin zu vernetzten Systemen. Kleinere und mittelständische Unternehmen nutzen oft Standardanwendungen aus den Bereichen Textverarbeitung, Datenbankanwendungen und Tabellenkalkulation.

1 Beispiel eines Online-Shops (seit Dezember 1999 in Betrieb)

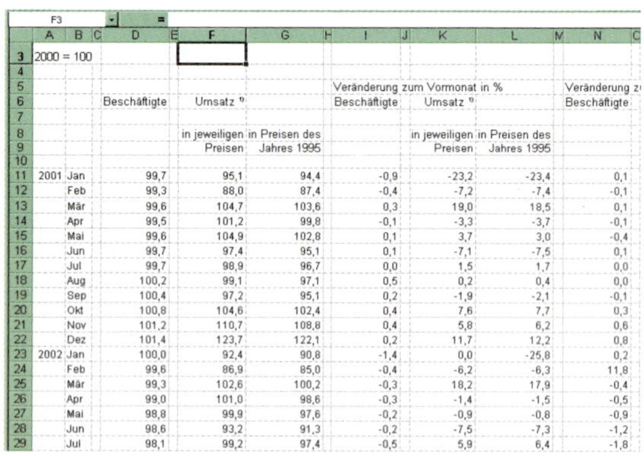

	A	B	D	F	G	I	K	L	N
3	2000 = 100								
4									
5						Veränderung zum Vormonat in %			Veränderung z
6			Beschäftigte	Umsatz ¹⁾		Beschäftigte	Umsatz ¹⁾		Beschäftigte
7									
8				in jeweiligen	in Preisen des		in jeweiligen	in Preisen des	
9				Preisen	Jahres 1995		Preisen	Jahres 1995	
10									
11	2001	Jan	99,7	95,1	94,4	-0,9	-23,2	-23,4	0,1
12		Feb	99,3	88,0	87,4	-0,4	-7,2	-7,4	-0,1
13		Mär	99,6	104,7	103,6	0,3	19,0	18,5	0,1
14		Apr	99,5	101,2	99,8	-0,1	-3,3	-3,7	-0,1
15		Mai	99,6	104,9	102,8	0,1	3,7	3,0	-0,4
16		Jun	99,7	97,4	95,1	0,1	-7,1	-7,5	0,1
17		Jul	99,7	98,9	96,7	0,0	1,5	1,7	0,0
18		Aug	100,2	99,1	97,1	0,5	0,2	0,4	0,0
19		Sep	100,4	97,2	95,1	0,2	-1,9	-2,1	-0,1
20		Okt	100,8	104,6	102,4	0,4	7,6	7,7	0,3
21		Nov	101,2	110,7	108,8	0,4	5,8	6,2	0,6
22		Dez	101,4	123,7	122,1	0,2	11,7	12,2	0,8
23	2002	Jan	100,0	92,4	90,8	-1,4	0,0	-25,8	0,2
24		Feb	99,6	86,9	85,0	-0,4	-6,2	-6,3	11,8
25		Mär	99,3	102,6	100,2	-0,3	18,2	17,9	-0,4
26		Apr	99,0	101,0	98,6	-0,3	-1,4	-1,5	-0,5
27		Mai	98,8	99,9	97,6	-0,2	-0,9	-0,8	-0,9
28		Jun	98,6	93,2	91,3	-0,2	-7,5	-7,3	-1,2
29		Jul	98,1	99,2	97,4	-0,5	5,9	6,4	-1,8

Im finanziell-rechnerischen Bereich kann kein Unternehmen auf die Vorteile einer Tabellenkalkulation verzichten, besonders wenn es um aufwendige, immer wiederkehrende Rechnungen geht (z. B. Gewinn-Verlust-Rechnungen).

Planspiel Unternehmensgründung

„Ein Produkt muss man erst träumen.“

Enzo Ferrari

Was ist ein „Planspiel“?

Planspiele wurden im militärischen Bereich entwickelt. Irgendwann war es den Kriegsherren zu aufwendig, Kriegsübungen mit richtigen Soldaten und Kriegsgerät durchzuführen. Die Kriegsübungen wurden in den Sandkasten verlegt und dort mit Modellen und Figuren durchgespielt.
Die Idee, bestimmte Strategien und Entscheidungen vor dem Ernstfall modellhaft durchzuspielen, wurde von der Wirtschaft übernommen.

Ein Planspiel zur Unternehmensgründung hat folgende Merkmale:
Bestimmte Bedingungen (z. B. eine Summe an Eigenkapital) werden von der Planspiel-Leitung festgelegt. Anhand vorgegebener Aufgaben müssen Entscheidungen getroffen werden (z. B. über Investitionen). Das Planspiel wird in Teams durchgeführt, es verläuft in bestimmten Etappen (Phasen), und es ist zeitlich begrenzt. Die Planspielauswertung zeigt dann, wie gut die getroffenen Entscheidungen waren.

Welche Voraussetzungen werden gebraucht?

Team: Das Team sollte aus 4 bis 6 Schülern bestehen. Anders als in richtigen Unternehmen sollte im Team über Entscheidungen abgestimmt werden. Bei Stimmengleichheit kann die Stimme des Geschäftsführers entscheiden. Es gilt der Grundsatz: Die Arbeit wird gerecht verteilt.
Spezialisierungen (z. B. der Mathematiker übernimmt die Kalkulationen) sind vorteilhaft.
Technik: Zugang zu PC und Drucker (möglichst Farbdrucker) sind unverzichtbar.
Grundwissen: Da das Planspiel möglichst realitätsnah ablaufen soll, muss grundlegendes betriebswirtschaftliches Wissen vorhanden sein (z. B. Preiskalkulation, Gewinnermittlung).
Methoden: Um zu Entscheidungen zu kommen, müssen bestimmte Methoden beherrscht werden, z. B. Mind-Map-Methode, Brainstorming, Morphologischer Kasten.
Beispiele: Es ist effektiver, sich einige bewährte und erfolgreiche Unternehmenskonzepte bei anderen anzuschauen, z. B. im Internet oder einem Unternehmen der Region.

Wie kann ein Planspiel ablaufen?

1. Phase: Teambildung
2. Phase: Geschäftsidee
3. Phase: Businessplan
4. Phase: Start-Finanzierung
5. Phase: Geschäftstätigkeit
6. Phase: Bilanz
7. Phase: Präsentation und Auswertung

Internet
www.jugend-gruendet.de
www.stern.de/startup
www.entrepreneur-des-jahres.de
www.wi.uni-muenster.de

Projekt Schülerfirma

ver Toys & Presents
Schülerfirma der Overbergschule, Dülken

Eine Schülerfirma ist eine Einrichtung, die sich auf Dauer wirtschaftlich betätigt.

Wie gründet man eine Schülerfirma?

Mit einer Schülerfirma hat man die Chance, Wirtschaft hautnah kennenzulernen, berufliche Fähigkeiten zu verbessern und in einem motivierten Team mitzuarbeiten. Hat man einen betreuenden Lehrer gefunden, muss die Schülerfirma noch von der Schulleitung als schulische Veranstaltung genehmigt werden.

Um Erfahrungen zu gewinnen, ist es am besten, wenn man sich für eine bestimmte Zeit einem Schülerfirmenprojekt anschließt, wie z. B. dem Projekt „Junior“ vom Institut der deutschen Wirtschaft, Köln.

Wie findet man eine Geschäftsidee?

Dazu wird ein Brainstorming durchgeführt. Alle gefundenen Geschäftsideen werden sehr sorgfältig auf Durchführbarkeit, langfristige Erfolgsaussichten, Aufwand-Nutzen-Verhältnis, benötigte Bedingungen und Neuigkeit geprüft. Wenn alle Punkte postiv bewertet werden, kann es an die Umsetzung der Geschäftsidee gehen.

Was unterscheidet eine Schülerfirma von einem richtigen Unternehmen?

Eine Schülerfirma kann und soll natürlich Gewinn einbringen. Aber im Gegensatz zu einem richtigen Unternehmen ist der Gewinn einer Schülerfirma nicht das Einkommen der Unternehmer. Vor der Gewinnabsicht steht aber die Absicht, Erfahrungen zu sammeln. Der wesentliche Unterschied zu einem realen Unternehmen also am deutlichsten im Bereich der Abgaben sowie der Umsatz- und Gewinnbeschränkungen.

Wirtschaftliche Grundsätze einer Schülerfirma

Wie ein richtiges Unternehmen ist eine Schülerfirma zu einer ordentlichen Buchführung verpflichtet.

Es sollte eine goldene Regel eingehalten werden: Kooperation geht vor Konkurrenz. Es darf auch nicht der Wettbewerb (etwa durch Dumping-Preise) verzerrt werden. Zu beachten ist, dass ein richtiges Unternehmen sehr viel mehr Nebenkosten hat, als eine Schülerfirma. Es ist besser, eine Geschäftsidee zu verwirklichen, die sich nicht mit einem benachbarten Unternehmen überschneidet.

Rechtliches

Eine Schülerfirma ist einem Gewerbebetrieb ähnlich, wobei eine Gewerbeanmeldung nicht nötig ist, da dies eine schulische Veranstaltung darstellt. Eine Schülerfirma haftet für ihre Produkte.

Eine Schülerfirma unterliegt steuerrechtlichen Bestimmungen. Es gibt aber eine Grenze für steuerliche Befreiung (Auskunft erteilt das zuständige Finanzamt). Da eine Schülerfirma eine schulische Veranstaltung ist, besteht Unfallversicherungsschutz. Die rechtlichen Bestimmungen sind veränderbar und müssen im jeweiligen Fall neu geprüft werden.

1 www.schuelerfirmen.de

Aufgaben

1. In den Fallbeispielen a bis c treten Probleme im Unternehmen auf. Welche sind das? Gib Empfehlungen, wie die Probleme beseitigt werden könnten!
   a) Zwei Jungunternehmer haben wochenlang Kuchen für den nahenden Weihnachtsmarkt gebacken. Als sie ihren Stand einrichten, merkst du, dass sie nicht die einzigen sind, die diese Idee hatten. Der Verkauf geht schleppend voran. Sie müssen zu einem niedrigeren Preis verkaufen, als geplant. Einigen Kuchen können sie gar nicht verkaufen.
   b) Ein Jungunternehmer hat ein Reisebüro eröffnet. Er hat sich auf Sprachreisen speziell für junge Leute spezialisiert. Er wirbt dafür im städtischen Amtsblatt. Bisher hat sich kaum jemand gemeldet.
   c) Zwei Jungunternehmer vertreiben gebrauchte Skateboards. Ihr Geschäft ist von 8.00 bis 14.00 Uhr geöffnet. Bisher haben sie nichts verkauft.

2. Entwickle eine Mind Map, mit deren Hilfe einem angehenden Existenzgründer ökonomische Erfolgsfaktoren anschaulich vor Augen geführt werden können!

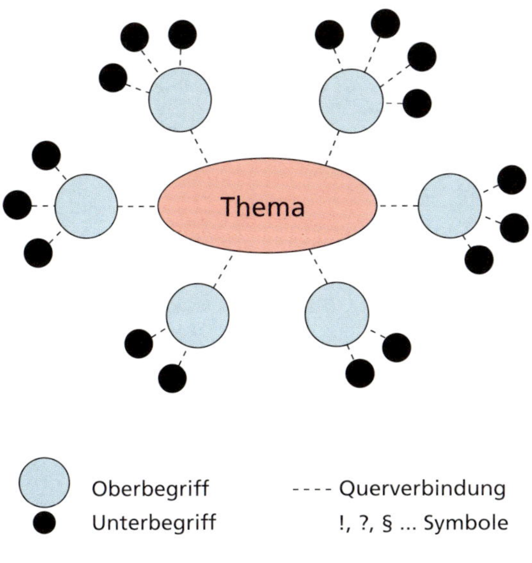

3. Kalkuliere einen möglichen Preis:
   Ein Handwerker hat einen Auftrag abgewickelt, für den Material im Wert von 235 € verbraucht wurde. Am Auftrag haben ein Beschäftigter und ein Auszubildender je 8 Stunden gearbeitet. Der Beschäftigte erhält einen Stundenlohn von 22 €, der Auszubildende von 9 €. Der Gemeinkostenzuschlag beträgt 150 % der Fertigungslohnkosten.

4. Die Herstellung von 5 000 CD-Ständern verursacht folgende Kosten: Material 4500 €; Strom für die Fertigungsmaschinen 200 €; Fertigungslöhne 13 000 €; Gehälter der Verwaltung 8 000 €; Miete 1000 €; Abschreibungen 3500 €.
   a) Unterteile in Einzel-/Gemeinkosten!
   b) Wie hoch sind die fixen, wie hoch die variablen Kosten?
   b) Kalkuliere einen Verkaufspreis für einen CD-Ständer!

5. Entwickle hierarchische Struktogramme zu folgenden Themen jeweils mit Beispielen:
   a) Gesamtkosten eines Unternehmens
   b) Einnahmen eines Unternehmens

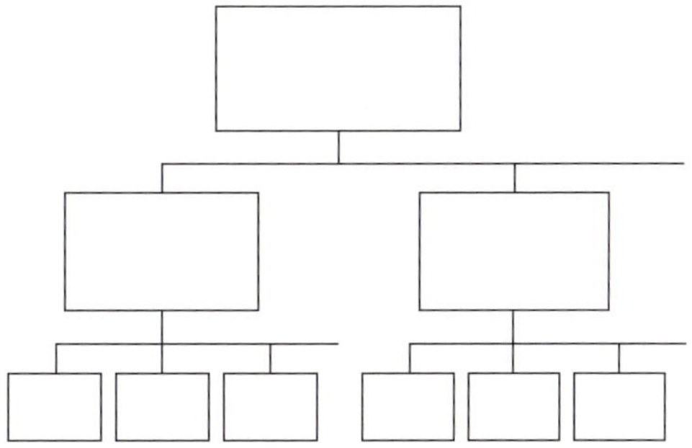

Hierarchisches Struktogramm (Prinzipaufbau)

6. Entwirf eine grafische Übersicht, die das Prinzip von Franchising verdeutlicht! Wichtige Elemente sind:
   Franchise-Geber (FG), Franchise-Nehmer (FN), Leistungen FG → FN, Leistungen FN → FG, Franchise-Vertrag.

7. Ermittle Beispiele für fixe und variable Kosten sowie für Einzel- und Gemeinkosten anhand eines konkreten Unternehmens deiner Region!

8. a) Welche Anforderungen werden an die Gründung eines Unternehmens gestellt?
   b) Erarbeite dazu eine Tabelle und ordne die Anforderungen nach Beruf, Qualifikation, Rechtsform und finanziellen Mitteln!
   c) Nutze zur Recherche www.schuelerlexikon.de und www.tafelwerk.de!

9. Mittelständische Unternehmen sind das Rückgrat der Marktwirtschaft in Deutschland.
   a) Untersuche einen mittelständischen Betrieb deiner Region hinsichtlich Anzahl der Beschäftigten, Qualifikation der Beschäftigten, Produktionsprofil, Umsatz- und Gewinnentwicklung in den letzten fünf Jahren!
   b) Leite aus dieser Recherche die Wirtschaftlichkeit des Unternehmens ab!
   c) Erarbeite eine Repräsentation des Unternehmens!

10. a) Nenne die Rahmenbedingungen, die zur Ausprägung der sozialen Marktwirtschaft in Deutschland führten!
    b) Welche gesellschaftlichen, politischen und wirtschaftlichen Veränderungen kennzeichnen in der Gegenwart die soziale Marktwirtschaft?
    c) Erörtere und begründe die Aussage, dass die wirtschaftliche Lage der einzelnen Wirtschaftsnation zunehmend von weltwirtschaftlichen Rahmenbedingungen geprägt wird!

11. Stelle ökonomische und gesellschaftliche Grundprinzipien der sozialen Marktwirtschaft und der Zentralverwaltungswirtschaft gegenüber!

12. a) Recherchiere im Internet, welche Unternehmenssubventionen durch den Staat gewährt werden!
    b) Trage in einer Tabelle die unterschiedlichen Formen und unterschiedlichen Zwecke der Unternehmenssubventionierung zusammen! Nutze und vervollständige untere Tabelle!

Subventionen			
Nach der Form der Gewährung		**Nach dem Zweck der Gewährung**	
Finanzhilfen	Steuerliche Hilfen	Erhaltungshilfen	Anpassungshilfen
zinsverbilligte Kredite	Sonderabschreibungen	Haupteinsatz: Landwirtschaft	Förderung von Zukunftstechnologie

Das Wichtigste im Überblick

Existenzgründung

Um sich als Unternehmer/Unternehmerin selbstständig zu machen, muss es zuallererst eine tragfähige **Geschäftsidee** geben, aus der einmal ein geschäftsfähiges Produkt hervorgeht. Dann muss zunächst der **Kapitalbedarf** für das zukünftige Unternehmen ermittelt werden. Kapital wird gebraucht für Start-Investitionen, Betriebsmittel, Gründungskosten, Kapitalkosten, Lebenshaltungskosten und für finanzielle Reserven. Die Finanzierung erfolgt durch Eigenkapital oder Fremdkapital. Durch verschiedene Methoden, z. B. durch Leasing, wird der kurzfristige Kapitalbedarf verringert.

Wirtschaftlichkeit eines Unternehmens

Die **Kosten** eines Unternehmens werden nach fixen und variablen Kosten oder Einzelkosten und Gemeinkosten unterteilt. Die **Einnahmen** eines Unternehmens entstehen durch den Verkauf der produzierten Sachgüter und Dienstleistungen oder durch andere Erlöse (z. B. Habenzinsen auf Bankguthaben).

Im Mittelpunkt eines jeden erwerbswirtschaftlichen Unternehmens steht die dauerhafte Erzielung von **Gewinn.** Der Gewinn wird ermittelt aus dem Umsatz und den sonstigen Erlösen abzüglich der Gesamtkosten. Ein Unternehmen muss zwei Anforderungen erfüllen: es muss **Rentabilität** und **Liquidität** gewährleisten.

Jedes Unternehmen ist nach einer bestimmten **Organisation** aufgebaut. Immer wiederkehrende Funktionsbereiche dieser Organisation sind u. a. Management/Führung, Beschaffung, Produktion, Absatz und Marketing.

Ein gut funktionierendes Unternehmen schafft Arbeits- und Berufsausbildungsplätze. Es deckt die Nachfrage nach bestimmten Sachgütern oder Dienstleistungen und es leistet einen Beitrag bei der Mitfinanzierung der öffentlichen Haushalte. Dies erfolgt über Steuerabgaben, die jedes Unternehmen in bestimmter Höhe leisten muss.

Unternehmerische Begriffe

Cashflow „Kassenzufluss" sagt aus, welche selbst erwirtschafteten Mittel dem Unternehmen frei zur Verfügung stehen. Zum Cashflow zählen deshalb neben dem Gewinn auch die Abschreibungen, die über die Erlöse in das Unternehmen zurückgeflossen sind.

Gewinn + Abschreibungen = Cashflow

Controlling: Umfasst alle Maßnahmen, die kontinuierlich die unternehmensbezogenen Daten für zukünftige Planungen und Entscheidungen liefert (z. B. Auftragseingänge, Markt- und Kundenanalyse).

Outsourcing: Das bedeutet, dass bestimmte Funktionsbereiche eines Unternehmens von anderen Unternehmen übernommen und damit selbstständig werden, z. B. dass eine Werbeagentur aus einer Marketing-Abteilung hervorgehen kann.

PR: „Public Relations“ kann mit Öffentlichkeitsarbeit übersetzt werden und umfasst alle Maßnahmen, die dem Image des Unternehmens dienen, z. B. Presseauftritte.

Spin-off-Gründung: Das ist die Auslagerung eines Teils des Unternehmens, wobei das Mutterunternehmen zumindest in der Gründungsphase weiterhin mit dem ausgelagerten Unternehmen in Verbindung bleibt.

Venture-Kapital: Das ist Beteiligungskapital mit dem Ziel, das Eigenkapital zu erhöhen. Beteiligungsgesellschaften liefern Kapital, wenn die Geschäftsidee besonders tragfähig ist und besonders gute Aussichten auf Wachstum gegeben sind (z. B. IT-Bereich).

Internet

www.existenzgruendungsboerse.ihk.de
Service der Deutschen Industrie- und Handelskammern
www.gruenderservice.de
www.existenzgruender-netzwerk.de
Marktplatz für Existenzgründer

3.4 Das Unternehmen als soziales und ökologisches System

Unsere Lebens- und Produktionsweise führen zu ständig größeren Eingriffen in die Natur. Die Natur „rächt" sich auf ihre Art und Weise. Die Menschen begreifen zunehmend, dass ihr Handeln gravierende Auswirkungen auf die Natur hat.

Der soziale Frieden ist eine der wesentlichen Grundlagen für die lange Zeit einer stabilen und erfolgreichen wirtschaftlichen Entwicklung in der Bundesrepublik Deutschland. Die Basis dafür bildet die Sozialpartnerschaft zwischen den Gewerkschaften und den Unternehmerverbänden.

Sind Streiks heute tabu?

Welche Kompromisse können die Partner eingehen?

Die Folgen betreffen alle Länder der Welt. Deshalb finden internationale Klimakonferenzen unter dem Dach der Vereinten Nationen in regelmäßigen Abständen statt.

Welchen Beitrag leisten die Länder?

Was kann jeder Einzelne für den Schutz und Erhalt derUmwelt tun?

Das Unternehmen als soziales System

sozial (Adj.): der Allgemeinheit dienend; auf das Wohl der Allgemeinheit bedacht.	Ein Unternehmen ist sozial, wenn es Gewinne macht.	Sozial ist, wer durch eigene Leistung zum Wohlstand für alle beiträgt.
Duden, Bedeutungswörterbuch	Heinz Dürr, deutscher Topmanager	Hans Tietmeyer, Bundesbankpräsident a.D.

Die Unternehmensakteure

Die **Unternehmen** leben nicht in einem luftleeren Raum, sondern sind auf vielfältige Art und Weise mit der **Wirtschaft** und **Gesellschaft** verknüpft.

Gesellschaft und Staat sind nur bedingt als Akteure zu betrachten, da sie vorrangig die Rahmenbedingungen für die Akteure schaffen.

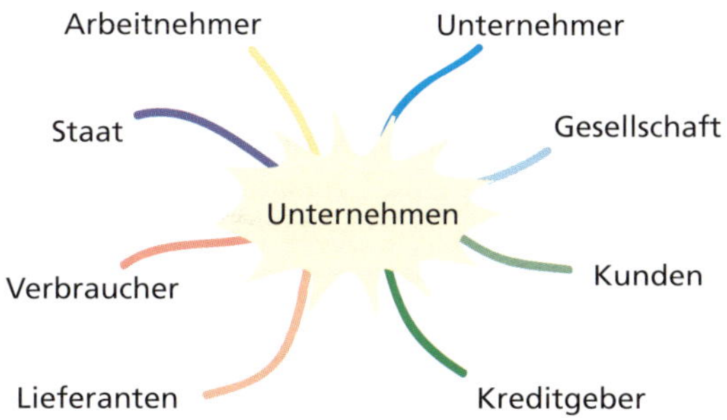

1 Mind Map: Die Unternehmensakteure

Zwischen den **Akteuren** eines Unternehmens bestehen wechselseitige und enge Beziehungsgeflechte. So ist z. B. der Unternehmer vom Kreditgeber abhängig und bestimmt seine Produktpalette nach den Verbraucherinteressen. Die einzelnen Akteure haben sowohl gemeinsame als auch gegensätzliche Interessen.

> **M** Das **gemeinsame Interesse** aller am Unternehmen Beteiligten besteht in der **Existenzsicherung.**

Nur die Existenz von Unternehmen schafft und sichert dem Arbeitnehmer einen Arbeitsplatz, den Menschen die Versorgung mit Gütern und Dienstleistungen, dem Kreditgeber die Rückzahlung seiner Kredite und dem Staat die Einnahme von Steuern. Um die vorhandenen Interessen näher zu betrachten, werden jeweils zwei Akteure und ihre Interessen herausgelöst und gegenüber gestellt. Die Abhängigkeiten mit den anderen Akteuren bleiben hier zur Vereinfachung unberücksichtigt.

Interessen und Interessenkonflikte zwischen Unternehmer und Arbeitnehmer

> **M** Der Unternehmer und der Arbeitnehmer sind die am engsten miteinander verknüpften Akteure.

Der **Unternehmer** kann ohne die Arbeitnehmer keine Produkte erzeugen bzw. Dienstleistungen in großem Umfang anbieten. Der **Arbeitnehmer** braucht das Unternehmen, um in erster Linie seinen Lebensunterhalt zu sichern.

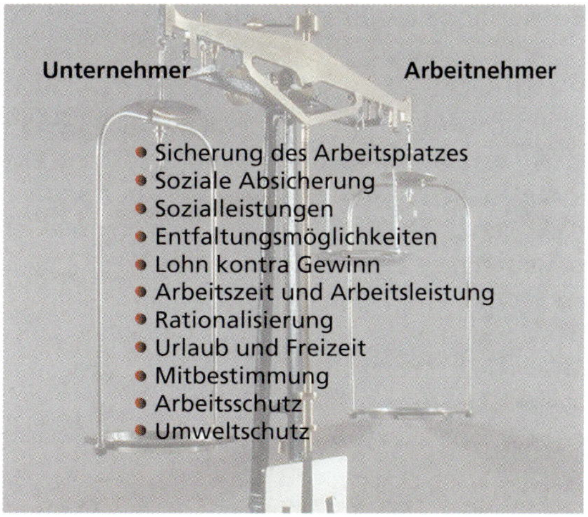

2 Interessenkonflikt Unternehmer und Arbeitnehmer

Unternehmer und Arbeitnehmer sind an einem wirtschaftlichen und rentablen Unternehmen interessiert. Sie haben aber auch eine Vielzahl unterschiedlicher Interessen.

Bis in die 70er-Jahre des vorherigen Jahrhunderts waren in Deutschland Fragen der **Mitbestimmung,** der Humanisierung der Arbeitswelt und ökologische Fragen wichtige Themen in den Auseinandersetzungen zwischen Unternehmern und Arbeitnehmern. Durch die Erhöhung der Arbeitsproduktivität bei gleichzeitig begrenzt bleibenden Absatzmärkten kam es zu einer Verschiebung der Konflikte. Heute steht das Ringen um **höhere Löhne, sichere Arbeitsplätze** und die **soziale Absicherung** im Mittelpunkt.
Mittel- und langfristig werden die Begrenztheit wichtiger Ressourcen, wie Erdöl und Wasser sowie die ökologischen Auswirkungen des menschlichen Wirtschaftens in den Vordergrund treten und bisherige Konfliktfelder verdrängen.

Um die Interessen von Unternehmer und Arbeitnehmer zu vertreten, sind beide Gruppen in **Verbänden** organisiert: Die Unternehmer in **Arbeitgeberverbänden** und die Arbeitnehmer in **Gewerkschaften.** Diese Vertreter treffen in Tarifverhandlungen aufeinander und versuchen dort ihre Forderungen durchzusetzen.

Betriebliche Mitbestimmung

Weder in der Schule noch im Betrieb kann man sich Mitschüler, Lehrer, Mitarbeiter oder Vorgesetzte aussuchen. Man muss mit Menschen zusammen leben und arbeiten, die man vorher nicht kannte. Menschen sind verschieden. Jeder sollte Toleranz aufbringen beim Umgang mit den anderen.

„Wo mehrere Menschen sind, ist auch ein gemeinsamer Weg.“

(Kaukasisches Sprichwort)

Um in einer großen Gemeinschaft, wie in einer Klasse, Schule, Arbeitsgruppe oder einem Betrieb partnerschaftlich zusammenzuarbeiten, ist die Mitwirkung jedes Einzelnen nötig. Die Vertretung der Schüler wird durch Schülersprecher und die Schülerkonferenz realisiert. In Unternehmen gibt es auch Mitwirkungsgremien, wie den **Betriebsrat** und die **Jugendvertretung.** Die Rechte und Aufgaben der Mitwirkungsgremien sind gesetzlich geregelt.

Was heißt eigentlich Mitbestimmung in Betrieben?

M

Mitbestimmung wird definiert als „Teilnahme der Arbeitnehmer bzw. ihrer Vertreter an der Gestaltung der Willensbildungs- und Entscheidungsprozesse des Unternehmens ...“.

Das erste **Betriebsrätegesetz** wurde 1920 verabschiedet, wonach in Betrieben mit mehr als 20 Arbeitern Betriebsräte gebildet werden können. Diese setzten die Mitspracherechte der Arbeitnehmer um. Aus dem Betriebsrätegesetz von damals entstand das heutige **Betriebsverfassungsgesetz,** das 2001 aktualisiert wurde.

M

Das Betriebsverfassungsgesetz hat das Ziel, die unterschiedlichen Interessen von Unternehmern und Arbeitnehmern auszugleichen. Diese Form der Mitbestimmung in Unternehmen ist eine spezifische Variante der Demokratie in der Industrienation Deutschland nach 1945.

Die Mitbestimmung findet auf drei Ebenen statt.

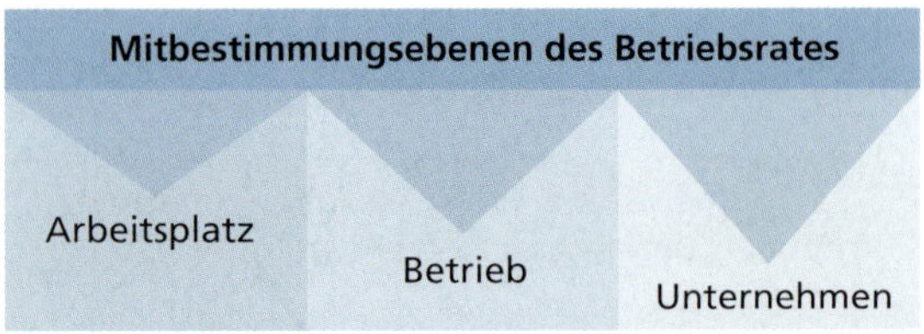

In Unternehmen mit mindestens fünf Beschäftigten können Betriebsräte gebildet werden. In kleineren Unternehmen muss jeder Arbeitnehmer seine Interessen selbst vertreten. Die Betriebsratsmitglieder werden von den über 18-jährigen Arbeitnehmern in geheimer und direkter Wahl aus ihren eigenen Reihen gewählt. Wenn kein Interesse der Arbeitnehmer vorliegt, wird kein Betriebsrat gewählt. Die unter 18-jährigen können ihre Probleme über die Jugendvertretung vorbringen.

M

Der **Betriebsrat** vertritt die Interessen der Arbeitnehmer gegenüber dem Arbeitgeber. Deshalb gilt für Betriebsratsmitglieder ein besonderer Kündigungsschutz.

Ein Betriebsrat hat das Recht und gleichzeitig die Pflicht zu kontrollieren, ob alle Gesetze, Verordnungen, Tarifverträge und Betriebsvereinbarungen eingehalten werden. Weitere allgemeine Aufgaben des Betriebsrates sind in den §§ 80 und 85 des Betriebsverfassungsgesetzes festgelegt, so unter anderem auch zur Vertretung von Jugendlichen. Die über 18-jährigen Arbeitnehmer haben mit den Betriebsräten direkt die Möglichkeit, ihre Interessen in konkreten wirtschaftlichen, personellen und sozialen Angelegenheiten einzubringen (Abb. S. 178 unten).

Zu den **wirtschaftlichen Angelegenheiten** gehören z. B. Änderungen in der Betriebsorganisation, die Einführung neuer Arbeitsabläufe und die Planung technischer Anlagen.
Personelle Angelegenheiten umfassen u. a. die Personalplanung, innerbetriebliche Stellenausschreibungen und die Auswahlrichtlinien zur Besetzung von Stellen im Unternehmen.
Soziale Angelegenheiten sind z. B. Arbeitszeitregelungen, betriebliche Lohngestaltungsgrundsätze, Urlaubsregelungen, Kurz- und Mehrarbeit oder die Sozialauswahl bei Kündigungen.

Am 01.01.2004 trat das Gesetz zur Reform des Arbeitsmarktes in Kraft. Damit verbunden sind Änderungen im Kündigungsschutzgesetz, im Teilzeit- und Befristungsgesetz sowie im SGB III.

Die häufigsten Konflikte zwischen Betriebsrat und Unternehmer treten mit der **Sozialauswahl** bei Kündigungen auf. Die Rechte des Betriebsrates regelt der § 102 des Betriebsverfassungsgesetzes.

Anzahl der Betriebsratsmitglieder in Abhängigkeit von der Anzahl der Beschäftigten

Anzahl der Betriebsratsmitglieder	Anzahl der Mitarbeiter im Unternehmen
1	5 – 20
3	21 – 50
5	51 – 100
7	101 – 200
9	201 – 400
11	401 – 700
13	701 – 1 000
15	1 001 – 1 500
⋮	⋮

Anzahl der von der Arbeit freigestellten Betriebsratsmitglieder	Anzahl der Mitarbeiter im Unternehmen
1	200 – 500
2	501 – 900
3	901 – 1 500
4	1 501 – 2 000
5	2 001 – 3 000
6	3 001 – 4 000
7	4 001 – 5 000
8	5 001 – 6 000
9	6 001 – 7 000

Die Tätigkeit als Betriebsratsmitglied ist ehrenamtlich und wird nicht extra vergütet.

Rechte des Betriebsrates (BR)

Mitbestimmungsrechte
- Arbeitszeitregelungen
- Urlaubsgrundsätze und -plan
- Gesundheitsschutz
- betriebliche Lohngestaltung

Zustimmungsrechte
- Einstellungen
- Ein- und Umgruppierungen
- Versetzungen

Mitwirkungsrechte

Beratungsrechte
- Arbeitsplatzgestaltung
- Arbeitsumfang
- Arbeitsablauf
- Einschränkung oder Stillegung des Betriebes

Anhörungsrechte (Stellungnahme des BR)
- Entlassung

Unterrichtsrechte: Unternehmer unterrichtet über
- Neu-, Um- und Erweiterungsbauten
- Planung von Arbeitsplätzen
- technische Anlagen
- Einstellung leitender Mitarbeiter

§ 102 Mitbestimmung bei Kündigungen

(1) Der Betriebsrat ist vor jeder Kündigung zu hören. Der Arbeitgeber hat ihm die Gründe für die Kündigung mitzuteilen. Eine ohne Anhörung des Betriebsrats ausgesprochene Kündigung ist unwirksam.

Bei **ordentlichen Kündigungen** kann der Betriebsrat innerhalb einer Woche widersprechen, wenn bestimmte Kriterien erfüllt sind:

- Der Arbeitgeber hat bei der Auswahl des zu kündigenden Arbeitnehmers soziale Gesichtspunkte nicht oder nicht ausreichend berücksichtigt.
- Der zu kündigende Arbeitnehmer kann an einem anderen Arbeitsplatz im selben Unternehmen weiterbeschäftigt werden.
- Die Weiterbeschäftigung des Arbeitnehmers ist nach zumutbaren Umschulungs- oder Fortbildungsmaßnahmen möglich.
- Eine Weiterbeschäftigung des Arbeitnehmers ist unter geänderten Vertragsbedingungen möglich, und der Arbeitnehmer hat sein Einverständnis hiermit erklärt.

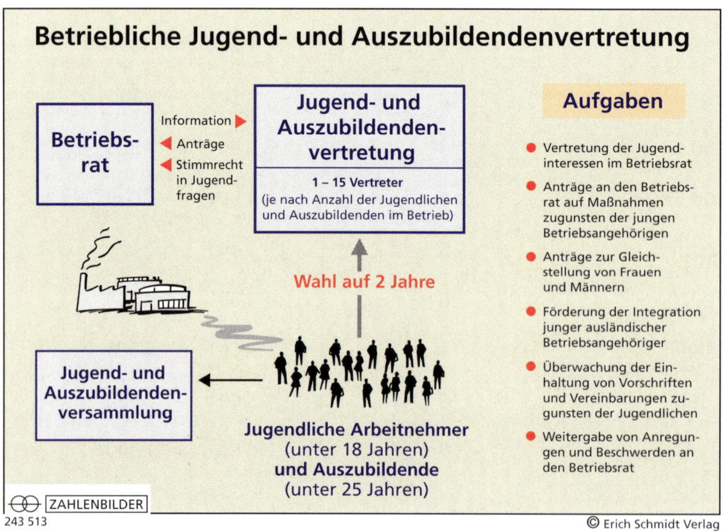

Die Betriebsräte vertreten die Arbeitnehmer über die Gewerkschaften auch in Streitfällen vor dem **Arbeitsgericht** (Abb. 1, S. 179).

Der Betriebsrat muss die Arbeitnehmer in Betriebsversammlungen regelmäßig über seine Tätigkeit informieren. Er kann den Unternehmer oder einen Beauftragten zu den Versammlungen einladen, der dann über die Entwicklung des Unternehmens und die Personalpolitik berichten muss. Das **Betriebsverfassungsgesetz,** in dem die Aufgaben des Betriebsrates geregelt sind, hat in der Bundesrepub-

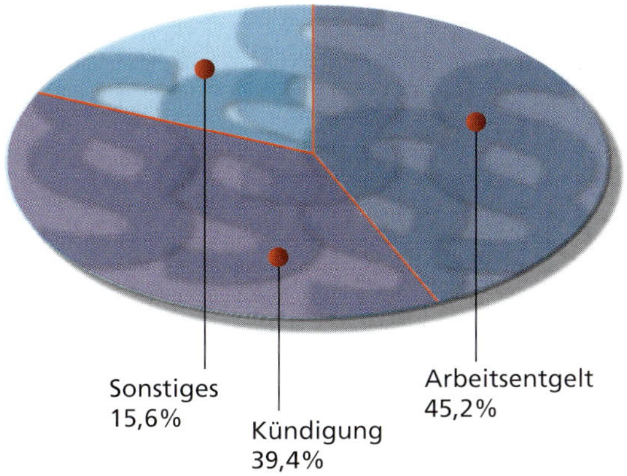

1 Klagegrund bei Arbeitsgerichtsverfahren mit DGB-Rechtsschutz im Jahr 2000

lik Deutschland einen großen Beitrag zum wirtschaftlichen Aufstieg und zur Aufrechterhaltung des sozialen Friedens geleistet. Deshalb ist die Bundesrepublik eines der Länder mit der geringsten Anzahl von **Streiktagen** in der Welt.

In einer Studie wurde festgestellt, dass eine effektive Arbeit des Betriebsrates den Erfolg eines Unternehmens positiv beeinflusst. Sie führt zur Steigerung der Mitarbeiterproduktivität, zur Reduzierung der Fehlzeiten und zur Erhöhung der Gewinne.

Der Deutsche Bundestag hat am 19.12.2003 die Reform der betrieblichen Mitbestimmung beschlossen. Die Reform dient der sozialen Gerechtigkeit und der Modernisierung.

Wesentliche Elemente der Reform sind ein vereinfachtes Wahlverfahren für Betriebsräte in Betrieben bis zu 100 Arbeitnehmer, Vergrößerung der Betriebsräte und bessere Freistellungsbedingungen, Beachtung der Geschlechter- (Frauen)-Quote bei der Betriebsratswahl sowie Initiativrechte beim betrieblichen Umweltschutz und gegen Rassismus und Fremdenfeindlichkeit. Mit der Reform der betrieblichen Mitbestimmung soll zukünftig eine gute Zusammenarbeit zwischen Arbeitnehmern und Arbeitgebern gewährleistet werden. Betriebliche Bündnisse für Arbeit kämen nur mit starken und verantwortungsvollen Betriebsräten zu Stande.

Entstehung der Gewerkschaften und Arbeitgeberverbände

Die Forderung nach **gerechtem Lohn** existiert so lange, wie es Arbeit und Lohn gibt.

Bereits 2001 v. Chr. streikten die Maurer des Tempels Mont in Ägypten. Merikane, der Pharao, war zuerst erzürnt über die Arbeitsniederlegung, sah aber dann die Forderungen nach Brot, Fisch, Gemüse, Öl und Brot als gerechtfertigt an und stellte diese Nahrungsmittel zur Verfügung. Die Bauarbeiter nahmen daraufhin ihre Arbeit wieder auf. Mit der Erfindung der Dampfmaschine und der einsetzenden Industrialisierung im 19. Jahrhundert lösten sich dörfliche Lebensgemeinschaften auf, und die ehemaligen Bauern wurden Lohnarbeiter. Sie verkauften ihre Arbeitskraft an die Fabrikbesitzer.

Als **Fabrikarbeiter** erhielten sie gerade so viel Lohn, dass sie existieren konnten. Frauen und Kinder mussten meist mitarbeiten. Die Arbeitszeit betrug 14 bis 16 Stunden täglich.

Die **Lohnarbeiter,** die über Jahrzehnte der Willkür der Unternehmenseigentümer ausgesetzt waren, wehrten sich in Einzelaktionen gegen menschenunwürdige Zustände. Beschwerden oder der Wunsch nach mehr Lohn führten jedoch meist zu Entlassungen. Deshalb schlossen sich die Arbeiter zusammen, um sich gemeinsam wirkungsvoll wehren zu können.

Die ersten Zusammenschlüsse in Deutschland waren sogenannte **Arbeiterbildungsvereine,** die sich gegen den Willen des Staates nach dem schlesischen Weberaufstand 1844 bildeten. Damit existierte erstmalig ein ernst zu nehmender Gegenpol zu den Fabrikbesitzern und Unternehmern.

Die meisten gewerkschaftsähnlichen Zusammenschlüsse waren **Streik-** und **Unterstützungsvereine.** Ihnen ging es hauptsächlich um die Verbesserung der Löhne und Arbeitsbedingungen in einzelnen Betrieben, aber auch schon um die Unterstützung ihrer Mitglieder im Falle von Arbeitslosigkeit, Invalidität, Krankheit und Streik.

Das organisatorische Prinzip ging davon aus, dass sich Arbeiter entsprechend ihrer Berufsgruppen zusammenschlossen und einen Berufsverband bildeten. Diese lokalen Arbeiterverbände durchliefen zunächst eine wechselvolle Geschichte.

1854 wurden sie durch Beschluss des Bundestags aufgelöst. 1861 erfuhren sie einen erneuten Aufschwung durch die Aufhebung des Koalitionsverbotes. Es gründete sich der **Allgemeine Deutsche Arbeiterverein** mit Ferdinand Lassalle an der Spitze.
Die Arbeiterbewegung der 1860er-Jahre brachte nicht nur Gewerkschaften hervor. Auch politische Parteien traten auf den Plan, als deren bedeutendste sich die sozialdemokratische erwies. 1875 in Gotha gegründet, erfreute sie sich der Sympathie und Mitarbeit vieler Gewerkschafter, weil sie wie keine andere Partei den Forderungen nach einer gerechteren Gesellschaftsordnung entgegenkam.

BISMARCKS Sozialistengesetz (1878) hemmte wieder die Entwicklung. Nach der Aufhebung des **Sozialistengesetzes** 1890 waren rund 300 000 Arbeiter gewerkschaftlich organisiert; zum 1. Mai fanden das erste Mal Arbeiterkundgebungen statt.

Im März 1892 gründeten die Vertreter von 57 Einzelverbänden in Halberstadt ihren ersten Dachverband.
Noch setzte der Fabrikant den Lohn fest. Lohnerhöhungen mussten die Arbeiter in Verhandlungen oder Streiks für ihren Betrieb ohne Sicherheit für ihren Arbeitsplatz durchsetzen.

Solidarisches gemeinsames Handeln von Arbeitern unterschiedlicher Tätigkeitsbereiche in einer Fabrik, an verschiedenen Standorten des gleichen Unternehmens oder in einer ganzen Branche ist viel leichter durchzusetzen, wenn starke Gewerkschaften das Recht haben, die Unternehmer auf verbindliche Tarifverträge festzunageln.
Das wurde nach der Novemberrevolution 1918 möglich: Seit 1918 haben die Gewerkschaften das Recht, für ihre Mitglieder **Tarifvereinbarungen** auszuhandeln.
Gegenwärtig sind im **Deutschen Gewerkschaftsbund,** der 1949 neu gegründet wurde, acht Einzelgewerkschaften vereint, in denen ca. 7,7 Millionen Beschäftigte organisiert sind. Das sind knapp 30 % aller Beschäftigten.
Weitere, nicht im DGB organisierte Arbeitnehmerverbände sind der Deutsche Beamtenbund und der Christliche Gewerkschaftsbund.

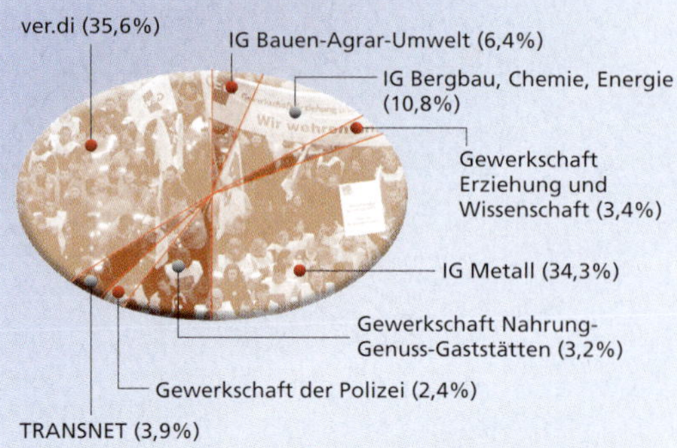

1 Der Deutsche Gewerkschaftsbund

Die **Arbeitgeber** sahen in den Arbeitervereinigungen staatsfeindliche Organisationen, mit denen sie nicht verhandeln wollten. Durch den größer werdenden Druck der Arbeiter schlossen sich die Arbeitgeber zu Anti-Streik-Vereinen zusammen, aus denen ab 1890 die **Arbeitgeberverbände** entstanden.

1 Gemälde „Der Streik" von Robert Köhler (1886)

Heute existieren mehr als 1000 Arbeitgeberverbände. Sie sind meist regional und nach dem Branchenprinzip organisiert. Die verschiedenen Bereiche haben sich in Landesverbänden zusammengeschlossen. Für die Vertretung übergreifender Interessen haben sich die Landesverbände zu einem Dachverband des jeweiligen Bundeslandes vereint.

Der bundesweite Dachverband aller Arbeitgeberverbände ist die **Bundesvereinigung der Deutschen Arbeitgeberverbände BDA,** die 1950 gegründet wurde. Sie ist von ihrer zentralen Stellung her vergleichbar mit dem Deutschen Gewerkschaftsbund DGB. Die öffentlichen Arbeitgeber, wie Bund, Länder und Kommunen sind nicht Mitglied im BDA.

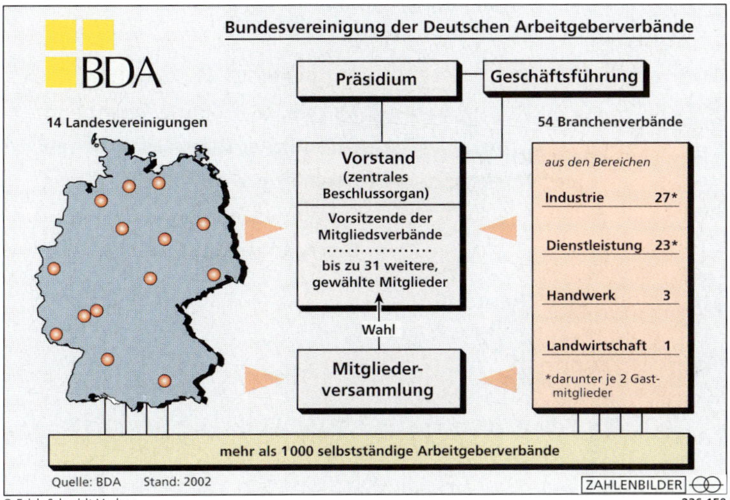

Der erste Tarifvertrag in der deutschen Geschichte wurde 1848 von der Buchdruckergewerkschaft abgeschlossen. Der zweite Tarifvertragsabschluss erfolgte erst 1910 im Baugewerbe.

Noch vor dem ersten Weltkrieg erreichten die Gewerkschaften eine Reduzierung der Arbeitszeit und Urlaubsregelungen. Im Jahre 1918 akzeptierten die Arbeitgeberverbände die Gewerkschaften als Arbeitnehmervertreter und als Vertragspartner bei der Aushandlung von Tarifverträgen.

Tarifvertrag

Tarife sind ein fester Preis oder Gebühren, die für einen längeren Zeitraum festgelegt werden, z. B. bei der Post oder Bahn. Auch Löhne sind Tarife, weil sie für eine bestimmte Laufzeit gelten.

M

Unter einem **Tarifvertrag** versteht man einen privatrechtlichen Vertrag zwischen den Arbeitgeberverbänden und den Gewerkschaften, in dem Lohn bzw. Gehalt, Arbeits- und Urlaubszeiten, Abschluss und Kündigung von Arbeitsverhältnissen, Arbeitsbedingungen usw. sowie die Laufzeit geregelt sind.

Tarifverträge können nach verschiedenen Kriterien eingeteilt werden. Bei einer Einteilung **nach den Vertragspartnern** unterscheidet man

- Branchentarife
- Firmentarife
- Verbandstarife

Einteilung **nach den Inhalten** der Tarife, z. B.:

- Manteltarifvertrag
- Lohn- und Gehaltstarifvertrag
- Lohn- und Gehaltsrahmentarifvertrag
- Tarifvertrag zur Arbeitsplatzsicherung
- Tarifvertrag über Ausbildungsvergütungen

Flächentarife sind Orts-, Landes- oder Bundestarife.

Tarifverträge werden in Tarifverhandlungen von den jeweils zuständigen Gewerkschaften und den entsprechenden Arbeitgeberverbänden ausgehandelt. Es besteht aber auch die Möglichkeit, dass zwischen den Gewerkschaften und Großunternehmen, z. B. Volkswagen AG oder der Lufthansa, **Firmentarifverträge** abgeschlossen werden, die dann für das ganze Unternehmen gültig sind.

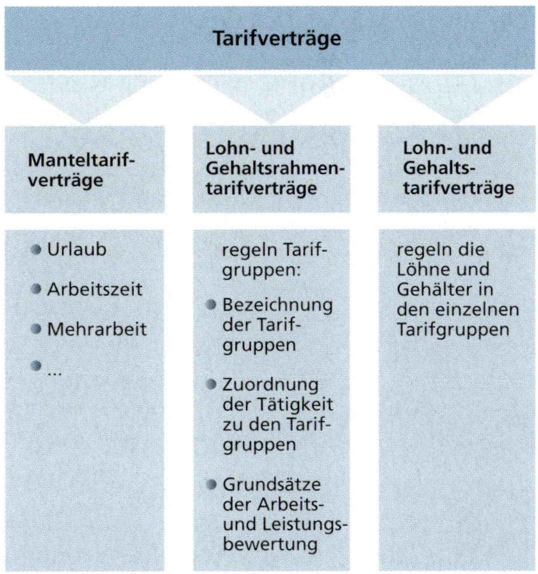

2 Inhalte von Mantel-, Lohn- und Gehaltsrahmen- sowie Lohn- und Gehaltstarifverträgen

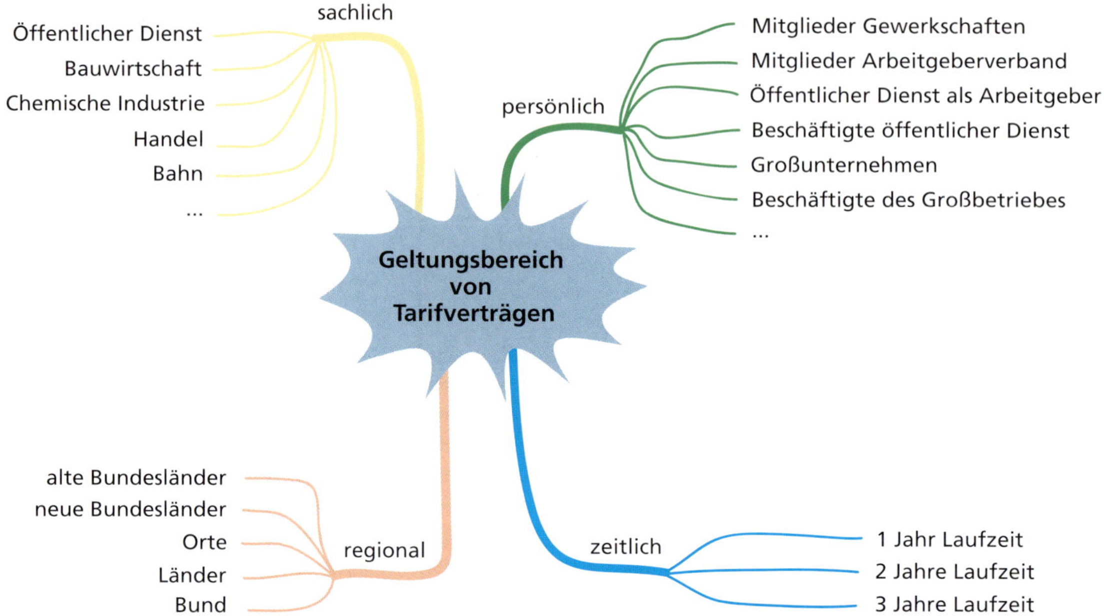

Eine weitere Ausnahme bildet der **öffentliche Dienst.** Er stellt eine eigene Verhandlungsdelegation auf, in denen der Bund, die Länder und die Kommunen vertreten sind, die dann die Tarifverträge mit den Gewerkschaften aushandeln.

M In der Bundesrepublik Deutschland besteht **Tarifautonomie,** d. h. der Staat hat im Grundgesetz Artikel 9 Absatz 3 und im Tarifvertragsrecht gesetzlich geregelt, dass nur die Tarifparteien die Tarifverhandlungen führen und zu einem Ergebnis kommen müssen.

Vor Ablauf des Tarifvertrages werden von beiden Seiten meist öffentlich Positionen bezogen.

Die **Unternehmer** beklagen die zu hohen Löhne und Sozialabgaben, welche die Kosten im Unternehmen und damit die Preise steigen lassen, was dann zu Wettbewerbsnachteilen führt. In bestimmten Phasen der wirtschaftlichen Entwicklung wird sehr stark betont, dass die Unternehmen höhere Löhne nicht verkraften würden. Sie könnten auf keinen Fall einer Lohnerhöhung zustimmen. Sie müssten Arbeitsplätze abbauen oder gar Insolvenz anmelden.

Die **Gewerkschaften** fordern für ihre Mitglieder höhere Löhne, die sie dadurch begründen, dass einerseits die Lebenshaltungskosten gestiegen sind und andererseits die Arbeitnehmer an den Unternehmensgewinnen angemessen beteiligt werden sollen. Die Mindestforderung besteht in einem Inflationsausgleich, der den Bestand der Reallöhne sichert.
Die Forderungen beider Seiten sind nicht einfach aus der Luft gegriffen. Sie beruhen auf einer Vielzahl von Informationen. Neben den Informationen der eigenen Mitglieder und ihrer Funktionäre werden eigene Studien angestellt oder in

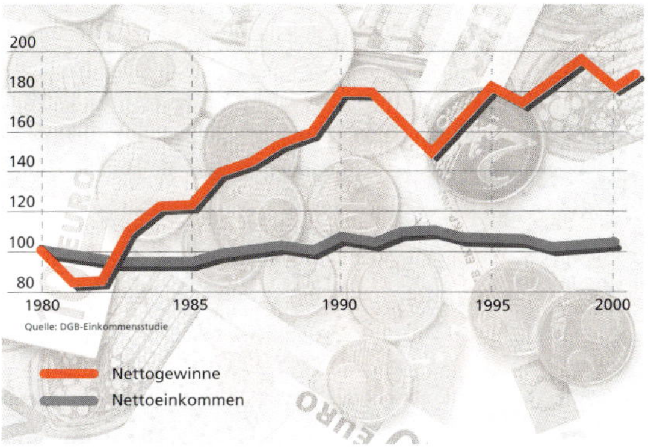

1 Die Entwicklung der Reallöhne je Arbeitnehmer und realen Nettogewinne (1980 = 100)

Auftrag gegeben. Weiterhin werden allgemein zugängliche Informationen, z. B. der Monatsbericht der Bundesbank, genutzt. Deshalb wissen die Tarifpartner heute relativ genau, welche Forderungen wirtschaftlich durchsetzbar sind.

Vor der Aufnahme der Verhandlungen werden von beiden Seiten **Maximalforderungen** gestellt. Die Standpunkte liegen demnach vor der Verhandlungsaufnahme weit auseinander, so z. B. die Forderung der Gewerkschaften nach Lohnerhöhungen um 6 %, wogegen die Arbeitgeber nur 2 % anbieten. In den dann folgenden Tarifverhandlungen, die nach einem bestimmten Schema ablaufen, muss von den Tarifparteien ein Kompromiss gefunden werden.

Die erste Phase der Verhandlungen wird oft von Warnstreiks begleitet. Sie stärken im Allgemeinen die Position der Gewerkschaften, die damit zeigen, dass die Arbeitnehmer hinter ihren Forderungen stehen. Viele der Tarifverhandlungen werden nach einer ersten **Schlichtungsrunde** erfolgreich abgeschlossen.

Besonders bei Tarifverhandlungen, die eine **Pilotfunktion** für andere Bereiche haben oder eine große Anzahl von Arbeitnehmern betreffen, z. B. beim öffentlichen Dienst, kommt es bei Auseinandersetzungen zwischen Tarifparteien auch vor, dass die Schlichtung als gescheitert erklärt wird.

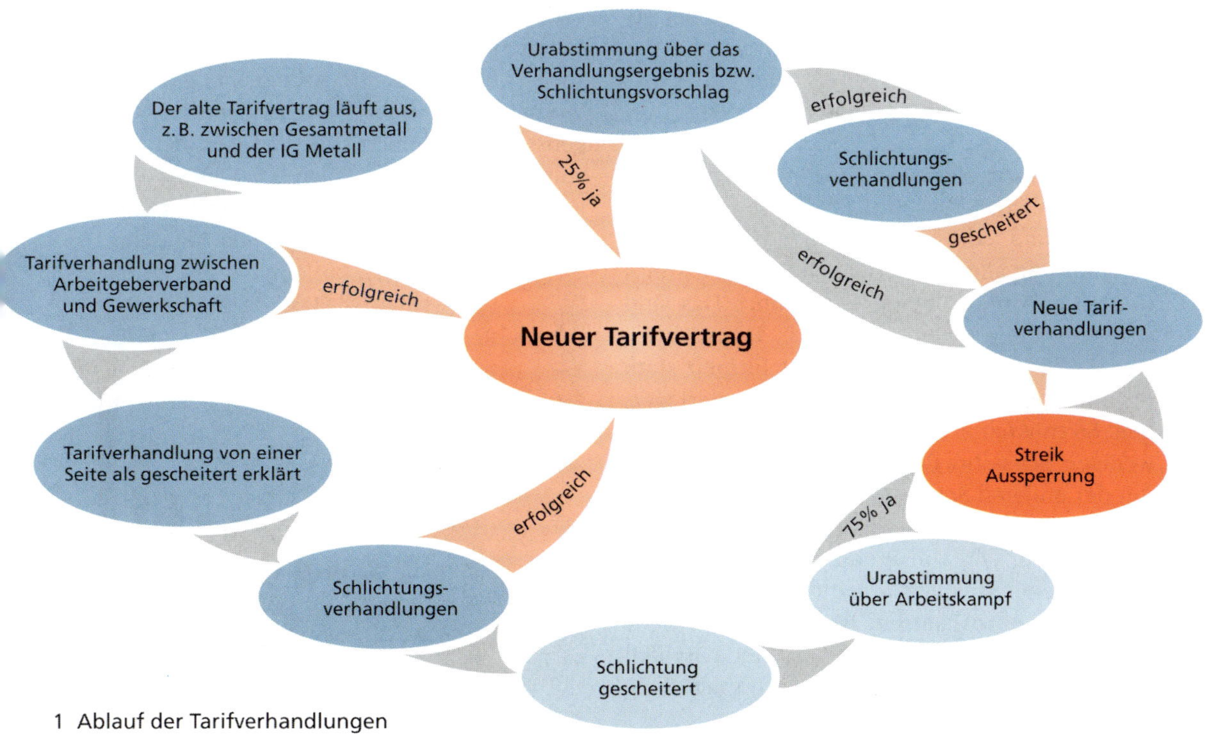

1 Ablauf der Tarifverhandlungen

1 Streikende der größten Gewerkschaft der Welt

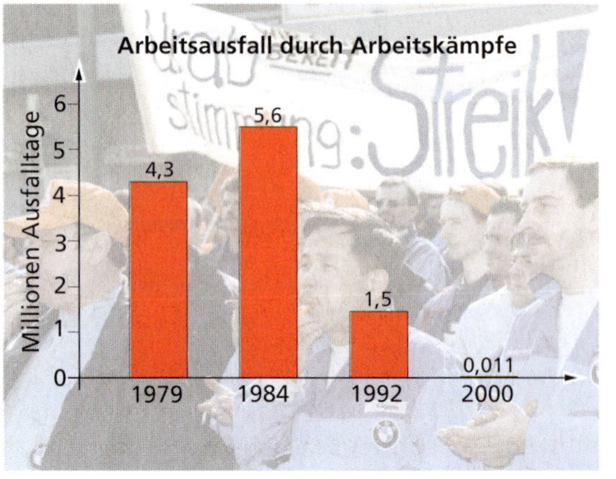

2 Streikentwicklung in Deutschland (letzte 25 Jahre)

Dann endet auch die Friedenspflicht, die Streiks während der Gültigkeitsdauer des Tarifvertrages ausschließt und Arbeitskampfmaßnahmen sind wieder zulässig. Die Gewerkschaften führen dann eine Urabstimmung unter ihren betroffenen Mitgliedern durch. Stimmen 75 % der betroffenen Mitglieder einem Streik zu, dann wird dieser von der jeweiligen Gewerkschaft vorbereitet und organisiert.Die Gewerkschaftsmitglieder erhalten bei Teilnahme an einem Streik aus der Streikkasse ihrer Gewerkschaft eine Verdienstausfallentschädigung, die jedoch unter dem normalen Lohn liegt.

Schwerpunktstreiks sind eine neue Form gewerkschaftlicher Forderungen. Dabei nutzt die Gewerkschaft die enge volkswirtschaftliche Verknüpfung aller Bereiche. Schwerpunktstreiks werden in Schlüsselbereichen geführt. Das sind z. B. einzelne Zulieferer oder das Transportgewerbe. Da die Lagerbestände der Firmen stark begrenzt sind, kann nicht weiter produziert werden. So müssen z. B. die Autoproduzenten nach wenigen Tagen ihre Fließbänder stilllegen.

Auf der anderen Seite ist es schwierig, die Reaktion der Gewerkschaftsmitglieder und der Nichtmitglieder in den von Produktionsstilllegungen betroffenen Betrieben sowie die Reaktion der Öffentlichkeit abzuschätzen. Trotz des großen Widerhalls solcher Auseinandersetzungen in den Medien ist Deutschland ein Land mit wenig Streiktagen im Jahr (Abb. 2 und 3).

Die Arbeitgeber haben als Gegenmaßnahme zum Streik die Möglichkeit, die Arbeitnehmer auszusperren. Die Unternehmen zahlen keinen Lohn, beschäftigen die Arbeitnehmer nach Beendigung der Tarifauseinandersetzung aber wieder.

Diese Maßnahme wird nur selten eingesetzt, weil es das letzte Mittel zur Durchsetzung der Ziele der Arbeitgeber ist. Erfolgreich abgeschlossene Tarifverhandlungen müssen noch bestätigt werden. Stimmen 25 % der betroffenen Gewerkschaftler sowie der betreffende Arbeitgeberverband dem Verhandlungsergebnis zu, dann wird es zum Gegenstand des neuen Tarifvertrages, der eine bestimmte Laufzeit hat. Nach Ablauf des Tarifvertrages beginnen erneut Verhandlungen, die wieder nach dem beschriebenen Schema ablaufen.

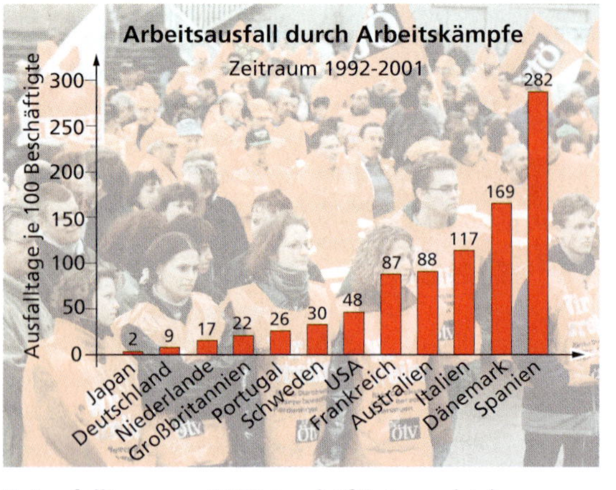

3 Ausfalltage pro 1000 Beschäftigte und Jahr

M Ein **neuer Tarifvertrag** gilt sowohl für die Gewerkschaftsmitglieder als auch für die nicht Organisierten. Letztere werden deshalb oft als Trittbrettfahrer bezeichnet, weil sie ohne eigenen Einsatz an den Ergebnissen der Tarifverhandlungen teilhaben.

Alle **Arbeitskämpfe** haben **Auswirkungen** auf die Unternehmen, den Arbeitnehmer, den Staat usw. Die Auswirkungen sind nicht einfach in positive und negative zu unterscheiden.

Aus betriebswirtschaftlicher Sicht steigen die Kosten. Die **Unternehmer** versuchen diese auf mehreren Wegen abzufangen, z. B. durch
- Anhebung der Preise und damit Inflation,
- keine Neueinstellungen,
- Entlassungen,
- verstärkte Rationalisierung.

Auswirkungen auf die **Arbeitnehmerseite** sind u. a.
- höhere Löhne und damit mehr Kaufkraft ,
- höhere Abgaben an die Sozialversicherungen,
- höhere Lohnsteuer,
- höhere Sparquote.

Aus volkswirtschaftlicher Sicht entsteht eine höhere Kaufkraft, die zu einer höheren Nachfrage nach Produkten und Dienstleistungen im Inland führt und damit die Wirtschaft stimulieren kann.

Das Unternehmen als ökologisches System

Nachhaltiges Wirtschaften

Der Mensch stand und steht immer in Wechselwirkung mit der ihn umgebenden belebten und unbelebten Natur. Viele Jahrtausende lebte der Mensch im Einklang mit seiner natürlichen Umwelt, d. h. seine Eingriffe haben die Regenerationskräfte und damit das Gleichgewicht der Natur nicht gestört.

Der erste gekrönte Zar Russlands, Iwan IV., auch Iwan der Schreckliche (1530–1584) genannt, formulierte bereits in seiner altrussischen Haushaltslehre, dass seine Untertanen sorgsam mit dem Boden, dem Wasser und der Luft umgehen sollten. Diese und andere Forderungen fanden kaum Berücksichtigung. Bereits die industrielle Revolution im 18./19. Jahrhundert führte zu erheblichen Umweltbelastungen, insbesondere der Luft, aber auch des Wassers und des Bodens. Die Lebensqualität wurde dadurch negativ beeinflusst.
Bis zum Anfang des 20. Jahrhunderts waren die Umweltgüter Luft, Wasser und Boden **freie Güter** und wurden kostenlos konsumiert. Die kostenlose Nutzung hat sehr zur Schadstoffbelastung und Zerstörung der Natur beigetragen.

Im 20. Jahrhundert stand jeweils nach den beiden Weltkriegen der umfassende Wiederaufbau der Volkswirtschaften im Vordergrund. Ein erstes sehr deutliches Signal setzte 1972 die Studie „Die Grenzen des Wachstums", die im Auftrag des „Club of Rome" erstellt wurde.

Der **Club of Rome** ist eine internationale Vereinigung aller Wissenschaftsrichtungen, die 1968 in Rom gegründet wurde. Diese Organisation versucht, die heutigen Probleme der Erdbevölkerung wie Knappheit von Rohstoffen und Umweltverschmutzung bewusst zu machen und Lösungen anzubieten. Ein großes Problem der heutigen Wirtschaft ist die Begrenztheit der Rohstoffe.
Die Ergebnisse der Studie fanden großen Widerhall bei der interessierten Öffentlichkeit, bei Politikern und Unternehmern. Sie zeigte, dass der Traum eines weiteren unbeschränkten **ökonomischen Wachstums** aus mehreren Gründen nicht möglich ist.

Konflikt: Staat – Unternehmen

Wirtschaftspolitische Grundziele des Staates sind hoher Lebensstandard, strukturelle Anpassungsfähigkeit, konjunkturelle Stabilität und Verteilungsgerechtigkeit. Ein hoher Lebensstandard wird in erster Linie an steigender materieller Versorgung, Sicherheit und Freiheit gemessen. Zur Absicherung dieser Grundziele ist das Wachstum des Bruttoinlandsprodukts erforderlich.

Das **Wohlstandsziel** beinhaltet drei Aufgaben:
1. reichhaltiges Angebot an Gütern,
2. vermehrte Freizeit,
3. lebensgerechte Umwelt.

Gerechtigkeit bezieht sich auf Chancengleichheit und Verteilungsgerechtigkeit. Bei der Forderung nach Verteilungsgerechtigkeit stehen wirtschaftspolitische Ziele und marktwirtschaftliche Gesetze im Widerspruch. Der Staat schafft die wirtschaftspolitischen Rahmenbedingungen für ausgleichende Gerechtigkeit bei der Einkommens- und Vermögensverteilung, insbesondere bei Not- und Härtefällen (Krankheit, Invalidität).

Sicherheit bedeutet aus wirtschaftlicher Sicht soziale Sicherheit für alle Mitglieder der Gesellschaft.

Sozialpolitik und Verteilungspolitik des Staates sind eng miteinander verknüpft. Sie garantieren eine Mindestabsicherung der menschlichen Existenz, z. B. durch die Sozialhilfe.

Grundlage der Entwicklung der deutschen Wirtschaft nach 1945 war die soziale Marktwirtschaft. Ihre Grundprinzipien sind Marktwettbewerb, private Eigenverantwortung, die Konzentration des Staates auf notwendige Aufgaben, eine stabile Währung und die Teilhabe breiter Bevölkerungsschichten am wirtschaftlichen Wachstum. In jüngerer Zeit gewinnt der Umweltschutz verstärkt an Bedeutung.

Im Laufe der Zeit entfernte sich die deutsche Wirtschaftsordnung von ihren Ursprüngen. Immer mehr Aufgaben, vor allem der sozialen Absicherung und der Risikovorsorge, wurden auf den Staat übertragen. Die Folge ist, dass staatliche Ausgaben fast die Hälfte der gesamten Wirtschaftsleistung ausmachen. Sie werden jeweils zu knapp der Hälfte aus Steuern und aus Sozialversicherungsbeiträgen finanziert. Der Staat ist gezwungen, zusätzlich Kredite aufzunehmen. Insgesamt ist er mit über 1,3 Billionen Euro, d. h. mit rund 16 000 Euro pro Einwohner verschuldet. Wichtigste indirekte Steuer ist die **Mehrwertsteuer**, wichtigste direkte Steuern sind die **Einkommens-** und **Körperschaftssteuer**. Im Vergleich mit anderen Industrieländern liegt Deutschland hinsichtlich der gesamtwirtschaftlichen Steuerbelastung im Mittelfeld. Dagegen ist die Belastung der Arbeitseinkommen durch Sozialbeiträge sehr hoch. Sie beträgt im Schnitt über ein Drittel (einschließlich Arbeitgeberbeiträge). Hier wird auch eines der wichtigsten Zukunftsprobleme gesehen. Die deutsche Bevölkerung altert überdurchschnittlich rasch, und entsprechend stark steigen die Ausgaben der Renten-, Kranken- und Pflegeversicherung. Deshalb müssen die Bürger künftig stärker privat vorsorgen und die sozialen Sicherungssysteme grundlegend modernisiert werden.

Nachhaltige Entwicklung – Nachhaltigkeitsstrategie

Der Kernaspekt der Nachhaltigkeit beinhaltet den zukunftsfähigen Umgang mit allen Ressourcen. Dabei hat der Begriff Ressourcen auch eine enorme Erweiterung erfahren.

> M
> **Ressourcen** sind nicht nur die Bodenschätze und nachwachsenden Rohstoffe, sondern auch die vielfältig genutzten lokalen, regionalen und globalen Ökosysteme und die gesamte Erde mit ihrer Erdatmosphäre.

Magisches Dreieck der Nachhaltigkeit

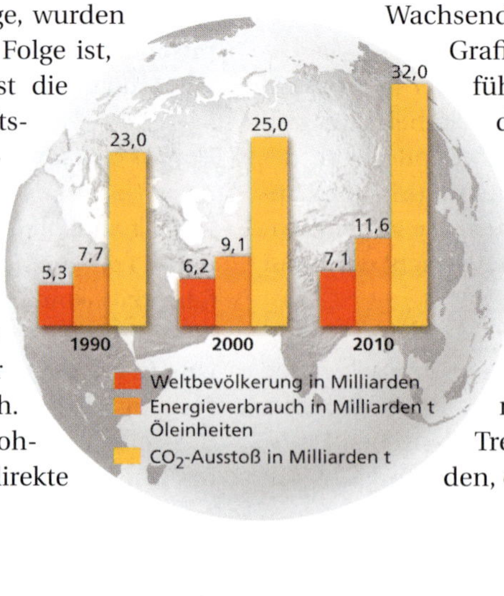

Wachsende Umweltzerstörung (siehe Grafik) und Umweltkatastrophen führten zu einem Umdenken der Menschen besonders in Westeuropa. Die bisher erreichten Erfolge reichen jedoch nicht aus. So wird sich die mittlere Temperatur der Atmosphäre weiter erhöhen, selbst wenn heute drastische Maßnahmen zur Reduzierung der Treibhausgase ergriffen würden, da das Klima mit einer zeitli-

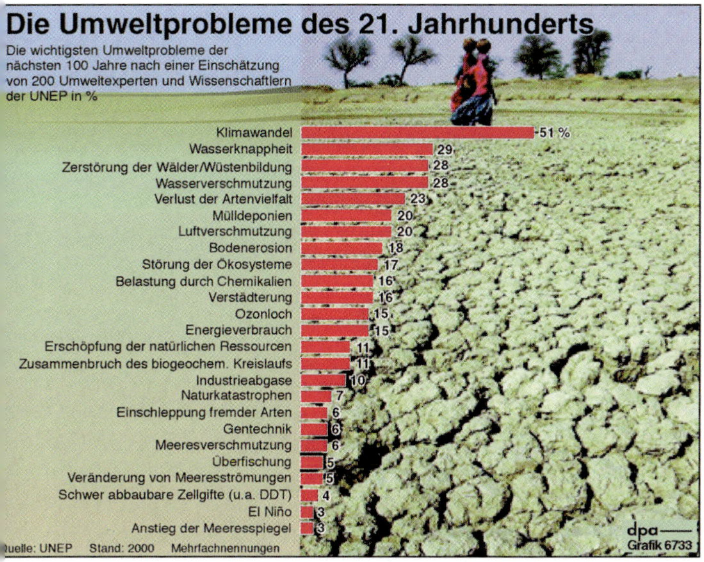

chen Verzögerung von etwa 20 bis 30 Jahren auf die Schadstoffbelastung der Atmosphäre reagiert. Die Erhöhung der mittleren Temperatur führt zur Änderung des Klimas in der ganzen Welt. Davon ist natürlich auch das Land Brandenburg betroffen.

Hier werden die extremen Wetterlagen zunehmen. Es wird pro Jahr weniger Niederschläge geben. Damit wird das Wasser knapp.

Zurzeit gibt es viele Diskussionen, aber keine weltweiten massiven Reduzierungen der Umweltbelastungen, die vor allem von den großen Industrienationen produziert werden.
Dabei ist noch gar nicht berücksichtigt, dass die Länder der sogenannten dritten Welt auch einen Anspruch auf einen höheren materiellen Wohlstand haben.

Die Brisanz des globalen Problems hat 1992 auf der UNO-Konferenz für Umwelt und Entwicklung in Rio de Janeiro erstmals zu einem relativ umfassenden Konsens unter der Mehrzahl der Länder der Welt geführt (die USA hat diesen Konsens im Jahr 2000 aufgekündigt). Dort wurde die **AGENDA 21** als Aktionsprogramm für das 21. Jahrhundert beschlossen. In der AGENDA 21 ist die Verpflichtung zu einer nachhaltigen Entwicklung (Substainable Development) enthalten. Im Grundsatz geht es um zwei Forderungen:

1. Die zukünftigen Generationen sollen **gleiche Lebenschancen** haben wie wir heute. Wir müssen wie die amerikanischen Indianer denken lernen, die sich bei jeder Entscheidung fragten, welche Auswirkungen ihr Handeln bis in die siebente Generation haben wird.

2. Die Entwicklung der Industrienationen darf nicht die **Entwicklungsmöglichkeiten** der Länder der **Dritten Welt** einschränken.

In der Kreislaufwirtschaft sollen die eingesetzten Materialien über den Lebenszyklus eines Produktes hinaus wieder in den Produktionsprozess zurückgelangen. Ein Beispiel dafür ist die Mehrwegflasche.

M

Das Prinzip der **Nachhaltigkeit** beruht auf einem ganzheitlichen Ansatz und berücksichtigt ökologische, ökonomische und soziale Belange gleichwertig. Ziel des nachhaltigen Wirtschaftens sollte eine geschlossene **Kreislaufwirtschaft** sein.

Mit Ausnahme der Landwirtschaft sind wir von der Kreislaufwirtschaft noch sehr weit entfernt. So lange sie nicht erreicht ist, sollte als oberste Maxime die effektivste Nutzung der natürlichen Ressourcen bei gleichzeitiger minimaler Belastung der natürlichen Umwelt gelten.
Die staatliche Umweltpolitik in der BRD hat bereits in den 70er-Jahren des 20. Jahrhunderts und damit früher als in vielen anderen Ländern regulierend auf die Wirtschaft und zunehmend auch auf den Verbraucher eingewirkt. Deshalb wurde ein Umweltministerium 1986 geschaffen und der Umweltschutz als Staatsziel 1994 in das Grundgesetz (Art. 20a) aufgenommen. Die deutsche Umweltpolitik basiert auf vier Prinzipien (Abb., S. 188 oben).

Dem Staat stehen zur Durchsetzung mehrere Instrumente zur Verfügung:

Rechtliche Verbote und Gebote wie
- das Bundesimmissionsgesetz,
- Wasserschutzgesetz,
- Das Kreislaufwirtschaftsgesetz usw.
- konkrete Umweltauflagen bis hin zur Verfügung der Produktionseinstellung,
- Schaffung von Natur- und Landschaftsschutzgebieten.

Wirtschaftliche Anreize und Vereinbarungen wie
- Umweltsteuern,
- Förderprogramme zur Durchführung von Umweltschutzmaßnahmen,
- EMAS II-Verordnung.

Vereinbarungen auf freiwilliger Basis wie
- Vereinbarung mit der deutschen Wirtschaft über die Senkung der CO_2-Emissionen um 28 % von 1990 bis 2005.

Umweltorientierte Unternehmensführung

Eine umweltorientierte Unternehmensführung bedarf einer schlüssigen Umweltkonzeption und eines Umweltmanagementsystems. In der Umweltkonzeption eines Unternehmens werden die umweltbezogenen Gesamtziele, die daraus abgeleiteten Leitlinien und Aufgaben sowie deren Umsetzung fixiert. Grundlagen sind die bestehenden gesetzlichen Umweltvorschriften und von den Unternehmen selbst entwickelte Vorstellungen. Die Unternehmen kontrollieren die Umsetzung und Auswirkungen ihrer Maßnahmen über ein internes **Umwelt-Controlling-System.** Die so gewonnenen Daten bilden die Grundlage für eine Einschätzung der Wirksamkeit des Umweltkonzeptes.
Es erfolgt eine Analyse von aufgetretenen Problemen und Schwachstellen und darauf aufbauend die Weiterentwicklung des Umweltkonzeptes. Es besteht auch die Möglichkeit, eine freiwillige **Umweltbetriebsprüfung** durch externe und unabhängige Gutachter vornehmen zu lassen.

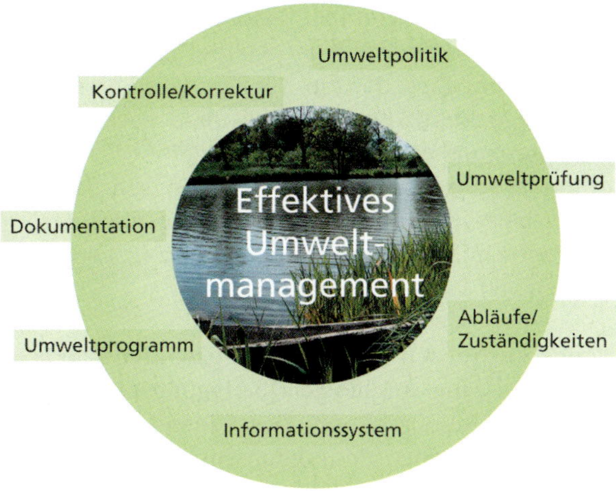

1 Inhalt eines Umweltmanagementsystems

Die rechtliche Grundlage dafür bildet die 2001 verabschiedete **EMAS II-Verordnung,** die die Öko-Audit-Verordnung im Umweltbereich als neuer Standard abgelöst hat. EMAS steht für die englische Bezeichnung des europäischen Umwelt-Audit-Systems (**E**co-**M**anagement and **A**udit **S**cheme). Die Prüfung kostet die Unternehmen natürlich Geld. Sie hat aber einen nachweisbaren finanziellen Nutzeffekt für das Unternehmen. Es gibt auch Unternehmen, die sich höhere Umweltstandards setzen. So veröffentlichte das Familienunternehmen Miele im Jahr 2002 seinen ersten Nachhaltigkeitsbericht.

Produkt-Öko-Audit und Produktlinienanalyse

All diese Untersuchungen beantworten aber nicht die Frage, welches Produkt im Vergleich zu einem anderen ökologischer ist , z B. der Big Mac oder die Thüringer Rostbratwurst.

M

Zur vergleichenden Einschätzung von Produkten sind die **Produkt-Ökobilanz** oder die **Produktlinienanalyse** geeignete Methoden.

Grundlage beider Methoden ist die Betrachtung des gesamten Produktlebenszyklus von der Forschung bis zur Entsorgung.

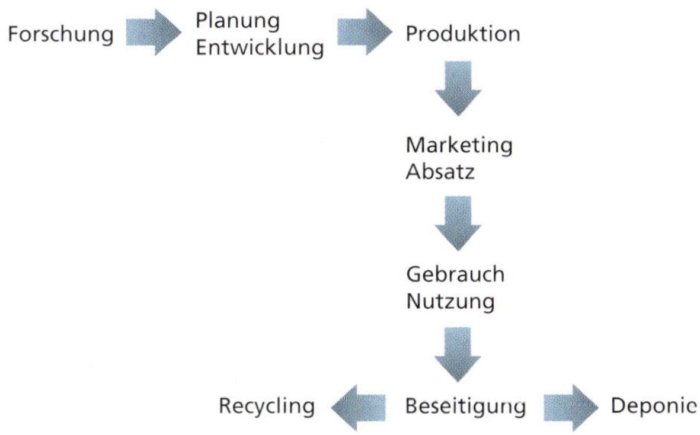

Die **Produkt-Ökobilanz** soll die Auswirkungen auf die Umwelt zweier oder mehrerer Produkte möglichst umfassend vergleichen.
Die **Produktlinienanalyse** geht noch einen Schritt weiter und bezieht zusätzlich zu Auswirkungen auf die Umwelt auch die Bedürfnisse und Wirkungen auf den Menschen sowie die Gesellschaft ein.

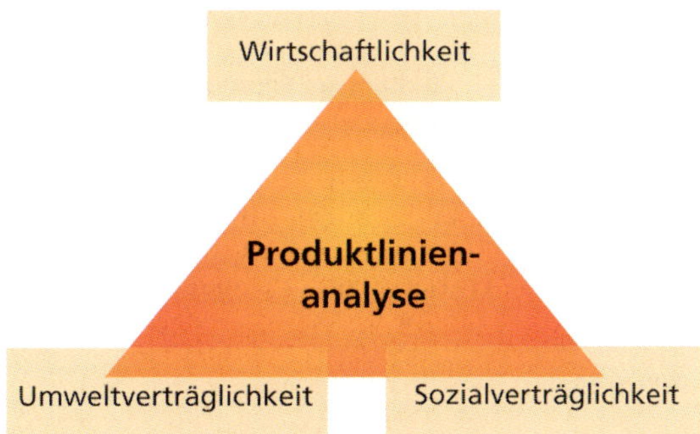

Bei der Produktlinienanalyse und der Produkt-Ökobilanz werden folgende Schritte durchlaufen, wobei bei der Produkt-Ökobilanz die Fragen zur Sozialverträglichkeit unberücksichtigt bleiben:

1. Untersuchungsobjekt und Produktalternative bestimmen,
2. Produktlinien rekonstruieren und Bilanzraum bestimmen,

3. Bestimmung der Untersuchungskriterien,
4. Produktlinienmatrix erstellen,
5. Informationen beschaffen und Produktlinienmatrix ausfüllen,
6. Informationsbewertung,
7. Handlungskonsequenzen ermitteln.

Ein Beispiel für eine Produktlinie ist die Herstellung von Fruchtjoghurt, bei der Fruchtjoghurt-Sorten verschiedener Hersteller verglichen werden (Abb., S. 191). Dabei können nicht alle Faktoren zu jeder beliebigen Zeit betrachtet werden. Es ist eine sinnvolle Beschränkung notwendig. Die Faktoren, die dann in einem bestimmten Zeitraum tatsächlich untersucht werden, nennt man **Bilanzraum.**

> M Die **Produktlinienanalyse** erfolgt in dem jeweils festgelegten **Bilanzraum.**

In der Darstellung S. 191 ist der Bilanzraum blau unterlegt. Es ist aber auch möglich, die äußeren Felder mit einzubeziehen oder aber die zu berücksichtigenden Felder noch weiter einzuschränken. Die Auswahl des Bilanzraumes hängt vom Ziel, der zur Verfügung stehenden Zeit, den finanziellen Mitteln, dem vorhandenen Personal usw. ab.
Eine Produktlinienanalyse ist eine sehr zeit- und kostenintensive Untersuchungsmethode. Für eine aussagekräftige Untersuchung werden bis zu vier Jahre benötigt.

Auch die Aufstellung einer **Produktlinienmatrix** erfordert eine sorgfältige Überlegung und eine sinnvolle Beschränkung. Das folgende Beispiel einer allgemeinen Produktlinienmatrix soll eine Hilfestellung für die Lösung einer konkreten Aufgabe geben. Dazu ist die Produktlinienmatrix an die konkrete Aufgabe anzupassen und es sind Merkmale zu streichen bzw. zu ergänzen (Abb. 1, S. 192).

> M Mit der **Produkt-Öko-Bilanz** und der **Produktlinienanalyse** kann man zwei oder mehrere Produkte miteinander vergleichen.

Produktlinienmatrix												
	Dimension Ökonomie				Dimension Ökologie					Dimension Gesellschaft		
	Produktionskosten	Produktqualität	Arbeitsvolumen	…	Rohstoffe	Energie	Abfall	Schadstoffe	…	Arbeitsbedingungen	Lebensqualität	…
Rohstoffe												
Produktion												
Verpackung												
Handel und Verkauf												
Ge- und Verbrauch												
Beseitigung												

1 Beispiel einer vereinfachten Produktlinienmatrix

Bilanzraum für die Produktlinie Joghurt (nach Weinberger)

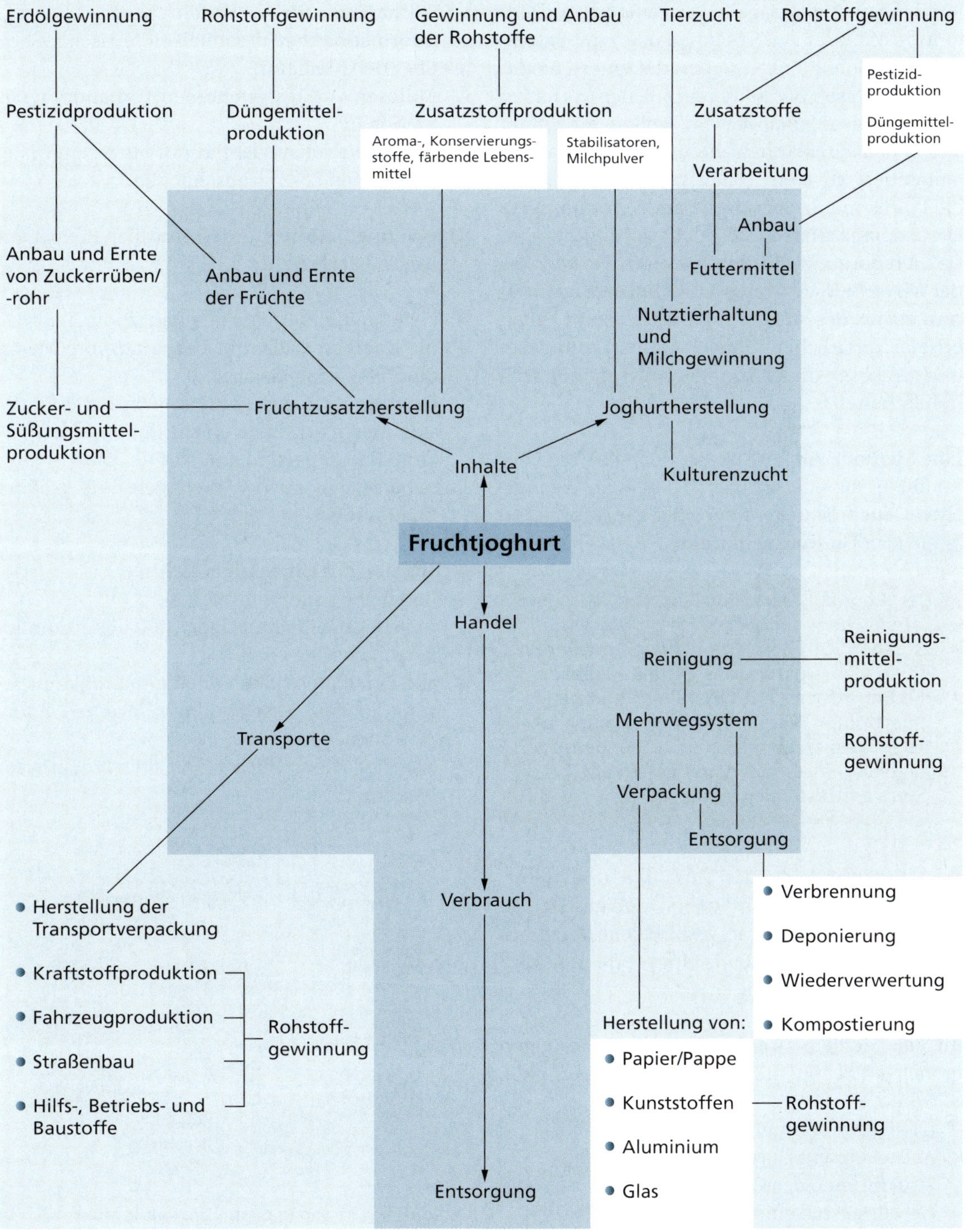

Umweltmediation

Bei umweltrelevanten Projekten (Flughafen- und Straßenbau, Neuanlage einer Deponie, Ansiedlung bestimmter Unternehmen usw.) mit Beteiligung der Öffentlichkeit treffen die unterschiedlichen Interessen der an einem solchen Vorhaben Betroffenen aufeinander. So wollen Anwohner ihre Lebensqualität bewahren, die Wirtschaft argumentiert mit dem Erhalt von Arbeitsplätzen, die Politik mit Sachzwängen und Verordnungen. Diese Konflikte lassen sich nicht verhindern, aber sie werden aufgrund der stärkeren **Vernetzung der Wirtschaft,** der weiteren Technisierung unseres Lebens, des stärkeren Wunsches zum Erhalt unserer natürlichen Umwelt immer komplexer und das Lösen dieser Konflikte wird ökonomisch immer teurer.

Eine Methode zum Austragen und Lösen solcher Konflikte vor oder zeitgleich mit dem eigentlichen Genehmigungs- oder Zulassungsverfahren nennt sich **Umweltmediation.**

M

Der Begriff **„Mediation"** kommt aus dem Lateinischen und bedeutet „Vermittlung zwischen Streitenden". **Umweltmediation** ist ein klar strukturiertes Verfahren, bei dem die Betroffenen auf freiwilliger und gleichberechtigter Basis mithilfe eines unparteiischen Mediators versuchen, Lösungen oder Regelungen zu finden, mit denen alle Beteiligten einverstanden sind.

Der **Mediator** leitet das Verfahren und unterstützt die Beteiligten dabei, zukunftsfähige Lösungen zu finden und verbindliche Vereinbarungen zu treffen. Am Ende eines Verfahrens darf es keine Verlierer geben.

An den Mediator werden hohe Anforderungen gestellt, und er hat mehrere Aufgaben zu erfüllen:

- Leiter des Verfahrens,
- Aufstellen und Durchsetzen der Regeln,
- Strukturieren des Verfahrens,
- Gewährleisten einer fairen Kommunikation,
- Ausgleich von Informationsdefiziten,
- Herausarbeiten der Gemeinsamkeiten und Unterschiede zwischen den Konfliktparteien,
- Hilfestellung für den Verfahrensschwächeren,
- Information der Öffentlichkeit (ausschließlich über den Mediator),
- Auflösen von festgefahrenen Verhandlungssituationen,
- das Mediationsverfahren mit einer langfristig tragfähigen Lösung abschließen.

Umweltmediation erfordert von allen Beteiligten viel Verantwortung, da

- viele Konfliktparteien beteiligt sind,
- die Konfliktparteien in Bezug auf ihre Macht durchaus nicht gleich sind,
- komplexe wissenschaftlich-technische Fragestellungen, auf die es nicht immer eine konkrete und allgemein anerkannte Antwort gibt, neben Sach- auch Wertefragen eine größere Rolle spielen.

Prinzipien der Umweltmediation:
- Beteiligung aller Betroffenen,
- freiwillige Teilnahme; jeder Beteiligte kann jederzeit aussteigen,
- alle Beteiligten haben uneingeschränkten Zugang zu den entscheidungsrelevanten Informationen,
- externer, allparteilicher, von allen akzeptierter Mediator,

1 Konfliktparteien in einem Umweltkonflikt

- das Verfahren ist grundsätzlich vertraulich; die Weitergabe von Informationen ist nur durch den Mediator gestattet,
- gemeinsame Lösungsfindung,
- das Ergebnis des Verfahrens ist offen und steht nicht schon vorher fest,
- die vereinbarten Lösungen sind für alle verbindlich.

Ein **Umweltmediationsverfahren** durchläuft im Allgemeinen die folgenden drei Phasen:

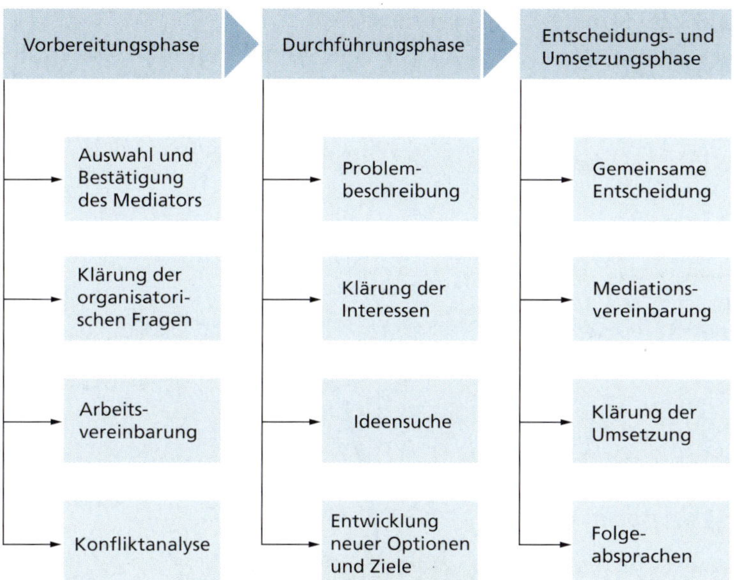

Nach einem erfolgreichen Mediationsverfahren steigt meistens die Akzeptanz des Projektes seitens der Betroffenen, insbesondere der Bürger. Die Anzahl der Einsprüche und Klagen vor Gerichten verringern sich.
Es kommt auch vor, dass das Mediationsverfahren zu keinem Ergebnis führt. Dann wird das Projekt im Rahmen der gesetzlichen Genehmigungsverfahren ohne Beteiligung aller Betroffenen behandelt und entschieden.

Staatliche Regulierung und Wettbewerb

Mit der Produktion und dem Konsum von Gütern und Dienstleistungen sind, wie wir bisher gesehen haben, häufig Belastungen der Umwelt verbunden. Der Erhalt des Gutes Umwelt erfordert deshalb in der Regel ein staatliches Eingreifen mittels umweltpolitischer Maßnahmen. So soll die Überbelastung der Ressourcen eingedämmt werden und mit umweltpolitischen Instrumentarien gesetzlich geregelte Umweltschutzmaßnahmen erlassen werden. Manche Unternehmen sehen jedoch in den staatlichen Maßnahmen eine Kostenerhöhung, durch die sich ihre Wettbewerbschancen verschlechtern.

Der Staat muss deshalb sein umweltpolitisches Eingreifen so gestalten, dass im Land eine Verbesserung der Umweltqualität erzielt wird, ohne dass sich die Lebensqualität bzw. das Wohlstandsniveau verschlechtern. Es kommt also darauf an, eine solche Umweltpolitik zu betreiben, die die Unternehmen veranlasst, ungenutzte Umweltpotentiale zu realisieren, wodurch die Kosten der Regulierung kompensiert werden können. Außerdem sollten langfristig höhere Gewinne erzielt werden als vor der umweltpolitischen Steuerung. Der Staat muss also mehr und mehr zum „Anschieber" werden, wie es Michael Porter, ein weltbekannter Wettbewerbstheoretiker, formuliert:
„Die angemessene Rolle eines Staates ist die eines Anschiebers und Herausforderers. Druck und sogar Bedrängnis spielen bei der Schaffung eines nationalen Wettbewersvorteils eine entscheidende Rolle. ... Die angemessene Rolle eines Staates ist es, Unternehmen zu ermuntern und auch zu nötigen, ihre Ambitionen anzuheben und sich auf eine höhere Wettbewerbsebene zu begeben, auch wenn das ein beunruhigender oder gar unangenehmer Prozess ist."

Im Rahmen der Globalisierung werden die Unternehmen zunehmend politische und gesellschaftliche Akteure auch hinsichtlich der Durchsetzung ökologischer Strategien.

Methode: Mind Map

Mind Map (Gedächtniskarte) wurde von TONY BUZAN entwickelt. Ursprünglich als Notiz- und Merkmethode entwickelt, kann jeder mit Mind Map auch planen, organisieren, Probleme lösen und nicht zuletzt Ideen entwickeln, die eigene Kreativität befördern. In der Schule ist es besonders geeignet zum Wiederholen und Strukturieren von Gelerntem, Vorbereiten und Halten von Vorträgen, für Präsentationen usw. Mind Map nutzt die Fähigkeiten beider Gehirnhälften und fördert das ganzheitliche Denken. Die Mind Map-Methode hat den Vorteil, dass jeder sehr schnell eigene Mind Maps erstellen und mit ihnen arbeiten kann.

Eine Mitschrift im Unterricht oder das Anfertigen einer Zusammenfassung eines Buches bedarf zwar einigen Übens, belohnt aber mit überraschender Übersichtlichkeit. Außerdem kann Neues jederzeit und leicht eingefügt werden. Mind Maps werden nicht herkömmlich von oben nach unten als Stichpunkte geschrieben. Mind Maps beginnen in der Mitte des Blattes mit einem Bild oder/und Begriff, von dem dann die Hauptäste ausgehen, von denen wiederum die Nebenäste ausgehen.
Das Erstellen einer Mind Map erfolgt nach bestimmten Regeln, die in der folgenden Übersicht zusammenfasst sind.

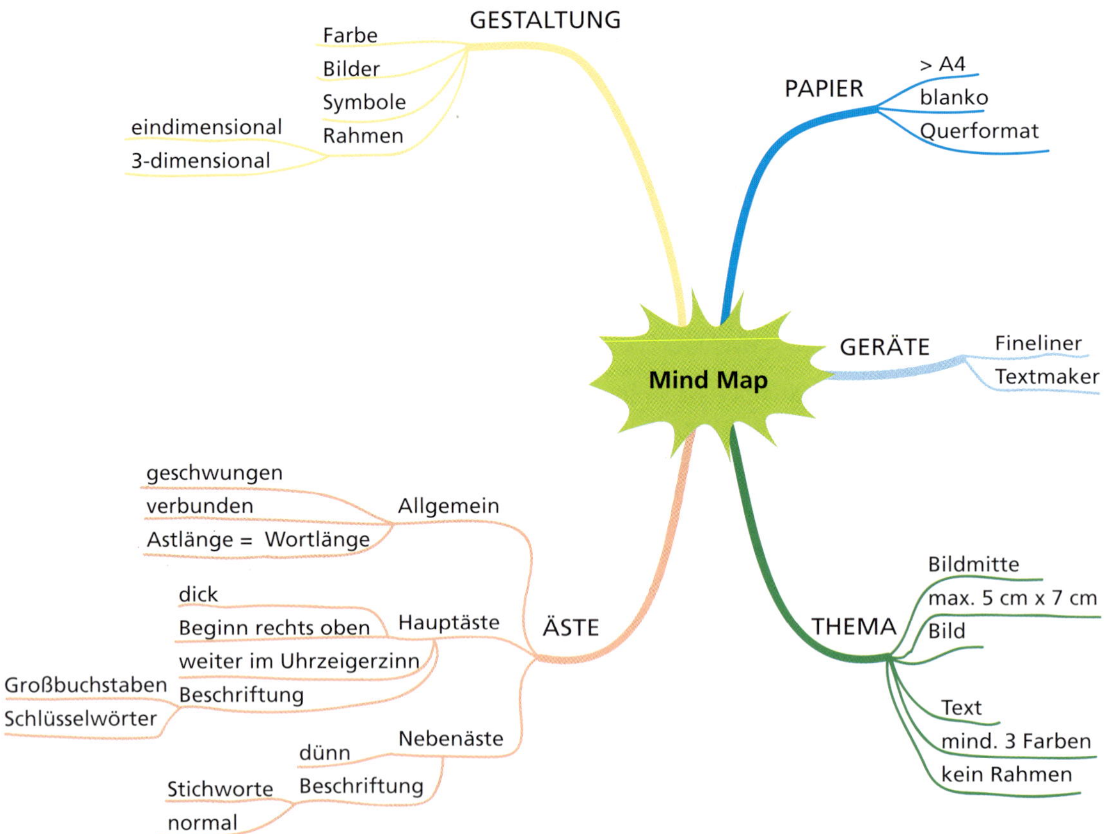

Aufgaben

1. Finde Gründe, die zu den Konflikten zwischen Unternehmer und Arbeitnehmer führen! Bearbeite mindestens fünf Konfliktpunkte!

2. In einem mittelständischen Betrieb mit ca. 80 Beschäftigten stehen zahlreiche Veränderungen an:

   a) Ein Teil der Produktion wird von der Herstellung von Kugelschreibern zu Füllern umgestellt.
   b) Da die Auftragslage im Moment gut ist, soll die Regelarbeitszeit auch auf den Samstag ausgedehnt werden.
   c) Die Pausen sollen verkürzt werden.
   d) Für den Transport der Artikel werden zwei neue LKW bestellt und zusätzlich sollen drei Fahrer eingestellt werden.
   e) Ein Teil der Produktion muss eingestellt werden, da die eigene Fertigung teurer ist als zugekaufte billigere Halbzeuge. Die betroffenen Beschäftigten sollen mit einer Abfindung entlassen werden.
   f) Um den Verwaltungsaufwand zu verringern, sollen sich alle Mitarbeiter ein Konto bei der Sparkasse einrichten, auf das der Lohn eingezahlt wird.

   Überprüfe mithilfe des Betriebsverfassungsgesetzes, welche Rechte der Betriebsrat in allen Fällen hat. Das vollständige Gesetz findest du z. B. unter www.rechtliches.de oder www.betriebsrat-aktuell.de.

3. Im Internet findest du Tarifverträge verschiedener Branchen. Vergleiche die Inhalte miteinander und versuche eine Bewertung!

4. Gib verschiedene Wege an, nach denen eine Tarifverhandlung ablaufen kann!

5. Verfolge die aktuellen Tarifauseinandersetzungen in den Medien! Bewerte die verschiedenen Positionen!

6. Überlege, ob gut arbeitende Schülersprecher das Lernklima in deiner Klasse positiv beeinflussen! Wie sieht dein persönlicher Beitrag zur Mitbestimmung aus?
   Diskutiere darüber in Gruppen mit deinen Mitschülern und fasse die Ergebnisse zusammen! Ziehe Schlussfolgerungen!

7. Informiere dich über Auswirkungen von Luftschadstoffen auf das Klima weltweit und deine Region!

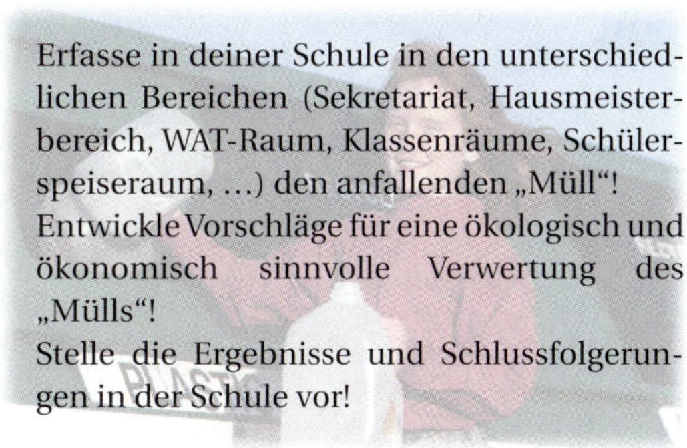

8. Erfasse in deiner Schule in den unterschiedlichen Bereichen (Sekretariat, Hausmeisterbereich, WAT-Raum, Klassenräume, Schülerspeiseraum, …) den anfallenden „Müll“!
   Entwickle Vorschläge für eine ökologisch und ökonomisch sinnvolle Verwertung des „Mülls“!
   Stelle die Ergebnisse und Schlussfolgerungen in der Schule vor!

9. Einen Leitfaden für das Erstellen eines Nachhaltigkeitsberichtes einer Schülerfirma findest du im Internet unter www.nasch21.de.
   Setze dich mit den Nachhaltigkeitsberichten der angegebenen Schülerfirmen auseinander!

10. Welche Umweltprobleme hättest du als möglicher Umweltexperte in Rio de Janeiro angesprochen?
    Welche Argumente haben die Gegner einer internationalen Umweltpolitik?

11. In einem alten Gebäude mitten in der Stadt soll eine Diskothek errichtet werden.
    Wer ist an diesem Projekt beteiligt bzw. von ihm betroffen?
    Bildet Gruppen, deren Mitglieder die Rolle eines Beteiligten bzw. Betroffenen übernehmen!
    Wähle eine unabhängige Person deines Vertrauens und gestalte eine Umweltmediation!
    Bietet ein Mediationsverfahren aus deiner Sicht auch Möglichkeiten, um Konflikte in der Klasse zu lösen?

Das Wichtigste im Überblick

Das Unternehmen als soziales System

Die Unternehmen sind auf vielfältige Art und Weise mit ihrem Umfeld über die Unternehmensakteure verknüpft.

Die Konflikte zwischen Arbeitgebern und Arbeitnehmern werden durch die jeweiligen Interessenvertretungen, die Arbeitgeberverbände und die Gewerkschaften ausgetragen.

Durch das Betriebsverfassungsgesetz haben die Arbeitnehmer einen rechtlich gesicherten Rahmen der betrieblichen Mitbestimmung. Die Mitbestimmung, auch der Auszubildenden, wird im Allgemeinen über Betriebsräte realisiert. Ein Betriebsrat hat zahlreiche Rechte. Die wichtigsten Rechte betreffen:

Einhaltung der Gesetze, Verordnungen, der Tarifverträge und Betriebsvereinbarungen,
Lohngestaltung,
Arbeitszeitregelung,
Einstellungen und Entlassungen,
Arbeitsplatzgestaltung.

Die Tarifverträge werden durch die jeweiligen Arbeitgeberverbände und Gewerkschaften ausgehandelt.

Das Unternehmen als ökologisches System

Die wirtschaftliche Tätigkeit der Menschen führte besonders im letzten Jahrhundert zu deutlichen Auswirkungen auf die Umwelt und zu einem zunehmenden Abbau der Ressourcen.

Das hat zu einem Umdenken in der Bevölkerung, in Staaten, in internationalen Organisationen und Unternehmen geführt. Es kam zur Bildung von Umweltschutzverbänden, Einführung von Umweltgesetzen in den hoch entwickelten Industriestaaten, zur Entwicklung von Umwelttechnologien und zu entsprechenden internationalen Vereinbarungen, wie der AGENDA 21.

Im Mittelpunkt stehen vor allem zwei Forderungen:

1. unsere Kinder und Enkel sollen zumindest gleiche Lebenschancen haben wie wir heute,
2. die Industrienationen dürfen nicht die Entwicklungschancen der Länder der dritten Welt einschränken.

Am besten wird diesen Forderungen mit geschlossenen Stoffkreisläufen entsprochen.

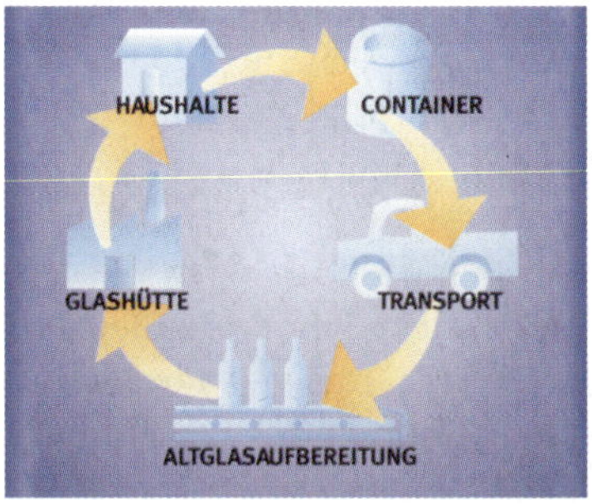

In den Unternehmen sind die Fragen des Umweltschutzes heute eine wichtige Leitungsaufgabe. Die Unternehmen können von externen Gutachtern eine Umweltbetriebsprüfung (EMAS II) durchführen lassen. Zum Vergleich verschiedener Produkte hinsichtlich ihrer ökologischen Auswirkungen können das Produkt-Öko-Audit oder die Produktlinienanalyse genutzt werden. Bei großen umweltrelevanten Projekten wird zunehmend das Umweltmediationsverfahren eingesetzt.

4 Infrastrukturen

Der Ruf nach gut funktionierenden und auf dem neusten Stand befindlichen Infrastrukturen ist immanent, weil damit die Chancen und Perspektiven für Regionen, Organisationen und diverse Interessengruppen festgelegt sind. Bereiche der Infrastruktur können unter anderem die folgenden sein:

- Arbeitsplätze,
- Informationsdienste,
- Kommunikationseinrichtungen,
- Schienen- und Straßennetze,
- Wasserwege,
- Strom-, Wasser- und Gasversorgung,

- Kanalisation und Abfallwirtschaft,
- Dienstleistungen,
- Firmenansiedlungen,
- Einkaufsstätten,
- Erholungs- und Freizeitangebote,
- Bildung und Qualifikationsgrad,
- Kinderbetreuungsstätten,
- Schulen, Fach- und Hochschulen,
- Kultur- und Sporteinrichtungen,
- Gewerbesteuern,
- Wohnungen und Einfamilienhäuser,
- Gesundheitseinrichtungen,
- Forschung u. a.

4.1 Infrastrukturen – ein weiter Begriff

In diesem Kapitel werden die als besonders wichtig erachteten Infrastrukturbereiche näher besprochen. Dabei geht es nicht um Vollzähligkeit. Denn wie die vorangestellte Auswahl bereits verdeutlicht, sind viele Bereiche miteinander verzahnt. Den hier vorgestellten Infrastrukturbereichen kommt jedoch eine entscheidende Bedeutung zu, sie beeinflussen maßgeblich auch die Entwicklung der anderen Bereiche.

1 Das Biotop Wald mit Wiese und Gewässer

Zur Begrifflichkeit von Infrastrukturen

Die Existenz von Mensch und Tier stützt sich auf bestimmte Voraussetzungen. Ein wesentlicher Teil ist in der Natur angelegt. Die Rede ist von Biotopen und Lebensräumen. Ein anderer wird durch die Individuen bzw. ihre sozialen Gruppierungen geschaffen. Das gesamte Bedingungsgefüge kann man als mehr oder weniger zum Leben und Überleben erforderliche „Infrastruktur" ansehen. Das Tier stellt klimatische Ansprüche, ist auf Nahrungsquellen angewiesen, benötigt ein konkretes Umfeld zur Vermehrung und Fortpflanzung etc. Es ist aber auch fähig, sich einer verändernden Umgebung anzupassen sowie erforderliche Bedingungen zu schaffen. Gelingt dies nicht, ist die Gefahr des Aussterbens real.

Der Begriff „Infrastruktur" geht weit über die natürlichen Anlagen hinaus, assoziiert hoch entwickelte Zivilisation. Er bezeichnet die Gesamtheit von Notwendigkeiten
- für eine gut funktionierende Wirtschaft und
- beinhaltet den Anspruch der Daseinsfürsorge.

Die Infrastruktur bildet im weitesten Sinne den Rahmen für eine Wirtschaft oder für eine Organisation.

M **Infrastrukturen** sind vordergründig in natürlichen Bedingungen angesiedelt. Bei aller Technikentwicklung bleibt der Mensch für seine Entwicklung und Gesunderhaltung auf sie angewiesen.

Die Unterscheidungsmerkmale von Infrastrukturen

Den Infrastrukturen wird in der modernen Gesellschaft große Bedeutung beigemessen. Sie sind allgemein betrachtet dazu da, die Lebensbedingungen zu sichern und stetig zu verbessern. Sie werden mit dem Ziel geschaffen, für Personengruppen und Organisationen optimale Arbeits- und Lebensbedingungen zu gestalten. Man unterscheidet zwischen:

- **personeller Infrastruktur:** Zahl und Eigenschaften der Menschen in Hinsicht auf ihre Fähigkeiten, Fertigkeiten und Kenntnisse (z. B. geistige, handwerkliche und unternehmerische), Qualifikation der Arbeitskräfte, Alterszusammensetzung, Bildung;

- **materieller Infrastruktur:** Gesamtheit aller Anlagen zur Energieversorgung, Verkehrsbedienung und Telekommunikation, Verkehrswege und -anlagen, Einrichtungen der öffentlichen Verwaltung, Erziehungs-, Forschungs-, Gesundheits- und Fürsorgewesen, Wohnungsbestand als Reproduktionsstätte der Arbeitskraft, Ver- und Entsorgungseinrichtungen, Einrichtungen zum Schutz und Erhalt der natürlichen Ressourcen;
- **institutioneller Infrastruktur:** Rechtsprechungen, Gesetze im Sinne gesellschaftlicher Normen, Rechtsorgane, Einrichtungen und Verfahrensweisen für die Aufstellung, Entscheidung, Durchführung und Kontrolle von Wirtschaftsplänen, Steuer- und Wettbewerbspolitik, Organisation der öffentlichen Verwaltung, Raumordnung, Eigentums- und Wirtschaftsordnung, Währungs- und Geldverfassung, Finanzen etc.

Mit anderer Akzentuierung ist auch die Unterscheidung zwischen
- *technischer Infrastruktur:* Informationsnetze, Verkehrswege, Forschungsgeräte etc. und

- *sozialer Infrastruktur:* ethnische Zusammensetzung, Mitsprache oder Einkommensverteilung

verbreitet. Letztlich gibt es keine Standards für Infrastrukturen, da sie sich zum einen an verschiedenen Zielen und Interessen ausrichten, zum anderen einer ständigen Dynamik unterliegen. In jedem Falle spielen sie bereits bei der Planung (Bildungsreform, Raum- und Verkehrsplanung, Einkommensentwicklung, Rentenversorgung, u. a.) eine große Rolle und sind unter dem Blickwinkel effektiver Produktion zu einer wichtigen Wirtschaftsgröße geworden.

M

Infrastruktur bezeichnet den Unterbau für eine Organisation, auf den sie planerisch wie gestalterisch aufsetzt. Sie steht für die Gesamtheit der Gegebenheiten, der Anlagen und Einrichtungen, auf denen Wirtschaftseinheiten ihre Aktivitäten entfalten können.

Wechselbeziehung von Infrastrukturen

Die unterschiedlichen Infrastrukturen stehen untereinander in Wechselbeziehungen. Dies kann dazu führen, dass sie damit ihre Wirkungen verstärken. So kann eine fehlende Qualifikation bei ausreichender materieller Ausstattung z. B. über Wissenstransfer mittels Internet ausgeglichen werden. Günstige Steuern führen zur Ansiedelung von Unternehmen, die ihrerseits vielleicht in Transport- und Verkehrswege investieren.

Aber die Infrastrukturen können sich gegenseitig auch schwächen. Mangelnder Wohnraum und fehlende Dienstleistungen führen zu Abwanderungen von Arbeitskräften und stellen damit den Standort unter wirtschaftlichen Gesichtspunkten infrastrukturell in Frage.

Eine vorhandene Infrastruktur in einer Region ist für Unternehmen wichtig. Dabei ist die Art des Unternehmens ausschlaggebend. Geht es beispielsweise um den Vertrieb von Waren, so werden überdurchschnittliche Anforderungen an die Verkehrsanbindungen gestellt.

1 Verkehrsanbindungen sind für eine gute Infrastruktur notwendig.

Bei einem Biokraftwerk hingegen ist unter anderem die Nähe zu organischen Stoffen und die Energieabnahme von Bedeutung. Jede Ortschaft ist um eine gut funktionierende Infrastruktur bemüht, um Ausflügler, Touristen, Urlauber und Unternehmen anzulocken. Dies kann höhere Beschäftigung bringen, den Umsatz von Gewerbetreibenden steigern, dem Ort höhere Gewerbesteuern einbringen und schlägt sich letztlich auf das Wohl all seiner Einwohner nieder.

So verschieden die Ansprüche bezüglich von Infrastrukturen auch sind, die moderne Gesellschaft setzt auch hier Standards, die vorrangig in den Bereichen

- Information und Kommunikation,
- Transport und Verkehr sowie
- Energie

vorausgesetzt werden. Allerdings darf man auch nicht die Dynamik der Entwicklung unterschätzen. Wir leben in eine Aufbruchsituation hinein, die sehr nachhaltig die infrastrukturellen Bedingungen beeinflusst, die sich streng genommen nur als Visionen abschätzen lassen.

Information und Kommunikation

Informations- und Kommunikationssysteme werden sich in diesem Jahrhundert immer mehr verbreiten und miteinander verschmelzen. Die damit einhergehende Infrastruktur wird allgegenwärtig werden und eine Vielfalt von interaktiven Systemen hervorbringen. Das Sammeln,

1 Weltweite Kommunikation via Satellit

2 Moderne Verkehrsmittel schaffen Mobilität.

Auswerten und Verteilen von Informationen wird strukturbestimmend werden. Die Anwendungsbereiche betreffen längst nicht nur das Arbeitsleben, sie werden auch das Lernen und überhaupt alle Bereiche des täglichen Lebens erfassen. Mobile Miniatursysteme wie Handys oder Organizer stellen großflächige Interaktionsmöglichkeiten zur Verfügung, der Computer wird zum integralen Bestandteil in Geräten und Maschinen. Über Netze werden Informationen in nie gekannter Weise verfügbar und ausgetauscht.

Transport und Verkehr

Infrastrukturelle Veränderungen wird die Zukunft auch beim Transport und Verkehr mit sich bringen. Der wachsende elektronische Handel, Telearbeitsplätze und modernste Informations- und Kommunikationstechnologien werden den notwendigen individuellen Verkehr deutlich verringern. Obwohl der Austausch von Gütern und Personen im Internetzeitalter durch den verkehrsunabhängigen Datenaustausch entlastet wird, scheint sich das Mobilitätsbedürfnis eher zu vergrößern: Mobilität schafft Wohlstand und Wohlstand schafft Mobilität. Der Unterschied dazu wird in der Art der jeweiligen Verkehrsmittel, deren Antrieben und damit einhergehenden Sicherheiten liegen.

Energie

Die Risiken von Kernenergie haben sich herumgesprochen. Man wird über kurz oder lang weltweit von dieser Energieform Abstand nehmen. Die Preise für Öl steigen stetig, die Vorräte an Erdöl sind beschränkt und ihre Gewinnung verteuert sich. Trotz Treibhauseffekt werden die fossilen Energieträger auch in den nächsten Jahrzehnten noch eine Rolle spielen. Aber die effizientere Nutzung von Energie wird bei aller Entwicklung Vorrang haben.

Neue Konzepte für die Licht- und Wärmeerzeugung, für Fahrzeugantriebe usw. sind gefragt, auch die Notwendigkeit, den Verbrauch an Energie insgesamt zu senken. Und es geht darum, schadstoffärmere Techniken zur Strom- und Wärmeerzeugung zu erschließen. Es gilt künftig, verstärkt regenerative Energien zu nutzen. Die Zukunft der Menschheit wird letztlich davon abhängen, wie wir mit den Energieproblemen umgehen.

3 Strom- und Wärmeerzeugung mit neuem Konzept: das geothermische Kraftwerk in Neustadt-Glewe

Information und Kommunikation sind heute zentrale Begriffe des Alltags. Im umgangssprachlichen Verständnis werden sie oft gleichgesetzt. Tatsächlich sind sie auch aufs Engste miteinander verbunden, jedoch nicht identisch.

4.2 Information und Kommunikation

Die **Information** ist für das Leben im Allgemeinen und für den Menschen im Besonderen Inhalt und Bedeutung von Etwas. Dies können Ereignisse, Farben, Temperaturen etc.

sein. Das Handeln als Reaktion auf Informationen basiert auf Instinkten oder ist das Ergebnis von Lernprozessen, im letzen Fall also eine Frage der Interpretation.
Folglich ist für höher entwickelte Lebewesen weniger der Inhalt, sondern die erfasste Bedeutung entscheidend. Mit den informationsverarbeitenden Maschinen wurde der Begriff Daten eingeführt. Er steht für den inhaltlichen Teil der Informationen und ist in der Weise formalisiert, dass sie (auch) von Maschinen interpretiert, verarbeitet und kommuniziert werden können.

Die **Kommunikation** macht die Information zur Mitteilung; der Sender schickt sie an den Empfänger. Ein gleichzeitiges Verteilen von Informationen an viele Empfänger ist typisch für die Massenmedien Radio, Fernsehen, Zeitung, Mailliste usw. Allerdings stimmt diese Aussage nur bedingt. Immer schon standen auch andere Übertragungskanäle, wie das Telefon oder der Leserbrief, zur Verfügung, wo der Empfänger zum Sender wird. Die Kommunikation in beide Richtungen ist am unkompliziertesten, wenn die Teilnehmer den gleichen Kanal nutzen. Sender und Empfänger liegen zusammen wie bei der Unterhaltung, beim Telefonieren, Chatten oder der Videokonferenz.

Im folgenden Abschnitt sollen die Grundlagen der Information und Kommunikation sowie ihre enge Beziehung zueinander dargestellt werden.

Phänomene aus Natur und Technik

Die Information ist eine vom lateinischen Wort *„informatio"* hergeleitete Nachricht. Den Sinn kann man sich als *Etwas-in-Form-Bringen* erschließen. Ein Ereignis wird in eine vermittelbare bzw. austauschbare Form gebracht. Die Information ist an stoffliche oder energetische Träger gebunden.

M
Die **Information** ist neben Stoff und Energie eine wesentliche Erscheinungsform der Natur.

2 Amon-Tempel mit „Nilometer"

Informationen und ihr Austausch in unbelebter Materie

Ein Brunnenschacht im Vorhof des Amon-Tempels von Luxor in Ägypten zeigt in den Treppenstufen den Wasserstand des Nils („Nilometer", Abb. 2) an. Danach legten die Priester die Grundsteuerquote für die Fellachen fest. Die Quote stieg mit dem Wasserstand. Je höher das Wasser, umso fruchtbarer der Boden und größer die Ernte. Aber wenn die Treppe ganz abgesoffen war, waren es auch die Felder. Dann entfiel die Steuer.

1 Bildhauer beim Übertragen von Ideen (Information) auf einen Steinbrocken (Stoff) unter Anwendung von Hammer und Meißel (Energie)

Dem System liegt ein einfaches Prinzip zugrunde: Fluss und Brunnen sind über ein Leitungssystem *kommunizierende Gefäße*. Die Information über den Wasserstand ist die Wirkung eines Naturgesetzes. Derartige Beziehungen gibt es in der unbelebten Materie viele.

M
Einen **Nutzen** aus Informationen ziehen nur Lebewesen. Ihre Existenz hängt von zwei sich gegenseitig beeinflussenden Prozessen ab, dem **Informationsaustausch** und der **Steuerung.**

Information und ihr Austausch in belebter Materie

Pflanzen wehren sich gegen Angriffe von Insekten, indem sie Hemmstoffe produzieren oder andere Schutzstrategien entwickeln. Der innere **Informationsaustausch** erfolgt über chemische Botenstoffe und elektrische Reizleitungen. Zur Sicherung des Fortbestandes sind Blütenpflanzen auch auf stabile Beziehungen mit Tieren angewiesen. Blütenpracht und Düfte locken Insekten, Vögel und andere zur Befruchtung an.

1 Blüten locken die Insekten zum Befruchten an.

Bei den Pflanzen reagieren offenbar alle Zelltypen auf Reizeinwirkungen. Bei den Tieren hat sich im Laufe der Evolution ein spezialisiertes Nervensystem herausgebildet. Je nach Entwicklung können sehr differenziert Signale empfangen, gespeichert und gesendet werden. Um eine Nachricht zum Empfänger senden zu können, werden bestimmte Übertragungskanäle benötigt. Sie richten sich nach der Energieform, die für den Informationsaustausch verwendet wird. Dazu zählen z. B. akustische, chemische, mechanische oder elektrische Kanäle.

Bei zunehmend höherer evolutionärer Entwicklung tritt mit der Lernfähigkeit von Organismen der **Beziehungsaspekt** von Informationen hervor: Der **Informationsgeber** (Sender) trifft nach ausgesuchten Kriterien immer bewusster die Informationsauswahl, der **Informationsaufnehmer** (Empfänger) bricht die eingehenden Informationen in nur ihm eigenen Erlebnisbildern und interpretiert sie nach seinem Verstand.

Der Ursprung menschlicher Kommunikation wird im sensitiven, auditiven und fundamental optischen Bereich gelegen haben. Ob bei der Jagd, beim Sammeln von Beeren und Pilzen oder einfach zum Artikulieren von Wünschen und Aufforderungen, die Information bestand im An- und Wegstoßen, Verbeißen, Rufen, Schreien, Jammern, Flüstern, Zeigen und Gestikulieren.

Der Mensch hat gelernt, Ereignisse *verbal* durch Sprache darzustellen. Die verbale Kommunikation wird durch eine Reihe von *nicht verbalen* Formen wie Gesichtsausdruck, Bewegung, Berührung, Körpersprache, Augenkontakt begleitet. Diese Hintergrundinformationen sind so umfassend, dass ein verbal gleicher Inhalt völlig verschiedene Bedeutungen erhalten kann. Die höchste Form der **Informationsverarbeitung** hat der Mensch erlangt. Der Unterschied zum Tier und zur Pflanze liegt in der Gedächtnisleistung.

Der Austausch von Informationen in Modellen

Jeder Austausch von Informationen verläuft zwischen einem Sender und einem Empfänger.

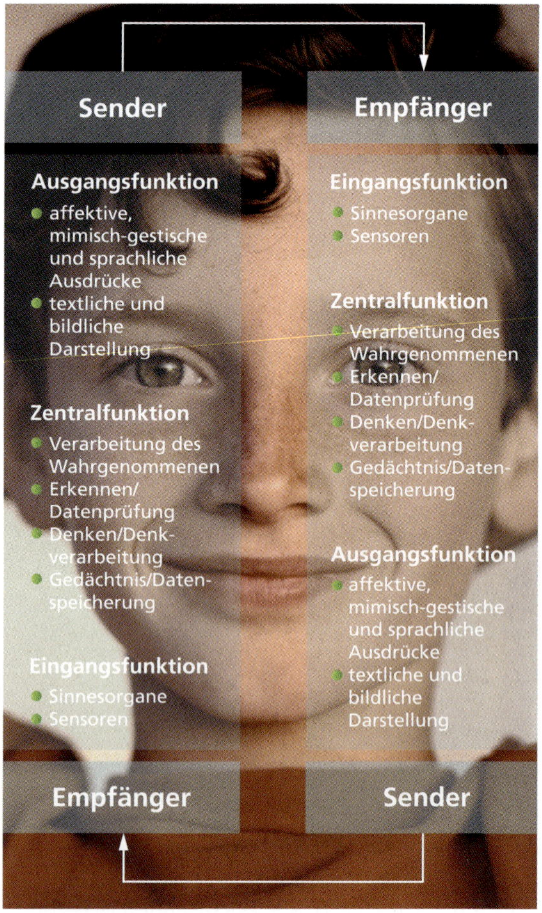

2 Prinzip der natürlichen Kommunikation

Der Sender stellt die Informationen zusammen, die er an den Empfänger weiterleitet. Die Informationen werden verschlüsselt, **kodiert,** um sie auf ein für den Austausch geeignetes **Signal** zu prägen.
Es ist zwischen *analogen* und *digitalen Signalen* zu unterscheiden. **Analog** steht für einen unendlichen Wertevorrat. **Digital** meint im abgesteckten Bereich eine zählbare Menge.

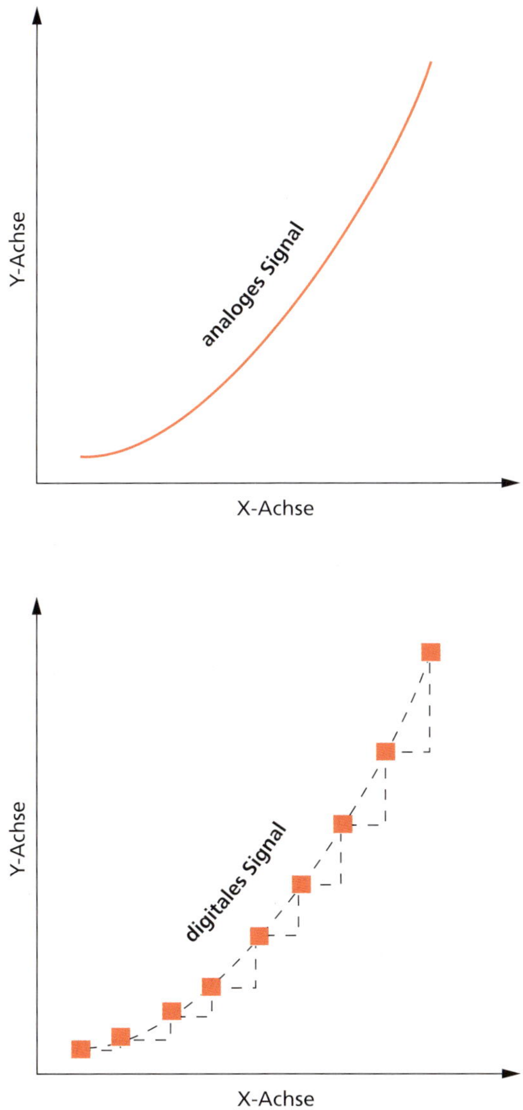

1 Vergleich analoger und digitaler Signale

2 Signal, Information und Nachricht

> **M** Die Signale als Informationsträger können Schall, Licht, Strom, Temperatur, Geruch oder Zahlen, Buchstaben und Symbole sein. In dieser physikalischen Form erreichen sie den Empfänger.

Der Austausch ist vollständig, wenn der Empfänger mit den gewonnenen Signalen etwas anzufangen weiß. Dazu muss er sie wieder entschlüsseln, **dekodieren** und aus den gewonnenen Informationen die Mitteilung erschließen.

> **M** **Daten** sind in erkennungsfähiger Form dargestellte Elemente einer Information, die in Systemen verarbeitet werden können.

Man unterscheidet zwischen analogen und digitalen, bei letzteren wiederum zwischen **numerischen** und **alphanumerischen Daten.**

Daten sind auch Nachrichten für die automatische Verarbeitung in Daten verarbeitenden Anlagen; der Informationsaustausch setzt einen gemeinsamen Vorrat an Bedeutungen voraus.

Jede Kommunikation verläuft nach CLAUDE E. SHANNON (1916–2001) zwischen der **Informationsquelle,** dem Ursprung von Informationen, und der **Informationssenke,** dem Ziel von Informationen.

3 Links eine Bildinformation, rechts die entsprechenden Daten

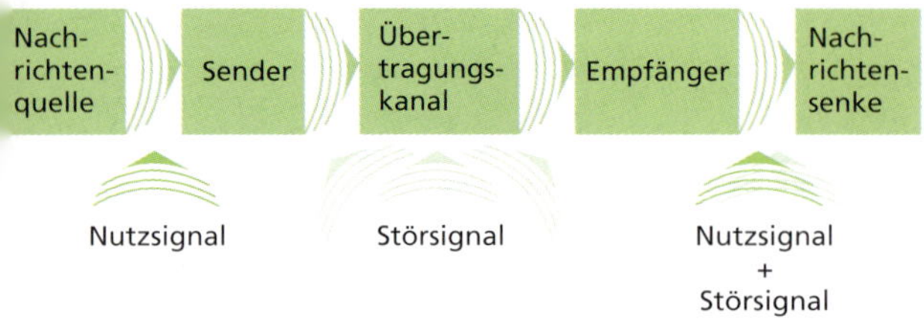

1 Kommunikationsmodell von SHANNON

Störsignale wirken den **Nutzsignalen** bis zum Totalverlust entgegen. Die Evolution brachte verschiedene Gegenstrategien hervor, um sich gegen Informationsverlust zu schützen. Der Kuckuck wiederholt seine Rufe viele Male und wechselt zur Vergrößerung des Aktionsradius seinen Platz.

M

Nutzsignale enthalten die Austauschinformationen. Störsignale wirken diesen entgegen.

Ein probates Mittel, die Nutzsignale vor den Störsignalen zu schützen, ist die **Verstärkung.** Mehr Sicherheit bei der Kommunikation bringt die gleichzeitige Verwendung von unterschiedlichen Nutzsignalen zur gleichen Sache. Hier liegt ein entscheidender Vorzug von multimedialen Anwendungen begründet. Schon ein Hund riecht, sieht und hört seine Beute und trifft die letzte Fressentscheidung nach Geschmack und Hunger.

Der Mensch bedient sich gleich vielfältiger Methoden, um die Kommunikationssicherheit zu erhöhen. Er wiederholt, variiert die Lautstärke und Stimmhöhe, unterstützt das Sprechen mit Handbewegungen, versendet ein Überangebot an Informationen, um einen Grundbestand zu sichern.

2 Der Resonanzkörper der Violine verstärkt die Musik.

Übertragungssysteme der Kommunikation

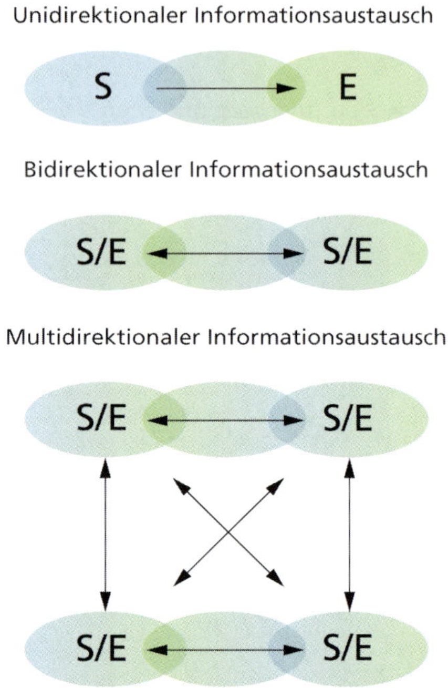

3 Uni-, bi- und multidirektionale Kommunikation

Am Verteilen von Informationen sind mindestens zwei Individuen bzw. Instanzen beteiligt, ein Sender und ein Empfänger. Die Übertragung verläuft in eine Richtung, **unidirektional,** wie z. B. beim Radio und Fernsehen.

Liegen die Funktionen Senden und Empfangen bei zwei Individuen oder Instanzen jeweils zusammen und wechseln einander ab, so spricht man von der **bidirektionalen** Kommunikation. Der Art sind Gespräche unter vier Augen, zwischen Käufer und Verkäufer, beim Telefonieren oder dem Chat im Internet.

Am Informationsaustausch können auch mehrere Individuen bzw. Instanzen gleichzeitig beteiligt sein, wie es für die **multidirektionale** Kommunikation typisch ist. Jedes Individuum ist Sender und Empfänger in einem, wie man es beispielsweise von Diskussionsrunden, Talkshows und Pro-und-Kontra-Gesprächen erwartet.

Informationstechnik

Seit die Menschen Zahlen handhaben, sind sie bemüht, Rechenoperationen auf Geräte und Maschinen zu übertragen.

1 Abakus aus jüngerer Zeit; mit Rahmen, Stangen und verschiebbaren Kugeln

3 Rekonstruktion der Rechenmaschine von Wilhelm Schickhardt, 1623

Als sehr frühes Rechenhilfsmittel war der **Abakus** schon vor etwa 3 000 Jahren in Ostasien bekannt. William Oughtred (1574 – 1660) konstruierte 1622 einen Rechenstab. Er funktionierte auf der Grundlage eines Messvorganges und ist ein analoges Rechengerät. Wingate und Partridge gaben dem **Rechenstab** im Jahre 1657 eine verschiebbare Zunge. Der Rechenstab war bis in die Mitte des 20. Jahrhunderts hinein das wichtigste Rechenhilfsmittel. Ein Uhrmacher, Wilhelm Schickhardt (1592–1635), baute den ersten **Ziffernrechner.** Auf dem Umfang eines Zahnrades waren die Ziffern 0 bis 9 angeordnet. Nach einer vollen Umdrehung bewegte sich das nachfolgend gleichartig aufgebaute Zahnrad um eine Zählerstelle weiter. Bei entgegengesetzter Drehung verminderte sich dieser Übertrag. Die Grundrechenarten der Addition und Subtraktion waren damit möglich. Auf Zahnrädern basierte auch die Erfindung von Blaise Pascal (1623 – 1662) im Jahre 1642. Dieses Gerät half, das Rechnen wesentlich zu beschleunigen. Es erlangte breite Anwendung und soll auch schon Ängste wegen den damit frei werdenden Arbeitsstellen geschürt haben.

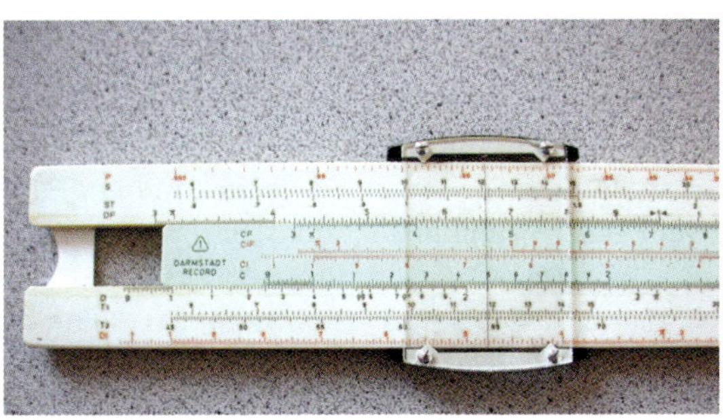

2 Rechenstab, Baujahr 1968

4 Pascal-Rechner

GOTTFRIED WILHELM LEIBNIZ (1646 – 1662) widmete sich unter anderem der Theorie zu den **Binärzahlen.** Er lieferte den Beweis, dass sich alle Aufgaben allein mit den Ziffern „0“ und „1“ lösen lassen. Die Funktion eines jeden Rechners basiert heute auf binären Zahlen.

Grundfunktionen eines Rechners

Die klassischen Rechner vereinten in sich zwei Funktionen, das *Speichern* von Zahlen und das *Rechnen* mit ihnen. Die Ablaufsteuerung (der Rechenweg) wurde vom Menschen vorgenommen. Dem englischen Mathematiker CHARLES BABBAGE (1792 – 1871) gelang es, auch die Verarbeitungsvorschrift als Algorithmus auf die Rechenmaschine zu übertragen. Sie war in Lochkarten gespeichert.
Die **Lochkartensteuerung** war zu jener Zeit nicht mehr ganz neu. Der französische Seidenweber JOSEPH-MARIE JACQUARD (1752 – 1834) konstruierte 1804 einen Webstuhl, der alle Grundoperationen des Webens mechanisierte (Abb. 1). Perforierte Karten enthielten als **externe Befehlsspeicher** das jeweils zu webende Muster.

1 Teppich-Webstuhl von Jacquard

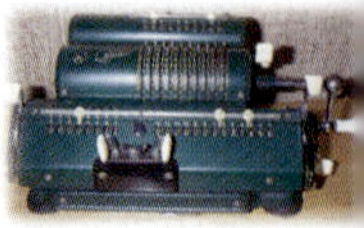

Den ersten vollfunktionstüchtigen Tischrechner stellte 1874 WILLGODT THEOPHIL ODHNER (1845 – 1905) vor. Dieses Rechenhilfsmittel wurde in großer Zahl und einer Reihe von Spezialentwicklungen produziert und bis ins 20. Jahrhundert hinein erfolgreich genutzt.

Die ersten Computer

Verschiedene Rechenanlagen (Z1 bis Z3) baute der Deutsche KONRAD ZUSE (1910 – 2001) im Zeitraum zwischen 1934 bis 1941. Interessant an seinen Rechnern war, dass erstmals konsequent das von LEIBNIZ eingeführte binäre Zahlensystem Anwendung fand.
Der britische Mathematiker ALAN M. TURING (1912 – 1954) entwarf 1936 ein universelles Automatenmodell (Turing-Maschine), das den Algorithmusbegriff mathematisch exakt erfasst. Unter seiner Anleitung entstand der erste elektronische Digitalcomputer „Colossus“. Er wurde erfolgreich zum Entschlüsseln deutscher Funksprüche im Zweiten Weltkrieg eingesetzt.

Der letzte Rechner ohne jede Elektronik, dafür aber mit einer Vielzahl von Kugellagern, Zahnrädern, Zahnstangen, Relais und elektromagnetischen Kupplungen wurde 1944 unter der Leitung von HOWARD HATHAWAY AIKEN (1900 – 1973) als „MARK I“ gebaut. Bis 1947 konnte er als „MARK II“ zu einem vollständig elektrisch arbeitenden Rechner verbessert werden.
Bedeutende Geschwindigkeitsgewinne erzielten JOHN PRESPER ECHERT (1919 – 1995) und JOHN WILLIAM MAUCHLY (1907 – 1980) mit ihrer Konstruktion der „ENIAC“ im Jahre 1946. Sie war weltweit der erste vollelektronische Rechner, bestehend aus 18 000 Elektronenröhren. Dieser Koloss trifft sich überhaupt nicht mehr mit den heutigen Vorstellungen von einem Computer. Er benötigte allein 140 m^2 Stellfläche (Abb. 1, S. 209).

M Alle mechanischen Entwicklungen kennzeichnen die Vorgeneration von Computern. Ihre eigentliche Entwicklung begann mit den **Elektronenröhren.**

1 Erster vollelektronischer Rechner „ENIAC"

Aufbau und Funktion von Computern

John von Neumann (1903 – 1957) entwickelte 1946 bis 1952 die Idee, auch das Programm im Rechner unterzubringen. Damit sollte es möglich werden, die Arbeitsschritte nach Belieben zu verändern und unterschiedliche Aufgaben zu lösen. Was im Inneren des Rechners passiert, hängt dann von den Eingabedaten, den Zwischen- und Endergebnissen ab (Abb. 2). Die Genialität dieser Architektur wird deutlich, wenn man bedenkt, dass fast alle Rechner heute genau nach diesem Konzept arbeiten.

Die Computer wurden kleiner, der Energieverbrauch geringer und die Zahl der einzelnen Rechenoperationen pro Sekunde vervielfachte sich. Der Computer entwickelte sich zu einem regelrechten Alleskönner. **Ein- und Ausgabegeräte, Dialoggeräte** und **Speicher** lassen sich zu komplex miteinander verbundenen Stationen schalten, die wiederum durch verschiedene Datenkanäle über weite Strecken mit vielen anderen Stationen verbunden sind. Hochleistungsfähige Netzwerke entstanden.
Die **Zentrale Recheneinheit** beinhaltet das **Leitwerk** und **Rechenwerk** sowie den *Zentralspeicher.* Der **Zentralspeicher** wird unterschieden in den *Nur-Lese-Speicher* (engl.: Read Only Memory, **ROM**) und dem *Lese-Schreib-Speicher* (engl. Random Access Memory, **RAM**).

Im **ROM** sind systeminterne Programme und Daten zur grundlegenden Gewährleistung der Rechnerfunktionen enthalten. Im **RAM** stehen die aktuellen Anwenderprogramme und -daten während des Betriebes. Das *Rechenwerk* führt die Rechenoperationen durch. Das *Leitwerk* koordiniert die Ein- und Ausgabe, verwaltet den Speicher und steuert die Rechenoperationen.

> **M** Das Herzstück eines Computers ist die Zentrale Recheneinheit, die ZRE (engl.: Central Prozessor Unit, **CPU**).

Den anfangs eingesetzten Röhren folgten mit den Transistoren und Chips immer winzigere Bauelemente. Miniaturcomputer sind als **Mikroprozessoren** heute in verschiedenen Geräten untergebracht. Sie übernehmen Steuerungs- und Überwachungsaufgaben im Auto, in der Waschmaschine, im Videorecorder, in CD-, MD-, DVD- und RAM-Drive-Playern, im Handy u. a. m.

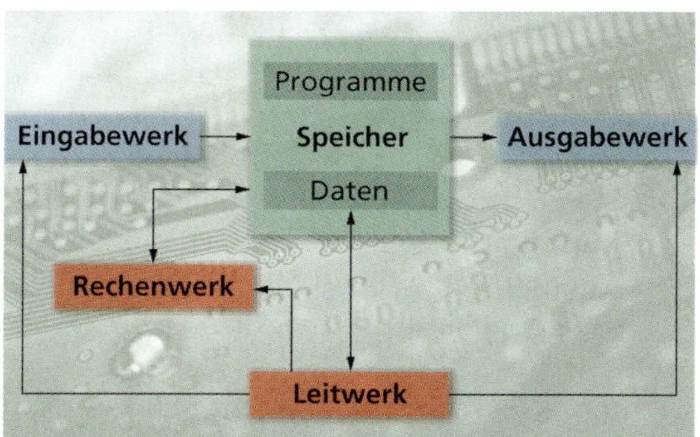

2 Von-Neumann-Rechner

3 CPU eines Personalcomputers

Wenn vom Computer die Rede ist, meint man meistens den „richtigen“, den mit Bildschirm und Tastatur. Die wichtigste Elektronik ist auf einer Leiterplatte untergebracht, der **Hauptplatine.**

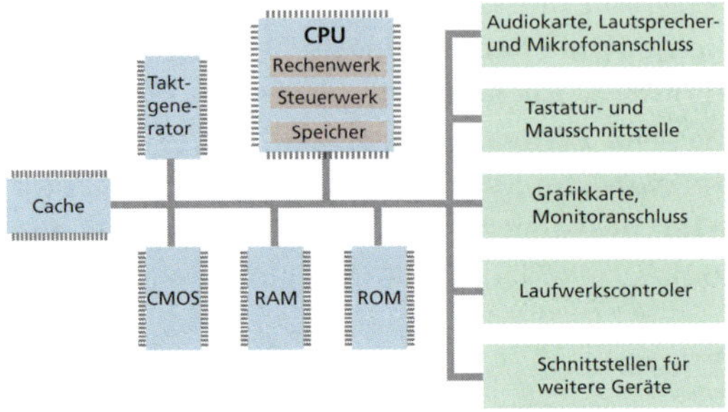

Alle Baugruppen sind über ein so genanntes **Bus-System** untereinander und mit den Ein- und Ausgabegeräten verbunden. Ein **Taktgenerator** definiert das Schritt-Tempo der Programmabarbeitung, die Geschwindigkeit des Datenstroms von und zu den peripheren Geräten und synchronisiert den gesamten inneren Datentransfer.
Dem Anwender stehen mit der Vielzahl multimedialer **Ein- und Ausgabegeräte** regelrechte Kraftwerke zum Surfen im Internet, zum Musikhören und Betrachten von Filmen, zum Erstellen und Bearbeiten von Texten, Bildern und vielem anderen mehr zur Verfügung.

Kommunikationstechnik

Die Menschwerdung und der Gebrauch von Werkzeugen liegen dicht beieinander. Die erste Kommunikation mithilfe von Technik war vielleicht die Drohgebärde mit dem Knüppel.

M

Von Kommunikationstechnik kann dann gesprochen werden, wenn sie allein zum Zwecke der Kommunikation geschaffen und eingesetzt wird.

Die Sprache erweitert die Möglichkeiten der Kommunikation, was der Entwicklung von Kommunikationssystemen immensen Auftrieb gab. Die Trommel, eines der ältesten Kommunikationsmittel, hätte ohne sprachliche Vereinbarungen keinen Sinn. Sie informiert mit vereinbarten Rhythmen und Tonhöhen. Die Nachrichten gehen viel weiter, als die Schallwellen einer einzigen Trommel sie tragen können. In Abständen greift dazu ein anderer das Erhörte auf und trommelt es wieder um Längen weiter, ein nächster tut es ebenso und so fort. Mit dieser Art von Verstärkung ließen sich große Entfernungen überbrücken und eine Vielzahl von Zuhörern unterrichten.

1 Die Trommel, heute Musikinstrument, war früher wichtig für die Kommunikation.

Was unterscheidet die getrommelte Mitteilung „Es brennt!“ von der gesprochenen oder gedruckten? Nichts! Sie sind im Inhalt identisch. Nachrichtentechnisch sind die Unterschiede allerdings schon in der **Art der Übertragung** sehr verschieden:

- Innerhalb der **ungeführten Verbreitung** erreicht die Information jeden Empfänger innerhalb eines bestimmten Empfangsgebiets. Solche Übertragungsarten waren früher Rauch-, Feuer- und Lichtzeichen, heute sind sie in erster Linie elektromagnetische Wellen, wie beim Handy, Rundfunk oder Fernsehen.
- Eine andere Übertragung ist das Führen von Nachrichten in einem Medium. Lösungen dieser Art gab es wegen des damit verbundenen technischen Aufwands in der Vergangenheit wenig. Als Rohrpost hat sich diese Übertragungsart allerdings bis heute erhalten. Richtig populär wurde **geführte Nachrichtenübertragung** mit der Entdeckung und Nutzung der Elektrizität. Sie ist das Grundprinzip beim Festnetztelefon, Kabelfernsehen und determiniert die Verbindungen im Internet.

– Das Gedruckte erhält der Empfänger vielleicht als Auslage am Kiosk, auf jeden Fall **stofflich** als Zeitung, Zeitschrift oder Buch. Die Brieftaube trägt die geschriebene Botschaft in einer kleinen Papierrolle, Laufmelder und berittene Melder überbringen sie als Bote. Stofflich wird auch die Kassette, MD, CD oder DVD als Träger verteilt, verschickt oder mitgeführt.

Stoffliche Kommunikation

Das Schreiben ist auf die Beherrschung von Schreibwerkzeugen und Schrift angewiesen. Die Schriftbildung wurde von den Schreibinstrumenten und den Beschreibstoffen beeinflusst.

Schreibwerkzeuge und Beschreibstoffe

Schrift	Schreibwerkzeug	Beschreibstoff
Chinesisch, Japanisch	Pinsel	Papier, Seide, Bambus
Keilschrift	Griffel, Meißel	Tontafeln, Stein
Hieroglyphen	Meißel, Pinsel, Rohrfeder	Stein, Papyrus, Wand, Papyrus
Altgriechisch, Lateinisch	Meißel, Griffel, Pinsel, Rohr-, Kielfeder	Stein, Wachstafel, Papyrus, Pergament
Europäische Schriften	Rohrfeder, Kielfeder, Stahlfeder	Pergament, Papier

Vorboten der Schrift waren *mnemotechnische Hilfsmittel* (Mnemo = Gedächtnis). Umfangreiche Statistiken führten die Inkas als Knotenschnüre, Quipus. So blieben die Zahlen der Kämpfe, Gesandtschaften und königlichen Verordnungen „nachlesbar“ aufbewahrt. Auch die mnemotechnischen Mittel konnten den Anforderungen von Schrift nicht entsprechen, Eigentumsmarken, z. B. für Vieh und Haus, gehörten dazu, denn sie waren nur persönliche Merkzeichen.

M Die Schrift als Gesamtheit geschriebener Zeichen, die Gesprochenes, Gedachtes oder Empfundenes sichtbar macht und der Mitteilung dient, macht die Mitteilung räumlich und zeitlich vom Mitteilenden unabhängig.

Die geschriebenen Worte der Ägypter waren Hieroglyphen. Auffällig an **Hieroglyphen** sind die Bilder. Sie können sehr Konkretes, aber auch schon verallgemeinernde Verben anzeigen.

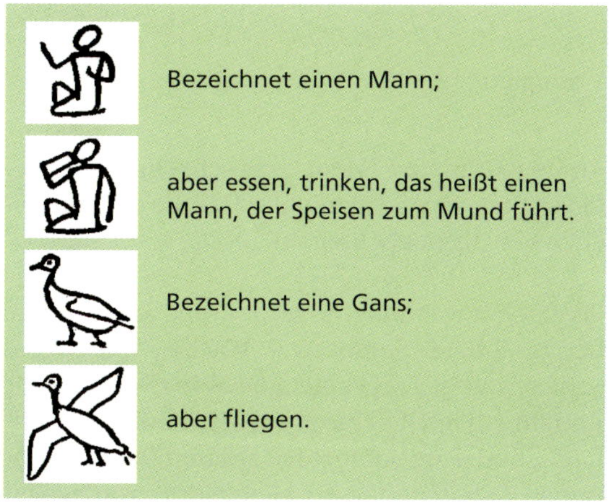

1 Ägyptische Hieroglyphen

Das erste Alphabet schufen die Phöniker um 1200 v. u. Z. Es basierte auf 22 Silben.

Man ritzte die Schrift mit einem Stilus auf wachsüberzogenen Holzbrettchen ein. Das andere Ende des Schreibgerätes war abgeflacht und diente zum „Radieren“, zum Glattstreichen der Tafel. War der Text in seiner Formulierung ausgefeilt, wurde er auf den teuren Papyrus „ins Reine“ geschrieben.

Leder, dann Pergament lösten den Beschreibstoff Papyrus ab. Geschrieben wurde anfangs meist mit dem **Schreibrohr** aus Bambus.

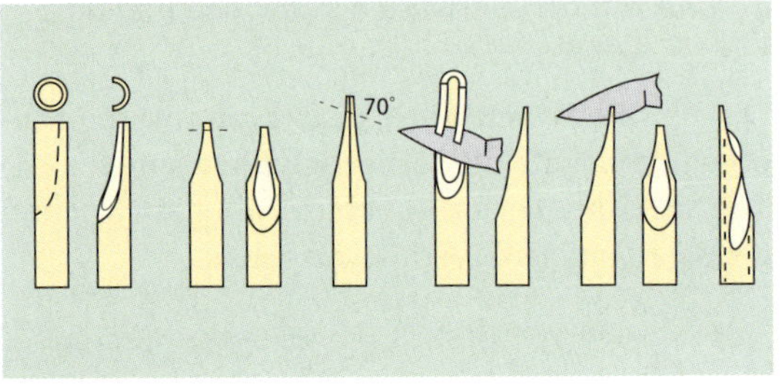

1 Schreibrohre

An den stumpfen Enden zugeschnittene Gänsefedern liegen gefälliger in der Hand und ermöglichen ein zügiges Schreiben.

Pergament war teuer. So nutzte man auch andere beschreibbare Stoffe, wie Wachs-, Blei- und Schiefertafeln. Das Papier gab es in China bereits im Jahre 105. Die älteste Papiermühle Deutschlands findet im Jahre 1390 urkundliche Erwähnung. Basismaterial zur Herstellung waren Leinen- und Haderlumpen.

Die Schriftsysteme und Schriftformen unterlagen ständigen Veränderungen, die nicht unerheblich auf die Schreibwerkzeuge zurückzuführen waren. Im Jahre 1818 fertigte der Aachener Bürger Jansen die ersten **Schreibfedern** aus Stahl. Er knüpfte damit an Schreibwerkzeuge an, die man in Griechenland tatsächlich schon aus Kupfer-, Silber- und Bronzeblechen herstellte.

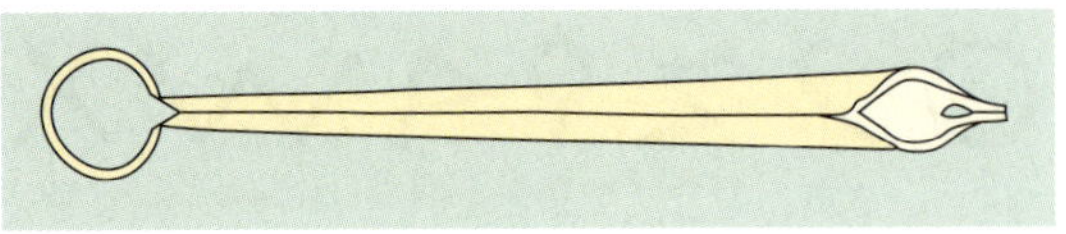

2 Griechischer Metallschreiber

Eine Feder mit einem Tank für die Schreibflüssigkeit fertigte der Leipziger Mechaniker Scheller 1781. In eine Metallhülse leimte er eine Gänsekielfeder. Aus diesem Konstruktionsansatz entstand der **Füllfederhalter.** Mit einem Kolben

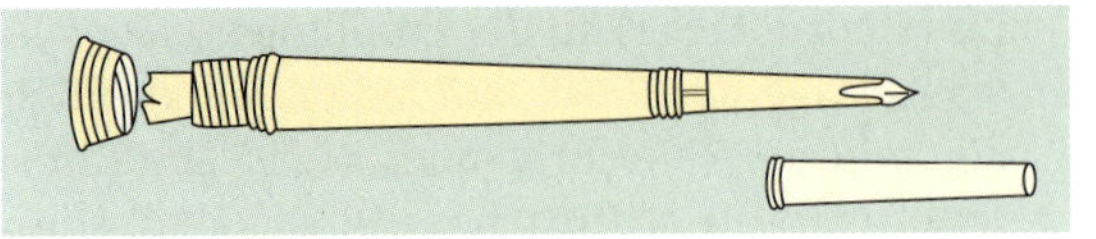

3 Tragbare Schreibfeder mit Tinte

wird die Tinte aus einem Fass in einen Zylinder gezogen. Heute sind Tintenpatronen als Vorratstanks verbreitet.

M

Die schriftliche Kommunikation richtete schon bald die ganze Aufmerksamkeit vieler Erfinder auf Konstruktionen, die das Schreiben in Güte und Schnelligkeit vom menschlichen Zutun immer unabhängiger machten.

Zwei große Entwicklungsrichtungen lassen sich ausmachen:

- **Maschinen zum Schreiben** (Schreibmaschinen): Schönes, akkurates, wiederholgetreues Schreiben stößt selbst für die geübte Hand auf die Grenzen menschlicher Ungenauigkeit. Schreibmaschinen verfügen über feste Zeichen, die unabhängig von Tagesformen und Können die Zeichen per Tastendruck über Farbbänder aufs Papier bringen. Verbunden mit Fertigkeiten der Bedienung, lässt sich die Schreibgeschwindigkeit deutlich steigern.
- **Maschinen zum Vervielfältigen** (Druckmaschinen): Ein anderes Bestreben war es, Schriftgut schnell auszubreiten, das Original eines Textes Lesern in großer Zahl bereitzustellen, wirtschaftlich zu kopieren. Der Buch- und Zeitungsdruck entstand. Der Druck ist von Beginn an aber mehr, nämlich auch grafische Kunst.

Schreibmaschinen

Die grundlegenden Erfindungen zur Schreibmaschine wurden etwa in den Jahren 1711 bis 1873 gemacht. Im Jahr 1864, drei Jahre nach der Erfindung des Telefons durch Philipp Reis, stellte Peter Mitterhofer ein solches Gerät vor. Als Zimmermann bevorzugte er ihm vertraute Werkstoffe, wie Holz, Leder und Metalldrähte.

In seiner Konstruktion findet man schon alle wesentlichen Merkmale, die Schreibmaschinen kennzeichnen. Eine Konkurrenz zum Handschriftlichen bestand erst, als auch kleine Buchstaben mit einer Umschalttaste erzeugt werden konnten.

Die gravierende Erleichterung beim Schreiben brachte die motorgetriebene Antriebswalze. Der Antriebshebel wird schon bei geringem Tastendruck von der Reibwalze erfasst und schleudert den Typenhebel zum Farbband.

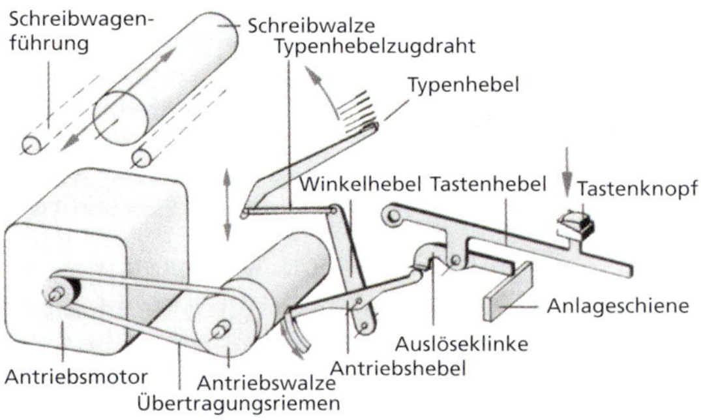

1 Elektromechanische Steuerung von Typenhebeln

Die in den sechziger Jahren des vergangenen Jahrhunderts eingebrachte Elektronik bereicherte die Schreibmaschine. Zu den elektrisch leicht und bequem handhabbaren Bedienelementen kam nun eine präzise und vor allem blitzschnell und zuverlässig arbeitende Steuerung des Typenkörpers hinzu. Auch wurden die Funktionen der Speicherung und der Schreibwiederholung in beliebiger Zahl integriert. Die Schreibmaschinen näherten sich in der Funktionsvielfalt immer mehr den Computern, was sie endlich entbehrlich machte.

Der Druck und die Druckmaschinen

Der Druck geht nicht aus der Linie der Schreibmaschinen hervor. Ihn gab es schon viel früher. Vorformen waren die Handabdrücke in den Felshöhlen. Beim Druck wird die Farbe von der Form unter Anwendung von Druck auf den Bedruckstoff übertragen. Anders als beim Schreiben, wo Zeichen für Zeichen in serieller Arbeitsfolge gesetzt werden, erfolgt die Beschriftung hier ganzheitlich im selben Moment. Zudem kann eine Druckform weit mehr Elemente als Text enthalten. Buchstaben und Zahlen, Bilder und Grafiken, Tabellen und Übersichten etc. lassen sich gemeinsam anordnen.

Im Jahre 1453 fertigte JOHANNES GUTENBERG (ca. 1397 – 1468) die beweglichen Lettern aus Metall. Die „Gutenberg-Bibel" entstand 1456.
Diese Erfindung vereinfachte die Buchproduktion entscheidend und ermöglichte hohe Wirtschaftlichkeit. Auch eingedenk zunehmender Alphabetisierung bekamen Bücher, Zeitschriften und Zeitungen eine Monopolstellung, wurden zum wichtigsten Massenkommunikationsmittel. Eine Vielzahl von Entwicklungen ermöglichte im 20. Jahrhundert eine effektivere Produktion von Büchern.

1 Die mit beweglichen Lettern aus Metall gedruckte Bibel von GUTENBERG

Das heute gebräuchlichste Verfahren ist der **Offsetdruck.** Die Druckfarbe wird von der Druckform über einen Zwischenträger zum Papier befördert. Fotografisch beschichtete, ca. 0,3 mm dicke Aluminium-Platten sind die Druckformen für den Offsetdruck. Nach der Belichtung mit dem Druckfilm wird beim Entwickeln der Druckplatte die belichtete Schicht entfernt, so dass an den druckfreien Bereichen die mikroskopisch aufgeraute Aluminium-Oberfläche frei liegt. Diese Stellen übertragen in der Druckmaschine keine Farbe.

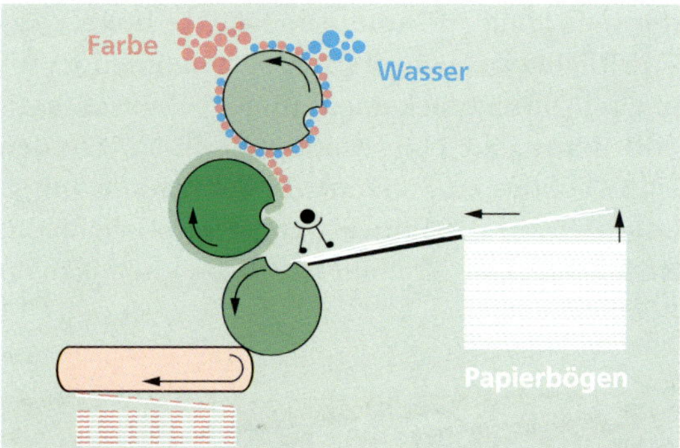

1 Prinzip des Offsetdruckes

Die *Monopolstellung* des Massenmediums Buch währte etwa 100 Jahre. Seit Beginn des 20. Jahrhunderts konkurrieren insbesondere elektronische Kommunikationsformen. Erst waren es Telefon und Radio, später das Fernsehen und endlich das Internet. Die Entwicklungszeiten für neue Kommunikationstechnik werden immer kürzer. Etwa 24 Jahre dauerte die Einführung des Fernsehens für weltweit 50 Millionen Zuschauer, für das Internet wurden gerade noch 5 Jahre benötigt.

Von der CD zur DVD

Die Idee einer Compact Disc **(CD)** hatte 1969 der holländische Physiker K. Compaan. Auf einer gepressten Glasplatte war eine Reihe von 1 cm großen Schwarzweißbildern angeordnet, die sich auf einen Bildschirm projizieren ließ. Die Firma Philips nahm die Idee der Laser-CD auf und schlug sie als weltweiten Standard zur Ablösung der analogen Langspielplatte vor.

Als man schließlich mit Polycarbonat ein geeignetes Trägermaterial für die CD gefunden hatte, stellte Philips im März 1979 einen Prototyp des Systems vor.

In Zusammenarbeit mit Sony ging es nun Schlag auf Schlag. Man einigte sich auf eine Abtastfrequenz von 44.1 kHz, 16-Bit Tiefe des Audiosignals sowie einen Fehlerkorrekturcode. Die maximale Spielzeit wurde auf 74 Minuten festgelegt. Seit 1981 ist die Philips-Sony-CD weltweit der Standard. Mittlerweile wurde die CD zum populären Universalträger für Daten, Multimedia, Computerspiele und Video.

Am 15. September1995 wurde mit der DVD (Digital Versatile [deutsch: vielseitige] Disc) ein neuer Standard festgelegt. Die ersten DVD-Player und Filme erschienen 1997 in den USA. Die DVD hat längst auch die Computer erobert.

Auf den ersten Blick sieht die **DVD** genauso aus wie eine CD. Beide sind 12 cm im Durchmesser und 1,2 mm dick, speichern digital und verlustlos, lesen berührungsfrei. Die Daten sind jeweils spiralförmig als so genannte **Pits** aufgezeichnet. Pits sind kleine, den **Laserstrahl** reflektierende Vertiefungen. Der Bereich dazwischen ist das **Land.** Ein Laserstrahl tastet diese Spur ab und erzeugt aus der Folge von Pits und Lands den Datenstrom mit den Informationen. Die Größe der Pits macht den Hauptunterschied zwischen CD und DVD aus. Je nach Format sind Speicherkapazitäten bis ca. 50 GByte anvisiert.

Die CD hat eine Informationsschicht. Zur Erhöhung der Gesamtkapazität wurde die Zahl der In-

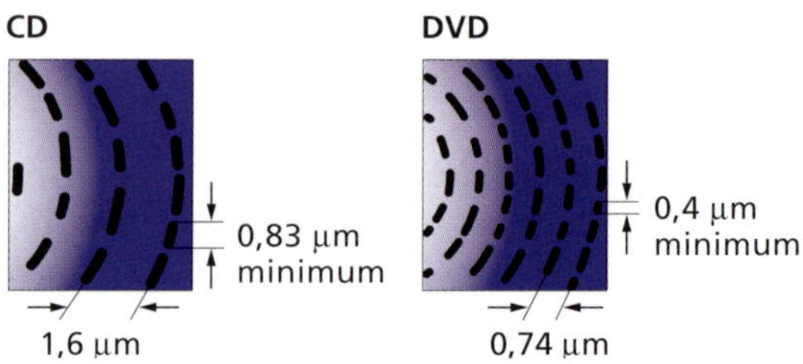

2 Pit-Größen von CD und DVD

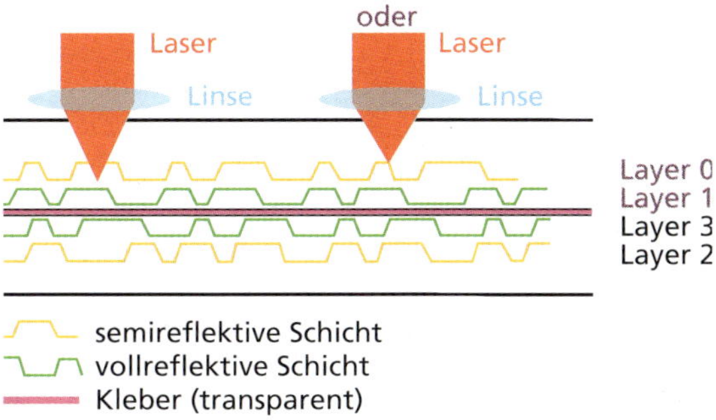

1 DVD mit 4 Layern

formationsschichten (Layer) auf 4 erhöht, beide Seiten mit jeweils 2 Schichten. Die Layer einer Seite werden durch das Fokussieren des Lasers auf die untereinander liegenden Informationsebenen „abgetastet“. Dazu muss die „obere“ Schicht relativ lichtdurchlässig sein, aber immer noch exakt die Pits und Lands anzeigen. Die zweite Schicht hat mit 0,44 µm etwas größere Pits und auch die Abstände zwischen ihnen sind geringfügig größer.

Das **DVD-Video** ist eine besonders interessante Anwendung, insofern sich auf ihm bis zu 8 Stunden Spielfilm mit bis zu 8 Audiotracks und 32 Untertiteln unterbringen lassen.

Geführte Kommunikation

Von mäßiger praktischer Bedeutung war der *elektrochemische Telegraf* von Samuel Thomas Sömmering (1755–1830). Die gesendeten Signale überwanden den Fluss Isar bei München in mit Siegelwachs umhüllten Leitungen. Damit entwickelte Sömmering schon Vorstellungen für eine *leitungsgeführte* Nachrichtenübertragung.

Eine bedeutende Entwicklung, um mittels elektrischer Energie Informationen zu übertragen, gelang Samuel Morse (1791–1872). Von der Elektrizität verstand er wenig. Da waren William Cooke (1806–1879) und Charles Wheastone (1802–1875) mit der gleichen Sache viel erfolgreicher. Sie hatten in England schon den *Magnetnadeltelegrafen* eingeführt.

2 Morsetelegraf um 1890

Die Genialität Morses bestand in der Idee, über einen einzigen Stromkreis (2 Leitungen) zwei unterscheidbare Signalformen, einen langen (Strich) und einen kurzen Impuls (Punkt) zu erzeugen. Mit deren Kombinationen lassen sich alle Zeichen des Alphabets *kodieren;* das **Morsealpabet** und die **Telegrafie** waren geboren.

Am 27. Mai 1844 wurde zwischen Baltimore und Washington (60 km) die erste Telegrafenleitung ihrer Bestimmung übergeben. Schon zehn Jahre später hatte sich der **Morseapparat** in der ganzen Welt ausgebreitet. Bald wurde der Atlantik mit einem **Unterwasserkabel** verbunden, um Morsezeichen zwischen Amerika und Frankreich auszutauschen.

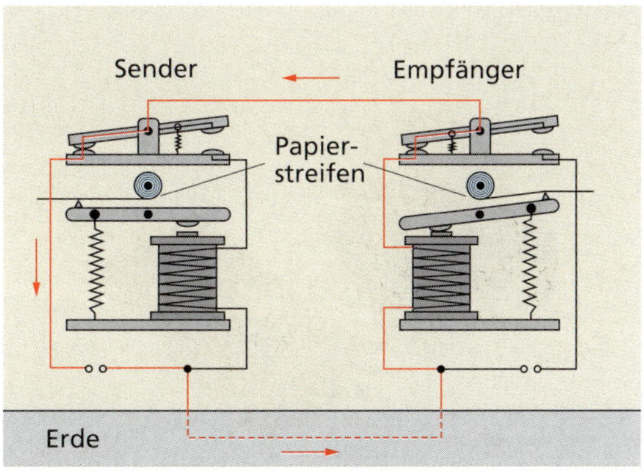

3 Aufbau eines Morsetelegrafen

Das Telefon

Elektrisches Telefonieren *(tele* [lat.] = fern und *phon* [lat.] = Ton) waren in den Anfängen Klingelzeichen. Diese Art ist uns mit der Wohnungsklingel erhalten geblieben. Modernes Telefonieren will aber die menschliche Stimme hörbar machen.

PHILIPP REIS (1834 – 1874) baute das erste funktionstüchtige Telefon (Abb. 1). Als Sender diente eine Holzkiste mit einer Einsprechöffnung und dahinter liegender Membran. Ein an der Membran befestigter Streifen schließt und öffnet über einen Kontakt in der Frequenz des Gesprochenen (Niederfrequenz = NF) einen Stromkreis. Die entstehenden Stromimpulse werden zum Empfangsgerät geleitet. Es besteht aus einer drahtumwickelten, frei beweglichen Metallnadel. Die elektrischen Schwingungen des Senders bringen die Nadel auf der anderen Seite zum Schwingen und machen Töne hörbar.

Klang und Lautstärke waren schlecht, so dass niemand in dieser Erfindung schon ein Kommunikationsmittel vermutete. Größer war das Interesse für den telefonischen Informationsaustausch in den weitflächigen USA. ALEXANDER GRAHAM BELL (1847 – 1922) meldete das Telefon als Patent an. Von der Idee bis zum gebrauchsfähigen Telefon waren noch verschiedene Hindernisse zu überwinden. Hunderte von Wissenschaftlern und Forschern leisteten ihren Teil zur Verbesserung. Das Kohlemikrofon löste die letzte Schwachstelle.

1 Telefon von PHILIPP REIS

2 Fernsprechsaal im Jahre 1890

Die Gespräche wurden in **Telefonämtern** von Hand gestöpselt. Das „Fräulein vom Amt" steckte die gewünschte Verbindung mit Drahtbrücken. Die Zahl der Telefonanschlüsse nahm kräftig zu und die Ämter kamen nicht mehr nach. Wichtige Meilensteine für die heute üblichen **Selbstwählanlagen** mit automatischer Vermittlung waren der Schrittschaltwähler, der Rotary-Wähler und der Kreuzschienenwähler.

In den Gründerjahren des Telefons wurde das Sprachsignal direkt in elektrische Wellen umgesetzt. Pro Teilnehmer war eine Signalleitung erforderlich. So säumten bald verwirrende Netze von Telefondrähten die Straßen, Plätze und Wege großer Städte.
Das Telefon ist in der Anwendung auf die Sprachübertragung beschränkt. Das menschliche Hörvermögen ist zwischen 20 bis 20 000 Hz weit besser ausgestattet als der verwendete Frequenz-

3 Telefonleitungen durchziehen das Land.

bereich von 0,3 bis 3,4 kHz beim Telefonieren, was einer Bandbreite von (3,4 kHz – 0,3 kHz =) 3,1 kHz entspricht. Aufgrund der geringen **Bandbreite** kann man nun die einzelnen Gespräche auf jeweils verschiedene **Trägerfrequenzen** aufbringen. Somit lassen sich Tausende Gespräche zeitgleich über eine einzige Signalleitung aus Kupfer übertragen (Abb. 2).

M

Die Sprachfrequenzen werden vom Sender auf Hilfsfrequenzen aufgeprägt, *moduliert.* Die Rückgewinnung der Nutzsignale in wieder hörbare Frequenzen erfolgt beim Empfänger durch die **Demodulation.**

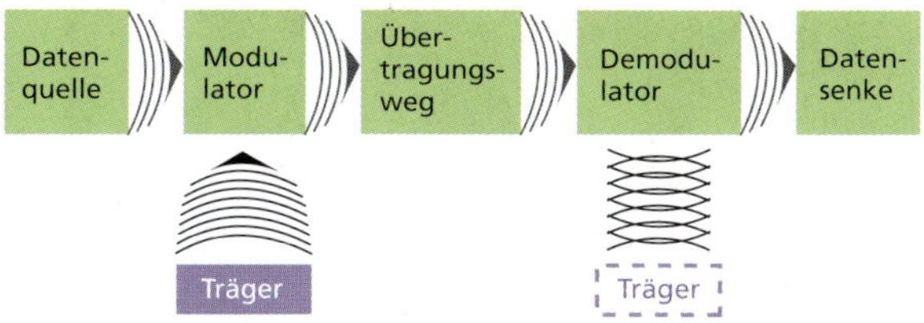

1 Modulation und Demodulation der Sprachübertragung beim Telefonieren

Die **Modulation** findet auch bei der Übertragung von Rundfunk- und Fernsehprogrammen Anwendung. Da allerdings vor allem die Fernsehprogramme mit ihren farbigen Video- und Audiosignalen erheblich größere Bandbreiten benötigen, ist die Zahl der gleichzeitigen Programmübertragungen wesentlich geringer. **Lichtleiter** sind interessant, weil sich mit ihnen weit mehr Informationen übertragen lassen.

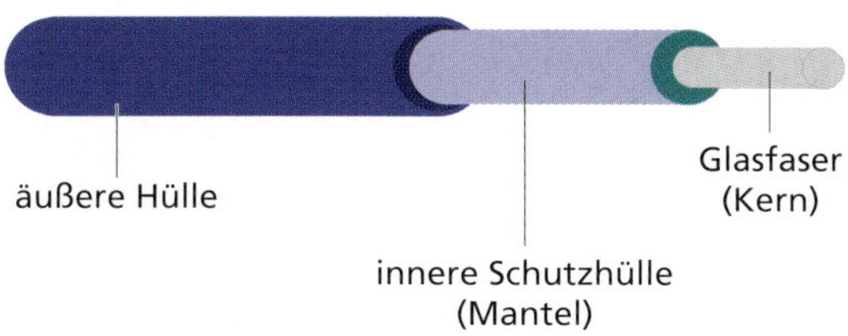

M

Lichtwellenleiter sind dünne Glas- oder Plastikfasern, die als Träger von Lichtinformationen dienen.

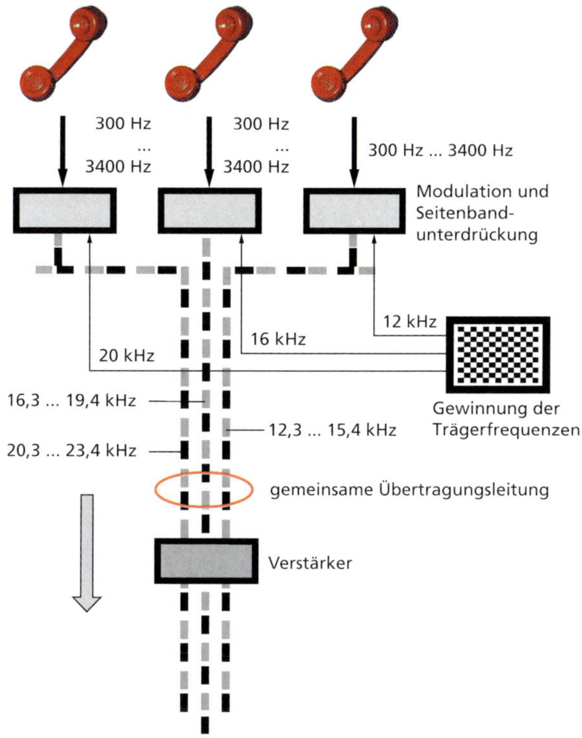

2 Sequenzielle Übertragung von Telefonaten

Ein Lichtwellenleiter besteht aus einem Kern, einem Mantel und einer äußeren Schutzschicht. Der Kern hat einen größeren Brechungsindex (n_1) als der Mantel (n_2). Ab einer Wellenlänge kleiner als 1300 nm ergeben sich äußerst geringe Dämpfungen.

Das **Sendelicht** wird mit einer **Leuchtdiode** oder einem Laser erzeugt. Ein **Repeater** frischt die Lichtsignale durch Verstärkung wieder auf. Dazu ist zwischenzeitlich die Rückwandlung in elektrische Signale wieder erforderlich. Die Endstelle einer Lichtübertragung ist ein **Fototransistor** oder eine **Fotodiode,** von wo das Licht elektrisch verarbeitet, demoduliert und entkodiert als Radio-, Fernseh- oder vielleicht Videokonferenzinformation dem Empfänger bereitgestellt wird (S. 218, Abb. 1). Lichtwellenleiter können auch Telefonate übertragen.
Die Möglichkeit, auch ohne jede Leitung zu telefonieren, führt zum Funktelefon.

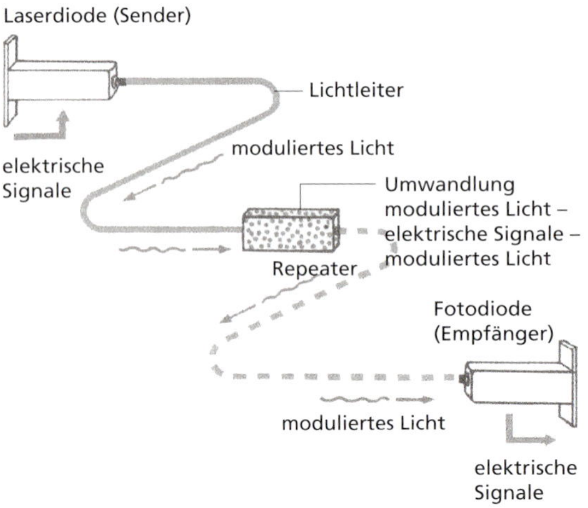

1 Umwandeln elektrischer Signale in Lichtsignale und umgekehrt

Ungeführte Kommunikation

Ohne ein führendes Medium erdachte sich die Menschheit vielfältige Übertragungssysteme. Wirklich große Bedeutung erlangte in der jüngeren Vergangenheit der mechanisch arbeitende **Flügeltelegraf** von CLAUDE CHAPPÉ (1763 – 1805). Auf Bergen und Türmen wurden solche Telegrafenkonstruktionen aufgestellt (Abb. 2). Je höher sie hinausragen, umso besser klappt die Verbindung.

Die erste Nachrichtenübertragung dieser Art installierte man im Jahre 1794 zwischen Paris und Lille, die längste mit immerhin 1 200 Kilometern dann zwischen Petersburg und Warschau. An einem Mast sind bewegliche Querbalken mit kleineren Signalarmen befestigt. Sie werden von unten aus über Getriebe und Seilzüge gesteuert. Mit den Stellungen der Schwenkarme lassen sich unterschiedliche geometrische Formen darstellen. Diese werden zum Alphabet verabredet, kodiert. In Sichtweite kann mit dieser Zeichensprache jede Nachricht zusammengesetzt und in relativ großer Geschwindigkeit weitergeleitet werden. Der Flügeltelegraf ist in den maritimen **Flaggenzeichen** oder den Eisenbahnsignalen erhalten geblieben. Aber solche optischen Telegrafen hatten auch ihre Tücken, insofern sie stark witterungsabhängig waren. Mit dem Überwinden dieser Hemmnisse sollte die Kommunikationstechnik einmal unverzichtbar werden.

2 Flügeltelegraf von Chappé

3 Flaggenzeichen der Marine

M Die historischen Übertragungssysteme breiteten sich je nach Sicht-, Licht-, Schall- und Wegverhältnissen *nicht geführt* im freien Raum aus.

Mobiltelefon (Handy)

Fast täglich erreichen uns neue Innovationen, was die Funknetze zum Telefonieren betrifft. Es fällt da schwer, die vielen Neuerungen, Veränderungen und Erweiterungen weltweit noch zu überblicken. Ein brauchbarer Ansatz zur Systematisierung ist die Einteilung in Entwicklungsgenerationen.

1. Generation: analoge Funknetze

Die ersten Funknetze gab es in Deutschland bereits 1950. Sie wurden 1958 zum so genannten **A-Netz** zusammengefasst. Wegen technischer Mängel und fehlender Akzeptanz wurde dieses Netz 1977 wieder eingestellt. 1972 nahm das **B-Netz** seinen Betrieb auf. Statt der Handvermittlung erlaubte nun eine automatische Vermittlung die Selbstwahl. Diesmal waren unzureichende Übertragungsfrequenzen der Grund, warum auch das B-Netz 1994 wieder eingestellt wurde.
Mitte der achtziger Jahre verbreitete sich das analoge **C-Netz.** Die größte Neuerung ist hier die automatische Teilnehmersuche. Man braucht nicht mehr zu wissen, wo sich der Funkteilnehmer gerade befindet. Mit einer einheitlichen Vorwahl gelangt der Rufer ins Netz und mit den folgenden Ziffern stellt er die Verbindung her. Das Telefonieren ist darüber hinaus auch zu allen Teilnehmern im Festnetz herstellbar.

M

Gesprochenes wurde in der 1. Netzgeneration nicht in Bits umgewandelt, sondern **analog** übertragen.

2. Generation: digitale Funknetze

Der hohe Entwicklungsstand der Mikroelektronik machte ab den 90er Jahren des 20. Jahrhunderts effektive Digitalübermittlungen über das **D- und E-Netz** möglich. Ein bestechendes Leitungsmerkmal des digitalen Telefonierens sind die hohen Auslastungen der knappen Frequenzkapazitäten durch *Multiplexverfahren.*
GSM (Global System for Mobile Communication) ist heute das am meisten verbreitete Mobiltelefonsystem. Seine Entwicklung begann im Jahre 1982, wurde von der deutsch-französischen „Groupe Spécial Mobile" (ursprünglicher Name für GSM) vorangetrieben und 1992 offiziell in Betrieb genommen. Die Datenübertragungsrate liegt bei etwa 10 KBit/s. Es funktionierte ursprünglich im Frequenzbereich von 900 MHz, später kam der Bereich 1,8 GHz dazu. Die weltweite Kommunikation muss zudem berücksichtigen, dass man in Nordamerika 1,9 GHz nutzt. Moderne Handys schalten heute wahlweise zwischen zwei **(Dualband)** oder drei Frequenzbereichen **(Triband)** automatisch um.

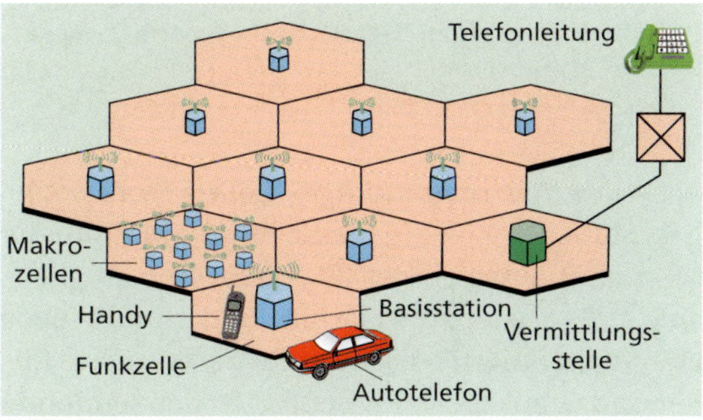

1 Basisstationen, Mobiltelefone und öffentliches Netz

Der Aufbau von Sprechfunknetzen ist im Prinzip immer der gleiche. Vom Mobiltelefon aus geht die Funkstrecke zu einer ortsfesten Funkstation. Das Gespräch wird dann über Kupfer- oder Lichtleiter bzw. über Richtfunk oder Satellit zu einer Funkvermittlungsstation geleitet, um von dort aus die Verbindung zum Funktelefonnetz herzustellen.

Um flächendeckende Versorgung zu erzielen, ist das Funknetz in **Zellen** gegliedert. Jede Zelle ist nach dem Prinzip einer Bienenwabe aufgebaut. In der Mitte steht eine **Basisstation.** Die Basisstation fängt die Signale der Mobiltelefone im Zellenbereich auf und übernimmt mit einem Sender deren Verbreitung. Die benachbarten Zellen arbeiten genauso, jedoch auf anderen Frequenzen. Dadurch ist es möglich, die gleiche Funkfrequenz (gleiche Farbe der Zelle) ab einer gewissen Entfernung wieder zu verwenden. Das Handy bietet nun weit reichende Information und Kommunikation. Es lassen sich auch

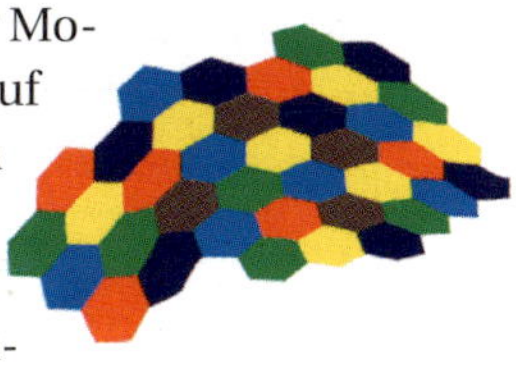

Texte, so genannte **SMS** (Short Message Service) versenden und empfangen. Die SMS-Übertragung stellt keine direkte Verbindung zwischen Sender und Empfänger her. Das Funknetz nimmt die Nachricht entgegen, leitet sie an das Ziel-Handy weiter oder speichert sie, bis das Handy eingeschaltet wird.

> **M** Das **digitale Mobiltelefonieren** erfolgt einheitlich in guter Sprachqualität und vielfältige zusätzliche Daten-Dienste (SMS, Anrufweiterschaltungen bis zum automatischen Zugang in Netze des Auslands) werden angeboten.

3. Generation: breitbandige digitale Funknetze

Die SMS der Zukunft heißt **MMS** (Multimedia Messaging Service). Der Text bleibt eine Möglichkeit, andere sind Töne, farbige Bilder und Videos aus der integrierten Digitalkamera, animierte Bilder und Grafiken. Dafür benötigen das sendende wie das empfangende Mobiltelefon gleichermaßen eine Technik, die multimediale Daten unterstützt, wobei der Empfänger auch eine E-Mail-Adresse sein kann.

Die Basis dafür liegt im Breitband. Mit wesentlich höherer Transportkapazität werden Sprache und Daten gemeinsam übertragen. Neue Mobilfunktechnologien, wie z. B. **UMTS** (Universal Mobile Telecommunications System) oder **GPRS** (General Packet Radio Service) verbinden den Hochgeschwindigkeitszugang mit Diensten, die auf dem Internet Protokoll (IP) basieren. Diese Zusammenführung von Mobiltelefon und Internet eröffnet neue Wege in der Kommunikation, der Informationsbeschaffung, der Abwicklung von Geschäften und des Lernens.

UMTS nutzt neue Funkfrequenzen, eine neue Übertragungsart und eine breitbandige Modulation. Für den Anfang sind Datendurchsätze von 384 KBit/s vorgesehen, die bis zu 2 GBit/s ohne Zellenwechsel ausgebaut werden sollen. GSM kann noch nebenher existieren und es lassen sich die unterschiedlichen UMTS-Normen für Europa, Japan und die USA zusammenführen. Viel früher als zum Telefonieren wurden elektromagnetische Wellen allerdings schon vom Rundfunk genutzt.

Rundfunk

Die von James Clerk Maxwell, einem englischen Physiker (1861–1864), entwickelte Wellentheorie legte die Vermutung nahe, dass es elektromagnetische Wellen auch außerhalb des sichtbaren Bereichs von Licht geben muss. Im Jahre 1886 gelang Heinrich Hertz (1857–1894) der Nachweis von unsichtbaren **elektromagnetischen Wellen.** Er fand die Funkenentladung als Quelle elektromagnetischer Wellen. Dies sollte das bestimmende Moment der Kommunikation beim Rundfunk und überhaupt werden. Bei seinem Grundversuch (Abb. 1) bringt man einen Drahtbügel, den Hertz Resonator nannte, in die Nähe der Funkenstrecke. In dem winzigen Spalt zwischen den Drahtenden sind im gleichen Rhythmus wie beim Funkeninduktor ebenfalls Entladungen zu beobachten. Zwischen Induktor und Resonator erfolgt also eine drahtlose Energieübertragung.

Im Jahre 1890 hatte Desire Branly (1844 – 1940) den **Fritter,** ein Relais aus Metallpulver, erfunden. Er reagierte wesentlich empfindlicher auf elektromagnetische Wellen als der Resonator. In der Nähe des Funkeninduktors entstehen elek-

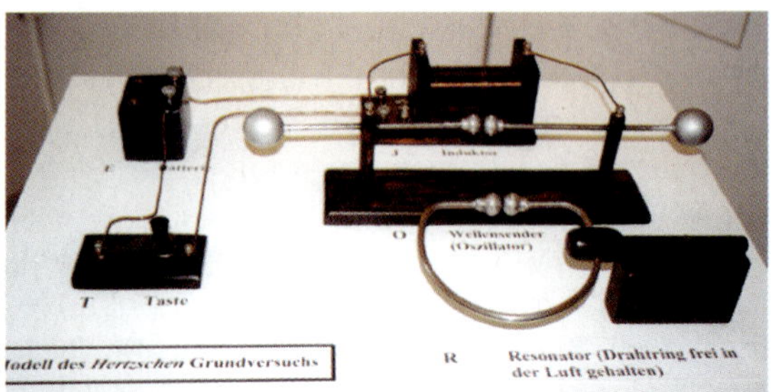

1 Grundversuch von Heinrich Hertz

tromagnetische Felder. In ihnen wird das Metallpulver zusammengebacken, sozusagen gefrittet. Es verliert seinen großen elektrischen Widerstand und wird zu einem guten Leiter.

Die Erfindung des **Blitzableiters** ging auf BENJAMIN FRANKLIN (1706–1790) zurück. Er erkannte den Blitz als einen gewaltigen elektrischen Funken. Einen wichtigen Beitrag für die drahtlose Nachrichtenübertragung erbrachte 1895 auch ALEXANDER POPOV (1858–1906). Er verband den Branly-Fritter mit dem Franklin-Blitzableiter und konstruierte seinen Gewitteranzeiger, eine **Antenne.**

GUGLIELMO MARCONI (1874–1937) kombinierte 1894 diese Basiserfindungen und schuf damit ein erstes System zur elektromagnetischen Übertragung von Nachrichten. Über Taster sendete er Morsezeichen. Im Mai 1897 gelang ihm eine durchgreifende Demonstration. An der Küste von Wales empfing MARCONI die Signale des Senders auf der fünf Kilometer entfernt liegenden Insel Flatholm. Schon im Jahre 1902 überbrückte er mit seiner Anlage den Atlantik.

Ein Ende der Nachrichtenübertragung per Funk im strengen Sinne des Wortes war angezeigt.

1 MARCONI auf seiner Jacht „Elettra", von der er Funkversuche durchführte

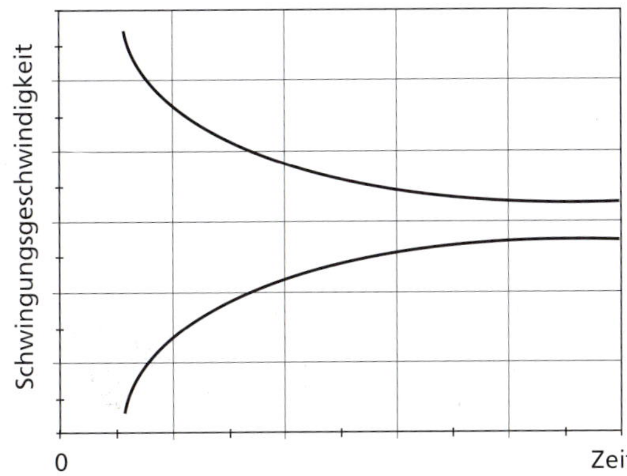

2 Dämpfung eines Pendels

Das Hauptproblem bestand in der großen ***Dämpfung*** der niederfrequenten Schwingungen, die man sich als ein angestoßenes Pendel vorstellen kann. Die Sendeanlagen mussten großzügig dimensioniert werden, damit am Empfänger überhaupt noch genug Energie ankam, die man eindeutig als Morsezeichen identifizieren konnte.

Das, was heute unter Funken verstanden wird, arbeitet auf der Grundlage *ungedämpfter Schwingungen* elektromagnetischer Wellen. Zunächst experimentierte man mit Bogenlampen und Frequenzen von ungefähr 50 kHz. Sie wurden durch Hochfrequenzmaschinen, so genannten Maschinensendern, abgelöst.

Mit den eigentlichen Funken war es vorbei, als die **Elektronenröhre** sich durchsetzte. Sie ermöglichte nicht nur die Erzeugung starker ungedämpfter elektromagnetischer Wellen, sondern ließ sich auch zur Übertragung von Sprache und Musik verwenden.
Die Effizienz der Röhre wurde in den fünfziger Jahren des letzten Jahrhunderts durch **Transistoren,** später durch integrierte Schaltkreise noch um ein Vielfaches übertroffen.

M Die Aufgabe des Rundfunks besteht darin, die Allgemeinheit mit Darbietungen aller Art in Wort, Bild und Ton zu versorgen. Dies kann über die Antennen, Leitungen oder Satelliten geschehen.

1 Deutsche Rundfunkgeschichte zum Anfassen: der Sender Königs Wusterhausen

Die ersten Radioprogramme wurden offiziell 1921 in den USA, 1923 in Deutschland ausgestrahlt. Dann ging es Schlag auf Schlag. Aus dem einfachen Wellensucher, dem **Detektor,** wurde das Radio, das uns heute Sprache und Musik in guter Qualität aus dem Lautsprecher zaubert. In den Grundzügen ist das Sende-Empfangs-Prinzip bis heute unverändert geblieben.

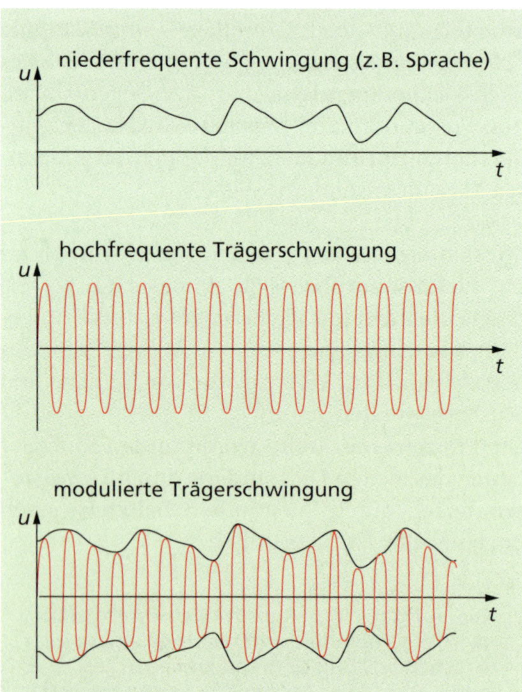

2 Prinzip der Amplitudenmodulation

Hochfrequenzwellen werden zwar nicht wahrgenommen, überbrücken jedoch große Entfernungen. Diesen Vorteil galt es zu nutzen. Dazu werden Musik und Sprache vom Sender auf hochfrequente Signale **moduliert** und über Antennen abgestrahlt.

Nur ein Bruchteil der Signale fängt die Radioantenne wieder ein. Die Auskopplung der Niederfrequenz aus den Trägersignalen **(demodulieren)** und die Verstärkung machen die Nutzsignale über Lautsprecher hörbar.

Der erste Rundfunkempfang wurde in den Frequenzbereichen der **Lang-** und **Mittelwelle,** später der **Kurzwelle** ausgestrahlt. Diese Sendefrequenzen haben ihre Stärken, aber auch eine Reihe von Schwächen. Die einzelnen Sender lassen sich nicht sehr scharf voneinander trennen, verschiedene Störungen liegen auf dem Empfang und die Tonqualität ist nichts für das verwöhnte Ohr. Einige Mängel ließen sich durch schaltungstechnische Maßnahmen reduzieren. Es bleiben die technischen Grenzen, die mit den Ausbreitungseigenschaften der Wellen in diesen Frequenzbereichen und der viel zu eng bemessenen Bandbreite zu tun haben.

Deutliche Verbesserungen brachte der in den fünfziger Jahren eingeführte **UKW-Rundfunk.** Die Wiedergabe wurde in **High-Fidelity**-Qualität (HiFi) möglich und es ließen sich für den stereophonen Empfang gleich zwei voneinander getrennte Kanäle übertragen. Die Kanalaufteilung in links und rechts bei Erzeugung weiterer Zwischenkanäle zur Abbildung eines räumlichen Klanges hat mit dem **Surroundeffekt** einen Höhepunkt erreicht.

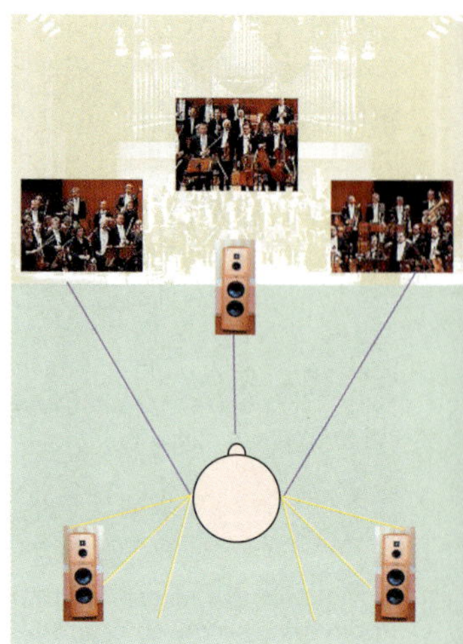

Digitalradio

Längst funktioniert Unterhaltungs- und Kommunikationstechnik größtenteils schon digital. Digital Audio Broadcasting (DAB) schließt nun die Lücke im Hörbereich. **DAB** hat eine Reihe von Vorteilen gegenüber dem analogen Radio:
- die Klangqualität ist der CD ähnlich,
- auf einer Sendefrequenz kann eine Radiostation in ganz Deutschland empfangen werden,
- zum Hörfunk können zusätzlich Informationen als Texte, Bilder und Daten übertragen und angezeigt werden und
- die Frequenzausbeute wird erheblich besser.

Die Bandbreite einer UKW-Frequenz bietet Platz für ungefähr 10 Digitalradiofrequenzen bei hörbar besserer Qualität.

Digital Radio Mondiale **(DRM)** ist ein anderer internationaler Standard. Annähernd in UKW-Qualität lassen sich in den Frequenzbereichen der Mittel-, Lang- und Kurzwelle damit ebenfalls digital Radioprogramme verbreiten. Von Vorteil sind hier die Übertragungseigenschaften sowie die effektive Nutzung vorhandener Frequenzen und Bandbreiten.

Technisch sind die Vorteile der Digitaltechnik beispielsweise als Rausch-Signal-Abstand, Dynamik oder übertragbarer Frequenzbereich messbar. Softwaremäßig können die digitalen Daten mit einem Computer (Mikrochip) verschiedenartige Nutzungskonzepte realisieren. Es bieten sich beispielsweise Fehlererkennungen und -korrekturen, Kompressionen, Verschlüsselungen, Speicherungen, Wiederholungen, Zeitversatze oder Pufferungen an.

Der Empfänger kann seine individuelle Konfiguration, Benutzerprofil und persönliche Musikauswahl wählen, diverse Manipulationen vornehmen und das Programm durch übersichtliche Darstellung der verfügbaren Sender, der Zusatzinformationen oder der momentan gesendeten Musikrichtungen ordnen. Der **digitale Hörfunk** und das **digitale Fernsehen** werden unterschiedlich verbreitet.

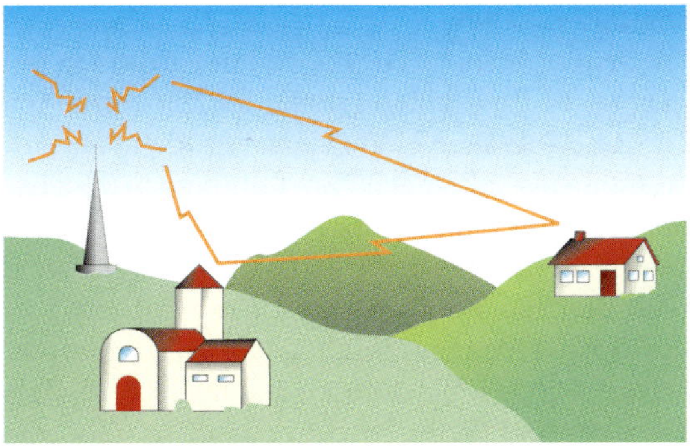

1 Mehrwegausbreitung analoger Übertragungen

M

Vom digitalen Rundfunk spricht man, wenn das Gesamtsystem Rundfunk digital realisiert wird, also die Programmproduktion und -sendung, Übertragung und Empfang.

Die Abstrahlung der Programme erfolgt über Satelliten, **Kabelnetze** oder über Antennen. Von den analogen Übertragungsverfahren her sind Empfangsstörungen bekannt. Sie entstehen beispielsweise durch Reflexionen und können gar das Auslöschen von Wellen zur Folge haben. Der terrestrische Digitalempfang nutzt diese Nachteile zum Vorteil, indem er die zeitlich verschieden eintreffenden Signale synchronisiert und addiert.

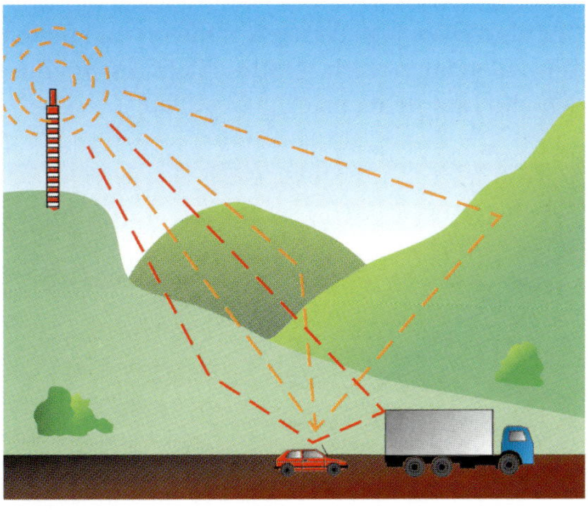

2 Reflexionen zur Verstärkung des digitalen Empfangssignals

Digitalfernsehen

Die ersten Versuche zum digitalen Fernsehen begannen in Deutschland 1996, ab 1997 erhielten DF1 und Premiere eine Lizenz zur digitalen Einspeisung ins Kabelnetz. Zum Empfangen der Sender benötigte man eine **D**(emodulations)-**Box.** Ab 1999 sendeten die ersten Programme digital auch über den Satelliten **„Astra".** Die technische Voraussetzung für den Empfang war ein Digital-Receiver. Mittlerweile werden an die 500 digitale Fernseh- und Radio-Programme allein über „Astra" ausgestrahlt. Zeitparallel etwa begannen auch die Forschungen zum terrestrischen Senden und Empfangen digitaler Programme.

DVB-C	DVB-S	DVB-T
Mit den digitalen Breitbandkabelnetzen lassen sich bis zu 500 Programme in guter Qualität übertragen.	Weit über 1000 digitale TV- und Radio-Programme können mit einer Sat-Antenne empfangen werden.	Terrestrisch können bis zu 30 Fernsehprogramme stationär, portabel und mobil empfangen werden.

Das **DVB** (Digital Video Broadcasting) wird derzeit über drei Hauptwege verteilt, über Kabel (DVB-C / Cable), über Satellit (DVB-S / Satellit) und über Antenne (DVB-T / Terrestrial). Sie gleichen sich insofern, als alle ein deutlich besseres Bild als das analoge Fernsehen bieten und neben den Videodaten auch multimediale Anwendungen und Internetdienste bereitstellen.

1 Satellitenempfangsanlagen empfangen Rundfunkprogramme und übertragen Handy-Gespräche.

Computer und Netze

In Europa existiert ein dichtes Kommunikationsnetz: Gemeinschaftsantennen für den Empfang von Rundfunkprogrammen, Kabelfernsehen oder verschiedene Standleitungen, die Institutionen und Betriebe verbinden. Diese und andere Systeme sind jeweils für sehr spezielle Dienste angelegt.

Digitalisierung und Computer verändern die Netzstrukturen grundlegend. Dafür gibt es gewichtige Gründe:

- Frequenz- und Leitungskapazitäten, die den heutigen Anforderungen nicht mehr genügen, können durch raffinierte Übertragungsverfahren weit effektiver und sicherer als bislang ausgenutzt werden.
- Digital bietet im Zusammenhang mit intelligenter Software darüber hinaus für Sender und Empfänger eine Fülle von Service und derzeit kaum vorstellbare Dienste für die Zukunft.
- Mit der Reduzierung aller Information und Kommunikation gleichen sich die vielfältigen Systeme an und bewirken ein Verschmelzen der vielfältigen Dienste.

Immer mehr Technologien, Verfahren und Konstruktionen machen das Netz engmaschiger und leistungsfähiger. Es entsteht ein verwobenes Ganzes, das die unterschiedlichsten Übertragungswege für Daten aller Arten von Information und Kommunikation nutzt.

M

Ein **Informationsnetz** kennzeichnet den Zusammenschluss mehrerer Geräte, die untereinander kommunizieren können. Damit werden eine gemeinsame Nutzung und ein Austausch von Daten möglich.

In den digitalen Netzen spielt der Computer eine Schlüsselrolle. Er arbeitet ausschließlich digital, genauer betrachtet binär. Folglich werden alle Präsentationen zur Bearbeitung, Übertragung, Darstellung und Speicherung in dieser Signalform gehandhabt. Die Informationen werden letztlich auf die Bitdarstellungen „0“ und „1“ reduziert. Mit dieser Vereinheitlichung und auch Vereinfachung in Computern und darüber hinaus in Netzen lassen sich die verschiedenen Formen zur Information und Kommunikation innerhalb eines Mediums (Computer) integrieren. Man bezeichnet diesen Trend als Multimedia.

M

Unter **Multimedia** versteht man die Integration von Text, Grafik, Bewegtbildern und Ton innerhalb eines Mediums. Sie basiert auf digitaler Speicherung, Übermittlung, Verarbeitung und Vernetzung.

Internet

Das **Internet** bezeichnet ein „Übernetz“, das heute weltumspannend jeden Punkt der Erde digital erreicht. Die Bezeichnung Internet resultiert aus der Tatsache, dass weltweit Millionen von Computern über **Hosts** miteinander verbunden sind. Hosts bezeichnen Knoten, die verschiedene Server koordinieren. Die Hardware Server stellen Anwendungen und Dokumente für den Benutzer (Client) bereit.
Die Komponenten für **Netzzugänge** sind vielfältig, haben mit der Hard- und Software des einkoppelnden Rechners, aber auch mit den örtlichen Gegebenheiten zu tun. Es besteht ein Zusammenhang zwischen der Prozessorleistung und der Internetverarbeitungsgeschwindigkeit. Auch die Größe des Arbeitsspeichers ist ein wichtiger Faktor, um multimediale Inhalte zügig darzustellen.

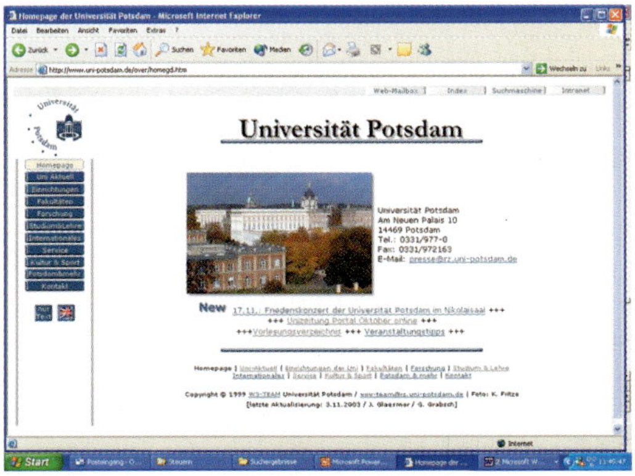

Der **Browser** ist die notwendige Software zur Anzeige von Internetseiten sowie zur Aktivierung weiterer darin eingebundener Dienste.
Provider stellen den Internetzugang, den Einwahlknoten POP (Point Of Presence) nach dem Client-Server-Prinzip zur Verfügung. Dies ist nichts anderes als die Telefonvorwahl zum nächstgelegenen Host des Providers. Der Benutzer (Client) baut eine Verbindung mittels der Software und der Zugangsberechtigung auf und erhält dann vom Server die Verbindung zum weltweiten Netz.

Zwei Gruppen können unterschieden werden:
- ***Direktanbieter*** bieten ausschließlich den Zugang zum Netz an und weniger eigene Netzinhalte.
- ***Online-Dienste*** bieten neben dem Einwahlknoten zum Netz (POP) auch eigene Dienstleistungen wie E-Mail, Platz für eigene Homepages, Newsgroups etc. an.

Die **Datenübertragung** kann terrestrisch, über Leitungen, Mobilfunk oder Satelliten erfolgen. Die verwendeten Leitungen sind Kupfer-, Koaxial- oder Glasfaserkabel.
Typische Übertragungsstrecken sind:
- *Telefonleitungen* als kostengünstige Alternative, um Rechner im Internet anzusprechen.
- *Standleitungen* als dauerhafte Verbindungen, die für die Übertragung von Daten jederzeit zur Verfügung stehen.
- *Richtfunkübertragungen* bieten die Möglichkeit der leitungslosen Übertragung von großem Datenaufkommen.
- Mit *Satellitenübertragungen* lassen sich sehr große Entfernungen überwinden.
- *Rundfunk- und Funktelefonübertragung* bieten den mobilen Zugriff auf das Datennetz.

M

Bislang funktionierten unterschiedliche Datenübertragungssysteme nebeneinander mit relativ eigenständigen Aufgabenbereichen. Mit Computern, Digitalisierung und Vernetzung entstehen koppelbare Plattformen, die immer dichter zu engmaschigen Netzen verschmelzen.

Aufbau und Organisation des Internets

Welche Geräte am Rechner auch angeschlossen sind und zu welchen Zwecken die Vielzahl von Computern und Geräten miteinander in Netzen und „Übernetzen“ integriert werden, die Information und Kommunikation untereinander kann nur klappen, wenn zwischen ihnen Kompatibilität herrscht. Sie wiederum setzt Vereinbarungen voraus, die über *Schnittstellen* realisiert werden:

- Maus und Tastatur setzen z. B. für die Eingabe, der Bildschirm für die Ausgabe *Mensch-Maschine-Schnittstellen* voraus.
- Der Anschluss des Druckers oder der Maus am Rechner sind Beispiele von *Maschine-Maschine-Schnittstellen.*

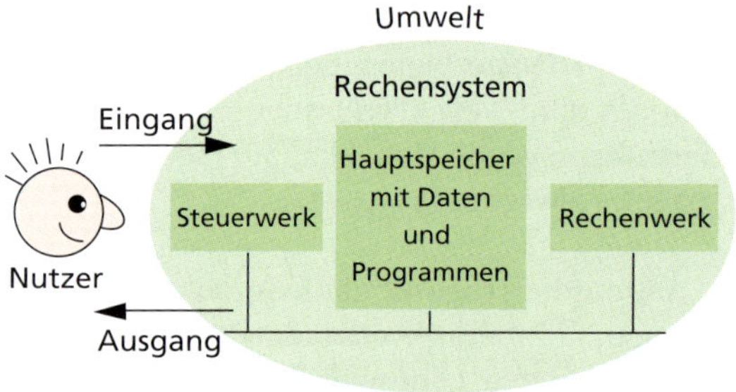

1 Schnittstelle PC – Mensch

Natürlich kann nicht jeder Hard- und Softwarehersteller seine eigenen Schnittstellen definieren. Im Internet ist es umso wichtiger, dass es für die Schnittstellen Standards gibt. Solche Vereinheitlichungen findet man in den Nutzeroberflächen, in Modems oder beispielsweise in ISDN-Karten. In internationalen Gremien werden Übereinkünfte getroffen, die (weitgehende) Kompatibilität gewährleisten.

> **M** Eine Schnittstelle ermöglicht die Kommunikation zwischen zwei Systemen, wobei hier zu unterschieden ist, ob es sich um eine Mensch-Maschine- oder eine Maschine-Maschine-Schnittstelle handelt.

Das Internet ist weder durch Gesetze noch durch zentrale Leitungen geregelt. Trotz der Bemühungen von Organisationen und Institutionen, die Struktur des Netzes in einer gewissen Ordnung zu halten und strafrechtlichen Verletzungen entgegenzuwirken, regelt es sich weitgehend „von selbst". Aus der Vielzahl von angebotenen Vorschlägen bilden sich nach und nach neue Standards. Dennoch darf man sich keine Instanzen vorstellen, die das Internet als Ganzes schaffen. Es entsteht durch den freiwilligen Zusammenschluss der vielen kleinen Netze in Betrieben, Organisationen oder Einrichtungen sowie der Einzelrechner und diverser peripherer Geräte.

Dienste des WWW

Das WWW (World Wide Web) bietet an:

- Mit einer E-Mail werden Nachrichten oder Dateien in Sekundenschnelle übertragen.
- Gopher als Informationssuchsysteme, Suchmaschinen und Kataloge helfen, mit der Informationsflut im Internet zurechtzukommen.

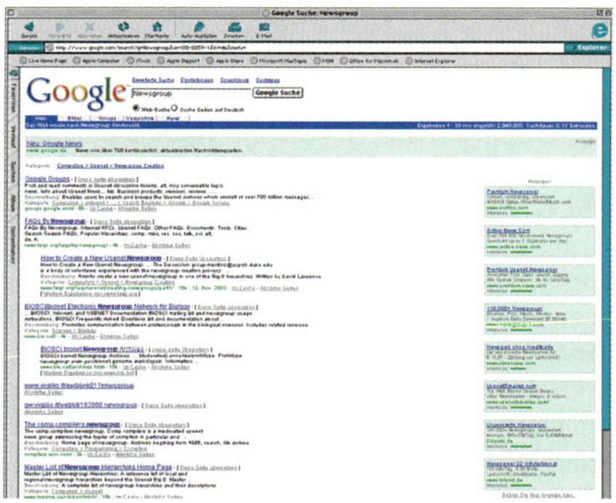

2 Internetseite von „www.google.de“ mit Suchbegriff „Newsgroup?“

- *Newsgroups* sind „schwarze Bretter" als öffentliche Diskussionsforen. Über FTP (File Transfer Protokoll) können Dateien problemlos im Internet versandt werden.
- *Telnet* ermöglicht die Fernsteuerung im Internet, so dass der Benutzer von außerhalb auf fremde Rechner zugreifen kann.
- Mit *IRC* (Internet Relay Chat) hat der Nutzer die Möglichkeit, in Echtzeit mit einem anderen Teilnehmer zu kommunizieren (z. B. Chat).

Systematische Recherche im Internet

Phasen	Allgemeine Beschreibung	Beispiel: Schnittstellen
Orientieren	Was suche ich eigentlich konkret? Stichwörter sind in verschiedenen Zusammenhängen, Schwierigkeitsgraden und Umfängen zu finden. Entscheidend ist, dass man im Vorfeld sehr genau weiß, was man eigentlich sucht.	Ohne Schnittstelle zur Außenwelt ist ein Rechner nichts nütze. Standards erhöhen die Wahrscheinlichkeit, im breiten Umfang von Hard- und Software unterstützt zu werden. Der Begriff Schnittstelle ist insofern nicht eindeutig, als dies sowohl eine Software- als auch eine Hardwarelösung sein kann.
Planen	Weiß man exakt, was man sucht, so kennt man schon eine Reihe von Suchbegriffen. Nach ihnen kann in Enzyklopädien, Schlagwortkatalogen und Suchmaschinen des Internets gesucht werden. Ist dies nicht der Fall, so helfen systematisch, hierarchisch geordnete Webkataloge bei der Eingrenzung des Suchraums.	Die Begriffe Schnittstellen und Interfaces werden nicht sauber auseinander gehalten. Bei der Suche nach Schnittstellen kann ein Exkurs zu Interfaces sinnvoll sein. Interfaces gibt es zum Koppeln von Computer und Maschine, von Computer und Computer sowie von Computer und Mensch.
Suchen	Es bieten sich unterschiedliche Wege und deren Kombinationen an: – Suchmaschinen, oft mit Suchkatalogen kombiniert, – Suchkataloge bzw. -maschinen auf Web-Seiten von Zeitungen, Zeitschriften, Verlagen, Institutionen und Rundfunksendern, – Stichworte aufgreifen, wie sie im Text selber vorkommen und für den Inhalt wichtige Bedeutung haben, – Begriffe, die zentrale Aspekte eines Textes repräsentieren und in ein Schlagwortverzeichnis eingeordnet sind, – die booleschen Operatoren, um den Suchbereich einzugrenzen.	In Suchmaschinen werden unter Schnittstellen unüberschaubar viele Seiten im Internet angezeigt. Eine sinnvolle Einengung mit booleschen Operatoren und einengenden Begriffen ist sinnvoll. Die Kombinationen Hardware und Software mit Standardschnittstellen oder Interfaces bringen schon brauchbare Eingrenzungen. Da es hier im Schwerpunkt um Schnittstellen am PC geht, führen auch Kombinationen mit multimedialen Begriffen weiter. Die Suchbegriffe „softwareschnittstellen_standard_grundlagen-PC" erbrachten schließlich verschiedene Glossars, die nun einengende Begriffe zur Verfügung stellen.
Aus- und Bewerten	Bei der Auswertung der Ergebnisse sollten Standards und Bewertungskriterien vorliegen. Dies ist nicht einfach aufgrund der Begriffsvielfalt, weshalb Qualität und Herkunft nicht ohne Weiteres beurteilt werden können. Immanent sind folgende Fragen zu beantworten: – Habe ich beim Suchen etwas falsch gemacht? – Ist mein Suchen mit dem Zeit- und Arbeitsaufwand vertretbar? – Habe ich im richtigen Medium gesucht? – Interessiert das Gefundene nur mich oder ist es der Sache dienlich?	Eine Schnittstelle oder Interface ist die Bezeichnung für den Ort, wo verschiedene Hard- und/oder Softwarekomponenten miteinander kommunizieren. Man unterscheidet zwischen Benutzer-, Hard- und Softwareschnittstellen: – Hardwareschnittstellen stellen ein Verbindungsglied zwischen verschiedenartigen Hardwarekomponenten dar. Jede Peripherie eines Computers benötigt eine bestimmte Schnittstelle, um nutzbar zu sein. – Softwareschnittstellen dienen dem Datenaustausch zwischen Programmen und Programmteilen. – Die Benutzerschnittstelle ermöglicht Eingaben des Benutzers und legt fest, wie diese Daten dargestellt werden können.

Aufgaben

1. SHOLES ordnete die Tasten auf der Schreibmaschine schon 1873 nicht mehr in der bis dahin allgemein üblichen alphabetischen Anordnung der Buchstaben, sondern ersetzte sie durch folgende Anordnung:

2	3	4	5	6	7	8	9	-	*	_
Q	W	E	R	T	Y	U	I	O	P	:
=	A	S	D	F	G	H	J	K	L	?
&	Z	X	C	V	B	N	M	;	.	!

   Welche Vorteile birgt diese Anordnung von Buchstaben gegenüber der alphabetischen? Wie sind die Tasten auf der Computertastatur angeordnet?

2. Es gibt die vielfältigsten Formen der Kommunikation.
   a) Stelle in einer Tabelle verbale und nicht verbale Kommunikationstechniken gegenüber!
   b) Farben, Kleidung, Formen und anderes mehr sind Mittel zur nicht verbalen Kommunikation. Illustriere ihren Einsatz anhand von Beispielen!

3. Studiere Kataloge und Prospekte von Angeboten und erläutere die wichtigsten Parameter, die für eine Kaufentscheidung eines Computers von Bedeutung wären!

4. Von der Schellackplatte zur CD!
   Informiere dich über die technischen Voraussetzungen, Informationen auf einer Schallplatte, einem Magnetband und einer CD zu speichern! Erarbeite eine Präsentation und stelle diese vor!

5. Musik- und Videodaten sind allgemein sehr groß. Zur effektiveren Ausnutzung der Übertragungs- und Speicherkapazitäten werden sie komprimiert.
   a) Informiere dich über prinzipielle Verfahren der Kompression für Musikdaten und Videodaten!
   b) Kompressionsverfahren werden für Life-Übertragung von Rundfunkprogrammen benutzt. Sie haben aber auch in „Musikkonserven“ Bedeutung erlangt. Nenne Beispiele!

6. Entwickle den Schaltplan eines „Klingeltelefons“ und einen eigenen Code zum Austauschen von Informationen!

7. Vor allem stationäre Radioanlagen verfügen neben dem UKW-Wellenbereich auch über die Frequenzbereiche der Lang-, Mittel- und Kurzwelle.
   a) Teste die Empfangsbedingungen auf diesen Bereichen zu unterschiedlichen Tageszeiten!
   b) Speichere dazu Hörbeispiele und erläutere die Unterschiede in den Ausbreitungs- und Empfangseigenschaften in einer multimedial unterstützten Demonstration!

8. Informiere dich, wo DAB (Digital Audio Broadcasting) schon die Grundversorgung im Hörfunk übernommen hat!

9. Über den Internetdienst „E-Mail“ kann man weltweit elektronische Post versenden. Verschaffe dir einen Überblick über E-Mail-Programme und stelle Vor- und Nachteile der Angebote gegenüber!

10. Welche Standardschnittstellen sind an einem PC als Hard- und Software gegeben?

11. Ermittle in Umfragen, inwieweit die Dienste im Internet das Leben, Lernen und Arbeiten bereits verändert haben! Werte das gewonnene Material statistisch aus und erarbeite dazu ein Informationsmaterial!

12. Informiere dich, wie noch bei den Eltern gelernt wurde, und stelle die Veränderungen durch die neuen Medien heraus!

Das Wichtigste im Überblick

Die Informations- und Kommunikationslandschaft hat längst damit begonnen, sich grundlegend zu verändern. Viele Techniken hatten ihre eigenen Entwicklungen. Die **Analogtechnik** ist weitgehend ausgereizt, die Leitungen und Frequenzen ausgeschöpft. Die großen Innovationen der Gegenwart sind nun in der **Digitaltechnik** zu erwarten. Die Vorteile der Digitaltechnik gegenüber der Analogtechnik sind vielfältig.

In erster Linie wird der Nutzen durch zwei Basistechnologien bestimmt:
- Computer und
- Vernetzung.

Mit Unterstützung der **Computer** und ihrer **Vernetzung** lassen sich nun die altgewachsenen und an die Grenzen geführten Informations- und Kommunikationssysteme auf neuartigem Niveau fortführen und weiterentwickeln. Völlig neue Möglichkeiten eröffnet dabei **Multimedia.**
Auf der einen Seite entstehen neue Informations- und Kommunikationssysteme, auf der anderen Seite wird ihre Trennung durch den Computer als Management-Zentrale und die zunehmende Erreichbarkeit auf Breitband-Übertragungskanälen immer mehr aufgehoben.

Ob Radio oder Fernsehen, Telefon oder Fax, Mail oder WWW, alles kann auf der **Plattform eines Computers** empfangen, gespeichert und bearbeitet, ja sogar gesendet werden. Über die Netze ist so gut wie jeder Ort erreichbar.

Hohe Maßstäbe setzt heute schon der wirtschaftliche Bereich. Völlig neue **Berufsbilder** entstehen, die Ausübung von Berufen selbst wird nachhaltig beeinflusst. Aber auch alle anderen Lebensbereiche sind von Digitalisierung, Computern und Netzen betroffen. So nimmt das Lernen beispielsweise sukzessive immer neuere Formen an. Gegenwärtig gibt es für den Datentransport und ihre Nutzung noch einige Beschränkungen:

– Die Informationsmenge, die für den Einzelnen schon längst unüberschaubar ist, nimmt enorm zu. Informationen nach Gesichtspunkten der Systematik und Reduktion zu strukturieren, ist die einzige Chance, da noch den Durch- und Überblick zu bewahren.

– Es gilt, besser als bislang Wahrnehmungsfähigkeiten des Menschen auszuschöpfen. Noch werden Bilder, Videos und akustische Formen unzureichend zur Präsentation genutzt, Tast- und Geruchssinn gar vernachlässigt. Gefragt sind auf die Eigenarten des Menschen abgestimmte Schnittstellen zur Technik.

– Informationen werden gegenwärtig von den Programmen noch sehr heterogen generiert und dargestellt, es existieren unterschiedliche Kommunikationsformen nebeneinander. Viel zu kompliziert sind u. a. die Bedienelemente, zu unterschiedlich der Aufbau von Programmen. Bessere Anwenderorientierung ist gefordert!

Die **Hardware** muss ausreichende Speicher- und Übertragungskapazitäten und die multimedialen Verarbeitungs- und Präsentationseigenschaften bereitstellen. Von der **Software** wird eine effektive Vermittlung zwischen Daten und Hardware erwartet, die ohne großen Installations-, Wartungs- und Bedienaufwand optimal den Aufgaben angepasst ist.

Ohne Frage bedingt die einerseits entstehende Informationsgesellschaft die Technisierung aller Lebens-, Arbeits- und Daseinsbereiche. Andererseits liegen die fundamentalen Reserven, auf die sich die Informationsgesellschaft stützt, nicht mehr im Körperlichen, Handwerklichen oder Maschinellen, sondern sie sind immaterieller Art und als Informationen auszumachen.

4.3 Transport und Verkehr

Transport und Verkehr bestimmen unser Leben. Jeden Tag fahren Millionen Menschen zur Arbeit, zur Schule oder gehen Freizeitaktivitäten nach.

Die dazu notwendige Infrastruktur wird weiter ausgebaut, aber auch wesentlich stärker strapaziert. Staumeldungen bestimmen die Verkehrsnachrichten. Oft sind ein zu hohes Verkehrsaufkommen oder schwere Unfälle die Ursachen dafür. Staus verursachen großen volkswirtschaftlichen Schaden.

Menschen sind körperlich nicht in der Lage, sich aus eigener Kraft schnell fortzubewegen oder schwere Lasten zu tragen. Mechanische Methoden für den Transport zu Lande, zu Wasser, und in der Luft helfen, dieses Handycap zu überwinden.

Werden zukünftige Ideen uns davor bewahren?

Gibt es zur Lösung vielleicht technische Unterstützung?

Fahren alle Menschen bald nur noch Bahn oder fliegen sie von A nach B?

Zu Beginn des 20. Jahrhunderts ersetzten erste Automobile mithilfe der Antriebstechnik von Energiemaschinen Pferd und Wagen. Damit fand eine revolutionäre Veränderung der Gesellschaft statt.
Heute werden jeden Tag Milliarden Güter weltweit transportiert, um den Bedarf an Lebensmitteln und Konsumgütern zu decken. Jeden Tag werden Millionen Briefe und Pakete befördert.

Der Verkehrskollaps begegnet uns oft am Wochenende und zum Ferienbeginn.
Gibt es einen Ausweg?
Politiker und Ingenieure arbeiten stetig, um diesem Problem entgegenzutreten.

Mobilität

Das Bedürfnis nach Mobilität ist in jedem Menschen tief verankert. Auch als die Menschen vor zehntausend Jahren sesshaft wurden, konnten sie ihr früheres Leben als Nomaden nicht völlig unterdrücken. Sie hatten stets den Wunsch, sich frei bewegen zu können. Das Rad wurde nicht zufällig um die gleiche Zeit erfunden und ermöglichte erst einen ausgedehnten Handel. Bereits die antiken Völker der Griechen, Phönizier und Römer verfügten über ein ausgedehntes Straßennetz und eine gut organisierte Seeflotte. Keine Gesellschaft war und ist ohne Mobilität überlebensfähig.

Mobilität ist ein Stück Freiheit und wird von jedem Menschen anders empfunden. Für den einen bedeutet sie Unabhängigkeit, für den anderen die freie Wahl der Verkehrsmittel. Die technischen Errungenschaften des letzten Jahrhunderts veränderten die Vorstellung von Mobilität in den Köpfen der Menschen. Einerseits prägte sich ein Bedürfnis nach Mobilität aus, andererseits fällt es heutzutage immer schwerer, alltägliche Dinge ohne Verkehrsmittel zu erledigen. Die Einwohner der EU-Staaten geben heute etwa 15% ihres Einkommens für Mobilität aus und sind ca. eine Stunde am Tag außer Haus mobil.

M

Mobilität, lat. *mobilitas* – Beweglichkeit, beschreibt die Bewegung von Menschen in sozialen Räumen oder ihre räumlich-regionale Beweglichkeit. Mobilität kann ein Kennzeichen eines Einzelnen, einer Gruppe oder einer Gesellschaft sein.

Formen der Mobilität

Freizeitmobilität

Ein typischer Samstagabend. Jugendliche von nah und fern vergnügen sich in einer Disco, die sich außerhalb des Stadtkerns befindet. Jede Woche stellt sich von neuem die Frage: *„Wie komme ich zur Disco hin und auch wieder zurück?“ Zu Fuß? Mit dem Fahrrad? Mit dem Bus oder der Bahn? Bringen mich die Eltern und holen sie mich wieder ab? Kann mein Freund mich mitnehmen, der schon ein Auto hat?*
Diese und ähnliche Probleme stellen sich bei der Organisation der eigenen Freizeit.

M

Als Freizeitmobilität wird im Allgemeinen die Fortbewegung zum Sport am Nachmittag, in die Musikschule oder mit Freunden ins Kino, in die Disco oder in die Ferien bezeichnet.

Im Laufe des letzten Jahrhunderts erarbeiteten sich die Menschen mehr Freizeit, indem die Produktivität stetig gestiegen ist und sich die Arbeitszeit dadurch verkürzt hat. Diese Freizeit füllen sie heutzutage mit Aktivitäten aus, für die sie immer längere Wege zurücklegen müssen, da Freizeit heute nicht mehr hauptsächlich zu Hause stattfindet, sondern z. B. in Fitness-Studios, auf dem Sportplatz und in Kinos. Diese oft weiten Wege müssen überwunden werden.

Um nicht einen Großteil der so kostbaren Freizeit für den Weg zum Vergnügen zu verschenken, gibt es mehrere Alternativen zum Fußmarsch:
- Fahrrad,
- Moped/Mofa,
- ÖPNV,
- Eltern, Verwandte, Bekannte mit PKW.

1 Umweltfreundliche und gesunde Freizeitmobilität

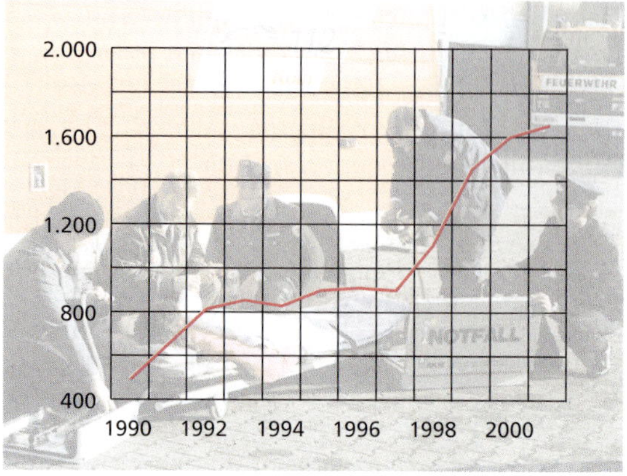

1 Tote und Verletzte durch Drogenkonsum nehmen jährlich zu.

Jede dieser Möglichkeiten birgt Vor- und Nachteile. Mit dem Fahrrad ist man zwar persönlich unabhängig, muss sich aber andererseits den Witterungsverhältnissen anpassen. Das Moped überbrückt längere Distanzen, die mit dem Fahrrad nicht so leicht machbar wären, setzt aber erstens den Führerschein voraus und zweitens entstehen hier Kosten für Benzin und Unterhalt. Ein weiteres Problem sind die Unfallzahlen aufgrund des „drink and drive" und des zunehmenden Drogenkonsums.

Die Möglichkeit, sich von den Eltern chauffieren zu lassen, ist zwar sehr bequem und auch preiswert, hat aber den Nachteil, dass sie nicht ständig verfügbar sind. Die Alternative wäre ein gutes Angebot des ÖPNV, welches sich nach den Bedürfnissen der Jugendlichen richtet:

- preiswerte Tarife,
- Fahrten zu jeder Tag- und Nachtzeit in angemessenen Abständen,
- ausreichendes Angebot an Haltepunkten.

In einigen Städten sind innovative Lösungsansätze zu verzeichnen. So werden Nachtbusse/ Shuttle-Service eingesetzt, die von den Betreibern der Freizeitunternehmen oder des ÖPNV zu günstigen Tarifen angeboten werden. Noch bequemer sind so genannte „Taxi-Sharing"-Angebote, welche Gruppen zu einem niedrigen Preis bis vor die Haustür fahren.

Arbeitsmobilität

Der alltägliche Schulweg stellt die erste eigene Arbeitsmobilität im Leben dar. Je nach Wohn- und Schulort kann dieser unterschiedlich lang sein.

> **M** Arbeitsmobilität drückt die verschiedenen Möglichkeiten aus, vom Wohnort zur Schule, zur Universität oder zur Arbeitsstätte zu gelangen.

Jeden Tag zeugen die Verkehrsnachrichten davon, welche Probleme es auf unseren Straßen gibt. Gerade im Berufsverkehr häufen sich die Meldungen von Staus und Unfällen, da jeder Arbeitnehmer pünktlich, schnell und auf dem kürzesten Wege seine Arbeitsstätte erreichen möchte. Bei ca. 35 Millionen Arbeitnehmern in Deutschland kann sich jeder vorstellen, dass es zu Engpässen auf dem Weg zur Arbeit kommen muss. Mit der Lösung dieser Probleme beschäftigen sich seit Jahrzehnten Forscher an Universitäten und weiteren wissenschaftlichen Einrichtungen.

Mitfahrzentralen sind in den Großstädten ein Ansatz zur Entschärfung der Situation auf den Straßen. Dadurch sollen die Pkws besser ausgelastet und die Zahl der Einzelfahrer reduziert werden. Als Anreiz dienen in Ballungsgebieten Fahrspuren, ähnlich der Busspur, die nur von Fahrzeugen mit mehreren Insassen benutzt werden dürfen. Ein weiteres Bindeglied bei der Re-

2 Die Staufalle: Baustellen und Berufsverkehr

duzierung von Staus stellt der Verkehrsverbund dar, welcher eine Kombination aus ÖPNV und Deutscher Bahn ist. In Gebieten mit hoher Bevölkerungsdichte auf großer Fläche ist dieses Angebot oft preiswert und eine Alternative zu den täglichen Staus.

Wirtschaftsmobilität

Damit wir täglich frische Brötchen, Cornflakes und Milch auf dem Frühstückstisch haben, rollen LKWs und Güterzüge kreuz und quer durch das Land.

M Wirtschaftsmobilität beschreibt den Transport von Rohstoffen und Waren innerhalb eines Landes bzw. weltweit.

Voraussetzung für eine starke Wirtschaft ist ein reibungsloser Transport von Waren. Dieser sollte auf alle Verkehrwege verteilt sein, z. B. Straßen, Schienen, Wasserwege und Luftfracht. Probleme treten dann auf, wenn ein Verkehrsweg über seine Kapazität genutzt wird.

Güterverkehrsleistungen (ohne Luftfracht) in Mrd. t/km

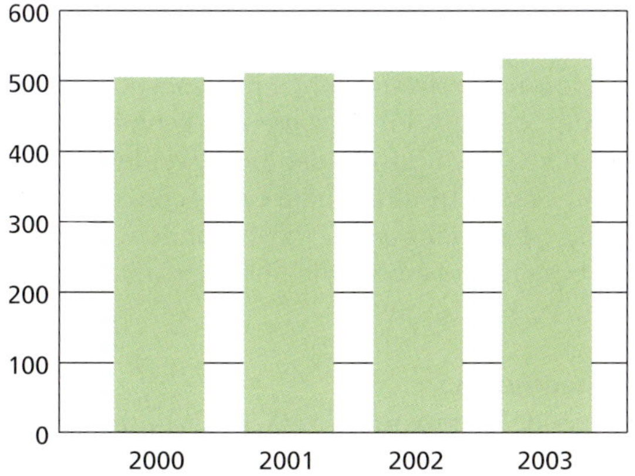

Im Gegensatz zur Vergangenheit, als Industrie und Handwerk sich innerhalb der Städte ansiedelten, verzeichnet man heute vielerorts die Verlagerung von Betrieben und Firmen in Gewerbegebiete an den Rand der Stadt. Das bringt einerseits Vorteile für die Lebensqualität innerhalb der Stadt, z. B. weniger Luftverschmutzung und Lärmbelästigung. Andererseits sind dadurch neue Probleme entstanden:
- längere Wege zur Arbeit,
- Versiegelung von Flächen,
- Notwendigkeit neuer Straßen.

Schon heute sind die Politik und die Unternehmen gefragt, innovative Lösungen für morgen zu entwickeln. Einen Lösungsansatz für die zukünftige Mobilität stellt die **4-V-Regel** dar:

Vermeiden – Vermindern – Verlagern – Verbessern

1. Vermeiden, z. B. durch die Ansiedlung von Betrieben und Geschäften unweit von den Bewohnern lange, meist tägliche Wege überflüssig zu machen.

2. Vermindern, z. B. durch die Reduzierung des Verkehrs mithilfe der Steuerpolitik.

3. Verlagern, z. B. durch das Anlegen alternativer Verkehrswege, Rad- und Fußwege sowie eine effektive Nutzung des ÖPNV.

4. Verbessern, z. B. durch die Entschärfung des Berufsverkehrs mithilfe der Gestaltung flexibler Arbeitszeiten.

Güter- und Personenverkehr

Wesen und Funktion von Transport und Verkehr

Menschliches Handeln und Wirtschaften wird tiefgreifend vom Verkehr beeinflusst. Durch die Leistungssteigerung und Senkung der Kosten im Verkehr in den letzten 150 Jahren schafften die Menschen grundlegende Veränderungen der Arbeitsteilung und der Produktion.

Ohne ein funktionierendes Verkehrssystem ist Wirtschaften heutzutage kaum noch möglich. Distanzen und Räume müssen kostengünstig und schnell überwunden werden, um die weltwirtschaftliche Verflechtung zu verstärken. Verkehr schafft damit die Voraussetzung für die Verbesserung des Lebensstandards in der Welt.

> **M** Verkehr ist die Ortsveränderung von Personen, Gütern und Nachrichten unter Benutzung bestimmter technischer und organisatorischer Einrichtungen.

Dazu gehören Verkehrsmittel, Anlagen und Verkehrssignalanlagen. Die technischen Einrichtungen werden als Verkehrstechnik zusammengefasst.

Infrastrukturelle Probleme

Infrastruktur

Früher Bezeichnung des Militärs für ortsfeste Anlagen und Einrichtungen, seit den 1960er Jahren Begriff der Wirtschafts- und Sozialwissenschaft für die Gesamtheit aller Anlagen, Einrichtungen und Gegebenheiten, die dem Wirtschaftsprozess als Grundlage dienen.

materielle Infrastruktur		**institutionelle Infrastruktur**	**personelle Infrastruktur**
technische Infrastruktur	soziale Infrastruktur		
Verkehrswesen, Kommunikationswesen, Energieversorgung	Kindergärten, Schulen, Sportanlagen, Krankenhäuser, Kultureinrichtungen	Normen und Verfahrensweisen	geistige und unternehmerische Fähigkeiten

Von entscheidender Bedeutung eines Verkehrssystems ist die Verkehrsinfrastruktur. Diese beinhaltet alle Verkehrswege und die dazugehörigen Nebeneinrichtungen.

Problemsichten

Transport und Verkehr sorgen nicht nur für positives Mobilitätsempfinden und einen wirtschaftlichen Erfolg, sondern es gibt auch stichhaltige Probleme und Kritikpunkte:

– **Zersiedlung**

Durch den steigenden Bedarf an Straßen, Parkplätzen und Industrieanlagen wird die Landschaft beeinträchtigt oder zerstört. Dies geschieht einerseits durch die ausufernde städtische und ländliche Bebauung sowie die Bebauung außerhalb geschlossener Ortschaften. Um der Freizeitmobilität und den -ansprüchen gerecht zu werden, werden immer mehr natürliche Biotope für Wochenend- und Urlaubszentren erschlossen.

– **Landflucht**

Infolge der steigenden Industrialisierung des letzten Jahrhunderts verschob sich das Angebot an Ausbildungs- und Arbeitsplätzen einerseits zugunsten der Städte. Deshalb wanderten hauptsächlich jüngere Arbeitnehmer und Arbeitnehmerinnen in die Ballungsgebiete ab und trugen zur Verschärfung der Verkehrssituation bei.

Auf der anderen Seite bewirkten die abnehmenden Bevölkerungszahlen in den Dörfern eine stetige Reduzierung des immer unrentabler werdenden Nahverkehrs. Bahnstrecken wurden und werden geschlossen, Buslinien verkehren in größeren zeitlichen Abständen oder werden eingestellt. Daraus resultiert eine eingeschränkte Mobilität des Einzelnen, insbesondere älterer Menschen, und erhöht die Abhängigkeit von privaten Verkehrsmitteln.

– **Stadtflucht**

Steigende Wohnkosten, Verkehrslärm und Luftverschmutzung sind nur einige Gründe, weshalb immer mehr Menschen aus städtischen Ballungsgebieten in die ländliche Ruhe ziehen.

Ein weiterer Grund ist der Wusch nach einem eigenen Haus im „Grünen". Die daraus resultierenden Folgen sind erhöhte Pendlerzahlen, Zersiedlung und verödete Innenstädte.

Die Geschichte des Rades und seine Verwendung

Von Beginn an musste sich die Menschheit mit Transportaufgaben befassen. Erlegte Tiere für den Speiseplan, Brennholz und auch Baumaterial mussten in die Siedlungen geschafft werden. Zunächst mühten sich die Menschen selbst und transportierten die Lasten auf ihrem Rücken oder auf den Schultern. Erst viel später, nachdem sie Tiere gezähmt hatten, setzten sie diese zum Tragen ein. Je nach Kontinent und Entwicklungsstadium waren dies Rinder, Esel, Pferde, Elefanten oder Kamele. Letztere werden auch heute noch von den Tuareg in der Sahara als Lastentransporter eingesetzt, dort wo moderne Verkehrsmittel versagen.

Lasten, die zu schwer zum Tragen waren, wurden in der Regel durch Schleifen bewegt. Erst später erkannten die Menschen, dass schwere Dinge sich leichter rollen als ziehen ließen, und verwendeten Rollen zum Transport, die sie aus Baumstämmen herstellten.
Nur so ließen sich nach heutiger Erkenntnis die riesigen Steinquader zum Bau der Pyramiden in Ägypten oder von Heiligtümern wie Stonehenge in Südengland vom Steinbruch zu ihrem Bestimmungsort bewegen. Aus den Baumstämmen entwickelten sich zunächst Baumscheiben und später schließlich das Rad, welches aber nur in begrenzten Gebieten bekannt war.

In der Landwirtschaft (3./2. Jahrtausend v. Chr.) benutzte man Baumscheiben in Verbindung mit einem Zugtier, jedoch ohne Nabe und Felge. Diese Konstruktionen waren sehr instabil und wurden nur durch Leisten und Zapfen verbunden. Man unterscheidet drei Typen von Rädern: Das **Scheibenrad,** das **Strebenrad** und das **Speichenrad,** so wie es heute z. B. vom Fahrrad bekannt ist.

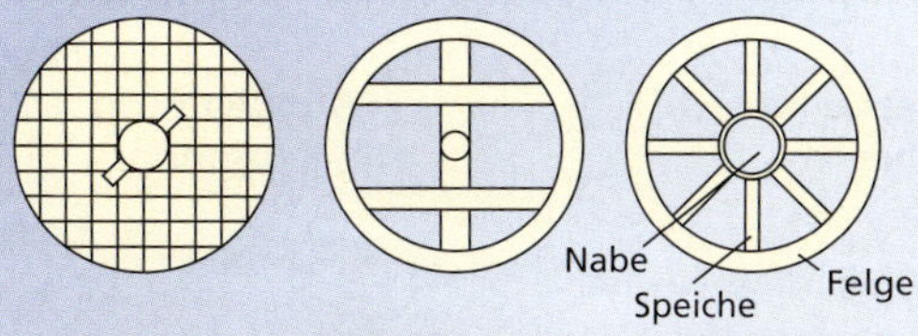

Das Rad ist sicher eine der größten Erfindungen der Menschheit. Von ihm und seinen Abwandlungen als Zahnrad, als Zahnstange, als Schwungrad und vieles mehr hing die Entwicklung des Transportes ab.

Begriffe
Der Begriff des Rades im technischen Sinne stellt ein **Maschinenelement** zur Kraft- bzw. Drehmomentübertragung dar. Besonderen Wert legt man dabei auf die rollende Fortbewegung und die Richtungsänderung (z. B. bei Seilzügen).
Im Allgemeinen besteht das Rad aus der **Nabe,** die zur Verbindung mit der Achse dient, aus dem äußeren runden **Radkranz** (Felge) und der **Radscheibe** oder den **Speichen,** welche die Nabe und den Radkranz miteinander verbinden.

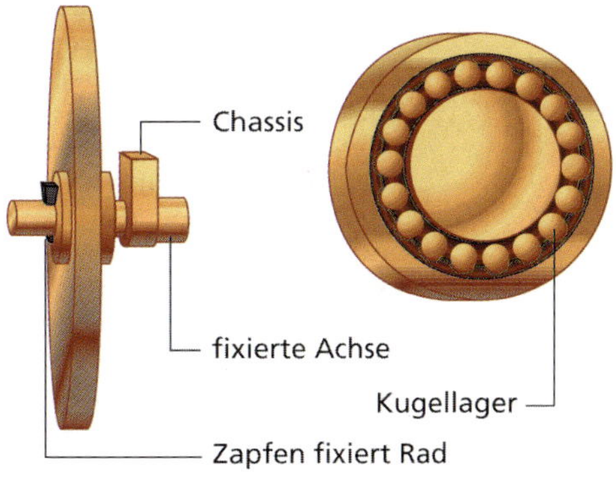

Das Rad ist heute allgegenwärtig in unserer modernen Gesellschaft, ob auf der Straße, auf der Schiene oder in der Produktion. Neben der Landwirtschaft war auch sehr frühzeitig der Krieg ein wichtiges Einsatzgebiet der Wagenräder. Einerseits als Transportmittel für Güter, wichtiger jedoch für die Schnelligkeit und Beweglichkeit der Truppen im Kampf.

Der Erfolg dieser bedeutenden technischen Entwicklung ist bis heute unumstritten. Der technische Fortschritt spiegelt sich in vielfältigen Weiterentwicklungen wider.

Transportwesen und technische Entwicklungen

Betrachtungs-ebenen	Straßenfracht Transporter	Straßenfracht LKW	Schiffsfracht

Prinzip-darstellung	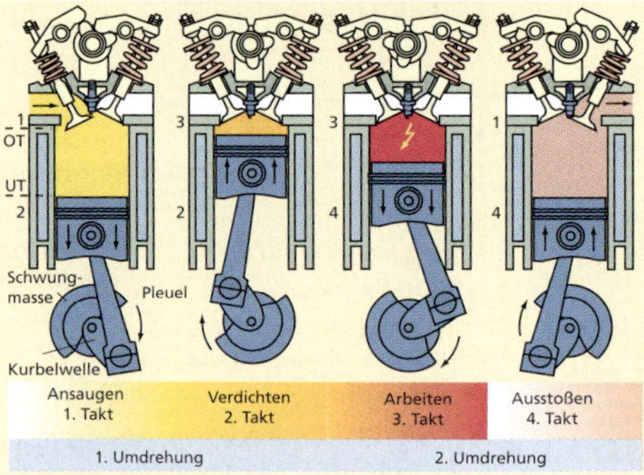		
Funktions-weise	Arbeitstakte beim **Otto-Motor** **1.Takt: Ansaugen** Der sich abwärts bewegende Kolben saugt durch das Einlassventil das Kraftstoff-Luft-Gemisch in den Zylinder. **2.Takt: Verdichten** Der sich aufwärts bewegende Kolben verdichtet das Kraftstoff-Luft-Gemisch. Druck und Temperatur erhöhen sich. Es erfolgt die Zündung mithilfe der Zündkerze. ——► **Fremdzündung** **3.Takt: Arbeiten** Der Kraftstoff verbrennt, Druck und Temperatur des Gases steigen sprunghaft an. Der Kolben wird nach unten verdrängt, das Gas dehnt sich aus und gibt mechanische Arbeit an das Kurbelgetriebe ab. **4.Takt: Ausstoßen** Der sich aufwärts bewegende Kolben drückt durch das geöffnete Auslassventil das Abgas aus dem Zylinder heraus.	Die vier Arbeitstakte sind beim **Diesel-Motor** gleich denen des Otto-Motors. Sie *unterscheiden* sich jedoch durch folgende wesentliche Merkmale während des Verbrennungsvorgangs: – Es wird reine Luft in den Zylinder eingesaugt und höher verdichtet als beim Otto-Motor. – Die Luft erreicht dabei Temperaturen von 600 °C bis 900 °C. – Erst dann wird eine bestimmte Menge Dieselkraftstoff in den Zylinder gespritzt. – Wegen der hohen Temperatur entzündet sich der Kraftstoff selbst. ——► **Selbstzündung**	
Verkehrs-anlagen	Straßen, Autobahnen, Brücken, Tunnel	Wasserstraßen, Häfen, Schleusen, Hebewerke	
Wirkungs-grad η in %	25–32	32–40	

Das Transportwesen ist: Schiffs-, Schienen-, Straßen-, Luftverkehr und Personennahverkehr.

Betrachtungsebenen	**Schienenfracht**	**Luftfracht**

Prinzipdarstellung	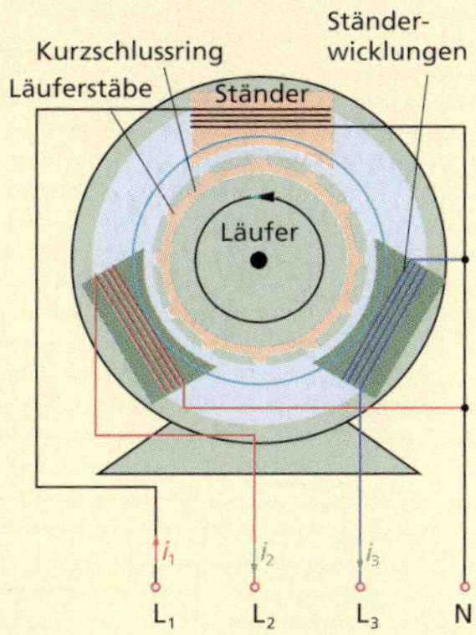	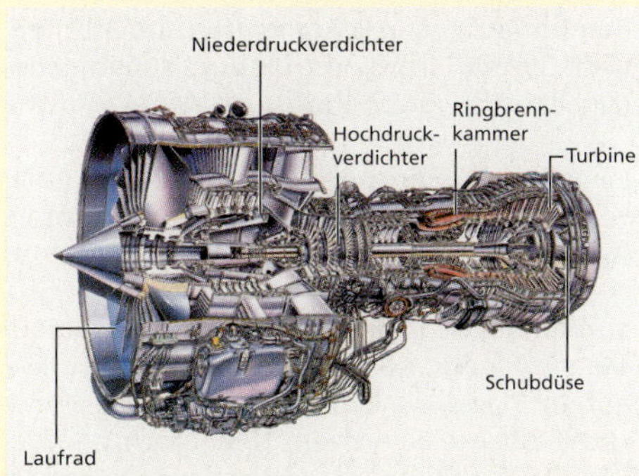
Funktionsweise	Moderne Lokomotiven werden mit **Drehstromasynchronmotoren** (Induktionsmotoren) ausgerüstet. *Aufbau:* Der Stator besteht aus drei um 120° versetzt angeordneten Spulen (Ständerwicklungen). Der Rotor (Läufer) besteht aus einem Blechpaket. In ihm befinden sich die Läuferstäbe, die die Kurzschlussringe miteinander verbinden. *Arbeitsweise:* 1. Erzeugung eines sich drehenden Magnetfeldes (Drehfeld) durch Drehstrom in den Statorwicklungen. 2. Durch Induktion von Strom in den Leitern des Rotors und der magnetischen Wechselwirkung zwischen dem rotierenden Feld und den Strom führenden Leitern des Rotors entsteht eine Drehbewegung.	Bei allen **Strahltriebwerken** wird Luft zur Verbrennung verwendet. Die Luft ist ein wesentlicher Anteil der Strahlenmasse. *Aufbau:* Laufrad, Verdichter, Brennkammer, Turbine, Schubdüse. *Arbeitsweise:* 1. Verdichten der vom Laufrad angesaugten Luft, 2. Erwärmung der Luft in der Brennkammer, 3. Zufuhr von Brennstoff, 4. Entzündung des Brennstoff-Luft-Gemisches in der Brennkammer, 5. Ausströmen der Luft durch Turbine und Schubdüse, 6. Erzeugung von ausreichend Antriebsleistung für den Verdichter in der Turbine, Umsetzung der restlichen Energie in der Düse zum Vortrieb.
Verkehrsanlagen	Dämme, Brücken, Gleise, Weichen ,Tunnel	Flughäfen nebst Infrastruktur
Wirkungsgrad η in %	90	33–42

Von der Dampfmaschine zum Verbrennungsmotor

Die technische Entwicklung der Dampfmaschine ist auf die Vorstellung von DENIS PAPINS (1647–1712), THOMAS NEWCOMEN (1663–1729) bis zu JAMES WATT (1736–1819) zurückzuführen. Aus ihren Forschungen und Verbesserungen entwickelte sich eine Maschine, die eine Kraftverstärkung und größere Schnelligkeit zuließ als herkömmliche angetriebene Maschinen. Die Dampferzeugung erfolgte im Dampfkessel, wo Wasser mittels Brennmaterial erhitzt wurde und der daraus entstehende Dampf die Kolben antrieb. Durch die Anwendung der Dampfmaschine in Lokomotiven und Schiffen beschäftigten sich Konstrukteure zunehmend mit der Verbindung von Kraft- und Arbeitsmaschine.

Ein weiterer Schritt der Entwicklung war die Entwicklung und Konstruktion von Gasmotoren. Ausgehend vom Kreislaufkonzept CARNOTS, entwickelten sich langsam Überlegungen zum Grundaufbau des heutigen Motors. Dieser bestand aus Metallzylinder, Kolben und Pleuelstange. Es lag auf der Hand, die Explosivkraft von Gas für motorische Zwecke zu nutzen. 1860 brachte ETIENNE LENOIR (1822–1900) seinen Gasmotor auf den Markt. Diese neuartige Konstruktion verbreitete sich in aller Welt und regte zum Nachbau an.

NIKOLAUS OTTO (1832–1891) nutzte dieses Wissen und optimierte den Verlauf der Verbrennung. OTTO griff zwei neue Ideen auf, zum einen den Vier-Takt-Rhythmus, zum anderen das Gas-Luft-Gemisch vor der Zündung zu verdichten.

1 Dampfmaschine

Aus diesen Erkenntnissen resultierten mehrere Arbeitsgänge, die nacheinander in einem Zylinder ablaufen. 1876 fügte OTTO seine Idee zu einer betriebsfähigen, wassergekühlten Kraftmaschine zusammen, die zwei PS (Pferdestärken) lieferte. Das Patent auf den Viertakter erhielt er 1877. In nachfolgenden Jahren entwickelten verschiedene Firmen den Otto-Motor auch als Benzinmotor. Ein weiteres nach OTTO arbeitendes Motorprinzip ist der Zweitaktmotor.

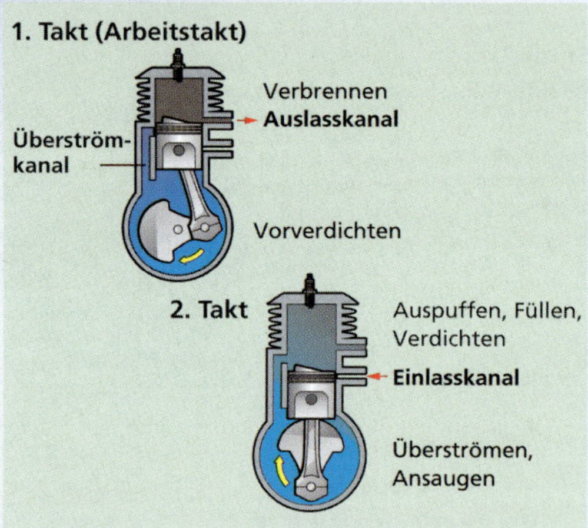

2 Zweitaktmotor

1. Takt: Durch die Zündung oberhalb des Kolbens wird die Abwärtsbewegung eingeleitet. Das Gas-Luft-Gemisch wird im Kurbelwellengehäuse vorverdichtet. Durch Freigabe des Überström- und Auslasskanals kann das Gemisch in den Zylinderraum eindringen und gleichzeitig die verbrannten Gase herausdrücken.
2.Takt: Durch die Aufwärtsbewegung des Kolbens werden Überström- und Auslasskanal geschlossen, der Einlasskanal wieder geöffnet. Oberhalb des Kolbens wird das Gasgemisch komprimiert und gezündet, unterhalb des Kolbens neues Gemisch angesaugt.

RUDOLF DIESEL (1858–1913) fertigte um die Jahrhundertwende eine weitere Verbrennungskraftmaschine an. Zunächst experimentierte er mit verschiedenen Brennstoffen, die sich bei hoher Kompression selbst entzündeten. Dieses Prinzip der Selbstzündung ist wesentliche Grundlage des nach ihm benannten Diesel-Motors.

Als ein Pionier der Automobilbauindustrie baute Carl Friedrich Benz (1844–1929) 1885 ein dreirädriges Fahrzeug mit Verbrennungsmotor, welches mit Differenzialantrieb, Zündkerzen, Kupplung und Gangschaltung ausgestattet war. Dieses Auto hatte Speichenräder mit Vollgummireifen, allerdings nur eine Leistung von einem PS. Durch die dreirädrige Konstruktion verhinderte Benz Probleme mit der Lenkung. Er verbesserte das Automobil in kurzer Zeit und konnte bald größere Stückzahlen herstellen.

1 Karl Benz, am Steuer seines Patent-Motorwagens im Jahre 1887.

Der deutsche Ingenieur Felix Wankel (1902–1988) entwickelte in den fünfziger Jahren des letzten Jahrhunderts eine Kraftmaschine, in welcher Kolben und Zylinder durch einen dreieckigen Drehkolben in einer ovalen Kammer ersetzt wurden.

Durch einen Einlass-Schlitz wird das Kraftstoff-Luft-Gemisch angesaugt und durch die Kolbendrehung bis zur Zündung verdichtet. Die Abgase entweichen durch die Drehung des Kolbens über einen Auslass-Schlitz.

Die Vorteile des **Wankel-Motors** gegenüber dem Otto- bzw. Diesel-Motor bestehen in seinem geringeren Gewicht und geringeren Produktionskosten durch die kompakte und einfache Bauart, in der nahezu vibrationsfreien Arbeitsweise und der geringen Kühlung. Nachteilig wirken sich der höhere Verbrauch an Kraftstoff und die damit verbundenen erhöhten Abgaswerte aus.

Das Verkehrssystem

Das Verkehrssystem ist zu einem unverzichtbaren Bestandteil des täglichen Lebens für die Bewohner der Europäischen Union geworden. Jeden Tag werden über 100 Kilogramm Waren pro Einwohner transportiert und jeder Bürger ist durchschnittlich 12 Kilometer unterwegs.
Mit der Entwicklung der Wirtschaft ist auch das Verkehrsaufkommen untrennbar verbunden. Der Personenverkehr wuchs beständig und stieg allein von 1990 bis 1999 um 2 % pro Jahr. Jedes Jahr wenden die Reisenden zwar die gleiche Zeit auf, überwinden aber in dieser Zeit größere Distanzen, etwa 14 000 Kilometer pro Person.

Das Auto ist heute das wichtigste individuelle Verkehrsmittel. In Deutschland verfügt jeder zweite Bürger über einen PKW. Die Tendenz ist weiter steigend. Die Zahl der motorisierten Wege für den Personenverkehr verdoppelte sich in den letzten 30 Jahren, während der Fuß- und Radverkehr ständig abnahm. In manchen Ballungsgebieten hat die Anzahl und Bewegung der PKWs die Grenzen des Erträglichen längst überschritten.

Der Anteil des motorisierten Individualverkehrs am gesamten Verkehr in Deutschland beträgt mittlerweile zwei Drittel. Diese Mengen an PKWs beeinträchtigen die Umwelt, hauptsächlich durch Belastung von Boden und Luft mit Schadstoffen

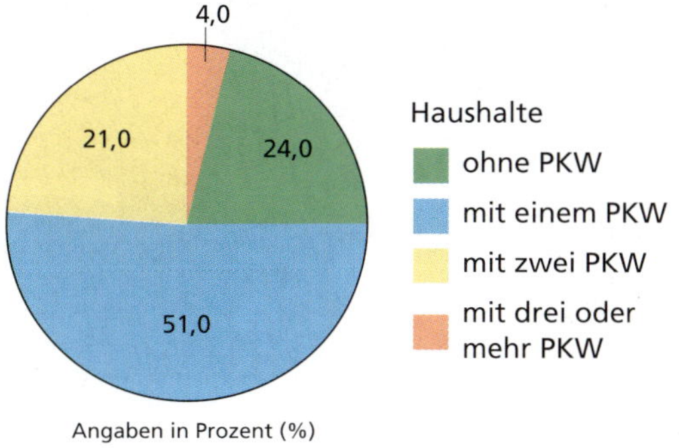

2 Ausstattung privater Haushalte mit Personenkraftwagen (2002)

und Veränderung des Mikroklimas sowie einem zunehmenden Anteil an Lärmbelastungen.

Für Handel und Industrie ist der Transport von Rohmaterialien und Waren lebensnotwendig, wenn Fließbänder nicht stillstehen sollen und die Bevölkerung mit den notwendigen Waren versorgt sein will. Für solche Transporte stehen eine Vielzahl von verschiedenen Fahrzeugen zur Verfügung. Sie werden als Nutzkraftfahrzeuge oder kommerzielle Fahrzeuge bezeichnet. Neben den schweren Lastwagen zählen dazu auch Omnibusse, die die Passagiere über kürzere oder weitere Entfernungen transportieren, als auch Müllautos und alle weiteren Spezialfahrzeuge.

Der Transport auf der Straße ist heute mehr denn je zu einem Problem geworden. Lastkraftwagen rollen über die Autobahnen, verursachen einen hohen Schadstoffausstoß, beanspruchen in starkem Maße die Straßennetze durch das hohe Gewicht und sind an zahlreichen Unfällen beteiligt. Probleme werden aber besonders im innerstädtischen Verkehr deutlich.

1 Lastkraftwagen sind für Transporte auf der Straße lebensnotwendig.

Ein schlechter Straßenzustand wird häufig im Bereich der Kommunalnetze beklagt. Dazu gehören die Straßen innerhalb der Städte und Gemeinden. Ihr Anteil beträgt rund 396 000 km. Das entspricht einem Gesamtanteil von 63 % des gesamten Straßennetzes in Deutschland.

Die Aufgaben des kommunalen Straßennetzes bestehen in der:
- Verbindung mit überregionalen Verkehrswegen,
- Erschließung von Wohn- und Gewerbegebieten,
- Führung von Trassen für Ver- und Entsorgungsleitungen,
- Benutzung von Spielstraßen, Plätzen und Einkaufszonen.

Mangelnde Substanzerhaltung führt zu ständig schnellerem Verschleiß und zu sprunghaft ansteigenden Kosten. Die Sanierung einer Straßendecke wird mit rd. 25,00 € je m^2 und eine Grunderneuerung mit rd. 90,00 € je m^2 berechnet.
Um die infolge des hohen Verkehrsaufkommens notwendigen Straßensanierungen insbesondere bei Autobahnkilometern zu ermöglichen, wird eine LKW-Maut eingeführt. Diese Gelder werden zu einer Verbesserung von infrastrukturellen Maßnahmen beitragen.
Die höheren Anforderungen an das Transportwesen auf der Straße haben auch erhöhte Sicherheitssysteme erforderlich gemacht. Viele dieser Techniken wurden zuerst im Lastkraftwagen und erst dann im Personenkraftwagen eingesetzt.

2 Straßenschäden sollten immer umgehend beseitigt werden.

Sicherheitstechnik bei Kraftfahrzeugen

1 Crashtest

Nach Berechnungen des Statistischen Bundesamtes zum Personenverkehr ergibt sich im Straßenverkehr ein 10fach höheres Unfallrisiko als im Eisenbahnverkehr.

Wenn in den letzten 20 Jahren die Zahl der Straßenverkehrsunfälle mit Personenschaden trotz einer Verdopplung der Verkehrsdichte gesunken ist, so ist dies auf die ständigen technischen Verbesserungen am Kraftfahrzeug zurückzuführen. Ein wichtiges praktisches Hilfsmittel ist dabei der so genannte **„Crashtest“.**

Dabei wird ein Fahrzeug mit Testpuppen **(Dummys)** gegen ein fest stehendes Hindernis bewegt. Dieser simulierte Unfall liefert Daten über den Grad der Deformierung der Fahrgastzelle und gleichzeitig melden die Sensoren des Dummys das mögliche Verletzungsrisiko für die Insassen.

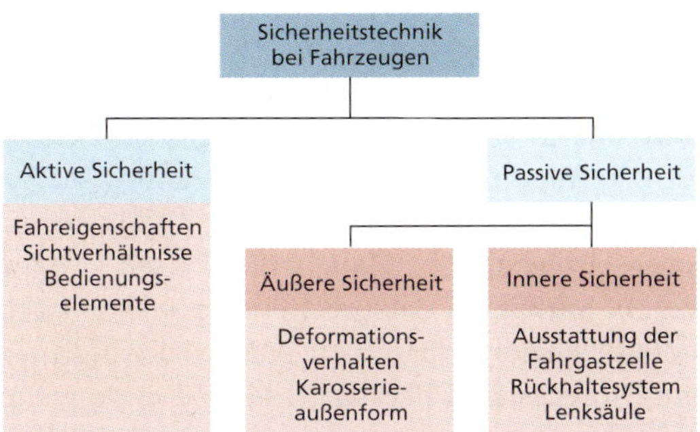

2 Sicherheitstechnik bei Fahrzeugen

Passive Sicherheitstechnik

M Die passive Sicherheitstechnik umfasst die Gestaltung von Maßnahmen am Kraftfahrzeug, die die Unfallfolgen für die Insassen verhindern oder mindern helfen.

Kann ein Unfall nicht vermieden werden, schützt z. B. der Airbag die Insassen vor größeren Verletzungen.

Das Airbagsystem

Ursprünglich wurde der **Airbag** in den USA für militärische Zwecke entworfen. Die größten Probleme jener Zeit waren die Unzuverlässigkeit der Sensorik und die Dauer der Aufblaszeit des Luftsackes.
Anfang der 70er Jahre gelang einem Forscherteam in Deutschland der Durchbruch in der Konstruktion einer zuverlässigen Auslösetechnik.

Die Aufgabe der Airbagsysteme besteht darin, bei verschiedenen Kollisionsarten die Belastung für die Fahrzeuginsassen so gering wie möglich zu halten und die Schwere der möglichen Verletzungen zu minimieren.
Während der Fahrt registrieren Sensoren ständig die Beschleunigung, die auf das Fahrzeug wirkt. Diese Sensoren entsprechen Beschleunigungsaufnehmern, welche ein elektrisches Spannungssignal erzeugen. Die aufgenommenen Werte wer-

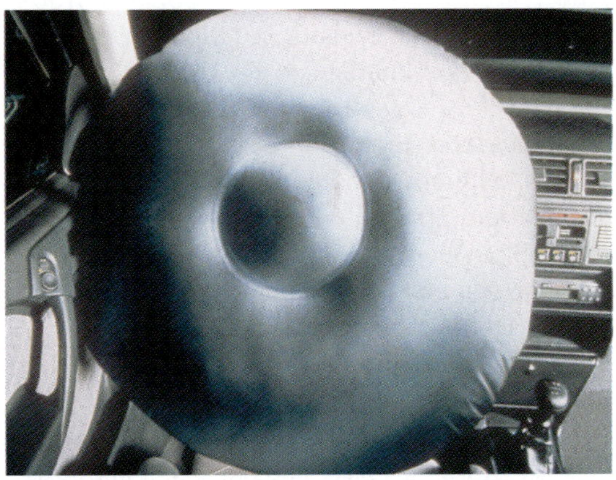

3 Das Füllen des Airbags mit Gas

den zur Diagnose an die Auslöseelektronik gesendet und mit den Normwerten verglichen. Bei Abweichungen wird der Gasgenerator, der mit einem Stickstoffgemisch gefüllt ist, aktiviert und veranlasst das Aufblasen des Airbags in Millisekunden. Die Größe (Volumen) des Airbags hängt vom jeweiligen Autohersteller ab. Man unterscheidet daher in:

	Eurosize	Midsize	Fullsize
Fahrer	30–35 l	45–355 l	65–380 l
Beifahrer	60 l	100–120 l	150–180 l

Inzwischen gehören Airbags zur Grundausstattung jedes Autos. Deren Anzahl variiert jedoch je nach Preissegment des Herstellers und Fahrzeugs, so z. B. Fahrer- und Beifahrerairbag, Seitenairbag, Fondairbag und Dachairbag. Zukünftig soll der Insasse rundum geschützt sein.

Aktive Sicherheitstechnik

> **M** Die aktive Sicherheit umfasst Maßnahmen am Kraftfahrzeug, die Unfälle vermeiden helfen und somit zur Sicherheit im Straßenverkehr beitragen.

Sicherheitssysteme wie das **Antiblockiersystem** (ABS), die **Antischlupfregelung** (ASR) und die **Fahrdynamikregelung** (ESP) stabilisieren das Fahrzeug in gefährlichen Situation und verbessern dessen Lenkbarkeit.

Antiblockiersystem ABS

In den kälteren Monaten des Jahres geschahen auf glatten Straßen besonders häufig Unfälle durch Blockieren der Räder. Ingenieure tüftelten jahrelang an einer sinnvollen Lösung dieses Problems. Das ABS soll ein Blockieren der Räder beim Bremsen verhindern, damit die Lenkbarkeit, Seitenführung und Richtungsstabilität des Fahrzeugs erhalten bleibt. Folgende Situation wäre denkbar: Ein PKW fährt durch ein Wohngebiet und plötzlich taucht unerwartet ein Kind auf der Straße auf. Der Fahrzeugführer bremst scharf und weicht gleichzeitig dem Kind aus, ohne dass er ins Schleudern gerät.

Wie ist das möglich?

Eine **Mess-Sensorik** erfasst permanent die Raddrehsignale und wertet sie im Steuergerät aus. Bei einem plötzlichen Abfall der Raddrehzahl erkennt das System eine drohende Blockade und gibt nun ein entsprechendes Signal an den Druckmodulator, welcher den Bremsdruck regelt. Durch einen Kolben oder ein Ventil wird der Systemdruck der Bremse so weit reduziert, bis ein Abrollen des Rades gesichert ist. Anschließend wird der Bremsdruck wieder bis an die Blockiergrenze angehoben. Dieser Vorgang findet bis zu siebenmal in der Sekunde statt.

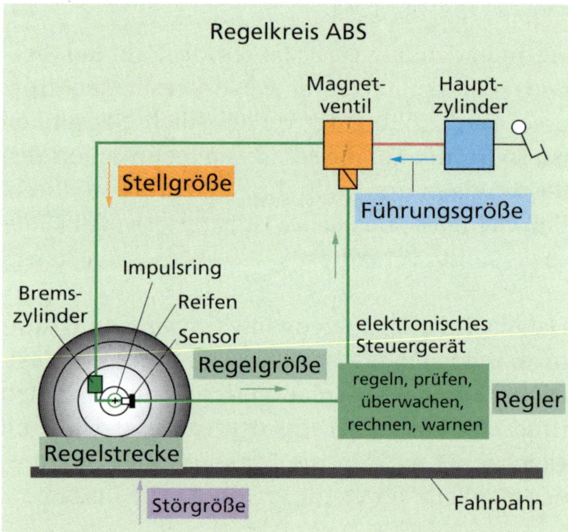

Fahrdynamikregelung ESP

Heute verhindert die **Elektronische Stabilitätskontrolle** in vielen Autos, dass diese ins Schleudern kommen. Unter dem Schleudern ist die Drehbewegung des Fahrzeuges um die eigene Achse zu verstehen. Man nennt diesen Vorgang Gieren. Mit einem entsprechenden Sensor – dem Gieratensensor – lässt sich dieser Vorgang messen. Dieser ist das Herzstück des ESP-Systems. Er misst mit einem Feder-Masse-System die Drehbewegung des Fahrzeuges und meldet diese dem

Steuergerät. Dieses wertet und vergleicht die Ergebnisse mit der tatsächlichen Lenkbewegung des Fahrers. Schiebt das Fahrzeug z. B. über die Vorderräder, bremst die Elektronik das kurveninnere Hinterrad ab und bringt das Auto wieder auf Kurs. Drängt das Auto dagegen mit dem Heck zum Kurvenaußenrad, bremst ESP das vordere kurvenäußere Rad ab. Zusätzlich zum Bremseingriff kann das System auch den Motor drosseln, auch dadurch lässt sich das Auto stabilisieren. Das ESP greift auf wesentliche technische Elemente des ABS zurück. Das System kann aber auch nur im Rahmen der physikalischen Möglichkeiten helfen; dieses Sicherheitssystem ist damit kein Freibrief für unvernünftiges Fahrverhalten.

Die Erforschung und Weiterentwicklung von **Sicherheitssystemen** ist noch nicht abgeschlossen. Zukünftig sollen Fahrzeuge die wichtigsten Informationen aus ihrem Cockpit auf die Windschutzscheibe projiziert bekommen. Der suchende Blick auf die Instrumentenanzeige entfällt. Dadurch versprechen sich Sicherheitsexperten weniger Ablenkung des Fahrers vom Straßenverkehr.

Eine weitere Entwicklung ist das „Night Vision" - **Nachtsichtsystem,** das dank Infrarotstrahlen dreimal so weit sehen kann wie ein herkömmliches Abblendlicht. Mit einer Spezialoptik und Detektoren wird die Wärmestrahlung von Objekten erfasst und bei Bedarf auf die Windschutzscheibe projiziert. Somit kann der Kraftfahrer wesentlich früher auf Hindernisse im Dunkeln reagieren.

1 Windschutzscheibe mit Display

In naher Zukunft wird es möglich sein, das Abblendlicht so intelligent zu steuern, dass es auch die Kurven vollständig ausleuchten kann. Der derzeitige Stand der Automobiltechnik erlaubt, das Licht mittels Lenkeinschlag zu regeln.

2 Lichtregelung mittels Lenkung

> M
>
> Jeder Mensch sollte sich darüber im Klaren sein, dass all diese elektronischen Sicherheitssysteme die bestehenden physikalischen Grundgesetze nicht außer Kraft setzen können!

Zukunft des Verkehrs

GPS und GMS

Die Deutschen legen mittlerweile jährlich 500 Milliarden Kilometer in ihren PKWs zurück. Daraus resultieren tagtägliche Staus auf den Autobahnen und in Innenstädten, die eine enorme Belastung für Fahrer, Umwelt und Wirtschaft darstellen. Experten schätzen die durch den Stau verursachten Verluste auf ca. 100 Milliarden Euro im Jahr. Seit langem bemüht man sich, die möglichen Ursachen zu bekämpfen. Der Verkehrsfluss lässt sich aber nicht nur durch eine verbesserte Infrastruktur erhalten, sondern auch mithilfe einer Kombination von Telekommunikationstechnik und intelligenten Informationssystemen - **„Telematik".**

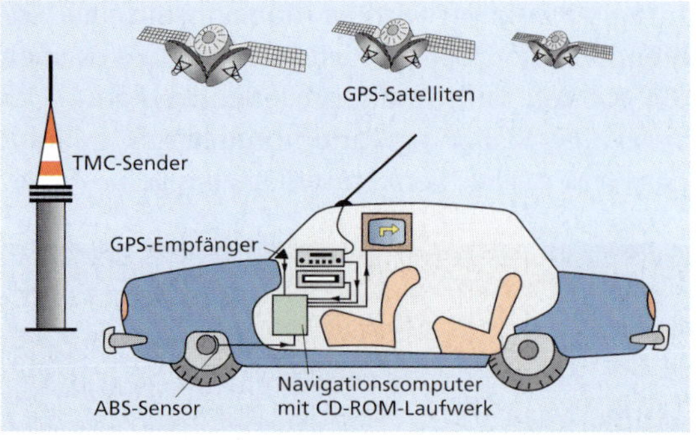

1 GPS-System in Kraftfahrzeugen

Dazu gehören das **GPS** (Global Positioning System) und **GMS** (Global System for Mobile Communication).
Das globale **Ortungssystem** (GPS) ist ein Satellitennavigationssystem für zivile und militärische Zwecke. Dabei umkreisen Satelliten die Erde und senden fortlaufend Positionssignale. Mit einem Empfänger kann die eigene Position jederzeit berechnet und exakt bestimmt werden.

Ziel des **GMS** ist die flächendeckende elektronische Übermittlung von **Verkehrsinformationen** über Staus, Unfälle und Straßenzustand. Die Ingenieure haben die kühne Vision von einer Automatisierung des Straßenverkehrs mittels Elektronik, welche wie beim GPS via Satellit kommuniziert. In naher Zukunft soll jeder Kraftfahrer über einen **Mobilitätsnavigator** im handlichen Format verfügen, der nicht viel größer als ein Taschenrechner ist. Dieser zeigt zuverlässig die günstigste Route an, und verweist im Falle eines Staus auf das nächstgelegene öffentliche Verkehrsmittel. Im günstigsten Fall druckt das Gerät das bereits online gebuchte Ticket aus.

2 Navigationssystem zur Anzeige der günstigsten Fahrtroute.

Ein bereits bewährtes Mittel sind die **Verkehrbeeinflussungsanlagen** auf den Autobahnen. Zukünftig sollen sie nicht nur Verkehrslage und Wettereinflüsse angeben, sondern den Verkehr direkt regeln. Die Perfektionierung der **Telematik** soll dann die Fahrzeuge bremsen, beschleunigen und den Abstand zum Vordermann kontrollieren. Experten erhoffen sich von der „elektronischen Deichsel" einen weiteren staufreien Verkehrsfluss. Dabei werden alle Kraftfahrzeuge elektronisch zu Kolonnen verknüpft, ohne dass der Fahrer lenken, bremsen und auf die Beschleunigung achten muss. Das Ergebnis dieses Prinzips soll eine vierfache Ausnutzung der vorhandenen Straßenkapazität sein. Zusätzlich ermöglicht das System einen 15-prozentigen geringeren Kraftstoffverbrauch. Ein weiterer Vorteil ist die Reduzierung der Fahrzeit für Pendler.

Zukünftige Antriebstechniken

Um den innovativen infrastrukturellen Anforderungen im Lasten- und Personenverkehr gerecht zu werden, sind intelligente Lösungen auch auf dem Gebiet der Antriebssysteme notwendig. Die herkömmlichen Verbrennungsmotoren gehören zu den größten Verursachern des **Treibhauseffektes** und der damit verbundenen globalen Erwärmung. Hinzu kommt, dass in absehbarer Zeit die Rohstoffressourcen erschöpft sein werden. Daraus ergibt sich die Notwendigkeit, Motoren auf der Basis anderer technischer Konzepte zu entwickeln, um die Mobilität eines jeden Einzelnen zu gewährleisten. Zukünftige Antriebstechniken für PKW, Busse, Flugzeuge und Schiffe sollen abgasfrei, leise und nachhaltig sein. Ingenieure in der ganzen Welt beschäftigen sich seit einigen Jahren intensiv mit der Erforschung und Umsetzung neuer Antriebstechnologien; mittlerweile gibt es eine ganze Reihe von interessanten Lösungsansätzen für dieses Problem.

Hybridfahrzeuge

Einige Hersteller haben seit den letzten Jahren Hybridfahrzeuge in ihrer Angebotspalette, welche meistens eine Kombination aus dem herkömmlichen Verbrennungsmotor und einem Elektromotor sind. Dabei ist der Betrieb beider Antriebe voneinander unabhängig. Innerhalb von Ortschaften und Städten nutzt man überwiegend den E-Motor, der keine Abgase ausstößt, die Energie effektiver ausnutzt und die Lärmbelästigung verringert. Auf Langstrecken, wie ausgiebigen Autobahnfahrten, schaltet man auf den leistungsstärkeren Verbrennungsmotor um. Es werden grundsätzlich zwei Systeme unterschieden:

Bei der **seriellen Anordnung** ist der Verbrennungsmotor nicht direkt mit den Rädern verbunden. Er liefert lediglich elektrische Energie, die er über einen Generator erzeugt und die in einer Batterien gespeichert wird, oder er betreibt mit dieser Energie einen nachgeschalteten E-Motor direkt. Vorteile dieses Konzeptes sind die konstanten Drehzahlen bei optimalem Wirkungsgrad. Die Emissionen liegen weit unter denen der Verbrennungsmotoren, jedoch ist die mehrfache Energieumwandlung als Nachteil anzusehen.

Eine weitere Umsetzung bietet der **Parallelbetrieb.** Hierbei wird eine Addition der parallel geschalteten Antriebe (Verbrennungs- und E-Motor) erreicht. Der Einsatz der Motoren kann wahlweise erfolgen oder auch gleichzeitig. Bei Einzelbetrieb des Verbrennungsmotors ist dieser identisch mit dem herkömmlicher Fahrzeuge.

Seit kurzem gibt es auch **Erdgashybriden** auf dem Markt. Dort speist Erdgas als Energieträger den Verbrennungsmotor und der E-Motor ist als Ergänzung mit an Bord. Vorteilhaft wirken sich hier die niedrigen Emissionswerte des Erdgases gegenüber dem Benzin bzw. Diesel aus.

M

Hybrid stammt aus dem Lateinischen und bedeutet „von zweierlei Herkunft". In der Antriebstechnik spricht man von zwei oder mehreren Antrieben im selben Fahrzeug.

1 Der Audi Duo ist das erste serienreife und alltagstaugliche Auto mit Hybridantrieb.

Elektroantrieb

Elektrofahrzeuge werden durch **Elektromotoren** angetrieben, wobei integrierte Akkumulatoren für die notwendige elektrische Energie sorgen. Eine umweltfreundliche Lösung zur Wiederaufladung der Akkumulatoren stellen regenerative Energiequellen, wie Windkraft oder Solarenergie, dar. Da **Elektroautos** abgasfrei und geräuscharm fahren, sind sie für die Zukunft besonders in Städten eine attraktive Alternative. Bei der Verwendung von neuen Batterietypen (Lithium-Ionen-Batterien) können die Fahrzeuge eine Reichweite von 500 Kilometern und mehr erlangen. Heute fahren schon batteriebetriebene Busse im Nahverkehr, aber auch Flurfördermittel, wie Gabelstapler und Hubwagen, werden mit Elektromotoren angetrieben.

2 Elektromobile werden heute schon im Stadtverkehr eingesetzt.

Wasserstoff und Brennstoffzelle

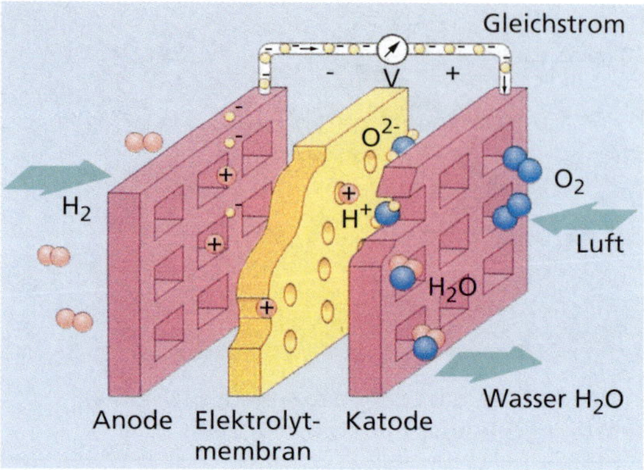

1 Funktion der Brennstoffzelle

Bei der Brennstoffzelle (Abb. 1) wird die Elektrolyse von Wasser umgekehrt, das heißt, das Wassermolekül wird aufgespalten in Wasserstoff und in Sauerstoff.

Die Trennung von Wasserstoff und Sauerstoff erfolgt mithilfe einer mit Platin beschichteten Folie. Durch das Element Platin wird erreicht, dass der Wasserstoff sich in negativ geladene Elektronen und in positiv geladene Protonen zerlegt. Die positiven Teilchen wandern durch die Membran zum Sauerstoff, die negativen Teilchen bleiben am Ort. Daraus resultiert ein Überschuss an Elektronen auf der Seite des Wasserstoffs und gleichzeitig ein Mangel auf der Sauerstoffseite. Es entsteht jeweils ein positiver und ein negativer Pol. Verbindet man Plus- und Minuspol, wandern die negativ geladenen Teilchen hin zu den positiv geladenen Teilchen. Ein elektrischer Strom fließt. Der dabei produzierte Strom versorgt den Elektromotor mit Energie.

Die Zellen besitzen einen höheren Wirkungsgrad als die traditionellen Otto- und Diesel-Motoren. Zum Vergleich:
- Brennstoffzelle, ca. 40 – 65 %,
- Otto-Motor, ca. 25 %,
- Diesel-Motor, ca. 35 %.

Die Brennstoffzelle arbeitet emissionsfrei und damit umweltfreundlich, wenn für die Aufspaltung des Wassers regenerative Energien, z. B. Solarenergie, verwendet werden.

M Brennstoffzellen sind elektrochemische Stromerzeuger, die die chemische Energie eines Brennstoffs und eines Oxydationsmittels direkt in elektrische Energie umwandeln.

Innovative Materialien für den PKW-Leichtbau

Für die Entwicklung der menschlichen Zivilisation waren und sind Werkstoffe von großer Bedeutung. Ein Beispiel stellt die elementare Zusammensetzung von metallischen und keramischen Werkstoffen dar, die sich von der Antike bis zum Beginn des 20. Jahrhunderts nicht wesentlich verändert hat. Diese Stagnation endete in der zweiten Hälfte des 20. Jahrhunderts, als man eine Reihe neuer metallischer Werkstoffe entwickelte, wie hochfeste Stähle und Legierungen mehrerer Metalle. Des Weiteren wurden völlig neue Materialien geschaffen, die aus synthetischen Ausgangsstoffen bestehen. Diese revolutionierten die Werkstoffentwicklung und prägten den Begriff des „Kunststoffzeitalters".

Polymere

Das Ziel der Forschungen bestand darin, den Forderungen der Industrie und der Gesellschaft nach ökologischen, ökonomischen und innovativen Werkstoffen nachzukommen. Gerade in der Raumfahrt und in der Formel 1 ist man heute schon dabei, aus bekannten Materialien neue Eigenschaften zu erschließen. Vom Rennwagen treten sie dann oft den Weg in die Serienproduktion der PKWs an.

Ein Motor aus Plastik?
Ein Team von Forschern aus mehreren Firmen und Hochschulen baute einen Verbrennungsmotor mit 1,0 l Hubraum und 36 kW Leistung. Dabei

waren Motorblock, Kurbelgehäuse und Zylinderkopf aus Kunststoff. Nebenaggregate wie Wasserpumpe und Lichtmaschine wurden ebenso fast ausschließlich aus Kunststoff – faserverstärkten Polymeren – gefertigt. Nur Brennraum und mechanische Innenteile bestanden aus Metall. Durch eine konsequente Umsetzung erreichte man eine enorme Gewichtsreduzierung. Abgase und Geräuschentwicklung wurden reduziert. Die Betriebstemperatur wurde schneller erreicht, und infolge der geringeren Wärmeabstrahlung, verkürzte sich die abgas-, verbrauchs- und verschleißintensive Warmlaufphase. Die Kraftstoffeinsparung betrug ca. 5 %.

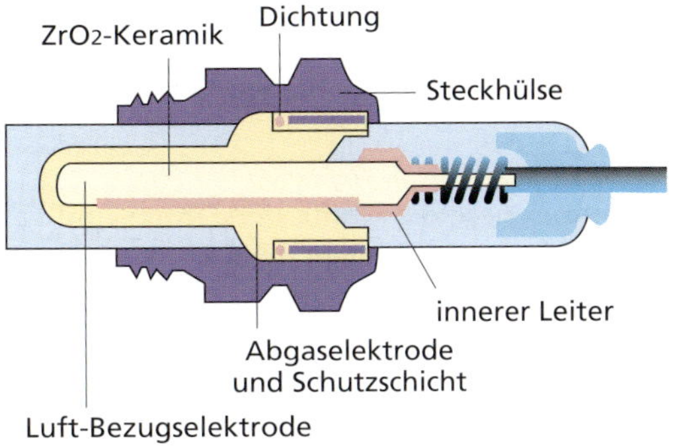

1 Schema einer Lambdasonde

Reifenmischung

Weitere Einsatzgebiete der **Polymere** sind in der Reifenherstellung zu finden. Um Festigkeit, Steifigkeit, Härte und andere Eigenschaften des Reifens beeinflussen zu können, nutzt man einen versetzten Teilchenverbund. Nicht nur in der Formel 1 spielt die Reifenmischung eine große Rolle und entscheidet über Sieg oder Niederlage eines Rennteams. Auch Reifen für den täglichen Gebrauch im Sommer und im Winter müssen einen sicheren und rutschfesten Gripp besitzen.

Keramik

Ein Beispiel für den Einsatz innovativer Materialien sind Bremsscheiben aus keramischen Stoffen, die heute im PKW Anwendung finden. Der Vorteil dieser Entwicklung besteht im geringen Verschleiß, so dass die **Bremsscheiben** ein Autoleben lang halten. Außerdem erhöht sich die Sicherheit der Fahrzeuginsassen, da der so genannte „Fading-Effekt" reduziert wird. Dieser Effekt tritt z. B. bei längeren Bergabfahrten auf. Aufgrund erhöhter Bremstätigkeit steigt die Temperatur der Bremsscheiben, was ein Nachlassen der Bremswirkung zur Folge hat. Eine andere, schon bekannte Verwendung ist das katalysatorbestückte Auto. Es wird bewiesen, dass Keramik mehr als nur sehr gute mechanische Eigenschaften besitzt.

Am Beispiel der **Lambdasonde,** die den Sauerstoffgehalt im Abgas misst und dann die Abgasreinigung eines Katalysators optimiert, wird deutlich, wie wichtig innovative Werkstoffe in der Automobilbranche sind. Möglich wird diese Messung durch die speziellen elektrischen Eigenschaften der Keramik bei extrem hohen Temperaturen.

Metalle

Auch gegossene Metallverbindungen werden durch Partikeleinlagerung verbessert. Diese innovative Technologie wird beim Kolbenbau eines Verbrennungsmotors angewendet. Dieser ist bei der Verbrennung hohen Temperaturen ausgesetzt, die sich zwischen 1000 °C und 2000 °C bewegen. An der Pleuelstange betragen die Temperaturen oftmals nur noch um 100 °C. Diese großen Temperaturunterschiede müssen vom Werkstoff ausgehalten werden. Bei PKW-Kolben wird Metall z. B. mit Al_2O_3-Fasern verstärkt. Diese ermöglichen, dass die Temperaturschwankungen im Kolben nicht zum Motorschaden führen.

Aufgaben

1. Nenne und erläutere die Formen der Mobilität!

2. Interpretiere die Grafik der „Toten und Verletzten durch Drogenkonsum ..." und leite mögliche Konsequenzen für dein Verhalten ab!

3. Beschreibe den Aufbau und die Funktionsweise eines Otto- und eines Diesel-Motors!

4. Erarbeite Vor- und Nachteile bzw. Unterschiede der beiden Motorenarten!

5. Recherchiere im Internet, welcher Hersteller den Wankel-Motor verwendet!
   Stelle einige technische Daten des Fahrzeuges in einer Tabelle dar!

6. Die Fahrdynamikregelung gehört heute zu einem gut ausgestatteten Kraftfahrzeug.
   Erarbeite eine Präsentation zur Funktionsweise des ESP!
   Erkläre dazu den Begriff „Elchtest" und finde heraus, seit wann es diese Testmethode gibt!

7. Recherchiere im Internet weitere moderne Sicherheitstechniken, die für den Insassenschutz von Bedeutung sind!

8. Erarbeite eine Übersicht über mögliche Sicherheitstechniken am Kraftfahrzeug!
   Stelle fest, welche davon in der Regel serienmäßig eingebaut sind und welche nur gegen Aufpreis in unterschiedlichen Modellen zu erhalten sind!
   Stelle die Kosten gegenüber!

9. Erläutere und begründe, warum Gewichtsreduzierung bei der Herstellung von PKWs ein Beitrag zum Umweltschutz sein kann!
   Gehe bei deiner Argumentation auch auf die Verwendung von neuen Materialien ein!

10. Dokumentiere anhand des vorliegenden Arbeitsblattes dein persönliches Mobilitätsverhalten über eine Woche hinweg!
    Werte es in der Klasse aus und diskutiere die Ergebnisse!
    Welche Schlussfolgerungen und Konsequenzen leitest du für dich ab?

Wochentag	Ausgangspunkt/ Ziel	Entfernung in km	Zweck	Genutztes Verkehrsmittel	Alternatives Verkehrsmittel	Begründung für die Wahl des Verkehrsmittels
Montag						
Dienstag						
Mittwoch						
Donnerstag						
Freitag						
Samstag						
Sonntag						

Das Wichtigste im Überblick

Mobilität bestimmt seit Tausenden von Jahren das menschliche Handeln. Sie wird als Symbol von Freiheit in unserer Zeit angesehen. Mobil ist, wer räumliche Distanzen schnell von einem Ort zu einem anderen Ort zu überwinden vermag. Damit heißt Mobilität, nicht an einen Ort gebunden zu sein und nicht auf andere angewiesen zu sein.

Unterschiedliche Lebensstile prägen dabei das Bild, was der Einzelne für sich unter Mobilität versteht. Die Nutzung des eigenen PKW, die Nutzung von Bus, Bahn, Schiff oder Flugzeug ist Ausdruck für das eigene Mobilitätsverständnis.

Wasserstoffbetankung

Mobilität, **Transport** und **Verkehr** haben verschiedenartige soziale und ökologische Auswirkungen. Ein zunehmend höheres Verkehrsaufkommen verschlimmert den Ausstoß von Abgasen, was den gefährlichen **Treibhauseffekt** forciert.

Das heute so bedeutsame Rad wurde zuerst als **Töpferscheibe** genutzt. Erst viel später wurde es für Transportzwecke eingesetzt. Eine besondere Entwicklung nahm das Rad im Einsatz für kriegerische Zwecke in der Zeit der Streitwagen. Erst in der Römerzeit verbesserte sich durch das Aufziehen von Eisenreifen die Qualität.

Diese Form der Speichenräder hielt sich bis hin zum 20. Jahrhundert. **Speichenräder** mit Hartgummireifen kamen an Fahrrädern ab etwa 1870 zur Anwendung, die ersten Autos mit luftgefüllten Reifen fuhren ab 1890.

Autos, Lastkraftwagen, Eisenbahnen, Schiffsverkehr und Luftverkehr sind für unsere Lebensweise besonders wichtig geworden. Schwere kommerzielle Fahrzeuge erfüllen die Bedürfnisse von Handel und Industrie. Neuansiedlungen von Gewerben und Industrie verlangen nach einer ausgebauten Infrastruktur.
Aber heute gibt es auf den Straßen, vor allem in den Städten, so viele Fahrzeuge, dass der Verkehr häufig zum Erliegen kommt. Die verursachten Staus gefährden die Umwelt um ein Vielfaches.

Alternativen sind gefragt!

Die Einsicht in die Endlichkeit der Energiequellen sowie die Umweltbelastungen bewegten viele gesellschaftliche Kräfte dazu, **alternative Energiequellen** und **Antriebssysteme** zu erschließen. **Brennstoffzelle** und **Hybridantriebe** stellen solche neuartigen Konzepte dar.

Mit der Brennstoffzelle werden große Hoffnungen verbunden, die Energieprobleme der Zukunft zu lösen. **Wasserstofftechnologien** sind noch relativ jung, aber die Entwicklungen verlaufen äußerst rasant. Schätzungen gehen davon aus, dass es ca. 50 Jahre dauert, bis sich diese Technologie durchgreifend etabliert hat.

Zukunftstechnologien wie GPS ermöglichen Verkehrsleitsystemen neue Chancen in der Verkehrsführung. Kraftstoffeinsparungen, Fahrzeitverkürzungen und höhere Auslastungsmöglichkeiten der vorhandenen Straßennetze sind Vorteile, die allen zugute kommen.

Durch die verschiedensten technologischen Entwicklungen sind Autos immer schneller, bequemer, aber auch sicherer geworden. ABS und ESP sind Beispiele für einen **Innovationsschub** in der **Sicherheitstechnik** bei Kraftfahrzeugen. Weitere Neuerungen sind anvisiert und werden über kurz oder lang zur Serienausstattung vieler Fahrzeuge werden. Mit neuen verkehrspolitischen Konzepten kann dem drohenden Verkehrschaos entgegengesteuert werden.

4.4 Energie

Woher kommt eigentlich unsere Energie, wie wird sie produziert und wie wird sie verteilt?

Welche Probleme gibt es durch den wachsenden Energiebedarf?

Wie lange reichen die Energievorräte?

Können wir so weitermachen wie bisher?

Welche Auswirkungen hat unser Energieverbrauch auf die Umwelt?

Wie kann die Energieversorgung der Zukunft aussehen?

Ein Leben ohne moderne Energieversorgungssysteme ist für uns heute kaum vorstellbar. Der Strom kommt aus der Steckdose, das warme Wasser aus dem Wasserhahn, die Heizung wird warm, wenn wir das Thermostatventil aufdrehen. Fällt die wichtigste Energieform, die Elektroenergie aus, funktioniert so gut wie nichts mehr.

Die Produktion in den Betrieben kommt zum Erliegen, das Verkehrschaos ist perfekt, Kommunikationssysteme brechen zusammen.

Am Anfang war das Feuer

Die Entwicklung der Menschheit ist eng mit der Nutzung von Energie verbunden.

Mit der Nutzung des Feuers löste sich der Mensch endgültig aus dem Tierreich. Die Bedeutung dieses Schrittes ist an alten Mythen zu erkennen. Prometheus stahl den Göttern das Feuer vom Himmel und gab es den Menschen. Dafür wurde er drastisch bestraft.

Lange Zeit war die Muskelkraft ein wesentliches Energiepotenzial. Große bautechnische Leistungen, wie der Bau der Pyramiden in Ägypten, basierten auf dem Einsatz menschlicher und tierischer Muskelkraft. Sklaven galten als eine Art lebendiges Werkzeug. Um die Zeitenwende hatte Rom ca. eine Million Einwohner, davon waren ein Drittel Sklaven. Bis ins Mittelalter waren Sklavengaleeren auf den Meeren und Tretmühlen auf dem Lande eine Selbstverständlichkeit.

Neben der Muskelkraft nutzte der Mensch auch schon sehr früh die Kräfte von Wasser und Wind. In Mesopotamien gab es Windräder, die zum Schöpfen von Wasser dienten. Auch Inder, Ägypter, Griechen und Chinesen kannten diese Technik. Im Römischen Reich fanden Wasserräder als Antrieb für Getreidemühlen, Göpelwerke und Schöpfvorrichtungen Anwendung. Im Mittelalter hatten die Holländer-Windmühlen ihre Blütezeit, und Wasserräder trieben neben Mühlen z. B. auch Hammerwerke an. Mit der Erfindung der Dampfmaschine im 18. Jahrhundert kam eine neue Antriebskraft dazu.

Neben der Bereitstellung von Antriebsenergie spielte die Versorgung mit Gas eine wichtige Rolle. Gaslampen auf den Straßen und in Wohnungen sorgten für Licht, und man konnte mit Gas kochen. Das so genannte Stadtgas wurde im städtischen Gaswerk aus Kohle erzeugt. In manchen Städten weisen heute noch Straßennamen wie „An der Gasanstalt“ darauf hin. Wohnte man in der Nähe, hatte man mit Staub und Ruß zu kämpfen.

Von den entscheidenden Entdeckungen für die Entwicklung der Elektrizität bis zu ihrer technischen Nutzung vergingen über 100 Jahre. Beginnend bei den zuckenden Froschschenkeln des italienischen Arztes und Naturforschers Luigi Galvani (1737–1798) 1780, über die physikalische Erklärung dieses Phänomens durch seinen Landsmann, den Physiker und Chemiker Alessandro Volta (1745–1827), der aus dem „galvanischen Element“ die „Voltasäule“, eine elektrische Batterie, entwickelte, bis zur Entdeckung der elektromagnetischen Induktion durch den Briten Michael Faraday (1791–1867) 1831 und zum Bau von Dynamomaschinen war der Weg lang. Die Elektrizität spielte in dieser Zeit nur in Forschungslaboren eine Rolle.

Die Entwicklung der Starkstromtechnik dauerte noch weitere Jahrzehnte. Eine wichtige Rolle spielte dabei der deutsche Erfinder und Unternehmer Werner Siemens (1816–1892). Erst durch die Anwendung des elektrodynamischen Prinzips beim Bau von Generatoren (1866) war es möglich, leistungsstarke Maschinen zur Erzeugung von Elektroenergie zu produzieren.

Vor etwas mehr als 100 Jahren begann dann der Aufbau von Stromversorgungsnetzen in größeren Städten. Die Beleuchtung der Wohnungen konnte nun elektrisch erfolgen, Industriebetriebe nutzten auch Elektromotoren als Antriebsmaschinen, Straßenbahnen wurden elektrifiziert. Der Strom kam aus dem städtischen Kraftwerk.

1 Generatoren sichern die Stromerzeugung.

2 Moderne Bohrinseln erkunden Erdöllagerstätten.

Auf den Dörfern zog der Fortschritt erst später ein. Eine zentrale Versorgung mit Gas oder Strom gab es nicht. Geheizt und gekocht wurde mit Kohle oder Holz. Petroleumlampen und auch Kerzen sorgten für Licht. Das Heizen war noch bis zum Ende des letzten Jahrhunderts für viele Haushalte mit Kohlenschleppen verbunden.

Heute ist der Umgang mit Energie der unterschiedlichsten Formen für uns selbstverständlich. Wärme, Licht, mechanische Energie stehen dank moderner Technik in den Industrieländern jedem jederzeit zur Verfügung. Der Strom kommt aus der Steckdose, der Heizkörper wird warm, wenn das Thermostatventil aufgedreht wird, das Licht geht an, wenn wir den Schalter betätigen. Ist der Tank vom Auto leer, fahren wir zur Tankstelle und füllen Treibstoff nach.

In Entwicklungsländern kann schon die Beschaffung von Brennmaterial zum Zubereiten der nächsten Mahlzeit ein Problem sein, an Elektrizität für Radio, Fernseher oder Computer ist gar nicht zu denken. Uns wird das so Selbstverständliche erst bewusst, wenn es nicht funktioniert. Denken wir nur an das Chaos durch Stromausfälle wie in den USA, Kanada, England und Italien.

Wer über Energie verfügt, verfügt auch über Macht in einer modernen Industriegesellschaft. Wir sind abhängig geworden von einer kontinuierlichen Versorgung mit Energie. Das hat z. B. die Energiekrise in den 70er Jahren des letzten Jahrhunderts gezeigt. Die OPEC (Organisation der Erdöl exportierenden Länder) drehte den Ölhahn zu und in Europa wurde das Benzin knapp. Autofreie Sonntage sollten für Linderung sorgen. Um Rohstoffe und Energiequellen wurden und werden Kriege geführt.

Die Entwicklung der menschlichen Gesellschaft war und ist immer eng an den Entwicklungsstand der Nutzung von Energie gekoppelt. Jede Weiterentwicklung der Nutzungsmöglichkeiten von Energie führte zur Weiterentwicklung von Produktions-, Transport- und Kommunikationsmöglichkeiten. Energie, Energiegewinnung, Energiebereitstellung und Geräte zur Energienutzung beeinflussen heutzutage alle Bereiche unseres Lebens.

Energie im Alltag

Das Wort Energie leitet sich von dem griechischen Wort *„energeia"* ab und bedeutet so viel wie Tatkraft. Aus dem Physikunterricht wissen wir: Energie ist die Fähigkeit eines Systems, Arbeit zu verrichten. Energiezufuhr kann Veränderungen des Bewegungszustandes, der Form oder des Aggregatzustandes bewirken. Technisch und technologisch gesehen, ist Energie die Voraussetzung für das Ablaufen von Prozessen. Es gilt der Energieerhaltungssatz.

M

Energie kann nicht erzeugt oder vernichtet werden, sie kann nur von einer Form in eine andere umgewandelt werden. In einem abgeschlossenen System bleibt die Summe der Energie konstant.

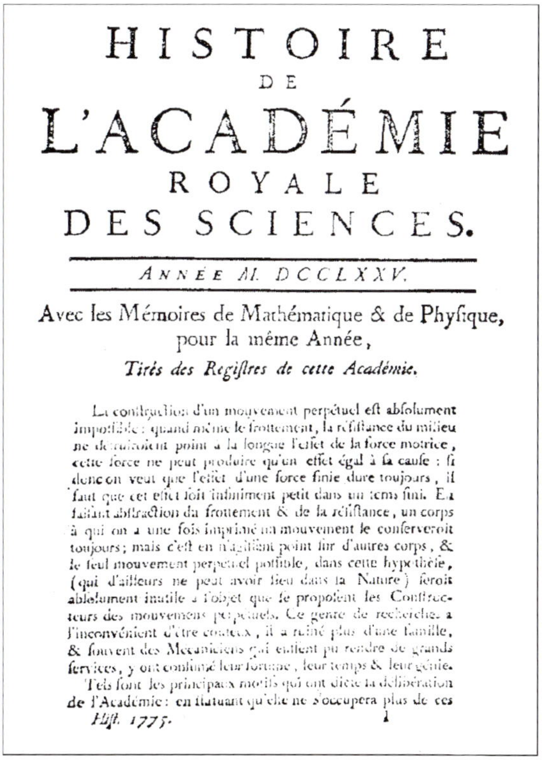
HISTOIRE

DE

L'ACADÉMIE

ROYALE

DES SCIENCES.

ANNÉE M. DCCLXXV.

Avec les Mémoires de Mathématique & de Phyſique, pour la même Année,

Tirés des Regiſtres de cette Académie.

La conſtruction d'un mouvement perpétuel eſt abſolument impoſſible : quand même le frottement, la réſiſtance du milieu ne détruiroient point à la longue l'effet de la force motrice, cette force ne peut produire qu'un effet égal à ſa cauſe : ſi donc on veut que l'effet d'une force finie dure toujours, il faut que cet effet ſoit infiniment petit dans un tems fini. En faiſant abſtraction du frottement & de la réſiſtance, un corps à qui on a une fois imprimé un mouvement le conſerveroit toujours; mais c'eſt en n'agiſſant point ſur d'autres corps, & le ſeul mouvement perpétuel poſſible, dans cette hypothèſe, (qui d'ailleurs ne peut avoir lieu dans la Nature) ſeroit abſolument inutile à l'objet que ſe propoſent les Conſtructeurs des mouvemens perpétuels. Ce genre de recherches a l'inconvénient d'être coûteux, il a ruiné plus d'une famille, & ſouvent des Mécaniciens qui euſſent pu rendre de grands ſervices, y ont conſumé leur fortune, leur temps & leur génie.

Tels ſont les principaux motifs qui ont dicté la délibération de l'Académie : en ſtatuant qu'elle ne s'occupera plus de ces

Hiſt. 1775. A

1 Bekanntgabe der Pariser Akademie (1775): Konstruktionen, die eine immerwährende Bewegung erzeugen (Perpetuum mobile), sind nicht mehr anzunehmen.

Der Energieerhaltungssatz konnte bis heute nicht widerlegt werden, obwohl „Erfinder" immer wieder versuchen, die verrücktesten Patente anzumelden, die man unter dem Begriff „Perpetuum mobile" zusammenfasst.

M

Energie kann von einem System auf ein anderes übertragen, transportiert und gespeichert werden.

Umgangssprachlich hat sich eingebürgert, von „Energieerzeugung" und „Energieverbrauch" zu sprechen. Formal gesehen sind diese Begriffe falsch. Da es sehr umständlich ist, z. B. bei einem Generator jedes Mal von einem Energieumwandler, der mechanische Energie in elektrische Energie umwandelt, zu sprechen und bei einer Glühlampe von einem Elektroenergie-Licht-Umwandler, werden auch in diesem Buch die Begriffe „Erzeuger" und „Verbraucher" der Einfachheit halber verwendet.

Energieformen und Energiearten

Energie kann man nur an den Wirkungen, die sie hervorruft, erkennen. Gemessen wird die Energie in der Einheit Joule (J). Ein Joule entspricht einer Wattsekunde (Ws) und einem Newtonmeter (Nm). Andere gebräuchliche Maßeinheiten sind die Kilowattstunde (kWh) für die Elektroenergie, die Steinkohleneinheit (SKE) oder auch die Rohöleinheit (RÖE). Veraltet ist die Einheit Kalorie (cal) oder Kilokalorie (kcal).

Aus dem Physikunterricht kennt ihr unterschiedliche Energieformen:

- mechanische Energie, dazu zählen die kinetische Energie (Bewegungsenergie), die potentielle Energie (Energie der Lage, Spannungsenergie),
- Wärme,
- elektrische Energie,
- Strahlungsenergie, z. B. Licht,
- Kernenergie (Bindungsenergie der Teilchen im Atomkern),
- chemische Energie, z. B. in Brennstoffen gespeicherte Energie.

Umrechnungsfaktoren der Maßeinheiten für die Energie						
	kJ	**kWh**	**kcal**	**kg SKE**	**kg RÖE**	**m^3 Erdgas**
1 Kilojoule (kJ)	-	0,000278	0,2388	0,000034	0,000024	0,000032
1 Kilowattstunde (kWh)	3600	-	860	0,123	0,086	0,113
1 Kilokalorie (kcal)	4,1868	0,001163	-	0,000143	0,0001	0,00013
1 kg Steinkohleneinheit (SKE)*	29 308	8,14	7000	-	0,7	0,923
1 kg Rohöleinheit	41 868	11,63	10000	1,428	-	1,319
1 m^3 Erdgas **	31 736	8,816	7580	1,083	0,758	-

*) In der Literatur wird die Steinkohleneinheit (SKE) unterschiedlich verwendet. Oft ist mit 1 SKE die Energiemenge einer Tonne Steinkohle gemeint, ohne dass ausdrücklich darauf hingewiesen wird.
**) Wie bei SKE und RÖE ergibt sich der Energiewert aus dem Heizwert.

In der Energietechnik unterscheidet man folgende Kategorien:

- **Primärenergie,** darunter versteht man die Energie, die direkt in der Natur zur Verfügung steht, wie Holz, Kohle, Erdöl, Erdgas, Uran oder Wasser. Diese Energie wurde noch keiner Umwandlung unterworfen.
- **Sekundärenergie** ist die durch Aufbereitung aus den Primärenergieträgern gewonnene Energie, z. B. Koks oder Briketts aus Rohkohle, Benzin oder Dieselkraftstoff aus Erdöl, Biodiesel aus Raps, Holzhackschnitzel aus Bäumen.

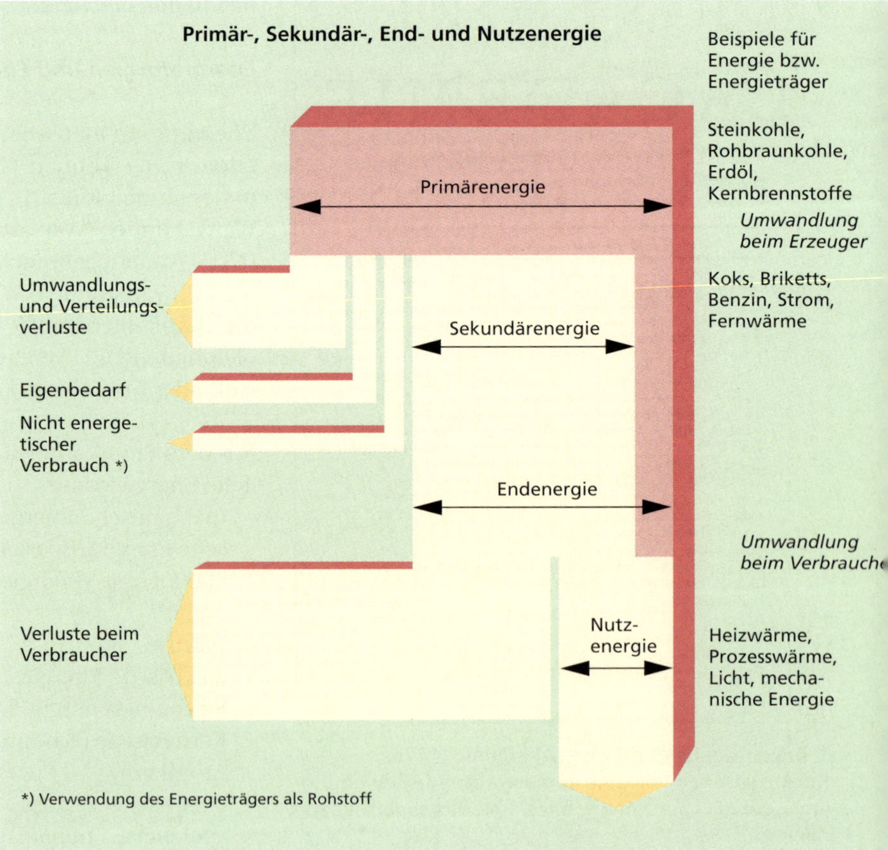

- **Endenergie** ist die Energie die dem Nutzer in verbrauchsgerechter Form am Ort des Verbrauchs zur Verfügung gestellt wird, z. B. Elektroenergie aus der Steckdose, Gas aus der Gasleitung zum Heizen oder Kochen oder Benzin am Zapfhahn der Tankstelle.
- **Nutzenergie** ist die direkt benötigte Energie wie Wärme, Licht, Bewegungsenergie.

Energiebedarf

Neben geografischen, saisonalen und witterungsabhängigen Faktoren beeinflussen vor allem die Bevölkerungszahl, die Größe der Wohnfläche, der Ausstattungsgrad der Haushalte, die Anzahl der Kraftfahrzeuge und ihre Fahrleistung und der Umfang der wirtschaftlichen Produktion das Niveau des Energieverbrauchs. Eine wirtschaftliche, sichere und umweltfreundliche Energieversorgung ist die Grundlage der Funktionsfähigkeit und Effizienz der gesamten Volkswirtschaft. Außerdem ist der Energiesektor selbst ein Wirtschaftsbereich von großer volkswirtschaftlicher Bedeutung.

Global betrachtet wird der Energiebedarf weiter ansteigen. Die Entwicklungsländer haben gegenüber den Industrienationen einen gewissen Nachholbedarf. Anstrengungen zur rationellen Energieverwendung und zum effizienten Energieeinsatz tragen dazu bei, den Energiebedarf zu stabilisieren und zu senken.

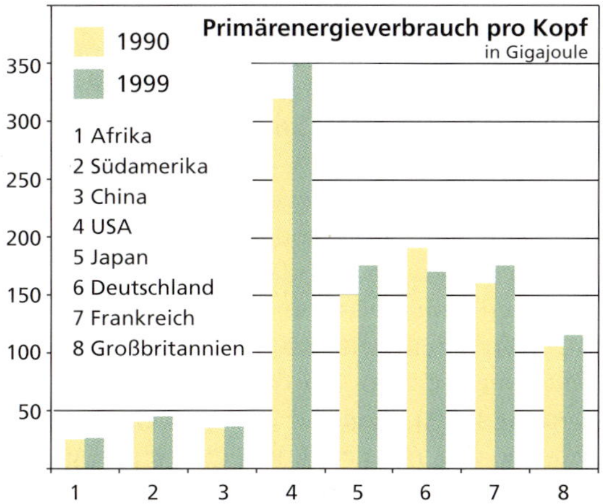

Energieverbrauch

Der Primärenergieverbrauch in Deutschland ist seit Beginn der 90er Jahre trotz wirtschaftlichen Wachstums im Trend rückläufig. Damit unterscheidet sich die Situation hierzulande von der in vielen vergleichbaren Ländern, in denen mit der wirtschaftlichen Produktion auch der Energiebedarf weiter anwächst. Ursache des rückläufigen Trends ist die stetige Verbesserung der Energieeffizienz in Deutschland. Heute benötigt man für die Produktion einer Einheit an Wirtschaftsleistung (Bruttoinlandsprodukt) gut 14 % weniger Energie als zu Beginn der 90er Jahre.

Die Primärenergieversorgung in Deutschland basiert auf einem breiten Mix unterschiedlicher Energieträger. Deutschland ist zur Deckung seines Energiebedarfs in starkem Maße auf Energieimporte angewiesen. Neben der Braunkohle, die überwiegend im Inland gefördert wird, beziehen wir Steinkohle aus Polen, Südafrika, Australien, Kolumbien und den GUS-Staaten.

Während sich der Verbrauch von Braunkohle seit Beginn der 90er Jahre von ca. 360 Mio. Tonnen nahezu halbierte, ist der Verbrauch von Steinkohle im selben Zeitraum nur leicht zurückgegangen. Die Förderung im Innland ist von ca. 66 Mio. Tonnen auf 27 Mio. Tonnen gesunken, der Import aber von ca. 17 Mio. Tonnen auf 35 Mio. Tonnen gestiegen.

Primärenergieverbrauch in Deutschland nach Energieträgern (2000)

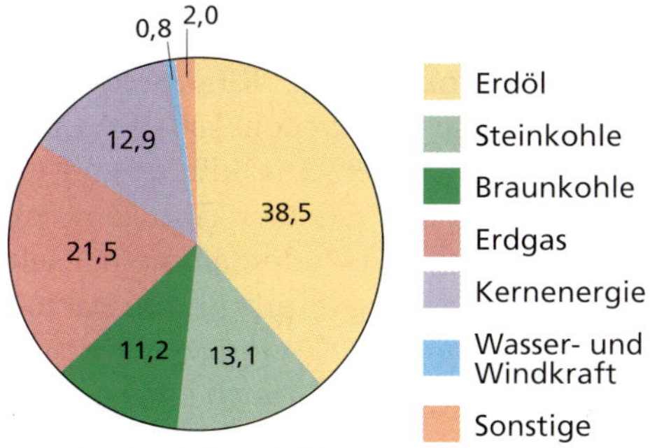

Angaben in Prozent (%)

Rohöleinfuhr nach Herkunftsgebieten (2000)

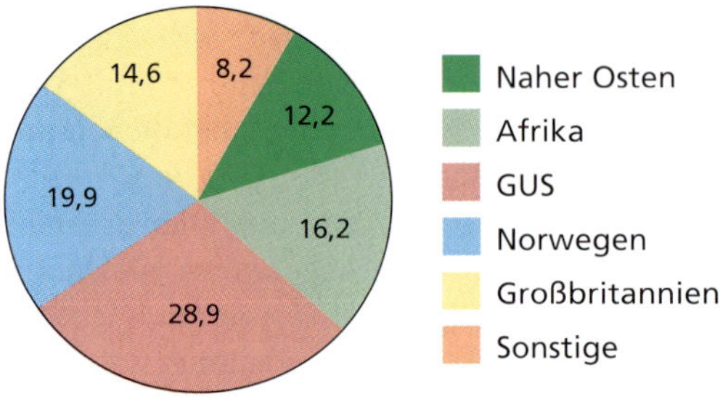

Angaben in Prozent (%)

Entwicklung der energiebedingten CO_2-Emissionen ausgewählter Länder (1990 entspricht 100%)

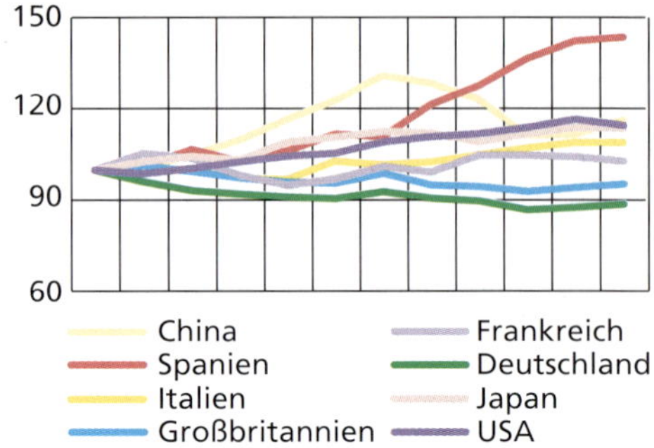

Deutschland führt ca. 100 Mio. Tonnen Rohöl pro Jahr ein. Neben Erdgas aus eigenen Vorkommen beziehen wir es aus den GUS-Staaten, Norwegen und den Niederlanden.

Nahezu bei jeder Form der Energienutzung wird die Ressource „Umwelt" in Anspruch genommen. So werden bei der Verbrennung fossiler Energieträger Schadstoffe wie Schwefeldioxid und Stickstoffoxide sowie das Klimagas Kohlenstoffdioxid (CO_2) freigesetzt. Ein Teil der Schadstoffe kann durch technische Vorrichtungen und Verfahren zurückgehalten werden.

Die Entstehung von CO_2 kann bei der Verbrennung jedoch nicht verhindert werden. Nach Einschätzung vieler Wissenschaftler ist zu befürchten, dass durch die steigende Konzentration von CO_2 und anderen klimarelevanten Gasen in der Atmosphäre der **Treibhauseffekt** verstärkt wird und die Durchschnittstemperatur der Erde steigen könnte.

Ressourcenschonung und **Klimaschutz** sind deshalb bei allen energiepolitischen Maßnahmen zu berücksichtigen. Die Klima- und CO_2-Problematik lässt sich jedoch nicht allein national lösen. Deutschland ist deshalb neben seiner nationalen Klimaschutzverpflichtung, nach der die CO_2-Emission bis 2005 um 25 % gegenüber 1990 gesenkt werden soll, auch internationale Vereinbarungen eingegangen. So hat sich Deutschland bei der zwischen den EU-Mitgliedsstaaten vereinbarten Lastenteilung im Rahmen des **Kyoto-Protokolls** verpflichtet, die Treibhausgase, darunter als wichtigstes CO_2, bis zum Zeitraum 2008/2012 um insgesamt 21% gegenüber 1990 zu reduzieren.

Energiepreise

Auf die Energiepreise wirkt eine Vielzahl unterschiedlicher Einflussfaktoren:
- die Preisentwicklung auf den internationalen Rohstoffmärkten,
- die Entwicklung des Wechselkurses des Euro gegenüber dem Dollar,
- die Kostenentwicklung bei inländischen Produktionsfaktoren,
- staatliche Eingriffe und Auflagen und die jeweiligen Marktbedingungen.

Hier haben sich in Deutschland in den letzten Jahren insbesondere im Bereich der leitungsgebundenen Energieversorgung die Rahmenbedingungen grundlegend verändert.

Mit der Energierechtsnovelle von 1998 wurden die bis dahin bestehenden Gebietsmonopole aufgehoben und der direkte Wettbewerb auch bei der Strom- und Gasversorgung zugelassen. Bedingt durch den Wettbewerb, sind die Preise für Elektroenergie zum Teil deutlich gesunken. Im internationalen Vergleich bewegt sich Deutschland bei den meisten Energieträgerpreisen im Mittelfeld.

Wärmeversorgung

1 Erdgasheizungen reduzieren die Umweltbelastung.

Den größten Anteil am Energieverbrauch in Industrie, Gewerbe und Haushalt hat die Wärme. Deshalb kommt dem effektiven und sparsamen Verbrauch und der günstigsten Erzeugung von Wärme eine große Bedeutung zu. Je besser Wärme, die als Nebenprodukt bei Energieumwandlungsprozessen, Produktionsprozessen u. a. entsteht, genutzt wird, umso länger reichen fossile Brennstoffe.

Durch den hohen Anteil der Wärme am gesamten Energieverbrauch haben Einsparungen bei der Wärmegewinnung und Nutzung eine besondere Bedeutung. Durch politische Maßnahmen wird versucht, darauf Einfluss zu nehmen. So soll die **Wärmeschutzverordnung** dazu beitragen, Hausbauer und -besitzer zu sparsamem Umgang mit Energie zu verpflichten. Finanzielle Anreize, z. B. in Form von Fördermitteln für **Niedrigenergiehäuser,** sollen zusätzlich für eine Umsetzung niedriger Energieverbrauchswerte sorgen. In der Wärmeschutzverordnung sind **k-Werte** für Gebäude vorgegeben, die beim Bau durch den Einsatz von besonders wärmedämmenden Baustoffen (z. B. Kalksandstein, Hohlblocksteinen) und zusätzliche Wärmedämmung, wärmedämmende Fenster usw. erreicht werden können.

M

Der k-Wert, auch Wärmedurchgangskoeffizient, gibt an, wie viel Wärme durch eine Wand (Wanddicke d) bei einer Temperaturdifferenz von 1 Kelvin pro Sekunde vom Warmen zum Kalten pro Quadratmeter Fläche übertragen wird.

In den letzten Jahren gab es Fördermittel für die Modernisierung von Heizungsanlagen, dadurch wurde der Wirkungsgrad der Heizungen erhöht und der Schadstoffausstoß verringert. Bei der Umstellung der Brennstoffe wurde die Kohle durch Erdöl und insbesondere Erdgas ersetzt. Auch erfolgte ein Rückbau von Fernwärmesystemen zugunsten von kleineren Einheiten, wie modernen Blockheizkraftwerken. Diese erzeugen nicht nur Wärme, sondern auch Elektroenergie. Das bedeutet, dass der eingesetzte Brennstoff effektiver genutzt wird.

Fernwärmesysteme sind aber eine Option, um die bei der Müllbeseitigung entstehende Energie sinnvoll zu nutzen, auch bezüglich der Gesamtkosten solcher Anlagen. Neben der Müllverbrennung – Hausmüll hat übrigens etwa denselben Heizwert wie Braunkohle – können auch Abfall- und Reststoffe aus der Landwirtschaft, Nahrungsmittelindustrie und Forstwirtschaft (z. B. Stroh, Biogas, Baumschnitt) als Brennstoff eingesetzt werden. So werden „zwei Fliegen mit einer Klappe geschlagen“, Abfallbeseitigung und Energiegewinnung.

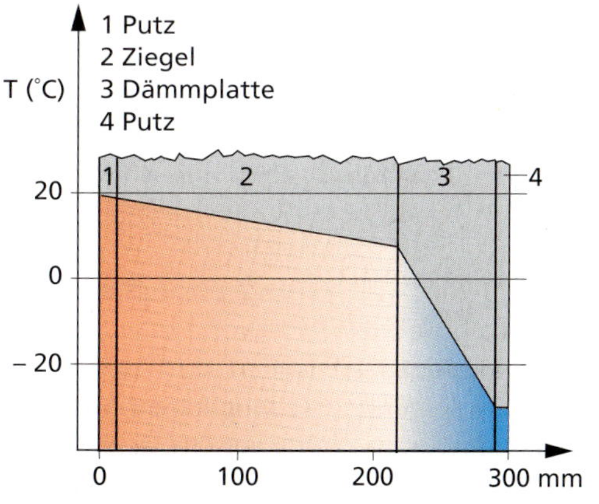

2 Temperaturprofil durch eine Hauswand

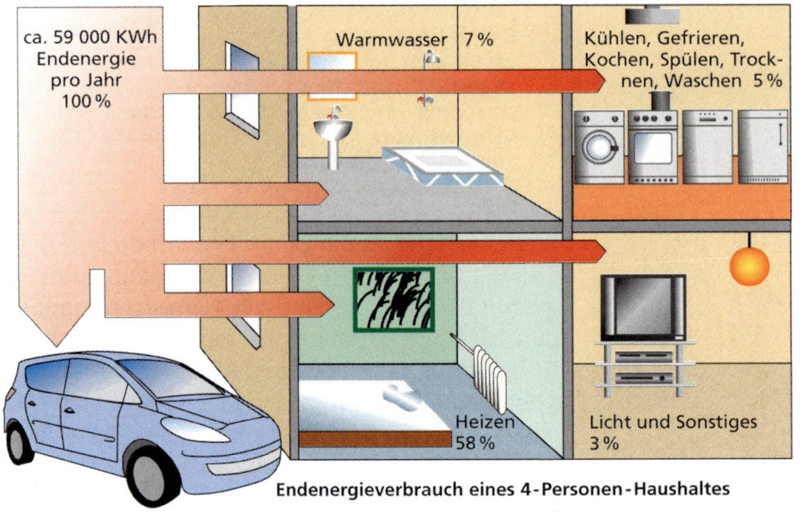

Endenergieverbrauch eines 4-Personen-Haushaltes

- Mittelklassewagen, Fahrleistung 18 000 km im Jahr
- Einfamilien-Reiheneckhaus mit 120 m² Heizfläche (1970 gebaut)
- Gute Ausstattung mit Elektrogeräten
- Ölzentralheizung mit Warmwasseranlage (ganzjährig gekoppelt, ohne Zirkulation)

Für die optimale Ausnutzung der Brennstoffe ist die Heizanlage entscheidend. Bei modernen Heizkesseln sind die Brenner speziell für die Verbrennung bestimmter Brennstoffe ausgelegt. So wird z. B. in Großfeuerungsanlagen von Kohlekraftwerken die Kohle fein zermahlen als Staub in den Kessel eingeblasen, um möglichst vollständig und effektiv zu verbrennen. Spezielle Gasbrenner in Anlagen, die mit Erdgas betrieben werden, sorgen für die optimale Ausnutzung des Energieinhaltes.

Bei der Verbrennung von Brennstoffen zur Wärmegewinnung entweicht ein großer Teil der Wärme über die Abgase durch den Schornstein. Moderne Heizungsanlagen nutzen auch diese Wärme noch aus. Die Abgase werden in Wärmetauschern gekühlt und geben einen Teil der enthaltenen Wärme ab.

In Fernwärme- und Zentralheizungsanlagen ist beim Transport der Wärme von Bedeutung, dass die Rohrleitungen gut isoliert sind, um die Wärmeverluste so gering wie möglich zu halten. Die Nutzung der Wärme sollte vor Ort so effektiv wie möglich erfolgen; z. B. sorgt eine Fußbodenheizung gegenüber herkömmlichen Heizungen für Wohlbehagen, auch bei vergleichsweise niedrigerer Raumtemperatur.

Durch eine moderne Steuerung und Regelung von Heizungsanlagen kann die Raumtemperatur in Abhängigkeit von der Außentemperatur und den Bedürfnissen der Nutzer optimal eingestellt werden. Ein Regulieren der Temperatur über Öffnen und Schließen der Fenster sollte vermieden werden, weil kostbare Energie vergeudet wird. In modernen Gebäuden wird durch Lüftungssysteme Frischluft zugeführt und der Abluft Wärme entzogen, um die Frischluft vorzuwärmen (Wärmerückgewinnung). So können die Heizkosten gesenkt werden.

Um den Einsatz fossiler Brennstoffe zur Wärmegewinnung zu reduzieren, sollten insbesondere folgende Möglichkeiten genutzt werden:
- Auswahl von Brennstoffen mit möglichst hohem Heizwert,
- Einsatz von optimal an den Brennstoff angepassten Heizungsanlagen,
- Nutzung von Abwärme,
- Einsatz von Abfallstoffen und nachwachsenden Rohstoffen,
- Auswahl von optimal an die Nutzung angepassten Heizungssystemen mit moderner Steuerung und Regelung.

Elektroenergieversorgung

Die bedeutendste Energie ist für uns heute die Elektroenergie. Das merken wir immer dann, wenn sie durch technische Störungen ausfällt. Fast nichts geht mehr: Beleuchtung, Fernseher, Radio und Computer. In einer modernen Küche fallen Kühlschrank, Herd, Geschirrspüler, Kaffeemaschine und andere Haushaltsgeräte aus. Für Lebensmittel in Gefrierschränken besteht Gefahr. Wasser- und Gasversorgung funktionieren nur, wenn die Pumpen, die für den Druck verantwortlich sind, noch arbeiten.

Elektroenergieerzeugung nach Energieträgern (2001)

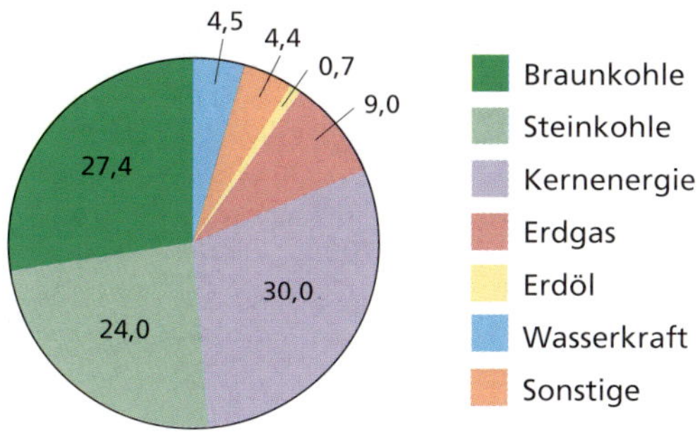

Angaben in Prozent (%)

Fehlt die Elektroenergie, bricht auch der Güter- und Personenverkehr zusammen. Fahrstühle und Rolltreppen bleiben stehen. Die Produktion in den Betrieben kommt zum Erliegen. Besonders dramatisch ist das bei kontinuierlichen Fertigungsverfahren, z. B. in der Lebensmittelindustrie, in der Kunststoff- und Textilfaserproduktion, bei der Metallherstellung in Gießereien oder Walzwerken. Der Produktionsprozess kann erst nach einer sehr mühsamen, zeitaufwändigen und kostenintensiven Reinigung der Anlagen wieder aufgenommen werden.

Eine sichere und zuverlässige Versorgung mit Elektroenergie ist das Rückgrad einer modernen Gesellschaft.

> **M** Elektroenergie ist in einer modernen Industriegesellschaft die wichtigste Energieform.

Energie – von der Erzeugung zum Verbraucher

Energie muss vom Erzeuger zum Verbraucher transportiert werden. Bei der Elektroenergie erfolgt dieser Transport über das Elektroenergieversorgungsnetz. Die im Kraftwerk erzeugte Energie wird für den Transport über Transformatoren ins Netz eingespeist. Der Transport von Elektroenergie erfolgt mit möglichst hoher Spannung. Dadurch werden die Verluste niedrig gehalten. Die Verteilung im Netz erfolgt auf verschiedenen Spannungsebenen (Abb. 1, S. 260).

Dabei gilt, je größer die Entfernung, desto höher die Spannung. Für die Verbraucher wird die Spannung wieder heruntertransformiert. Jede Veränderung der Spannungsebene erfordert Umspannwerke im Netz. Sie bestehen neben den Transformatoren auch aus Schaltanlagen und befinden sich an Verteilungsknotenpunkten im Netz. Transportiert wird die Energie in Freileitungen oder Erdkabeln.

> **M** Der Transport von Elektroenergie über größere Entfernungen erfolgt mit Hochspannung, um die Verluste beim Transport möglichst gering zu halten.

Die Struktur unserer Energieversorgungsnetze ermöglicht eine sichere und unterbrechungsfreie Bereitstellung von Elektroenergie. Großkraftwerke speisen in das Verbundnetz ein, auch der Energieaustausch zwischen den Ländern Europas erfolgt auf dieser Ebene, z. B. importiert Deutschland Kernenergie aus Frankreich.

Die Verteilung auf regionaler Ebene erfolgt über Mittelspannungsnetze. Möglichst nah an den Nutzern wird die Spannung in Ortsnetz-Trafostationen auf Niederspannung (400/230V) heruntertransformiert. Die Maschenstruktur der Netze macht es möglich, dass die Verbraucher über unterschiedliche Wege im Netz mit Energie versorgt werden können. Tritt ein Fehler auf, ist trotzdem eine Versorgung möglich. Vom automatischen Umschalten merkt der Kunde meist nichts.

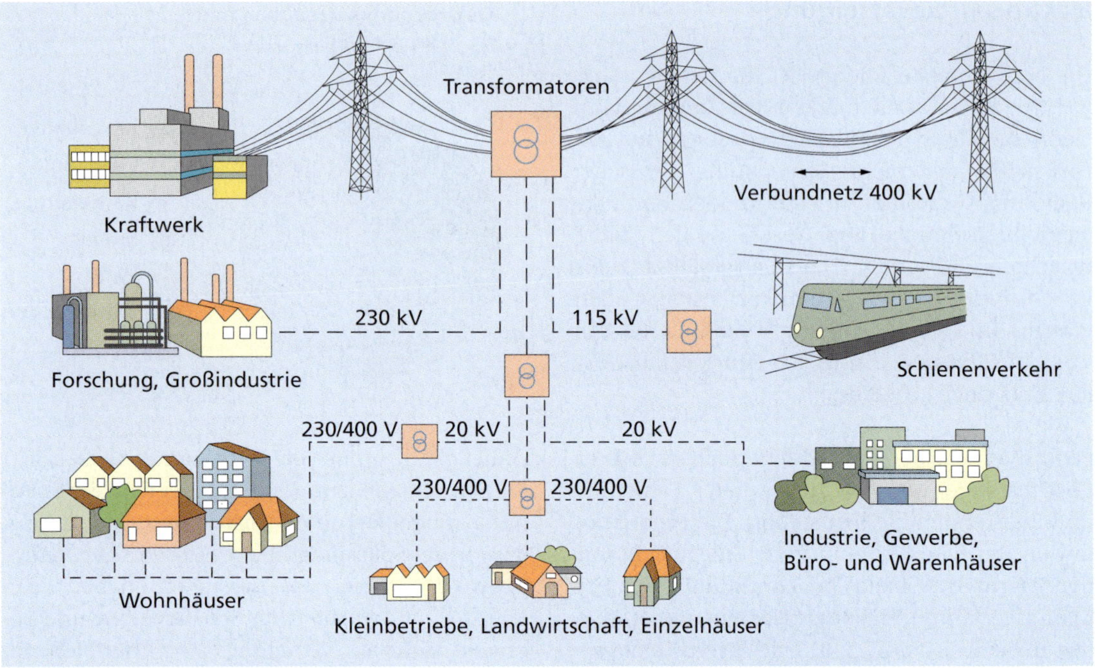

1 Aufbau eines Energieverteilungsnetzes

Aufbau und Funktion eines Wärmekraftwerkes

Der überwiegende Anteil der benötigten Elektroenergie kommt aus Wärmekraftwerken, in Deutschland mehr als 95 %. Abbildung 1 auf S. 261 zeigt die wesentlichen Bestandteile eines Wärmekraftwerkes am Beispiel eines Kohlekraftwerkes und die Energieumwandlungen.
Die Energiekette von der Primärenergie bis zur Endenergie und die Stoffkreisläufe und -ströme sind zu erkennen.

Energiekette
Die Primärenergie in Form der chemisch gebundenen Energie der Kohle wird im Verbrennungskessel in Wärme umgewandelt. Die Wärme dient zur Erzeugung von Dampf mit einer Temperatur von ca. 400 °C. Dieser wird in die Dampfturbine geleitet und sorgt für eine Rotation; die Wärme wird in der Turbine in mechanische Energie (Rotationsenergie) umgewandelt. Die Turbine ist über eine Welle mit dem Generator verbunden und treibt den Läufer des Generators an. Durch

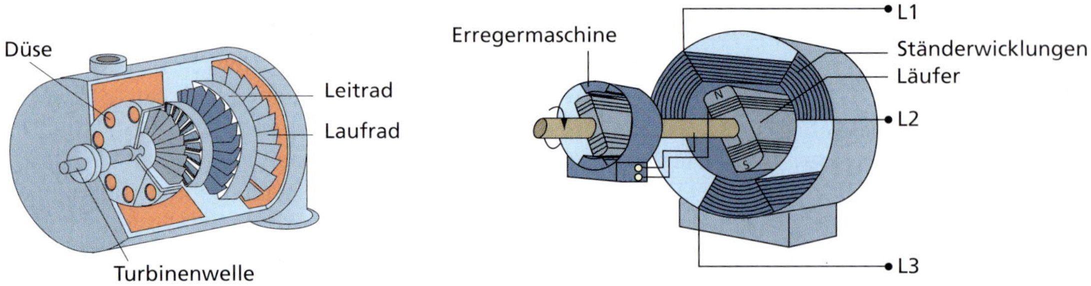

2 Dampfturbine und Drehstromgenerator zur Energieumwandlung

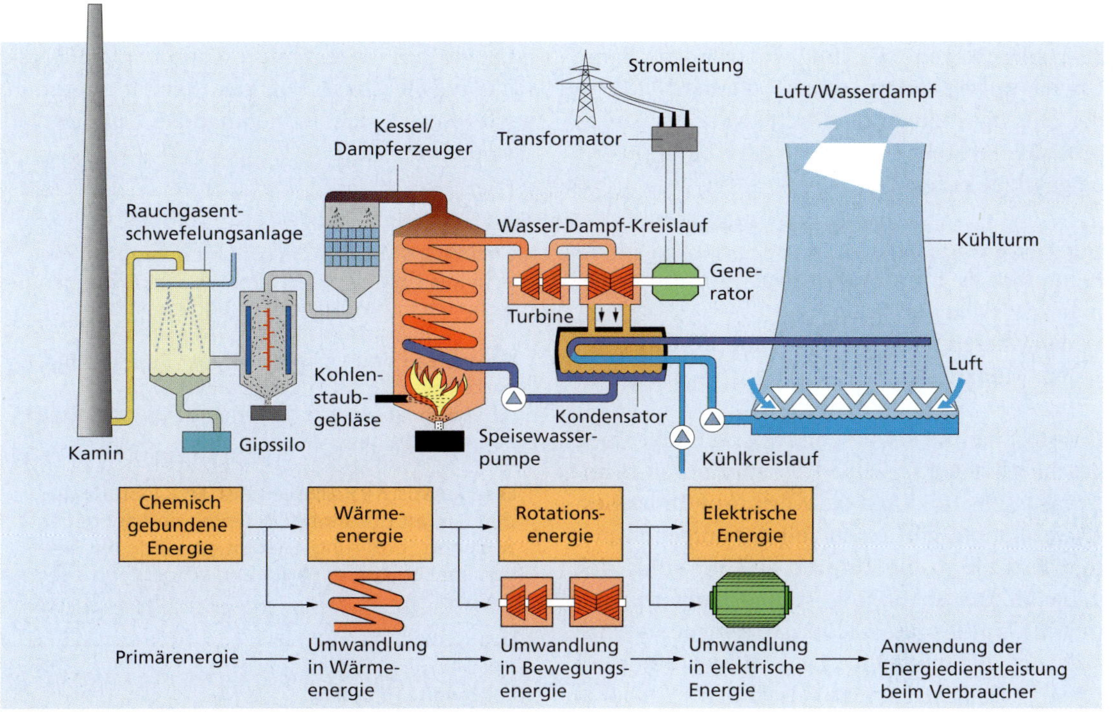

1 Prinzipdarstellung Wärmekraftwerk

die Rotation des Läufers wird in den Ständerwicklungen des Generators eine Spannung induziert.

Der Generator wandelt mechanische Energie in elektrische Energie um. Bei den eingesetzten Generatoren handelt es sich um Dreiphasenwechselstromgeneratoren, auch Drehstromgeneratoren genannt. Bei einer Rotation des Polrades mit 3 000 Umdrehungen pro Minute entstehen in den drei Ständerspulen des Generators drei sinusförmige Spannungen mit einer Frequenz von 50 Hertz. Die drei Spannungen sind zeitlich zueinander verschoben (ca. 7 Millisekunden).

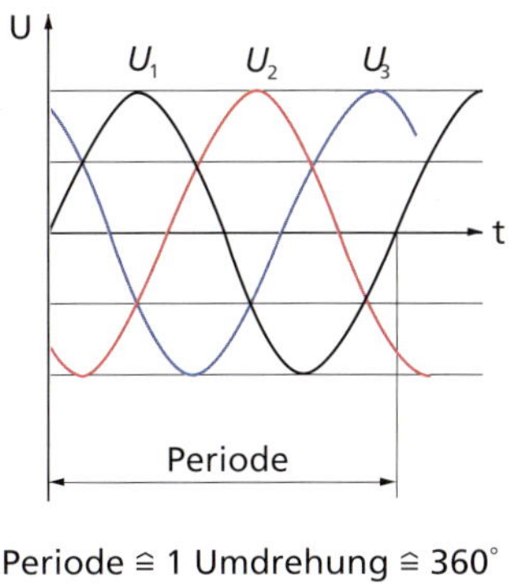

2 Dreiphasen-Wechselspannung

Stoffkreisläufe und Stoffströme

Der Brennstoff

Betrachtet man den Weg des Brennstoffs, so gelangt die angelieferte Rohkohle (meist Braunkohle) aus dem Kohlebunker in die Kohleaufbereitung, wo sie je nach Kraftwerk gereinigt, getrocknet und zu Staub zermahlen wird. Der Kohlestaub wird zur optimalen Verbrennung in den Verbrennungskessel eingeblasen. Im Kessel herrschen Temperaturen von bis zu 1200 °C.

Bei der Verbrennung der Kohle entsteht Kohlenstoffdioxid (CO_2), das durch den Schornstein an die Atmosphäre abgegeben wird und Asche, die entsorgt werden muss. Andere Bestandteile der Kohle verbrennen zu Schwefeldioxid (SO_2) und Stickoxiden (NO_x). Schwefeldioxid verbindet sich mit Wasser in der Luft zu schwefeliger Säure, die als „saurer Regen“ die Umwelt schädigen kann. Um das zu verhindern, werden die Rauchgase in der Rauchgasreinigung entschwefelt. Als Abfallprodukts entsteht Gips, der in der Bauindustrie eingesetzt werden kann.

Der Wasserkreislauf

Beim Wasser für das Kraftwerk unterscheidet man zwei Systeme:

- den Wasserkreislauf für die Dampferzeugung,
- den Kühlkreislauf.

Das so genannte Kesselspeisewasser bildet einen geschlossenen Kreislauf. Das speziell aufbereitete Wasser wird durch die Wärmezufuhr im Kessel verdampft, gibt einen Teil der aufgenommenen Energie an die Turbine ab und kühlt sich dabei ab. Die Abkühlung ist aber nicht groß genug, um im Prozess wieder so viel wie möglich Wärme aufzunehmen. Die Wärmezufuhr ist umso besser, je kälter das Wasser beim Einlauf in den Kessel ist. Darum wird das Kesselspeisewasser nach dem Austritt aus der Turbine zusätzlich gekühlt. Der Kühlkreislauf ist ein offenes System. Das durch den Wärmeaustausch erwärmte Kühlwasser wird in den Kühltürmen verrieselt. Ein beträchtlicher Teil des Kühlwassers entweicht dabei als Wasserdampfwolke aus dem Kühlturm und muss z. B. aus einem Fluss nachgefüllt werden.

Ein Blick in die Zukunft – regenerative Energien

Die Vorkommen an fossilen Brennstoffen sind begrenzt. Die Kohle reicht noch für ca. 160 Jahre, Erdöl für ca. 40 Jahre und Erdgas für ca. 70 Jahre (statistische Reichweite bei Beibehaltung der gegenwärtigen Förderung in der Welt). Ein Nachteil bei der Nutzung von fossilen Brennstoffen ist auch die Freisetzung von CO_2 bei ihrer Umwandlung. Diesen Nachteil weisen Kernkraftwerke zwar nicht auf, aber die Nutzung der Kernenergie soll aus politischen Gründen und wegen der Probleme der Endlagerung von radioaktivem Restmüll beendet werden. Um auch in Zukunft eine sichere und ausreichende Energieversorgung zu garantieren, muss schon heute die Nutzung regenerativer Energien verstärkt werden, auch wegen der zunehmenden Umweltverschmutzung.

Reserven von Energieträgern sind eindeutig identifizierbare Vorräte, die sich unter heutigen oder in naher Zukunft zu erwartenden Bedingungen technisch und wirtschaftlich abbauen lassen.

Ressourcen sind Vorräte, die über Reserven hinausreichen. Sie sind nachgewiesen bzw. wahrscheinlich, aber technisch und/oder wirtschaftlich zurzeit nicht gewinnbar.

Die **statistische Reichweite** ist der Quotient aus den derzeit bekannten Reserven und der gegenwärtigen Förderung. Sie gibt an, wann die Reserven bei konstanter Förderung aufgebraucht sein werden.

Reichweite in Jahren

	Kohle	Erdöl	Erdgas
Welt	164	43	67
Naher Osten		84	>200
Afrika	>200	30	99
Nordamerika	>200	13	10
Lateinamerika	>200	40	80
Asien/Australien/ Ozeanien	>200	16	50
GUS-Staaten	203	38	79
Europa (ohne GUS)	>200	12	24

Zu den **regenerativen Energien** zählen Sonne, Wind, Wasser und nachwachsende Rohstoffe. Die Nutzung dieser Energieträger ist CO_2-frei bzw. CO_2-neutral. Das heißt, dass bei ihrer Nutzung entweder kein CO_2 entsteht (Sonnenenergie, Wind- und Wasserkraft) oder nur so viel CO_2 freigesetzt wird wie vorher aus der Umwelt aufgenommen und eingespeichert wurde (Pflanzenmaterial).

1 Sonnenkollektoren und Solarzellen auf einem Dach

3 Die Solarturm-Anlage von Almeria in Spanien

Sonnenenergie

Bei der Nutzung von Sonnenenergie unterscheidet man zwischen **Solarthermie,** der Nutzung von Sonnenenergie zur Erzeugung von Wärme (z. B. Heizung und Warmwasserversorgung von Einfamilienhäusern), und **Fotovoltaik,** der direkten Umwandlung von Sonnenenergie in Elektroenergie mithilfe von Solarzellen (Abb. 1).

Die Abbildung 3 zeigt ein **Solarturmkraftwerk.** Bei diesem werden mithilfe von Spiegeln, so genannten Heliostaten, die Sonnenstrahlen auf den Absorber auf dem Solarturm gelenkt. Durch die Konzentration der Strahlen in diesem Punkt entstehen sehr hohe Temperaturen (Prinzip der Lupe als Brennglas). Mit der so entandenen Wärme wird Dampf erzeugt, der über eine Turbine den Generator wie in einem konventionellen Kraftwerk antreibt.

In der **Fotovoltaik** werden Solarzellen aus Silizium zur direkten Umwandlung der Solarstrahlung

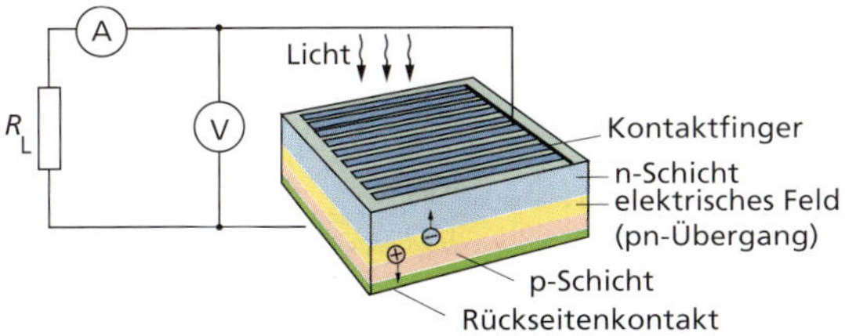

2 Der Aufbau einer Solarzelle

in Elektroenergie verwendet; Abbildung 2 zeigt den Aufbau. Der eigentliche Umwandlungsprozess erfolgt nur in der wenige Mikrometer dicken Grenzschicht zwischen p-leitendem und n-leitendem Halbleitermaterial. Der Wirkungsgrad von Solarzellen liegt je nach Typ zwischen 10 und 20 %. An der Verbesserung des Wirkungsgrades von Solarzellen, an neuen Solarzellentypen und Materialien zur Senkung der Produktionskosten von Solarzellen wird geforscht.
Die Hauptprobleme der Sonnenenergienutzung sind, dass die Solarstrahlung nicht kontinuierlich zur Verfügung steht und das Speichern von Elektroenergie teuer und aufwändig ist.

Windenergie

Windkraftanlagen wandeln die mechanische Energie des Windes in elektrische Energie um, und das sogar recht kostengünstig. Sie führen aber immer häufiger zu Diskussionen, weil sie im Landschaftsbild nicht zu übersehen sind, Geräuschbelästigung hervorrufen können, den Vogel- und Insektenflug möglicherweise beeinträchtigen oder sogar zur Verteuerung der Strompreise führen.

Unbestritten ist: Windkraftanlagen verursachen keine Umweltverschmutzung bei der Umwandlung von Windenergie in elektrische Energie. Windstrom ist sauber, es entstehen weder Abgase noch weitere Abfallprodukte, die entsorgt werden müssen.

1 Windkraftanlagen wandeln die mechanische Energie des Windes in elektrische Energie um.

Nachwachsende Rohstoffe

Nachwachsende Rohstoffe, wie Raps, Holz und Stroh, haben den Vorteil, dass sie bei ihrer Verbrennung nur so viel CO_2 an die Umwelt abgeben, wie sie vorher bei ihrem Wachstum aus der Luft aufgenommen haben. Sie sind CO_2-neutral und tragen nicht zum Treibhauseffekt bei.

Auf Brachflächen der Landwirtschaft, die für den Anbau von Nahrungs- und Futtermitteln nicht benötigt werden, können Energiepflanzen angebaut werden. Biodiesel ist schon nichts Besonderes mehr. Untersuchungen haben gezeigt, dass z. B. Weiden und Pappeln in unseren Breiten sich sehr gut als Energiepflanzen eignen. Die „Ernte" kann nach zwei bis vier Jahren erfolgen. Dabei beginnt man mit einem radikalen Schnitt der etwa armdicken Knüppel, die anschließend zu Hackschnitzeln zerkleinert und in entsprechenden Heizkesseln verbrannt werden. Auch in Silos kann dieser Brennstoff bis zum Verbrauch gelagert werden.

Wasserkraft

Sie wird, wie der Wind, schon sehr lange von den Menschen genutzt. Von Mühlrädern, Hammerwerken bis hin zu Wasserkraftwerken zur Gewinnung von Elektroenergie reichen die Anwendungen. Bei den Wasserkraftwerken unterscheidet man **Laufwasserkraftwerke, Stauwasserkraftwerke** und **Pumpspeicherkraftwerke.**

Der Vorteil von Wasserkraftwerken besteht darin, dass bei der Energieumwandlung keine Abfallprodukte anfallen. Ein wesentlicher Nachteil ist, dass oft sehr große Eingriffe in der Natur zum Aufbau der Anlagen notwendig sind. Staudämme müssen errichtet werden, ganze Landschaften versinken in den Stauseen. Der Ausbau von Wasserkraftanlagen hat in Deutschland im Wesentlichen seine Grenzen erreicht. Durch die Reaktivierung kleinerer Altanlagen ist nur noch ein geringer Zuwachs möglich.

> **M** Regenerative Energien sind Energieträger bzw. Energiequellen, die sich ständig erneuern bzw. nachwachsen und somit nach menschlichem Ermessen unerschöpflich sind.

2 Nachwachsender Rohstoff: Raps

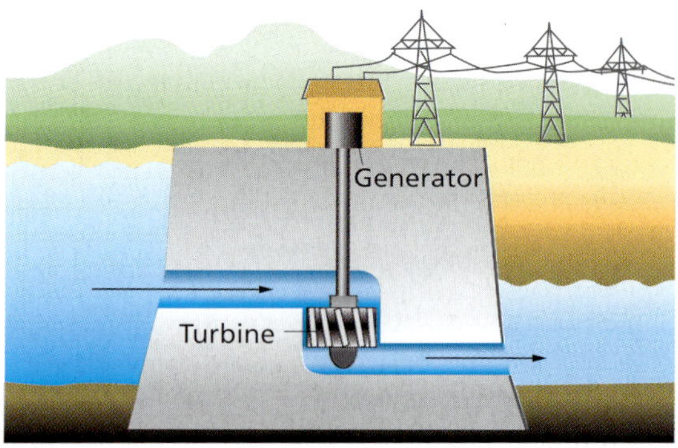

3 Aufbau eines Wasserkraftwerkes

Pro-und-Kontra-Debatte

In einer Pro-und-Kontra-Debatte tauschen zwei Gruppen ihre Argumente für und gegen einen problematischen Sachverhalt oder eine umstrittene Meinung nach festgelegten Spielregeln aus. Eine dritte Gruppe, die Jury, bewertet den Verlauf der Debatte und vergleicht die entgegengesetzten Standpunkte der Pro-und-Kontra-Gruppen.

Durch diese Methode kann erreicht werden, dass Standpunkte sachlich und pointiert herausgearbeitet werden und ein kontroverses Thema umfassend ausgeleuchtet wird.

Im Unterricht trägt eine Pro-und-Kontra-Debatte zur Belebung des Unterrichtsverlaufes bei und beteiligt viele Schüler an einer Diskussion. Als Schüler kann man das Auseinandersetzen und Argumentieren üben.

Pro-und-Kontra-Debatten tragen zur Förderung des Verständnisses für andere als die eigene Auffassung bei und helfen das Vertreten des eigenen Standpunktes auch in kontroversen Diskussionen zu trainieren.

Vorbereitung, Durchführung und Beurteilung der Debatte

Vor Beginn der Debatte sollten Spielregeln festgelegt werden. Das Diskussionsthema muss klar formuliert sein. Nach der Debatte werden die Ergebnisse zusammengetragen und bezüglich Inhalt und Darstellungsweise zusammengefasst.

Spielregeln

1. Zwei gleich große Gruppen (5 bis 7 Personen) diskutieren über ein kontroverses Thema. Die eine Gruppe nimmt für (Pro-Gruppe), die andere gegen eine These (Kontra-Gruppe) Stellung.
2. Die Gruppeneinteilung kann beliebig bzw. zufällig vorgenommen werden. Die Debattenteilnehmer müssen nicht unbedingt ihre eigene Meinung vertreten.
3. Eine dritte Gruppe (Jury) bewertet den Debattenverlauf nach Inhalt und Vortragsweise. Die Bewertungskriterien werden vom Spielleiter oder von der Gesamtgruppe festgelegt.
4. In der Debatte tauschen die Gruppen ihre Argumente abwechselnd aus. Einem Pro-Argument folgt ein Kontra-Argument usw.
5. Jeder Teilnehmer (außer dem beginnenden) ist verpflichtet, zunächst auf das Argument seines Vorredners aus der gegnerischen Gruppe einzugehen, bevor er selbst ein neues Argument in die Diskussion einbringt, auf das der nächste wiederum eingehen muss.
6. Die Debatte wird beendet, wenn jeder Teilnehmer einmal in Rede und Gegenrede an der Reihe gewesen ist.
7. Abschließend gibt die Jury ihr Urteil ab und begründet, welche der beiden Gruppen besser argumentiert hat. Über das Urteil der Jury wird eine Diskussion geführt.

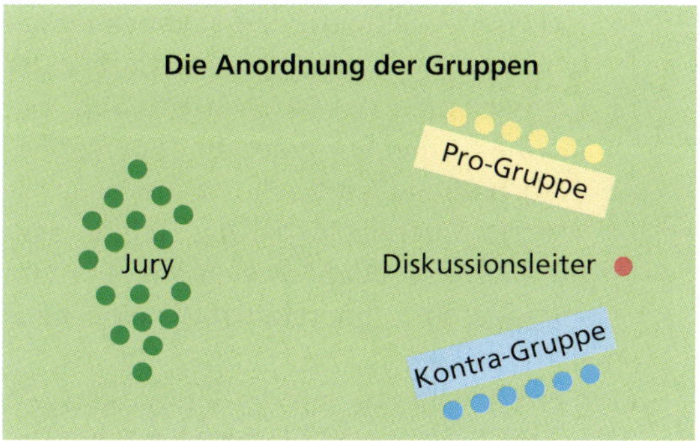

Kriterien für die Bewertung

Inhaltliche Kriterien können sein:
- *Waren die Argumente und Gegenargumente sachlich richtig?*
- *Gehörten die Argumente zur vertretenen Position?*
- *Fehlten wichtige Argumente?*

Kriterien für die Darstellungsweise:
- *Wie war die sprachliche Darstellung?*
- *Werden Gegenargumente schlagfertig und originell vorgebracht?*
- *Wird auf die Gegenargumente eingegangen?*

Aufgaben

1. Wähle sechs Geräte, die im Haushalt benutzt werden, aus. Welche Energieumwandlungen finden in diesen Geräten statt?

2. Welche Energieeinsparung ergibt sich beim Ersatz einer herkömmlichen 75 W-Glühlampe durch eine 15 W-Energiesparlampe bei einer Nutzungsdauer von 1000 Stunden. Wie groß ist die finanzielle Einsparung, wenn der Preis für eine Kilowattstunde Elektroenergie mit 0,15 € angenommen wird.

3. Eine Familie möchte einen neuen Kühlschrank kaufen.

   a) Bei gleichem Nutzvolumen stehen je ein Gerät der Energieklasse A und B zur Auswahl. Der Energieverbrauch des Geräts der Energieklasse A beträgt nach Herstellerangaben 0,65 kWh und der des Geräts der Energieklasse B 1,00 kWh pro Tag. Berechne für beide Geräte den Energieverbrauch für ein Jahr!
   b) Welche Energieeinsparung ergibt sich pro Jahr, wenn der Kühlschrank mit dem niedrigeren Energiebedarf eingesetzt wird?
   c) Der Kühlschrank mit der Energieklasse A kostet 750 €, der Kühlschrank mit der Energieklasse B 500 €. Nach welcher Zeit hätte man die Mehrkosten durch Energieeinsparung ausgeglichen? Nimm für die Berechnung einen Preis von 0,15 € pro kWh an!

4. Eine Waschmaschine hat im 95 °C-Normalprogramm bei voller Beladung einen Energieverbrauch von 3,2 kWh.
   Welche Energieeinsparung ergibt sich pro Jahr, wenn die Maschine durch ein neues Gerät ersetzt wird, das nur 1,7 kWh benötigt? Gehe bei der Berechnung davon aus, dass die Maschine viermal pro Woche eingesetzt wird!

5. Ermittle die Preise für Elektroenergie, Erdgas, Heizöl und Kohle in deiner Region/in deinem Wohnort!

6. Ermittle und vergleiche die Preise für Elektroenergie unterschiedlicher Anbieter! Aus welchen Teilen setzt sich der Preis für Elektroenergie zusammen? Wann lohnt sich ein Wechsel des Anbieters?

7. In einer Energiekostenabrechnung ist ein Gasverbrauch von 1800 m^3 angegeben. Zur Abrechnung der Kosten erfolgt die Umrechnung in kWh. Überprüfe mithilfe der Angaben für den Heizwert von Erdgas den angegebenen Umrechnungsfaktor!

8. Stelle die Vor- und Nachteile der Nutzung von Sonnenenergie in einer Tabelle gegenüber!

9. Recherchiere im Internet, welche Arten von Solarkraftwerken es gibt! Arbeite heraus, wodurch sie sich unterscheiden und welche Gemeinsamkeiten sie aufweisen!

10. Recherchiere im Internet, welche unterschiedlichen Arten von Solarzellen es gibt!

11. Sammle Argumente für eine Pro-und Kontra-Diskussion zum Thema Nutzung der Windenergie!

12. Welche Gefahren ergeben sich bei der Nutzung von Kernenergie? Welche Vorteile hat die Nutzung?

13. Welche Energien zählen zu den regenerativen Energien? Stelle in einer Übersicht die Vor- und Nachteile der einzelnen Energien zusammen!

14. Erkunde, welche Kraftwerke in deiner Region bzw. in deinem Wohnort betrieben werden! Welche Energieträger kommen zum Einsatz?

Das Wichtigste im Überblick

Die Entwicklung einer Gesellschaft ist in entscheidendem Maße von der kontinuierlichen, störungsfreien und ausreichenden Versorgung mit Energie abhängig. Die **Versorgung mit Energie** ist ein wichtiger Faktor für den Fortschritt in einer Gesellschaft.

Technische Anlagen und Geräte sorgen in einer modernen Industriegesellschaft für die kontinuierliche, effiziente und ökonomische Gewinnung, Bereitstellung, Verteilung und Nutzung von Energie.

Der Energiesektor ist ein wichtiger **Wirtschaftsfaktor** und ein eigener **Wirtschaftsbereich.** Er sorgt für Arbeitsplätze, wirtschaftliche und technische Weiterentwicklung und trägt entscheidend zum Bruttoinlandsprodukt bei.

Deutschland ist auf den **Import von Energie** angewiesen. Nur der Primärenergieträger Kohle ist in größeren Mengen vorhanden. Die Vorkommen an Erdgas und Erdöl sind von geringer Bedeutung.

Die reibungslose Förderung, der Transport und Nachschub von **Primärenergieträgern** ist entscheidend für die ausreichende Bereitstellung von **Sekundärenergieträgern,** wie Kraftstoffen für den Verkehrssektor, Prozesswärme für die Industrie und die unterbrechungsfreie Versorgung mit Elektroenergie.

Elektroenergie ist die wichtigste Energieform, weil sie in alle Lebensbereiche hineinwirkt. Ohne **Elektroenergie** funktioniert in einer modernen Gesellschaft fast nichts mehr.

Die Reichweite der fossilen Energieträger ist begrenzt. Um auch in Zukunft eine sichere Versorgung mit Energie zu gewährleisten, ist schon heute der verstärkte Übergang zu **regenerativen Energieträgern** notwendig. Auch zum Schutz der Umwelt ist dies erforderlich. Bei der Nutzung fossiler Energieträger werden Kohlenstoffdioxid und andere Schadstoffe an die Umwelt abgegeben. Der verstärkte Ausstoß von CO_2 wird für die Veränderung des Klimas mit verantwortlich gemacht.

Die Nutzung von **Kernenergie** birgt Probleme bei der Endlagerung der radioaktiven Abfälle und Gefahren der radioaktiven Verseuchung bei Havarien.

Neben der Erschließung neuer Energiequellen ist der sparsame und **effektive Umgang** mit Energie ein wichtiger Faktor. Die Technik hilft mit der Entwicklung effizienterer Geräte und Anlagen bei der Realisierung dieser Forderung, z. B. durch die Senkung des Energieverbrauchs von Haushaltsgeräten und Kraftfahrzeugen, die Nutzung von Abwärme u. a.

Wie wichtig die kontinuierliche Versorgung mit Primärenergieträgern ist, zeigten die Energiekrisen in den 70er Jahren des letzten Jahrhunderts. Einschränkungen und Verzicht auf Liebgewonnenes waren notwendig. Das Umdenken in der Energiepolitik wurde damit angestoßen.

Bei internationalen Krisen spielt oft auch die Energie eine Rolle. Um Rohstoffe und Energiequellen wurden und werden auch heute noch Kriege geführt.

Register

Schwerpunkte Methoden